国家社会科学基金青年项目

"高管权力约束情景下国有企业党委治理功能实现路径与保障机制研究"

（项目号：18CGL016）结项成果

中国式现代化进程中的
国有企业党组织治理功能研究

王运陈 等 著

人民出版社

序 一

党的二十大报告强调，"全面建设社会主义现代化国家、全面推进中华民族伟大复兴，关键在党。"作为马克思主义百年大党，我们党使命光荣伟大，遇到的问题往往也独特艰难，面临的风险考验也复杂巨大。我们党一直保持着对解决大党独有难题的清醒和坚定，进行了曲折艰辛的不懈探索，积累了宝贵经验。党的十八大以来，以习近平同志为核心的党中央坚持和加强党的全面领导，提出并实施了一系列新理念新思想新战略，开辟了百年大党自我革命新境界。

在全面建设社会主义现代化国家新征程上，我们党领导人民已经创造了世所罕见的经济快速发展奇迹和社会长期稳定奇迹，经济建设成就举世瞩目，为实现第二个百年奋斗目标、实现中华民族伟大复兴的中国梦奠定了坚实物质基础。国有企业作为中国特色社会主义的重要物质基础和政治基础，是我们党执政兴国的重要支柱和依靠力量，在推进中国式现代化中肩负着特殊使命、具有独特作用。面向中国式现代化的新未来，中国国有企业要进一步深化改革，就要全面加强国有企业党的领导和党的建设，更好推动高质量党建引领保障国有企业高质量发展。

国有企业是国之公器、国之重器、国之利器。回顾中国国有企业的发展历程，我们清晰地看到，中国国有企业具有"为党而生、与党同行"的鲜明红色基因。中国国有企业是政治组织与经济组织的有机融合，一切工作都是在党的领导下开展的，必须全面加强党的建设，做到党建工作与生产经营深度融合，不断提升党员干部的凝聚力、向心力、战斗力，努力完成国有企业改革发展的各项重大任务。尤其是，2016年"全国国有企业党的建设工作会议"召开以来，党和国家的一系列政策文件要求"把加强党的领导和完善公司治理统一起来"。中国特色现代国有企业制度体系得以进一步完善，中国特色国有企业公司治理现代化进程得以进一步加速，但我们清醒地看到，中国特色国有企业治理实践典型愈发丰富，理论框架却亟待丰盈。

时代是思想之母，实践是理论之源。习近平总书记指出："构建中国特色哲学社会科学要体现原创性、时代性，要加强对社会主义现代化建设实践经验的系统总结，加强对党的执政能力建设的分析研究，概括出有规律性的新实践。"坚持和加强党的全面领导，是党的十八大以来取得的最重要成就之一，是中国特色社会主义事业取得成功的根本政治保证。一直以来，加强党的领导和党的建设研究是党史党建学科的重要研究内容。在国有企业加强党的领导和党的建设，需要把党组织和公司其他治理主体统一起来，归根结底，就是要完善中国特色现代国有企业制度体系、增强中国特色国有企业公司治理功能，这不但要以马克思主义党建理论为指导，还需与管理学理论展开交叉研究，以期实现党建与业务工作同向聚合、深度融合，为新征程下全面加强国有企业党的领导和党的建设提供新的框架。因此，在开启全面建设社会现代化国家的关键时点，本著作以党史党建理论为魂，以管理学理论为基，以公司治理理论为核，系统总结、科学分析中国式现代化进程中的国有企业党组织治理功能，恰逢其时、非常必要、十分重要。

《中国式现代化进程中的国有企业党组织治理功能研究》是王运陈教授研究团队的最新研究成果。回首百年大党的光辉历程，我们深刻认识到：中国共产党领导是中国特色社会主义最本质的特征，是中国特色社会主义制度的最大优势。然而，之前一段时间，一些国有企业党组织却游离于现代企业运转之外，国有企业党建工作弱化、淡化、虚化和边缘化等"四化"问题较为突出，国有企业的党组织政治功能和组织功能有待进一步增强。王运陈教授研究团队坚持问题导向，始终瞄准国有企业党组织功能提升这一关键核心问题展开集中攻关，依托国家社会科学基金，历时近 3 年，走访调研数十家国有企业、问卷调查上百家上市公司、手工搜集上千家国有上市公司党组织治理发展演化情况，整理上万条中国国有上市公司党组织治理数据，基本建成中国特色国有企业治理研究基础数据库。在此基础上，该研究团队紧扣党对国有企业的领导这"一个核心"，紧联国有企业党组织治理实践中的调研案例、实证分析这"两条主线"，紧循国有企业党组织演化的历史、理论、实践这"三重逻辑"，以中国式现代化为研究场景，积极运用多学科交叉理论，从理论、实践与政策维度，探索中国国有企业加强党的领导和完善公司治理的融合之理、融合之路、融合之策，最终形成了此著作，为推进中国式现代化提供了中国国有企业力量，具有重要的时代价值、理论意蕴、实践意义。

总的来看，本著作有高度、有广度、有深度，理论融合实践、个案兼具大数、问题带着建议，整个著作思路清晰、框架独到、逻辑严密、结论合理，这是一本值得阅读的最新力作，并将此著作推荐给各位读者。

此为序。

张志明

中共中央党校（国家行政学院）党建部主任，教授、博士生导师

中共中央党校（国家行政学院）党章党规研究中心主任

2023 年 11 月

序 二

实现社会主义现代化，是近代以来中华民族孜孜以求的伟大梦想。中国共产党诞生之初就自觉担负起探索中国现代化道路的重任。"中国式现代化，是中国共产党领导的社会主义现代化。"党的领导直接关系中国式现代化的根本方向、前途命运、最终成败。国有企业是社会主义现代化的见证者、探索者、实践者。围绕以中国式现代化推进中华民族伟大复兴这一"国之大者"，必须牢牢把握在国有企业"坚持和加强党的全面领导"这一基本原则。

推进和拓展中国式现代化就是要带领人民创造美好生活。国有企业的产权属性和党组织的根本属性内在统一于人民利益。只有在党的全面领导下，国有企业才能更好地把国家利益、企业利益、群众利益统一起来，始终保持"国企为民"的价值追求和人民属性，与人民心连心、同呼吸、共命运。在党的坚强领导下，国有企业为经济社会发展、科技进步、国防建设、民生改善作出了历史性贡献，尤其在脱贫攻坚战中，国资央企通过修"致富路"、搭"爱心桥"、织"幸福网"、通"惠民电"等方式，让贫困地区的生产生活条件发生了根本性变化。进入新征程，面向全面建设社会主义现代化国家、实现第二个百年奋斗目标，在迈向共同富裕的道路上，国有企业仍需坚持党的领导、加强党的建设，在统筹"两个大局"中敢挑重担，在走中国式现代化新道路上勇当先锋，在坚持以人民为中心的发展思想上、促进共同富裕的道路上善于作为。

经典的公司治理理论要求国有企业应建立起激励充分、监督有效的经营管理机制，但在大股东控制下的所有权结构下，西方现代企业制度的"普世法则"和"国际惯例"明显"水土不服"，所谓的现代企业制度与中国国有企业实践出现"不兼容"等问题。党的十九届六中全会通过的《中共中央关于党的百年奋斗重大成就和历史经验的决议》提出"建立中国特色现代企业制度，增强国有经济竞争力、创新力、控制力、影响力、抗风险能力"，确立了中国特色现代企业制度以及提升国企"五力"在国资国企改革中的核心地位。完善中国特色现代企业制度，关键是要抓住党的领导与公司治理相结合这个关键，通过强化制度建设，使党的领导与公司治理高度统一、有机融合。

自全国国有企业党的建设工作会议召开以来，国有企业深入贯彻"两个一以贯之"，发生了全方位、深层次的重大变革，建设和完善中国特色现代企业制度的路径和方向开始明朗。但也应清醒地看到，在坚持党的领导与公司治理有机统一的实践中，仍存在不少需要研究解决的问题，使得党组织与现代企业制度中的其他治理主体产生矛盾，难以充分发挥法人治理制度设计时所赋予的重要功能，使国有企业存在福利损失，难以达到治理效能的最优化。当前和今后一个时期，提升国有企业党组织治理功能，需要深入调查研究，摸准情况、吃透问题、找到办法、总结经验，持续发挥示范引领作用，在为人民服务中彰显更加强大的力量。

本著作是王运陈教授研究团队的最新研究成果。本著作呈现出以下特点。

首先，该研究团队紧紧围绕"国有企业党组织治理"这一核心主题，交叉运用"公司治理、党史党建"两类理论，充分结合"点线面"三层调研方式，以历史发展脉络为切口，以问题为导向，运用管理学、党史党建与马克思主义相关理论，进行多学科交叉探索，及时总结了国有企业治理现代化进程中的中国智慧。

其次，本著作以国有企业党组织治理功能发挥为着力点，结合国有企业党组织治理实践，进一步运用调查研究等方法，从实现路径、保障机制等方面，重点提炼了国有企业治理现代化进程中的中国方案。

最后，本著作以中国式现代化进程中的国有企业治理功能为焦点、亮点，通过系统梳理和集中展示中国国有企业治理改革智慧和方案的魅力，更加立体、更加丰富地讲述中国国有企业党组织治理故事，让世界进一步了解"学术中的中国国有企业治理""理论中的中国国有企业治理""哲学社会科学中的中国国有企业治理"，着力讲好了国有企业治理现代化进程中的中国故事。

2022 年 4 月，习近平总书记在中国人民大学考察时深刻指出，"加快构建中国特色哲学社会科学，归根结底是建构中国自主的知识体系"，哲学社会科学工作者的时代使命是"要以中国为观照、以时代为观照，立足中国实际，解决中国问题"。为此，我们哲学社会科学工作者要紧紧围绕我国和世界发展面临的重大问题，着力提出能够体现中国立场、中国智慧、中国价值的理念、主张、方案。本著作以国有企业为载体，聚焦讲好中国国有企业治理故事，在历史与现实相贯通、理论与实践相结合中深化研究，为完善中国特色现代企业制度提供中国自己的方案、选择中国自己的道路、创造中国自己的制度。我期待本书成为国有企业治理现代化进程的有力推手，既解决当前国有企业党组织治理存在的问题，又激发国有企业高质量发展的内生动力，使国有企业在中国式现代化进程中焕发出新的盎然生机，谱写出新的绚丽华章。

杨 丹

北京外国语大学党委副书记、校长，教授、博士生导师

中国管理现代化研究会副理事长

2023 年 11 月

序 三

　　借鉴往昔，融汇时代。习近平总书记指出："以史为鉴、开创未来，必须坚持中国共产党坚强领导。"在全面建设社会主义现代化国家的新征程上，国有企业治理现代化作为中国特色社会主义的重要物质基础和政治基础，需要将党的领导作为航标和指引。党的二十大报告明确指出，"推进国有企业在完善公司治理中加强党的领导。"增强国有企业党组织治理功能，是完善中国特色现代企业制度的时代命题，是推进国有企业治理能力现代化、全面深化国企改革的核心内容。能否有效发挥国有企业党组织治理功能，实现党建工作与国有企业治理的统一，事关做强做优做大国有企业、更好发挥国民经济"顶梁柱""压舱石"作用的实现。在此背景下，强化国企党建融入公司治理各个环节，完善中国特色现代企业制度，加快建设现代化新型国有企业，以高质量党建引领国企高质量发展，对全面建设社会主义现代化国家、实现第二个百年奋斗目标意义重大。

　　回望《国企改革三年行动方案（2020—2022年）》实践历程，新时代国有企业改革已取得重大成果，但是，"深化国资国企改革，加快国有经济布局优化和结构调整，推动国有资本和国有企业做强做优做大，提升企业核心竞争力"仍是加快构建新发展格局、着力推动高质量发展的重要任务。为此，《国有企业改革深化提升行动方案（2023—2025年）》再次强调全面加强国有企业党的领导和党的建设，推动中国特色国有企业现代公司治理。一直以来，党组织治理始终是国有企业治理体系中的"根"和

"魂"，也是提升国有企业核心竞争力的关键。一方面，党组织治理强化了企业内部管理，通过将党的政治优势转换成企业独特的组织优势推动企业转型升级，促进国有企业可持续发展；另一方面，党组织治理加强了国有企业的社会责任履行，在促进国有企业改革发展过程中，推动了国民经济结构调整和转型升级，助力全面深化改革和中国式现代化发展。但是，在将党建工作融入国有企业的发展历程中，也存在国企党建弱化、淡化、虚化、边缘化等现象，党组织地位呈现"貌合神离"状态等问题。习近平总书记指出："面对当今世界正经历的百年未有之大变局，面对我国正处于实现中华民族伟大复兴关键时期的要求，我们还必须在坚持和完善中国特色社会主义制度、推进国家治理体系和治理能力现代化上下更大功夫。"因此，新时代新征程，要进一步探索研究国有企业改革措施，推动中国特色现代国有企业制度健全完善，全面发挥国有企业党组织治理效能优势，促进国有企业做强做优做大进而实现高质量发展。

本著作充分彰显了中国国有企业治理要坚持以党的领导为根基、以走中国式现代化道路为方针、以推动中国高质量发展为目标。本著作紧扣国有企业党组织治理这一核心，以国企党组织治理功能发挥为着力点，追溯历史指引当下，从理论到现实，经过系统周密的调查和研究，厘清了党组织融入国有企业治理的政策、理论和实践三重逻辑。首先，本著作紧紧围绕国家需求，始终锚定国有企业治理这一研究焦点，突出国有企业党组织治理特色，全面总结国企治理历史演进、理论推演和实证分析中的经验与不足。其次，本著作结合国企治理实践情况，从国企党组织治理功能总体定位、实现路径、提升机制等方面重点提炼，进一步运用案例分析等方法，丰富中国国有企业治理改革理论国际化的典型案例，并以国有企业"五力"发展为着力点展开了一系列国有企业党组织治理功能及其效果的实证检验，为推进国有企业治理能力现代化提供科学依据。最后，本著作始终围绕以中国式现代化全面推进中华民族伟大复兴的宏伟目标，聚焦国家治理体系中的国企治理改革与发展需要，探寻中国特色国有企业现代公司治理的实现路径，进而将研究结论落实为政策报告，为完善"中国特色现代国有企业制度"的改革探索与政策制定提供借鉴。内容层层深入、环环相扣，具有较高的理论与应用价值。

全面深化国资国企改革，是党中央、国务院在当前一系列复杂多变新形势下作出的重要决策部署。面对新形势、新任务，国有企业必须把自身发展融入以中国式现代化推进中华民族伟大复兴的历史征程中，融入构建新发展格局、推动高质量发展的总体目标中，紧紧围绕实现高水平自立自强、实现经济高质量发展、统筹发展与安全、推进共同富裕等新使命积极担当作为。本著作尝试从新视角、新经验、新维度来引导读者循序渐进探究国有企业党组织治理这一重要研究问题。立足国有企业党组织治理功能这一核心主题，以历史发展脉络为切入口，以问题为导向，运用管理学、党史党建与马克思主义相关理论，进行多学科交叉知识进行探索，结合国企改革要求从国企"五力"维度探究党组织治理功能提升和实现路径，是一本契合新征程国有企业治理发展新要求与新任务的著作，为探析中国特色现代国有企业制度优化，探索国有企业党组织治理效能发挥，持续深化国资国企改革提供了科学依据，对更好助推国有企业高质量发展，推动国有企业治理体系和治理能力现代化，推进中国式现代化建设进程具有重要理论和现实意义。

徐玉德

中国财政科学研究院党委委员、副院长，研究员、博士生导师

中国财政学会国有资产治理研究专业委员会主任委员

2023 年 11 月

目　录

前　言

国有企业作为国家的公器、重器和利器，其公司治理问题一直备受关注。党的二十大报告明确要求"推进国有企业在完善公司治理中加强党的领导"，将党组织融入公司治理视为推动中国式国有企业治理现代化的重要抓手，凸显了我国国有企业公司治理制度的独特性。但仍应清醒地看到，在实践中，中国国有企业党组织在一定程度上仍然面临较为"尴尬"的局面，受制于西方现代企业制度的"国际惯例"，经常处于公司治理结构的边缘，党的建设存在弱化、淡化、虚化和边缘化的"四化"问题。如何根据中国国有企业治理的现状，加强国有企业党的建设，推动党组织与公司治理更为紧密地交叉融合，对持续深化国有企业改革、推动国有企业治理现代化、推进国家治理体系和治理能力现代化，具有至关重要的意义。

本著作立足中国式国有企业治理现代化这一场景，紧紧围绕"国有企业党组织融入公司治理"这一主题，交叉运用"公司治理、党史党建"两类理论，充分结合"点线面"三层调研方式，从国有企业党组织治理的紧迫性分析和理论框架构建、历史经验和现代化发展、典型案例分析、问卷调查分析、作用机理与实证研究以及政策建议六个方面展开研究，以中国式现代化的本质要求为观照，进一步厘清国有企业党组织与其他治理主体的关系，推动国有企业党组织与公司治理深度融合，为增强国有企业"五力"、推进中国式国有企业治理现代化贡献智慧与方案。具体而言，本著作形成了以下主要观点：

第一，发挥国有企业党组织治理功能，焦点在"三融"。国有企业党组织发挥领导核心和政治核心作用，就是要明确党组织在决策、执行、监督各环节的权责和工作方式，使党组织发挥作用组织化、制度化、具体化。发挥国有企业党组织治理功能，要把党建工作要求写入公司章程，坚持和完善"双向进入、交叉任职"领导体制，明确党组织研究讨论是董事会、经理层决策重大问题的前置程序，推动"制""人""事"的全面融合。

第二，检验国有企业党组织治理功能，亮点在"五力"。总体上，国有企业党组织融入公司治理增强了国有企业"五力"；具体检验表明，国有企业党委融入董事会治理、融入高管治理均能对国有企业"五力"发挥正向促进作用，但是纪委主要通过融入高管治理发挥作用。实证结果充分体现了国有企业党组织治理功能的"新三观"，即激励约束观、资源依赖观、政府干预观。

第三，提升国有企业党组织治理功能，看点在"信披"。目前国有企业党建信息披露的方式难以反映国有企业党组织融入公司治理的具体情况及作用机制。因此，在提升国有企业业务信息披露质量的同时，还要积极完善党组织融入国有企业治理的信息披露体系，统一披露要求、建立标准体系、明确披露职责，设计国有企业信息的"双轨披露"体系。

本著作基于中国国有企业治理改革实际，结合党的二十大精神，深入阐释并厘清中国式国有企业治理现代化的理论、政策和实践，具有一定的创新性：

第一，本著作紧扣"一个核心"，创新拓展了国有企业治理层面的中国式现代化研究。结合我国独特的社会制度，本著作将党的领导作为提高国有企业公司治理水平的核心要素，研究党的领导与公司治理的关系，增强国有企业将党组织融入公司治理结构的意识，从理论上对党组织嵌入国有企业治理进行了补充，从实践上为国有企业公司治理现实问题提出匹配的解决方案，为国有企业党组织治理功能研究提供了新视角。

第二，本著作紧联"两条主线"，探索构建中国式国有企业治理评价体系及量化应用。本著作以完善中国式国有企业治理现代化体系为主题，以构建国有企业党组织治理量化评价体系及其数据库、"点线面"案例与实证应用为主线，针对党组织融入国有企业治理的关键环节，重点从融入、运行与效果等关键环节上设计国有企业党组织治理功能提升的保障机制，为国有企业党组织治理功能研究提供了新认识。

第三，本著作紧循"三重逻辑"，厘清了中国式国有企业治理现代化体系的实现路径。本著作系统梳理了百年大党与国有企业党组织治理的改革发展历程，厘清了党组织融入国有企业公司治理的历史逻辑；运用党史党建和公司治理等交叉理论，厘清了党组织融入国有企业公司治理的理论逻辑；深入各类型国有企业进行"点"上实地调研，对国有上市公司进行"面"上问卷调查和年报文本分析，系统总结国有企业党组织治理的典型经验，厘清了党组织融入国有企业公司治理的实践逻辑，为国有企业党组织治理功能研究提供了新解释。

本著作在全面调研国有企业治理现状和系统总结相关研究的基础上，力图通过对国有企业党组织治理的理论分析、典型案例分析、问卷调查分析和大样本统计分析，为中国式国有企业治理现代化的全面推进提供可资借鉴的典型经验和可以因势利导的政策措施。本著作主要具有以下特点：

第一，面向实践。本著作以实践为导向，写作团队前期进行大量基层实地调研以获取一手资料，力求呈现真实而丰富的案例素材。本著作对国有企业治理的历史沿革、现状及存在问题进行深入剖析，运用多案例分析和比较分析等研究方法，总结党组织融入公司治理的成功经验，为后续的理论提升和政策建议提供了实践基础。

第二，拓展理论。本著作希望为国有企业公司治理和党组织建设领域的科研人员开展学术研究提供可资借鉴的参考。因此，本著作对国内外相关文献进行了系统地梳理和评价，提炼出党组织融入公司治理的必要性、可行性以及模式选择等关键问题。在此基础上，本著作提出党组织融入公司治理的理论框架并进行实证研究，以丰富中国式国有企业治理现代化的相关研究。

第三，贡献政策。本著作不仅停留在理论研究层面，更希望为推动中国式国有企业治理现代化进程提供可借鉴、可落地的政策建议。本著作在系统梳理党组织治理相关理论、总结国有企业党组织治理实践经验的基础上，进行案例分析、问卷调查、实证研究和比较研究，重点从融入、运行与考核等关键流程点提出国有企业党组织治理功能提升的政策建议，为实现国有企业治理现代化提供了新路径。

本著作由王运陈审定研究大纲和总纂，谢璇、王文姣、张立光、段吟颖和张旭负责全书统稿及全书审校。本著作各章节撰写人员均来自管理学、经济学、党史·党建和马克思主义相关学科研究与实践一线，其中，绪论、第七章由王运陈领著，第一、五章由王文姣领著，第二、四章由谢璇领著，第三章由张旭领著，第六章由张立光领著，第八章由段吟颖领著。本著作能够完成，得益于多位专家的细心指导、耐心帮助，在此一并表示诚挚感谢。

由于研究团队水平和能力有限，本著作难免存在疏漏或不足之处，恳请各位读者不吝批评和指正。

绪　论

国有企业是国之公器、国之重器、国之利器。党的二十大报告要求，"推进国有企业在完善公司治理中加强党的领导。"① 作为社会主义事业领导核心，党在国家机构中居于核心地位，这种关系反映在国企中，则是企业党委与董事会、监事会及经理层的关系。由此可见，党组织融入公司治理成为国企治理一大特色，体现了中国公司治理制度的特殊性。但应清醒地看到，实践中国企党组织融入公司治理似乎存在"貌合神离"的状态，暴露出国企党的建设弱化、淡化、虚化、边缘化等"四化"问题。因此，完善党的领导方式、推动国有企业党建与公司治理交叉融合，以国有企业改革发展成果检验党组织战斗力，对于深化国企改革、推动中国式国有企业治理现代化进程、推进国家治理体系和能力现代化至关重要。

第一节　研究背景与意义

一、研究背景

党的二十大报告指出："从现在起，中国共产党的中心任务就是团

---

① 习近平：《高举中国特色社会主义伟大旗帜　为全面建设社会主义现代化国家而团结奋斗——在中国共产党第二十次全国代表大会上的报告》，人民出版社 2022 年版，第 68 页。

结带领全国各族人民全面建成社会主义现代化强国、实现第二个百年奋斗目标，以中国式现代化全面推进中华民族伟大复兴。"[①] 对于国有企业来说，中国式现代化是摆在其面前的一个重大课题。党的二十大报告要求，"推进国有企业、金融企业在完善公司治理中加强党的领导。"[②] 国有企业在中国式现代化建设中践行时代使命，必须要坚持党的领导这个重大政治原则，建设中国特色的现代化企业制度。这是党对国有企业的根本要求，是国有企业面向第二个百年奋斗之路必须坚决把握的基本原则。坚持党的领导、加强党的建设，是我国国有企业的光荣传统，是国有企业的"根"和"魂"[③]。在中国式现代化全面推进的中华民族伟大复兴的新征程中，照搬西方国家那一套现代企业制度是行不通的，建立健全具有中国特色的现代企业制度迫在眉睫。从中国企业的公司治理机制演变历程来看，我国国有企业治理模式经历了由计划经济体制下的行政型治理向市场经济体制下的经济型治理的转变[④]。在国有企业领导体制上大致经历了厂长负责制、党委领导下的厂长负责制、厂长（经理）负责制、党组织发挥政治核心作用、党组织发挥领导核心作用并建立和完善公司法人治理结构等几个阶段[⑤]。党组织融入公司治理是我国国有企业公司治理发展中的一种创新，是区别于西方现代企业制度的重要标志。由股东大会、董事会和管理层构成的"两会一层"制度体现了西方普遍性

[①] 习近平：《高举中国特色社会主义伟大旗帜　为全面建设社会主义现代化国家而团结奋斗——在中国共产党第二十次全国代表大会上的报告》，人民出版社 2022 年版，第 21 页。

[②] 习近平：《高举中国特色社会主义伟大旗帜　为全面建设社会主义现代化国家而团结奋斗——在中国共产党第二十次全国代表大会上的报告》，人民出版社 2022 年版，第 68 页。

[③] 姜洁、兰红光：《习近平在全国国有企业党的建设工作会议上强调　坚持党对国有企业的领导不动摇　开创国有企业党的建设新局面》，《人民日报》2016 年 10 月 12 日。

[④] 李维安等：《公司治理研究 40 年：脉络与展望》，《外国经济与管理》2019 年第 12 期。

[⑤] 郝健等：《国有企业党委书记和董事长"二职合一"能否实现"双责并履"？——基于倾向得分匹配的双重差分模型》，《管理世界》2021 年第 12 期。

的公司治理制度，而融入党的领导、加入监事会，则体现了中国公司治理的重要特色①。研究如何使国有企业向现代企业方向发展的普遍性与公有制经济加强党建的特殊性融合发展，对于在现代化新征程中加快中国特色现代国有企业制度完善的进程具有重要意义。

　　长期以来，国有企业积极响应和落实党和国家的方针政策，在我国企业中发挥着"排头兵""示范者"的作用。作为中国特色社会主义经济的"顶梁柱"，国有企业在服务国家战略、聚焦主业、创新发展等方面做了大量卓有成效的工作，国有企业的整体规模和综合竞争力有了较为显著的提升。根据财政部发布数据，2023 年 1—7 月全国国有及国有控股企业主要经济效益指标呈恢复性增长，国有企业营业总收入 477160.7 亿元，同比增长 4.3％；国有企业利润总额 27332.5 亿元，同比增长 3.9％②。国有企业应交税费 34404.2 亿元，同比下降 2.9％。此外，根据国务院国有资产监督管理委员会数据，2022 年，中央企业遏制了经济下滑的势头，规模效益保持平稳增长，累计实现营业收入 39.4 万亿元，同比增长 8.3％；实现利润总额 2.55 万亿元、净利润 1.9 万亿元，同比分别增长 5.5％和 5％；累计上缴税费 2.8 万亿元，同比增长 19.3％③。国有企业经济稳中向好的背后是其经营质量的改善、市场竞争力的增强。尽管国有企业发展成绩比较好，但也应清醒地看到，一些国有企业仍存在业务分布过宽、创新力和核心竞争能力不强等突出问题，与世界一流企业还有较为显著的差距，还不适应经济高质量发展的内在要求。一般而言，当经济发展到一定程度，涉及深刻而广泛的质量问题时，市场可能"难以了解"，并

---

① 姜付秀、王莹：《国有企业公司治理改革的逻辑：从国家治理到公司治理》，《经济理论与经济管理》2021 年第 6 期。

② 财政部：《2023 年 1—7 月全国国有及国有控股企业经济运行情况》，2023 年 8 月 29 日，见 http://zcgls.mof.gov.cn/qiyeyunxingdongtai/202308/t20230825_3904101.htm。

③ 《2022 年中央企业实现销售收入 39.4 万亿元，同比增长 8.3％》，2023 年 1 月 17 日，见 https://finance.sina.com.cn/jjxw/2023-01-17/doc-imyansmk9052948.shtml。

且具有一定的盲目性，也就可能发生市场调节失灵现象，尤其是随着新时代生产和消费质量水平的不断提高，经济社会对公共权属性的保障机制提出了更高要求。因此，我们需要发挥"有形的手"的作用，构建以党的领导为核心的中国特色国有企业公司治理机制①，才能够有效推动国有企业持续健康发展。

在实践中，国有企业党组织的地位和作用在某种程度上还处于比较"尴尬"的境况，并且常常拘泥于西方现代企业制度的"普世法则"和"国际惯例"之中，实质上，往往游离于公司治理结构之外②。由于国有企业存在严重的所有者缺位现象，在放权改革过程中，国有企业高管进行显性和隐性的腐败活动的现象频发③。一些国有企业高管站在权力"金字塔"顶端，在财务、工程等管理上"大权在握"，使得国有企业成为"针插不进、水泼不进"的"独立王国"，暴露出内部人控制、国有资产流失等公司治理失灵问题，进而导致国有企业竞争力薄弱，阻碍了中国特色现代企业制度的建设和完善。国有企业发展质量不高尽管原因较多，但不容忽视的一条就是国有企业党的建设弱化、淡化、虚化、边缘化④。而加强党的领导，把党委会嵌入公司治理却有可能对"政府官员"身份倾向更为强烈的国企高管发挥重要作用。国有企业党组织治理似乎存在"貌合神离"的状态。因此，完善党的领导方式、推动国有企业党建与公司治理交叉融合，以国有企业改革发展成果检验党组织战斗力⑤，对于深化国有企业改革、推动中国式国

---

① 姜付秀、王莹：《国有企业公司治理改革的逻辑：从国家治理到公司治理》，《经济理论与经济管理》2021 年第 6 期。

② 胡问鸣：《论加强党对国有企业的领导》，《红旗文稿》2009 年第 15 期。

③ 刘瑾等：《管理层权力与国企高管腐败——基于政府审计调节效应的研究》，《审计与经济研究》2021 年第 2 期。

④ 江宇：《党管国企 有理有据》，《红旗文稿》2017 年第 1 期。

⑤ 杨瑞龙：《新时代深化国有企业改革的战略取向——对习近平总书记关于国有企业改革重要论述的研究》，《改革》2022 年第 6 期。

有企业治理现代化进程、推进国家治理体系和能力现代化至关重要①。

　　百年来，党和国家在实践中不断探索着一条符合中国国情的企业制度，既要有利于国有企业做强做优做大，成为我国经济发展的"压舱石"，又要落脚于新时期中国特色社会主义理论体系，完善党的领导，加强党的建设，使我国国有企业区别于西方资本主义制度背景下的现代企业。我国现代企业制度概念最早由 1993 年党的十四届三中全会正式提出，该制度的思想在于在国有企业建立现代的公司治理体系，形成激励充分、监督有效的经营管理机制，提升国有企业真正的市场竞争力②。但经营权和所有权的两权分离，和中国国有企业发展水平、特点存在不兼容的问题③，无形中弱化了党组织领导作用，部分国有企业党建工作被弱化和边缘化④。党的十八大以来，面对国际国内形势的深刻变化，面对党的建设中存在的突出问题，党中央提出并推进全面从严治党。在这一背景下，中央和各地启动了覆盖广度、深度前所未有的巡视工作。巡视结果表明，各地区、部门和单位"党的领导弱化、主体责任缺失、管党治党不严"是共性问题，部分国企的形势则更为严峻。在部分国有企业中，由于党建工作不直接创造经济效益，党务工作者不受重视，往往被迫安于现状，难有大的作为。部分国有企业基层党组织连班子都配不齐，组织制度形同虚设。⑤ 因此，党的十八届三中全会以来，党中央围绕党的领导如何有效融入国有企业公

---

① 朱羿锟、张宝山：《中国式现代国有企业治理：理论证成与实践进路》，《重庆社会科学》2023 年第 5 期。

② 于娟：《深化国资国企改革　加快完善中国特色现代企业制度》，《中国经贸导刊》2021 年第 15 期。

③ 李锦：《中国特色现代企业制度是一次理论飞跃——十九届六中全会〈决议〉国企改革辅导报告》，《国企》2021 年第 23 期。

④ 程承坪：《当前国企改革的方向：建立中国特色现代国有企业制度》，《学习与实践》2017 年第 2 期。

⑤ 张守良：《在实践中探索　在探索中创新　国有企业党的领导体制及党的建设制度建设沿革》，《国资报告》2016 年第 7 期。

司治理，不断进行理论和实践创新，推进全面深化国有企业改革。

2016 年 10 月，习近平总书记在全国国有企业党建工作会议上提出"两个一以贯之"的要求①。2017 年 5 月，《国务院办公厅关于进一步完善国有企业法人治理结构的指导意见》要求将党建工作总体要求纳入国有企业章程，将党组织研究讨论作为企业决策重大问题的前置程序（即"讨论前置"），并且为党组织以"双向进入、交叉任职"的方式参与国有企业经营决策奠定了法定基础。2017 年 10 月修订的《中国共产党章程》确立了党组织在国有企业中"把方向、管大局、保落实"的重要职能②。2020 年 12 月 30 日，中央全面深化改革委员会第十七次会议通过了《关于中央企业党的领导融入公司治理的若干意见（试行）》，强调党对中央企业的领导。2021 年 10 月，国务院国有资产监督管理委员会（简称"国资委"）党委召开习近平总书记全国国有企业党的建设工作会议重要讲话发表五周年学习座谈会，强调要持续深化学习贯彻习近平总书记全国国有企业党建会重要讲话精神，全面提高新时代中央企业党的建设质量水平，更好引领保障国资央企高质量发展。2022 年 3 月，国务院国有企业改革领导小组办公室召开完善公司治理机制、提升运转质量效能专题推进会，会议强调，要加强党的全面领导，加强政策学习宣贯，狠抓制度执行，注重发挥典型示范引领作用，推动中国特色现代企业制度更加成熟定型。由党和国家的方针政策和会议精神可以看出，不管是过去还是未来国有企业的改革与发展路径的重心均在于"进一步把加强党的领导和完善国有企业公司治理统一起来"。

中国特色现代国有企业制度是对现代企业制度的扬弃，它有助于解决

---

① 姜洁、兰红光：《习近平在全国国有企业党的建设工作会议上强调　坚持党对国有企业的领导不动摇　开创国有企业党的建设新局面》，《人民日报》2016 年 10 月 12 日。

② 柳学信等：《国有企业党组织治理与董事会异议——基于上市公司董事会决议投票的证据》，《管理世界》2020 年第 5 期。

当前国有企业普遍存在的内部人控制问题①、国有资产流失问题②、国有企业腐败问题③等。为加快中国特色现代企业制度完善的进程，推动国民经济高质量发展，于2020年发布了《中共中央关于制定国民经济和社会发展第十四个五年规划和二〇三五年远景目标的建议》，并明确指出："坚持党的全面领导，深化国有企业改革，加快完善中国特色现代企业制度，为实现高质量发展提供根本保证"。如果我们将"建设中国特色现代国有企业制度"视为新一轮国有企业改革的核心议题，那么"五力"则是衡量国有企业改革价值的标准之一。2021年11月，党的十九届六中全会通过的《中共中央关于党的百年奋斗重大成就和历史经验的决议》提出"建立中国特色现代企业制度，增强国有经济竞争力、创新力、控制力、影响力、抗风险能力"。④我们党领导国企国资改革的基本判断在这一新的理论框架中得到了精练概括，而中国特色现代企业制度则在其中确立了核心地位，这次理论飞跃更加凸显、更加引人注目⑤。国有经济"五力"目标的确定是党对中国特色社会主义市场经济规律认识深化和理论创新的重大成果之一，是马克思主义中国化的成果体现，开拓了当代中国马克思主义政治经济学新境界。增强国有经济"五力"是我国经济迈上更高质量、更有效率、更加公平、更可持续、更为安全的发展之路对国有经济发展的必然要求，也是立足新发展阶段、贯彻新发展理念、构建新发展格局对国有经

---

① 马连福等：《中国国有企业党组织治理效应研究——基于"内部人控制"的视角》，《中国工业经济》2012年第8期。

② 陈仕华、卢昌崇：《国有企业党组织的治理参与能够有效抑制并购中的"国有资产流失"吗？》，《管理世界》2014年第5期。

③ 郝健等：《国有企业党委书记和董事长"二职合一"能否实现"双责并履"？——基于倾向得分匹配的双重差分模型》，《管理世界》2021年第12期。

④ 《中共中央关于党的百年奋斗重大成就和历史经验的决议》，人民出版社2021年版，第35页。

⑤ 程承坪：《当前国企改革的方向：建立中国特色现代国有企业制度》，《学习与实践》2017年第2期。

济发展的必然选择①。

党的二十大报告指出："推动国有资本和国有企业做强做优做大，提升企业核心竞争力。"②这一论述与"增强国有经济竞争力、创新力、控制力、影响力、抗风险能力"的目标要求一脉相承，并再次着重把"提升企业核心竞争力"作为国有企业做强做优做大的衡量标准。目前，国有企业实现高质量发展，不仅仅在于企业的世界排名上升或是财务指标"漂亮"，而是竞争力、创新力、控制力、影响力和抗风险能力五种实力的全面增强③。确立增强国有经济"五力"为国有经济改革发展目标，是贯彻落实习近平新时代中国特色社会主义思想的重要组成部分，同时也是党对中国特色社会主义市场经济规律认识深化和理论创新的重要成果之一④，更是国有企业在中国式现代化新征程中改革发展的基点和原则。所以本书首先总结过去，梳理相关理论和文献，归纳国有企业党建的百年发展历程；其次立足当下，采用案例分析和调查研究法，总结国有企业模范党建实践经验；最后设计国有企业党组织融入公司治理的实现路径，提炼完善中国特色现代国有企业制度的政策建议。为增强国有经济"五力"及促进国有企业高质量发展，打造核心竞争力，创建世界一流企业，推进中国式国有企业治理现代化提供实践参考。

二、研究意义

当前，正值加快推动中国特色现代企业制度完善进程、助力我国经济

---

① 李政：《新时代增强国有经济"五力"理论逻辑与基本路径》，《上海经济研究》2022年第1期。

② 习近平：《高举中国特色社会主义伟大旗帜　为全面建设社会主义现代化国家而团结奋斗——在中国共产党第二十次全国代表大会上的报告》，人民出版社2022年版，第29页。

③ 刘瑞：《国有企业实现高质量发展的标志、关键及活力》，《企业经济》2021年第10期。

④ 李政：《创新与经济发展：理论研究进展及趋势展望》，《经济评论》2022年第5期。

迈向高质量发展阶段的关键时期，本书以中国式现代化为理论场景，立足国有企业党组织治理功能这一核心主题，坚持问题导向，研究国有企业党组织治理功能的实现路径、效果评价和保障机制，对更加全面、系统、务实地理解和认识中国式国有企业治理现代化具有独特的学术价值，对完善中国特色现代化企业制度、以高质量党建引领保障国有企业高质量发展，具有重要的应用价值。

（一）理论意义

首先，丰富了党组织嵌入国有企业治理的路径研究。不同于西方国家的资本主义制度背景，我国无论是在经济体系还是在政治体制方面都区别于西方世界，因此，寻找一套基于我国国情的现代企业制度一直是党和国家亟待解决的问题。但是，目前学术界却缺乏对国有企业党组织如何嵌入公司治理的实施路径、保障机制方面的关注，部分研究虽在进入路径上有所涉及，但是略显笼统，缺乏针对性和可操作性。由于目前我国已经进入了新时代，围绕着以中国式现代化推进中华民族伟大复兴、全面建设社会主义现代化强国新征程的目标[1]，以前针对国有企业党建的政策建议研究已缺乏时效性，本书将立足于国有企业在中国式现代化建设中的新使命新任务，在中国特色现代企业制度完善的背景下对党组织嵌入国有企业治理结构的路径进行系统化总结。

其次，梳理了国有企业党组织建设的演进历程。目前，我国学术界对国有企业党组织建设的发展历程并没有一个系统化的梳理，部分研究虽然有所涉及，但往往仅是零碎地介绍了近年来的国有企业党建的政策制度和会议精神。而对国有企业百年党建历史进行梳理和整理，有利于从实践中总结和挖掘经验，从而完善和发展中国特色现代国有企业制度，更好地指

---

[1]　黄群慧：《国有企业在中国式现代化建设中的新使命新任务》，《国资报告》2022 年第 11 期。

导未来的国有企业改革。本书将完整、全面推演国有企业党组织建设与治理历程的发展阶段，梳理企业党的建设工作制度发展脉络，总结国有企业党组织治理实践的经验，以期为中国国有企业在现代化新征程中改革发展，提供重要历史借鉴。

最后，扩展了中国特色国有企业治理的理论研究。目前，在宏观层面上，学者们侧重在混合所有制改革和治理结构方向上的建议研究，而对国有企业整体公司治理体系以及公司治理理论创新改革上的关注明显减少，针对国有企业公司治理的理论研究较少①。同时，公司治理的微观效应是学术界现在所主要关注的研究方向，侧重于每一项具体的公司治理制度，探讨具体改革和结构的效果、制度的运行逻辑和效率等问题。本书将从宏观上，构建国有企业党组织融入公司治理的理论架构，为中国式国有企业治理现代化提供逻辑基点，丰富国有企业公司治理的理论研究。

（二）现实意义

首先，为国有企业高质量党建引领高质量发展提供路径参考。要想促进国有企业高质量发展，全面增强国有企业的"五力"，使其成为推进国家现代化、中华民族伟大复兴坚实的物质基础，就需要不断提高国有企业公司治理水平，而提高公司治理水平不仅需要企业有自我反省、自我更正的能力，也需要党组织在其中发挥"把方向、管大局、保落实"的作用。本书以增强国有企业"五力"、推进国有企业高质量发展为指引，聚焦党组织决策与监督职能，运用机制设计理论，设计党建入章、党建与业务融合、监督治理体系等实现路径，并着重从党组织融入治理关键环节上，设计相应的保障机制，提炼形成新时代国有企业党组织治理实践策略，针对性强，具有重要的现实意义。

---

① 邱宝林：《坚持"两个一以贯之"建设现代企业制度》，《红旗文稿》2022年第3期。

其次，为国有企业党组织嵌入公司的治理结构提供实践经验。本书全面梳理了国有企业党组织建设的变迁历程，有利于国有企业深入了解党组织的地位和功能呈现出从发挥政治核心作用到领导作用的演进脉络，从历史中明确国有企业党建的重要性和先进性，提高政治觉悟。实践也充分证明，国有企业党组织在领导、监督和参与公司治理的实践中已经取得了历史性成就，积累了宝贵的经验，有利于为国有企业加强党的领导、完善党的建设提供历史借鉴。此外，运用案例研究法，探析中央企业、地方国有企业、金融企业、央企基层党组织建设与治理的典型案例，从每个案例中总结、吸取经验启示，为国有企业强化思想引领、加强党的领导提供实践参考。

最后，为加快中国特色现代企业制度完善进程提供政策建议。对于政府部门来说，作为国有企业党建的"推进器"、制度的"供给方"，如何围绕着中国式现代化本质要求，加快中国特色现代企业制度的完善进程，促进国有企业党组织融入公司治理的各个环节，是政府在制定有关政策、保障机制时应当考虑的。本书对中国特色现代企业制度完善与国有企业党组织治理功能发挥特点进行解析，重点分析新时代中国国有企业党组织治理功能作用机制与提升政策，积极融合新时代加强党的领导的新要求与国有企业党组织治理具体实践，推进党组织治理制度化、具体化，为在现代化新征程中"建立健全中国特色现代国有企业制度"提供政策建议。

第二节　研究问题与目标

一、研究问题

（一）厘清国有企业党组织建设与治理的历史经验

实践充分证明，党的十八大以前，国有企业党组织建设在长期的历史变迁过程中不断得以加强和深化，其在领导和监督公司治理的实践中也取得了显著成就，积累了丰富的历史经验。那么国有企业在党建的历史发展历程中积累了哪些经验？系统全面总结这些经验，有助于为新时代坚持和加强党对国有企业的全面领导、加强国有企业党组织建设，并将其融入公司治理各环节、内嵌到公司治理结构中，提供重要历史借鉴。然而，目前多数学者只是对某个阶段或者几个阶段进行说明，缺少文献对国有企业党建的百年发展历程进行系统的归纳、整理和总结，本书将完整、全面推演国有企业党组织建设与治理历程的发展阶段。

（二）解析中国式国有企业治理现代化的实现路径

围绕着以中国式现代化推进中华民族伟大复兴，增强在全面建设社会主义现代化强国新征程中的使命感，国有企业如何更好发挥党的领导作用、实现国有企业有效治理、增强国有企业核心竞争力、推进中国特色现代企业制度的完善这个问题极为重要也十分紧迫。具体而言，紧紧围绕提升国有企业党组织治理功能服务我国经济高质量发展这个中心，进一步明确国有企业党组织治理总体定位，研究国有企业党组织应如何融入公司治理结构？怎样设计国有企业"五力"的测度指标与评价体系？国有企业党组织治理对国有企业"五力"影响如何？是当前深化国有企业改革亟待解决的系列关键问题。

（三）提炼完善中国特色现代国有企业制度的保障机制

由于经验证据限制，现有研究对国有企业党组织治理效果差异难以精益化，使得提升机制与政策建议很难具有针对性和实操性，进而影响"中国式现代化国有企业治理体系"的系统构建。如何完善政策提升国有企业党组织治理能力，更好服务中国式现代化建设？如何完善中国特色现代化企业制度？如何立足中国特色现代企业制度完善的背景，诊断具体路径下影响国有企业党建的关键因素，针对党组织融入公司治理的关键环节设计保障机制？是当前构建中国式现代化的企业微观基础制度需解决的系列重要问题。本书正是基于这些问题进行相应探索。

二、研究目标

（一）总体目标

本书将弥补目前的研究缺陷，运用文献研究法，梳理国有企业党建的相关文献，建立国有企业党建百年发展的历史逻辑。整理有关理论基础，界定中国式国有企业治理现代化、党组织治理功能等内涵，创立中国式国有企业治理现代化实现的理论逻辑。采用案例分析法，总结国有企业党建模范实践经验。运用机制设计理论，设计国有企业党组织融入公司治理的实现路径，并从关键环节上设计相应的保障机制，确立中国式现代化国有企业治理体系构建的实践逻辑。

（二）阶段目标

（1）学术目标：基于中国化马克思主义党建理论、公司治理理论、政府干预理论及嵌入性理论等理论基础，结合中国式现代化的新要求，总结国有企业党组织治理效能发挥的基本思路和实现路径，构建国有企业党组织治理影响国有企业"五力"的理论框架。

（2）应用目标：系统总结国有企业党组织建设与治理的历史经验和典型经验，为党组织融入公司治理各环节、内嵌到公司治理结构中提供重要历史借鉴和实践参考；设计国有企业党组织治理效能提升的实现路径、保障机制与政策建议，辅助相关部门制定和优化中国式国有企业治理现代化建设的政策体系。

第三节　研究思路与方法

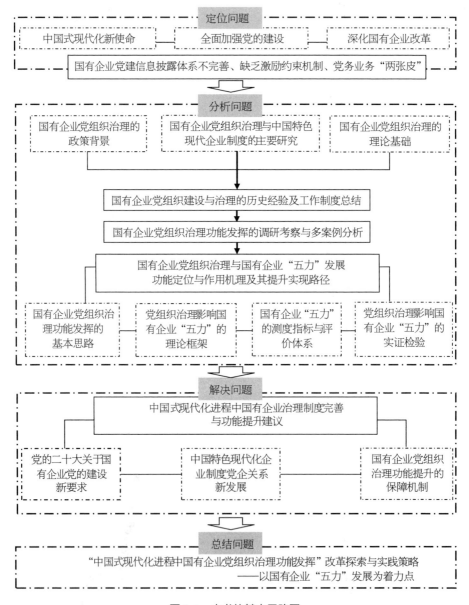

图 1-1　本书的基本思路图

一、研究思路

本书坚持问题导向，遵循"中国式国有企业治理现代化背景→典型案例分析→国有企业党组织治理功能定位与作用机理→国有企业党组织功能提升实现路径→政策建议"的逻辑链条，运用交叉学科知识，从理论和实证两个层面进行论证，如图 1 所示。

二、研究方法

规范分析法。借助 CNKI、EBSCO 等文献库整理和分析相关文献资料，运用逻辑演绎与归纳总结法，明确国有企业党组织领导作用的治理内涵，厘清中国特色现代企业制度完善背景下国有企业党组织治理的理论逻辑。

实地调研法。深入国有企业及其基层单位实地走访和调研，掌握在国有企业党建工作实践中的有益经验、面临挑战和改进方向。走访国资委等监管部门，掌握其对国有企业党委治理的期望与要求，为解析国有企业党组织治理的作用机理与提升机制提供思路。

实证分析法。使用 CSMAR、Wind、地方国资等数据库及百度等搜索引擎，手工收集国有企业党组织治理情况等信息，结合调研数据，检验国有企业党组织治理对国有企业"五力"发展的影响效果。

案例分析法。搜集国有企业尤其是优秀的党组织融入公司治理的国有企业案例，通过调查问卷和访谈提纲分析案例企业的典型做法和具体经验，最终形成国有企业党委治理经典案例库。

第四节　研究内容与框架

一、研究内容

（一）研究内容

国有企业党组织治理紧要性分析与理论框架构建。首先，把握时代背景，作为推进国家现代化的重要力量，围绕着以中国式现代化推进中华民族伟大复兴，国有企业高质量发展已经成为时代性、全局性、战略性的任务。将党的领导融入国有企业治理的各个环节，充分发挥党组织"把方向、管大局、促落实"的领导核心作用，促进国有企业高质量发展。解析新时代中国式国有企业治理现代化的主要要求和国有企业"五力"发展及其治理主要特征，分析党的领导融入公司治理的基本依据，总结党组织内嵌到治理结构的理论基础。其次，运用归纳演绎法，着重从百年大党的历史演进史料中，探寻中国共产党领导国有企业的政策演变规律，并着重梳理企业党的建设工作制度发展脉络，厘清国有企业党组织治理等关键概念；运用"中国式现代化理论"和"公司治理理论"等理论，系统分析国有企业党的领导融入公司治理的基本依据，总结党组织内嵌到治理结构的理论基础，围绕党组织的决策和监督职能，厘清理论逻辑。最后，运用管理学、党史党建等交叉学科知识，构建研究分析框架。

中国式现代化建设中国有企业党组织治理功能发挥的作用机理与实证研究。首先，开展"点""线""面"结合的调查研究，在"点"上，选取了四川地区的东方电气等中央企业和华西集团等地方国有企业进行了调研，总结梳理了国企党组织融入公司治理典型经验和做法。在"线"上，从总体、融入、把关、定向、落实等方面开发了党组织治理情况调查问卷，联合四川省上市公司协会，向全省139家上市公司发放"新时代四川上市公司党组织融入公司治理"问卷，并进行深入分析。在"面"上，手工收集国有企业党组织治理情况等数据，进行大样本数据分析。其次，根据理论框架，重点分析国有企业党组织治理模式，即"双向进入、交叉任职"的形式（党委或纪委等）、程度（双向进入程度等）、方式（交叉任职类型等）对国有企业"五力"发展的影响机理。再次，构建国有企业党组织治理效果和国有企业"五力"评价体系，运用计量经济学方法分析国有企业党组织的治理效果。最后，从内外部治理环境、经营环境等国有企业异质性角度出发，解析国有企业党组织治理在影响国有企业"五力"发展中的差异性及作用机理。

提升国有企业党组织治理功能的政策建议。立足中国式现代化时代背景，总结新征程下国有企业党组织治理目标、内容、方式、成效、考核等方面的新要求，反思国有企业党组织治理功能发挥面临的主要问题，以国有企业党组织治理功能发挥为着力点，全面总结理论推演和实证分析中的经验与不足，结合政策实践情况，从国有企业党组织治理功能总体定位、作用机理、提升机制等方面重点提炼，为"建立中国特色现代国有企业制度"的改革探索与政策制定提供科学依据。更好地使党组织通过把关定向、执行落实、长效监督参与到公司治理中，使国有企业聚焦于主业培养核心竞争力，同时充分激发创新精神，提升国有企业"五力"，推进国有企业高质量发展水平。

（二）研究重点和难点

本书重点在于：

（1）梳理国有企业党组织治理演进的历史与逻辑。本书通过较为系统地整理党史党建、国有企业改革与治理发展等文献资料与政策文件，澄清国有企业党建中存在的模糊认识，总结国有企业党组织治理与企业党建工作制度发展脉络。针对中国式国有企业治理现代化建设中的国有企业改革取向特点，结合"加强党的领导"要求，归纳国有企业党组织治理的理论逻辑。

（2）解析党组织治理功能实现的路径与效果。瞄准完善中国式现代国有企业制度、国有企业高质量发展、国有企业"五力"发展及其核心竞争力提升诉求，聚焦党组织的决策与监督职能，厘清国有企业党组织治理能力的实现路径，构建针对性强的计量模型，科学评估治理效果及差异。

（3）提炼提升党组织治理功能的机制与政策。诊断不同条件下影响党组织治理效果的关键因素，客观看待党组织治理存在的问题，针对国有企业党组织融入公司治理关键环节设计提升机制，使党组织成为公司法人治理结构的有机组成部分。

本书难点在于：

（1）本研究属交叉学科研究，涉及马克思主义理论、党史党建、管理学、经济学等学科知识，且具有较强的时事背景，如何快速准确把握中国式现代化建设、经济和国有企业高质量发展、国有企业"五力"发展以及国有企业党建工作新要求，并与现代公司治理有机融合，准确判定新时代国有企业党组织治理功能的实现路径，是本书的一大难点。

（2）由于存在国有企业目标多样性、国有企业"五力"发展衡量争议性、党组织治理效果影响因素复杂性等特点，加之党组织会在董事会、监事会及经理层任职情况并非强制披露内容，因此，如何合理构建理论模型、度量关键变量和高质量收集数据，此为另一大难点。

二、研究框架

本书主要涉及六个模块。首先，在对相关概念进行界定的基础上，整理有关理论基础，梳理国有企业党建的文献，归纳国有企业党建的百年发展历程。其次，在实践案例中总结国有企业党建的先进经验。最后，设计国有企业党组织嵌入公司治理的实现路径，并从关键环节上设计相应的保障机制，提炼完善中国特色现代国有企业制度的政策建议。下面将分别从这六个模块展开介绍。

第一个模块主要探讨了国有企业党组织治理的研究背景及意义。研究背景上，主要立足于习近平总书记的重要论述展开，阐述国有企业在建设中国式现代化的使命担当。紧接着明确国有企业治理是国家治理、公共治理与社会治理的重要支撑，直接关系到国家治理体系和治理能力现代化。总结出"坚持'国企姓党'，是以中国式现代化全面推进中华民族伟大复兴的关键"，推进中国式国有企业治理现代化必须坚持和加强党对国有企业的领导，使其成为"最可信赖的依靠力量"，确保党长期执政的物质基础更加牢固。在研究意义上，主要从学术贡献以及从深化国有企业改革、促进党和国家事业发展角度来表述。此外，这一模块还详细介绍了本书的研究思路与研究方法以及研究框架与研究内容。

第二个模块主要涉及了本书的概念界定、理论基础与文献综述以及国有企业党组织建设与治理的历史经验。在本模块的第一部分，首先，解释中国式现代化、企业党组织、现代公司治理及党组织治理功能的概念。其次，从中国式现代化理论、中国化的马克思主义党建理论、公司治理理论、政府干预理论及嵌入性理论五个方面，来阐述本书的理论基础。最后，从政府干预与企业发展相关研究、党组织治理逻辑与能力相关研究、企业党组织功能定位的相关研究、国有企业公司治理结构相关研究、企业党组织治理效应的相关研究四个角度出发，对国有企业党组织治理的相关研究基础进行梳理和总结。

第三个模块主要梳理了国有企业党组织治理的历史经验以及企业党建工作制度建设历程。在本模块的第一部分，首先，分为四个阶段介绍了百年大党视野下国有企业党组织建设的变迁。其次，总结了党的十八大以前国有企业党组织治理实践的经验，梳理了党的十八大以来国有企业党组织治理实践的新发展。最后，介绍了百年变局视域下国有企业党组织治理的新变化和新挑战。在本模块的第二部分，首先，梳理了党的十八大以来中央层面企业党的建设工作制度的发展脉络。其次，梳理了党的十八大以来四川层面企业党的建设工作制度的发展脉络。

第四个模块主要通过案例研究和调查研究，归纳总结国有企业党组织治理功能有效发挥的经验启示。在本模块的第一部分，分别从中央企业、央企基层、地方国有企业、金融企业选取典型案例，提炼国有企业党组织治理的优秀实践经验。首先，选取了东方电气集团作为中央企业党建的典型案例，从其在党建思想建设、制度建设、基层党组织建设这三个方面挖掘东方电气党建的典型经验。其次，选取中国航油天府分公司作为央企基层党建的案例，作为基层党组织治理的典型代表，中航油天府分公司近年来紧贴公司改革发展和党的建设工作实际，积极推进以高质量党建引领保障企业高质量发展，具有一定的典型性。再次，选取华西集团作为地方国有企业党建的案例，从构建"流动式党组织"的党建实践情况中，总结出地方国有企业党建启示。最后，选取成都银行作为金融企业党建的案例，国有金融企业担负着"防范和化解金融风险"的重要职责，而加强党对金融企业的领导，是保障这项重要职责有效履行的必然要求。国有企业间由于所处行业不同、产权性质的不同，使得国有企业党建经验也略有差异。本书通过分析中央企业、央企基层、地方国有企业、金融企业党建的典型案例，归纳不同类型国有企业党建的经验，针对性和操作性更强。在本模块的第二部分，以四川省为例，通过调查研究，解构国有企业党组织治理的现状及其困境所在，为后续实证研究与路径优化提供重要思路。

第五个模块介绍国有企业党组织治理功能提升实现路径并提出了完善中国式现代化国有企业治理制度的建议。在本模块的第一部分，首先，提出国有企业党组织治理效能发挥的基本思路，包括厘清党组织与其他治理主体的权责边界，规范党建工作纳入国有企业的公司章程，推动党建工作和业务工作深度融合发展，落实纪委对国有企业党组织的专责监督。其次，介绍了党组织治理影响国有企业"五力"的理论框架，包括国有企业"五力"概述、党组织治理影响国有企业"五力"的理论、党组织治理影响国有企业"五力"的具体路径。最后是国有企业"五力"的测度指标与评价体系的设计以及党组织治理影响国有企业"五力"的实证检验。在本模块的第二部分，介绍了党的二十大关于国有企业党的建设新要求、中国特色现代企业制度党企关系的新发展。此外，本书还将诊断具体路径下影响国有企业党建的关键因素，针对党组织融入公司治理的关键环节设计出五项保障机制。

第六个模块是本书的研究结论与未来研究展望，包括研究结论与启示，研究创新与贡献，研究不足与展望。本书全方位论述了国有企业党组织治理功能发挥是企业高质量发展的重要基石，是推动中国式国有企业治理现代化的重要支撑力量。对于国有企业而言，应重视党的建设，立足新发展阶段，贯彻新发展理念，构建新发展格局，努力促进党组织与公司治理结构高效融合，以高质量党建推动企业高质量发展，在激烈的市场竞争中充满活力、发展壮大。具体而言，应将党组织融入治理结构与管理机制，坚持党的领导，明确党组织在公司法人治理结构中的法定地位，厘清党组织和各治理主体的权责边界，明确党组织的议事规则，依法落实各治理主体权利，确保各司其职，为做大做优做强国有企业提供坚强的政治支撑。此外，各国有企业应找准自身定位，结合自身情况有针对性地完善党组织治理机制，同时，国家相关部门应加强对国有企业党组织的监督管理，保障党组织领导核心作用的充分发挥，进一步推动国有企业高质量发展、国有企业"五力"发展。

第五节　研究创新点

当前，正值加快推动中国特色现代企业制度完善进程、助力我国经济迈向高质量发展阶段的关键时期。国有企业作为促进国家现代化和维护人民群众共同利益的主力军，应扮演好"排头兵"角色。围绕党的中心任务和基于用中国式现代化实现中华民族伟大复兴这一伟大任务，坚持党的领导显得格外重要。中国的现代化道路并非西方现代化理论的简单复制，而是立足我国自身条件，结合我国实际情况，呈现"特殊性"①。党在国家机构中居于领导核心地位，这种关系反映在国有企业中，则是企业党委与董事会、监事会及经理层的关系。国有企业屡屡被曝出内部人控制、国有资产流失等治理失灵问题，不容忽视的一条即是国有企业党的建设弱化、淡化、虚化、边缘化。如何提高国有企业的公司治理水平，深化国有企业党建，已成为学术界研究的热点，并且取得了一些学术成果，但仍有可深入思考和研究的方向，因此，本书立足中国国有企业治理改革实际，结合党的二十大精神，旨在深入阐释并厘清中国式国有企业治理现代化的理论、政策和实践，具有一定的创新性。

第一，本书紧扣"一个核心"，创新拓展了国有企业治理层面的中国式现代化研究。当前，国有企业腐败、党的领导弱化成为制约国有企业深化改革的重要因素，如何加强国有企业党建工作，如何加快中国式国有企业治理现代化的进程是亟待解决的问题。本书结合我国独特的社会制度，将党的领导作为提高国有企业公司治理水平的核心要素，研究党的领导与公司治理关系，能够增强国有企业将党组织融入公司治理结构的意识，从理论上对党组织嵌入国有企业治理作了补充，从实践上为国有企业公司治

---

① 韩保江、李志斌：《中国式现代化：特征、挑战与路径》，《管理世界》2022 年第 11 期。

理问题提出匹配实践的解决方案，为提高国有企业公司治理水平提供了新视角。

第二，本书紧联"两条主线"，探索构建中国式国有企业治理评价体系及量化应用。随着近年来国有企业"党组织在公司法人治理结构中法定地位的明确"，研究焦点应进一步转移到设计国有企业党组织融入公司治理的具体路径、评价治理效果及设计提升机制这一完整逻辑链上，而当前这一领域研究还有待补充。以中国式国有企业治理现代化体系完善为主题，以构建国有企业党组织治理量化评价体系及其数据库、"点线面"案例与实证应用为主线，针对党组织融入国有企业治理的关键环节，重点从融入、运行与效果等关键环节上设计国有企业党组织治理功能提升的保障机制，为提高国有企业公司治理水平提供了新认识。

第三，本书紧循"三重逻辑"，厘清了中国式国有企业治理现代化体系的实现路径。首先，系统梳理了百年大党与国有企业党组织治理改革发展历程，以及企业党的建设工作制度发展脉络，厘清了党组织融入国有企业公司治理的历史逻辑。其次，运用党建和公司治理等交叉理论，立足中国式国有企业治理现代化新要求，构建了理论分析框架，厘清了理论逻辑。最后，既深入各类型国有企业，进行"点"上调研，又在"面"上对国有上市公司等国有企业进行问卷调查和年报文本分析，系统总结国有企业党组织治理典型经验，厘清了实践逻辑，为提高国有企业公司治理水平提供了新解释。

第 一 章

概念界定、理论基础与文献综述

一方面，以中国式现代化为理论场景，立足国有企业党组织治理功能这一核心主题，运用归纳演绎法，厘清国有企业党组织治理等关键概念；另一方面，运用"中国式现代化理论"和"公司治理理论"等理论，系统分析国有企业党的领导融入公司治理的基本依据，总结党组织内嵌到治理结构的理论基础，围绕党组织的决策和监督职能，厘清理论逻辑。

第一节　概念界定

一、中国式现代化

中国式现代化，即中国共产党所领导的社会主义现代化。2020年，习近平总书记在十九届五中全会第二次全体会议上，将人口规模巨大、全体人民共同富裕、物质文明和精神文明相协调、人与自然和谐共生以及走和平发展道路五个方面的现代化总结为中国式现代化的内涵特征[①]。中国共产党早在新民主主义革命时期，创造了实现现代化的根本社会条件；在社会主义革命和建设时期，奠定了现代化建设的根本政治前提和理论

[①]　习近平：《新发展阶段贯彻新发展理念必然要求构建新发展格局》，《求是》2022年第17期。

准备；在改革开放和社会主义建设新时期，中国式现代化全面发展得以落实，而这成为中国式现代化建设的体制保证和物质条件。中国式现代化，是对一切人类优秀文明成果精髓的借鉴吸收；是代表人类文明进步的发展方向；是人类文明形态的一种全新形态。中国式现代化，打破了"现代化＝西方化"的固化理念，拓展了发展中国家走向现代化的路径选择，为人类探索更好的社会制度提供了中国方案。中国式现代化蕴含的独特世界观、价值观、历史观、文明观、民主观、生态观等及其伟大实践，是对世界现代化理论和实践的重大创新①。党的十八大以来，我们党在推进和拓展中国式现代化过程中进行了理论上的创新和实践上的突破。中国式现代化的精髓在于始终坚持中国共产党的领导，确保其实现的政治根本。所以，中国式的现代化，也就是在中国共产党领导下的社会主义现代化。人类社会从传统社会到工业社会的变迁过程是一个现代化进程，即经济基础和上层建筑互动的结果。在马克思主义思想的引导下，区别于其他政党，中国式现代化始终以人民利益为首要奋斗目标。资本主义现代化存在政治和经济两者之间不可调节的矛盾，就是生产力和生产关系、上层建筑和经济基础矛盾加深的过程。中国式现代化与资本主义现代化不同，是以党的领导为核心，使得政治与经济协调统一，克服了资本主义现代化以少数人利益为代表所存在的缺陷，其着眼点与立足点都是把维护与实现最广大人民群众根本利益作为永恒命题，它在政治稳定，民族团结和经济发展等方面提供根本保障，有着其他国家无法比拟的优势。

国有企业不仅是中国特色社会主义的重要物质基础和政治基础，也是建设国家现代化的重要力量。我们党以深化国资国企改革为抓手，以加快国有经济的布局优化与结构调整为重点，以健全中国特色现代企业制度为保障，加快推进现代化国有企业建设，为实现全面建设社会主义现代化国

---

① 《党的二十大精神专题十二讲》，人民出版社 2023 年版，第 35 页。

家目标，提供方向路径。党的二十大报告明确了深入推进国家治理体系和治理能力现代化是实现中国式现代化的任务之一。① 国有企业治理体系正是中国式现代化的具体表现，尤其以在现代化治理中融入党的监督领导为中国特色。国有企业推进公司治理现代化对于建设世界一流企业、夯实中国特色社会主义重要物质基础和政治基础、保障全体人民实现共同富裕具有重要意义。

二、企业党组织

企业党组织是指中国共产党在企业的基层组织，国有企业党组织是指由上级党委委任，且在一定程度上对重大经营决策、高管人事任命、高管薪酬、并购重组等方面行使政治干预，在企业中发挥政治统领作用的组织。国有企业党委（党组）在企业中应发挥领导功能，依照规定讨论和决定企业重大事项。党的十八大以来，习近平总书记站在党和国家事业战略全局的高度，从国有企业党建设的具体实际出发，深刻系统地回答了在我国全面深化改革和经济转型进程中"国有企业的地位作用""国有企业为什么要改革以及怎么改""国有企业要不要加强党建及如何坚持党的领导"等一系列基本问题②，并且从国有企业对于巩固中国共产党的执政地位、坚持和完善中国特色社会主义制度、推进国家治理体系和治理能力现代化的重要性角度，创造性地提出国有企业问题"不仅仅是一个纯粹的经济问题，而是一个政治问题"的重要论断③。并强调坚持党的领导、加

---

① 参见习近平：《高举中国特色社会主义伟大旗帜　为全面建设社会主义现代化国家而团结奋斗——在中国共产党第二十次全国代表大会上的报告》，人民出版社 2022 年版，第 25 页。
② 张毅：《坚定不移做强做优做大中央企业》，《人民日报》2016 年 10 月 10 日。
③ 宋笑敏：《习近平关于加强国有企业党的建设重要论述》，《世界社会主义研究》2021 年第 10 期。

强党的建设是国有企业的"根"和"魂"①。习近平总书记提出，要切实加强党对国有企业的全面领导，从组织上、制度上、机制上确保国有企业党组织的领导地位，充分发挥企业党委（党组）把方向、管大局、保落实的领导作用②。这为新时代国有企业党组织明确了定位，并为其发挥作用指明了方向。而如何切实发挥国有企业党组织作用，仍是国有企业党的建设中的一个重要问题，是国有企业党的建设研究所讨论的一个中心问题，也对国有企业在服务国家战略、实现创新发展、畅通产业循环、保障社会民生等方面的发展有着重要的影响。随着时代改变，国有企业党组织在企业中的地位也从"政治核心"转变为"发挥领导作用"，相应地，国有企业党建研究也实现了深化，并呈现出坚持以马克思主义党建理论为指引，同时积极借鉴企业生产经营管理理论的特点，开辟了国有企业党建研究的新局面③。

三、现代公司治理

随着公司制企业的不断发展，企业逐渐呈现出所有权与经营权的分离，由此产生了治理问题，促使企业所有者（委托方）为维护权益对受托方（经营者）形成一定的制约机制，公司治理成为现代企业关注的核心。公司治理的基本目标，是利用公司治理结构和机制使企业的管理者在利用资本供给者提供的资产发挥资产用途的同时，承担起对资本供给者的责

---

① 《习近平关于全面从严治党论述摘编（2021年版）》，中央文献出版社2021年版，第63页。
② 《中共中央政治局召开会议审议〈中国共产党党和国家机关基层组织工作条例〉和〈中国共产党国有企业基层组织工作条例（试行）〉中共中央总书记习近平主持会议》，《人民日报》2019年11月30日。
③ 柯绍清：《党的十八大以来国有企业党的建设研究评述》，《思想理论教育导刊》2022年第1期。

任。是决定企业的发展方向和业绩，提高企业战略决策能力，为投资者创造价值的根本前提。以委托代理理论、产权理论等为基础理论的前提下，公司治理被看作是组织制度安排的一种类型。由于委托代理问题，外部投资者担心自己的利益会由于经理人的利己行为而受到损害，为了能吸引外部投资者的融资，给予外部投资者的一些权利。20 世纪 90 年代的学者们提出了不同的观点。从狭义的角度出发，部分专家认为"公司治理结构是用以调节公司中存在重大利害关系的投资者、管理层人员和雇员之间关系的一整套制度安排，并保证从这种关系中实现经济利益"[1]。也有部分学者认为，公司治理是保证投资者自身投资收益的方式。公司治理主要是一系列的制度安排，目的是确保企业投资者能够获得投资回报，便于投资者监管和控制企业管理者[2]。此后，有学者认为"公司治理结构指的是所有者对一个企业的经营管理和绩效进行监督和控制的一整套安排"[3]。从制约关系视角出发，也有研究强调公司治理结构各元素的制约和制衡机制[4]。

国外部分学者认为公司治理为一个涵盖了法律、规则与公司经营控制权安排的体系。他们将公司经营的社区纳入其中，包括了政治环境、法律与规章制度，以及更为宽泛的公司所处的市场环境，形成了较为全面的公司治理框架[5]。在我国，有学者认为"公司治理广义上包括广泛的利害相关者，包括股东、债权人、供应商、员工、政府和社区等与公司有利害关系

①　钱颖一：《企业的治理结构改革和融资结构改革》，《经济研究》1995 年第 1 期。

②　A. Shleifer, R.W. Vishny, "A Survey of Corporate Governance", *Journal of Finance*, Vol.52, No.2（1997），pp.737-783.

③　林毅夫、李周：《现代企业制度的内涵与国有企业改革方向》，《经济研究》1997 年第 3 期。

④　C. Mayer, "Corporate Governance, Competition and Performance", *Journal of Law and Society*, Vol.24, No.1（1997），pp.152-176.

⑤　参见 S. L. Gillan, L. T. Starks, "A Survey of Shareholder Activism: Motivation and Empirical Evidence", *Contemporary Finance Digest*, Vol.52, No.3（1998），pp.10-34。

的集团"①。从狭义和广义两个融合视角出发，张维迎认为"公司治理结构在狭义层面可以是指公司董事会的功能和结构、股东权力等方面的制度安排；广义层面可以包括公司控制权和剩余索取权分配的一整套法律、文化和制度安排"②。"十三五"时期以来，我国公司治理迈上现代化台阶，2015 年发布的《G20/OECD 公司治理原则》引发新一轮全球公司治理变革热潮；跟随时代脚步，2018 年证监会发布了修订的《上市公司治理准则》，伴随国内外市场环境和制度环境变迁，公司治理也步入关键的转型时期，呈现出一些新的企业战略、组织结构和管理方法；2022 年中国共产党第二十次全国代表大会提出了中国式现代化，展开了中国式现代化公司治理的新篇章。国有企业公司治理的中国现代化体现在公司治理结构中融入企业党组织。国有企业通过建立健全党委（党组）、董事会、经理层等治理机制，形成新的决策管理办法和权限边界，确保党组织领导作用的组织化、制度化和具体化，充分发挥党组织把方向、管大局、保落实的领导作用。

四、党组织治理功能

从中国共产党成立至今，随着党的历史方位和政治任务发展变化，党组织的功能也在变化。从中国共产党与国家治理的关系来看，党组织的发展是一个扎根于国家治理体系的过程，在这个发展过程中凭借组织优势成为国家治理体系的枢纽和治理能力的核心力量，为国家治理注入价值共识和文化基因，继承并发扬马克思主义理论，肯定无产阶级及其政党、人民大众的国家治理主体地位。同时这个发展路径又呈现出一种双向的互动关

---

① 李维安、张国萍：《公司治理评价指数：解析中国公司治理现状与走势》，《经济理论与经济管理》2005 年第 9 期。

② 张维迎：《所有制、治理结构及委托—代理关系——兼评崔之元和周其仁的一些观点》，《经济研究》1996 年第 9 期。

系，国家治理条件的变化也会反馈到党内，要求将领导国家治理的能力建设作为党组织治理功能建设的核心，由此形成了党的组织结构和功能要适应国家治理需要的特征①。而随着党组织的发展，其治理功能不仅仅体现在国家治理中发挥政治功能，中国共产党的治理功能在机关、企业和学校等多种组织中发挥着作用，而在这些单位中发挥着治理功能的都是被喻为"神经末梢"的基层党组织。党的十八大以来对《党章》进行多次修订，从建设学习型、服务型、政治型和治理型党组织的角度对基层党组织功能提出了新要求，并且强调了基层党组织的治理功能。不同类型的基层党组织在基层社会治理中肩负着不同的职责，职责决定功能。政企关系一直是中国制度背景下公司治理的研究热点之一，近年来党组织嵌入企业内部的路径以及影响也受到了广泛关注。党组织是企业与政府建立沟通的重要桥梁，同时也是政府与企业建立联系的重要途径。针对国有企业党组织，党的二十大通过的《中国共产党章程（修正案）》规定：国有企业党委（党组）发挥其领导作用，在企业中负责把方向、管大局、保落实，并依照规定讨论和决定企业重大事项。《党章》对国有企业党组织的权责和定位进行了清晰且准确的界定，强调了党组织的总揽全局的领导作用以及在企业改革发展和日常经营中的把关权、决策权、监督权②。党的二十大报告指出，要推进国有企业、金融企业在完善公司治理的同时加强党的领导，增强党组织政治功能和组织功能③。这点明了当前国有企业党建工作重心，也体现了党组织在国有企业治理中的主体地位。

---

① 刘玉东：《国家治理视野下党组织的发展路径和功能建设》，《科学社会主义》2019 年第 4 期。

② 王金柱、王晓涵：《国有企业党组织权责建构的演变、创新和启示》，《理论导刊》2022 年第 8 期。

③ 参见习近平：《高举中国特色社会主义伟大旗帜　为全面建设社会主义现代化国家而团结奋斗——在中国共产党第二十次全国代表大会上的报告》，人民出版社 2022 年版，第 68 页。

第二节　理论基础

一、中国式现代化理论

党的十八大以来，习近平总书记对我国现代化发展理论问题进行了深入思考，从新时代我国现代化建设的实践出发，提出了中国式现代化理论。中国式现代化理论也即是全面建设社会主义现代化强国理论，是马克思主义中国化时代化的最新理论成果。习近平总书记在二十届中共中央政治局第一次集体学习会议时强调："要全面把握中国式现代化的中国特色、本质要求和必须牢牢把握的重大原则"①，也就是要牢牢把握全面建设社会主义强国的理论支撑是中国式现代化理论。

"中国式现代化"这一理念的提出来源于习近平总书记在庆祝中国共产党成立一百周年大会上的讲话，并且在党的二十大报告中进行了详细阐述。2013 年十八届中央政治局第九次集体会议，习近平总书记对我国现代化发展的重要规律和特征进行了深刻剖析，阐明了我国现代化发展是"并联式"发展，即工业化、城镇化、信息化、农业现代化同时叠加发展的过程②。同年在中央城镇化工作会议上，习近平总书记对社会主义城镇化和现代化的本质要求进行了深刻阐述，即把人的现代化作为本质属性，同时平衡好工业化、城镇化和农业现代化三者之间的内在联系。在十八届三中全会上，现代化理论得到创新发展，"国家治理体系和治理能力现代化"这一新概念进入大众视野。2014 年在中共中央召开的党外人士座谈会和中央经济工作会议上，习近平总书记明确了我国新时代推进现代化建

---

① 习近平：《在二十届中央政治局第一次集体学习时的讲话》，《求是》2023 年第 2 期。

② 中共中央文献研究室编：《习近平关于社会主义经济建设论述摘编》，中央文献出版社 2017 年版，第 159 页。

设的重大方针。2015 年习近平总书记在十二届全国人大三次会议上，揭示了推进我国农业现代化的战略重点。强调加快建设现代农业产业体系、生产体系、经营体系三个重点。十八届中央政治局第二十二次集体学习会议，极大地丰富和发展了马克思主义城市化理论，推进城乡一体化的发展是国家现代化的重要标志。2016 年，国家治理体系和治理能力现代化理论得到了进一步发展，体现在网络安全和信息化工作座谈会上，习近平总书记强调以信息化推进国家治理体系和治理能力现代化。2017 年，党的十九大报告极大地丰富和拓展了我国现代化建设的内涵和要求，习近平总书记揭示了 2035 年和 2050 年两个十五年发展目标，同时提出一项重要任务：建设现代化经济体系。2020 年习近平总书记提出了一系列加快现代产业建设的战略任务，包括加快现代化服务业。农业产业链体系和数字化建设等①。习近平总书记的重要讲话为中国式现代化理论提供了科学的思想指引，标志着我们党在高度自觉的理论基础和高度自信的实践经验。

习近平总书记在党的二十大报告围绕"中国共产党的中心任务"这一主题，深刻明晰了中国式现代化理论的丰富内涵，也揭示了中国式现代化是全面建设社会主义现代化强国的核心要义和根本内涵。党的二十大报告指出，深入推进国家治理体系和治理能力现代化是主要的目标任务之一，全面深化国有企业改革的核心内容就是要推进国有企业治理能力现代化发展②。国有企业公司治理既有中国制度背景的特殊性，也有西方经典代理问题的普遍性③，发挥中国特色优势，使党的领导监督融入到国有企业公

① 《中共中央关于制定国民经济和社会发展第十四个五年规划和二〇三五年远景目标的建议》，《十九大以来重要文献选编》（中），中央文献出版社 2021 年版，第 787—805 页。

② 参见习近平：《高举中国特色社会主义伟大旗帜　为全面建设社会主义现代化国家而团结奋斗——在中国共产党第二十次全国代表大会上的报告》，人民出版社 2022 年版，第 25 页。

③ 姜付秀、王莹：《国有企业公司治理改革的逻辑：从国家治理到公司治理》，《经济理论与经济管理》2021 年第 6 期。

司治理结构中去，在更大范围、更深层次纵深推进国有企业改革，中国特色国有企业现代公司治理就是纵深推进国有企业改革的重点工作。国有企业成为中国式现代化的参与者和实践者，这意味着借鉴西方经典治理经验的同时需要结合中国实际，来探究国有企业公司治理现代化。

二、中国化的马克思主义党建理论

马克思、恩格斯的政党建设思想是马克思理论和马克思主义党建理论的重要组成部分。马克思、恩格斯在深刻总结欧洲工人运动的经验教训基础上明确指出，"无产阶级在反对有产阶级联合力量的斗争中，为保证社会革命获得胜利和实现革命的最高目标——消灭阶级"①。马克思、恩格斯共同制定了无产阶级政党的纲领和策略。他们一致认为，无产阶级政党必须制定共同的、以科学社会主义为指导的纲领，并以此作为一面公开竖立起来的旗帜，对内统一思想、统一行动，对外号召群众、集合队伍。中国化的马克思主义党建理论是中国共产党将马克思主义党建的学说与中国具体实际相结合所形成的系统科学的理论体系。中国共产党成立一百多年来，中国特色的政党建设体系的建立和实践机制的推进，离不开社会革命和自我革命。改革开放以来，党的建设从靠改革和制度推进到提出自我革命改革，党建的推进随着新时代的脚步逐渐向全面从严治党聚焦，全面从严治党的概念和理论成为新时代党建的基础。强化党的政治建设是党的十八大以来全面从严治党的成功经验，新时代中国特色社会主义建设离不开党的政治建设，指明了政治建设是我们党作为马克思主义政党的根本要求。习近平总书记在党的十九大明确提出新时代党的建设总要求②，党的

---

① 《马克思恩格斯选集》第 2 卷，人民出版社 1995 年版，第 611 页。

② 习近平：《决胜全面建成小康社会　夺取新时代中国特色社会主义伟大胜利——在中国共产党第十九次全国代表大会上的报告》，人民出版社 2017 年版，第 20 页。

二十大延续了十九大党建精神，强调突出牢记全面从严治党、党的自我革命重要性，强调把制度建设贯穿于党的各项建设之中，体现了制度治党的新时代要求，要在追求真理、揭示真理、实践真理的路途中不断推进马克思主义中国化①。新时代党建理论的核心就是要坚持全面从严治党，把党的领导放在核心地位，以党管党，推进党的建设新的伟大工程。

充分发挥党的领导作用是马克思主义政党的政治纲领，政治建设是政党建设的内在要求。习近平总书记强调，"党的政治建设是党的根本性建设。要把准政治方向，坚持党的政治领导，夯实政治根基，涵养政治生态，防范政治风险，永葆政治本色"②。强化党的政治建设是党的十八大以来全面从严治党的成功经验，党的十九大明确了党的政治建设的统领性位置，突出了新时代中国特色社会主义建设离不开党的政治建设，指明了政治建设是我们党作为马克思主义政党的根本要求。在组织建设中，马克思、恩格斯在建立共产主义者同盟时，就已经开始运用和贯穿民主集中制的精神思想。共产主义者需要熟练的掌握党的斗争性，具有始终不渝的不变忠心和坚韧不拔的精神，最重要的是把自己自愿地投入到党的斗争当中去，德才兼备是一个优秀的共产主义干部的基本要求。党的十九大又再一次强调了要"坚持党管干部原则，坚持德才兼备、以德为先，坚持五湖四海、任人唯贤，坚持事业为上、公道正派"③的要求。在经济建设中，马克思、恩格斯在《共产党宣言》中进一步指出无产阶级夺取政权后，"将利用自己的政治一步一步地夺取资产阶级的全部资本，

① 参见习近平：《高举中国特色社会主义伟大旗帜　为全面建设社会主义现代化国家而团结奋斗——在中国共产党第二十次全国代表大会上的报告》，人民出版社 2022 年版，第 64—65 页。

② 《习近平在中共中央政治局第六次集体学习时强调　把党的政治建设作为党的根本性建设　为党不断从胜利走向胜利提供重要保证》，《人民日报》2018 年 7 月 1 日。

③ 习近平：《决胜全面建成小康社会　夺取新时代中国特色社会主义伟大胜利——在中国共产党第十九次全国代表大会上的报告》，人民出版社 2017 年版，第 64 页。

把一切生产工具集中在国家即组织成为统治阶级的无产阶级手里"①，执政党的根本任务是管理国家，同时领导人民进行经济建设，不断解放和发展社会生产力。只有大力开展经济建设，创造出更高水平、高质量的生产力，才有在经济上为党的巩固和发展提供坚强保证。推进经济建设离不开对国有企业的治理和改革，党的十八大以来，以习近平同志为核心的党中央提出以贯彻落实新发展理念引领经济发展，立足新发展阶段，贯彻新发展理念，构建新发展格局的经济理论与政策体系逐渐形成。"党是总揽全局、协调各方的，经济工作是中心工作，党的领导当然要在中心工作中得到充分体现"。首先要提高党员的政治素养，能不断适应新变化，新要求；其次要增加入党的严肃性，确保党的纯洁性和威信力；最后要增强党的抗风险能力，为党在新经济政策时期取得巨大成就、为赢得人民拥护提供有力支撑。将制度建设贯穿其中，制度治党，实质就是要用法治思维和法治方式管党治党。严格落实制度的贯彻执行，注重运用制度法规的执行力和约束力来调解党内矛盾、解决党内问题、规范党员行为。从建党的实践探索到中国特色社会主义新时代稳步发展，中国共产党把制度建设贯穿领导革命、建设、改革的全过程。"以史为鉴、开创未来，必须不断推进党的建设新的伟大工程。"②

党的十八大以来，以习近平同志为核心的党中央高度重视理论建设和理论指导对全面深化国有企业改革的重要意义，从党和国家发展全局出发，对国有企业改革经验进行全面总结与科学概括，并创造性提出一系列关于推进国有企业改革工作的新思想、新论点、新举措，是我们在新形势下推动国有企业改革发展必须长期坚持的指导思想，也是当前和今后一个时期指导国有企业党组织开展工作的根本遵循。习近平总书记

---

① 《共产党宣言》，人民出版社 2018 年版，第 49 页。
② 习近平：《在庆祝中国共产党成立 100 周年大会上的讲话》，人民出版社 2021 年版，第 19 页。

关于国有企业党建的重要论述，深刻阐明了加强国有企业党的建设的必要性，以及推进国有企业党的建设的有效途径等重大问题，并在此基础上形成了系统完整的国有企业改革与企业党建工作理论体系。随着市场经济体制不断健全完善，国有企业面临的环境越来越复杂多样，企业党建工作也遇到了一些前所未有的问题与挑战。因此，在国有企业的发展过程中，必须始终坚持以党的领导为核心，积极推进国有企业党的建设，这是确保国有企业正确发展方向和道路的关键所在。在全国国有企业党的建设工作会议上，2016年10月，习近平总书记强调，必须坚定不移地维护党对国有企业的领导地位，积极发挥国有企业的"六种力量"①，而党的二十大也对此进行了深入探讨，报告指出，党的领导必须全面、系统、整体地贯彻落实②。这就要求我们要从宏观层面和微观方面来认识和理解"大党建"理念。根据"大党建"格局，揭示了国有企业在政治建设、思想理论建设、制度建设、干部队伍建设、基层组织建设、作风纪律建设以及反腐败斗争建设等方面的全面提升，也是新时代国有企业必须担负起的历史责任。

中华民族实现国家富强，民族复兴离不开国有企业这一重要支柱。新中国成立以来，我国社会、经济、科技、国防等领域的建设发展，国有企业都做出了巨大贡献。国有企业作为我国重要的经济发展支柱，要脚踏实

---

① 国有企业的"六种力量"即：要使国有企业成为党和国家最可信赖的依靠力量；要使国有企业成为坚决贯彻党中央决策部署的重要力量；要使国有企业成为贯彻新发展理念、全面深化改革的重要力量；要使国有企业成为实施"走出去"战略、"一带一路"建设等重大战略的重要力量；要使国有企业成为壮大综合国力、促进经济社会发展、保障和改善民生的重要力量；要使国有企业成为我们党赢得具有许多新的历史特点的伟大斗争胜利的重要力量。

② 参见习近平：《高举中国特色社会主义伟大旗帜　为全面建设社会主义现代化国家而团结奋斗——在中国共产党第二十次全国代表大会上的报告》，人民出版社2022年版，第64页。

地地做大做强国有企业，离不开党的常规工作指导。同时，国有企业也是实施"走出去"战略和"一带一路"建设的重要施策载体。在人类命运共同体的经济需求环境下，中央提出"一带一路"的战略构想，构建了"走出去"发展战略体系。面对"走出去"和"一带一路"的发展战略，国有企业承担着不可推卸的重要责任。国有企业必须要对党的治国方针起到带头作用，贯彻落实国有企业改革的要求。当前，随着全面深化改革的不断深入，做强、做优、做大成为了国有企业新的全面要求，做强做优体现质的要求，做大体现量的要求，质是量的前提，量是质的扩展，质量统一，缺一不可。"强"在内生活力强，控制力强，市场竞争力强，影响力强，抗风险能力强；"优"在企业经营业绩优，企业公司治理优，企业品牌形象优；"大"在规模数量大，经济比重大。要做强做优做大国有企业，离不开国有企业党组织建设，党的领导是国有企业成为我国重要力量的基础保障。

加强和完善国有企业党的建设，夯实党对国有企业的领导，是国有企业在全面深化改革的新时期所必须坚守的重大政治原则。习近平总书记提出国有企业改革要坚持两个"一以贯之"①，把党的领导融入公司治理并完善统一。协调好党组织与其他治理结构的关系是建设中国特色现代化国有企业制度的关键，要明确各主体权责边界，形成有效制衡、协调运转、融会贯通的公司治理机制，既不能缺位，也不能越位，否定或者全盘取消党的领导，把党作为公司治理的指挥中心都是错误的。只有加强国有企业党的领导，把党的领导融入公司治理全过程，充分发挥党组织把方向、严监督、准落实等方面的重要职能，确保企业朝着社会主义方向改革发展，将党组织的政治优势融入企业改革发展，国有企业才能真正成为坚决贯彻执

---

① "两个一以贯之"即：坚持党对国有企业的领导是重大政治原则，必须一以贯之；建立现代企业制度是国有企业改革的方向，也必须一以贯之。

行党中央决策部署的重要力量。

国有企业高质量发展离不开党的高质量建设带来的根本保障。加强党的建设和领导与改革公司治理结构机制，是中国特色现代国有企业制度的客观必然和逻辑起点。党组织与其他公司治理主体建设离不开党建工作建设，促进党组织深入融入公司治理，必须坚持以习近平新时代中国特色社会主义思想为指导，坚持党对国有企业的领导不动摇，国有企业党建工作经验需要不断总结，政治建设持续深化、组织建设巩固深化、思想建设和制度建设不断完善，强化国有企业党建融入公司治理各个环节，以高质量党建引领国有企业高质量发展。习近平总书记围绕国有企业党的建设工作强调必须"坚持建强国有企业基层党组织不放松"[1]，实现国有企业党组织的领导力量、引领力量、组织力量、号召力量的根本要从基层党组织建设抓起。在此基础上，他强调"要把党员日常教育管理的基础性工作抓紧抓好"[2]，将国有企业党建工作切实落到实处。国有企业公司治理改革的方向就是要形成中国式国有企业治理现代化，这就要求要与时俱进完善公司治理能力与治理体系现代化，要与新时代中国特色社会主义国家治理方向相适配，要与社会主义现代化建设相吻合。

表1-1　党的十八大以来关于国有企业党的建设重要内容

时间	会议	重要内容
2012 年 11 月 8 日	中国共产党第十八次全国代表大会	推进国有企业改革，坚持党的领导不动摇。
2015 年 10 月 29 日	党的十八届五中全会	提出"五大"新发展理念。

---

[1] 《习近平谈治国理政》第二卷，外文出版社 2017 年版，第 176 页。

[2] 《习近平关于全面从严治党论述摘编（2021 年版）》，中央文献出版社 2021 年版，第 230 页。

续表

时间	会议	重要内容
2016 年 10 月 10 日	全国国有企业党的建设工作会议	坚持两个"一以贯之",加强和改进国有企业党的建设,使国有企业发挥"六种力量"。坚持党的领导、加强党的建设,是我国国有企业的光荣传统,是国有企业的"根"和"魂",是我国国有企业的独特优势。要加强对国有企业领导人员的党性教育、宗旨教育、警示教育,严明政治纪律和政治规矩,引导他们不断提高思想政治素质、增强党性修养,从思想深处拧紧螺丝。
2017 年 10 月 18 日	中国共产党第十九次全国代表大会	深化国有企业改革,发展混合所有制经济,培育具有全球竞争力的世界一流企业。
2018 年 6 月 13 日	中集来福士海洋工程有限公司烟台基地考察会议	要坚持党对国有企业的领导不动摇,坚持建强国有企业基层党组织不放松,为做强做优做大国有企业提供坚强组织保证。
2018 年 10 月 9 日	全国国有企业改革座谈会	理直气壮做强做优做大,要坚持党要管党、从严治党,加强和改进党对国有企业的领导,充分发挥党组织的政治核心作用。
2020 年 7 月 21 日	企业家座谈会	落实好纾困惠企政策,国有企业特别是中央企业要发挥龙头带动作用,带动上下游各类企业共渡难关。要加强国际合作,保护好产业链供应链。
2020 年 11 月 2 日	中央全面深化改革委员会第十六次会议	坚决防止国有资产流失,不断增强国有经济竞争力、创新力、控制力、影响力、抗风险能力。
2022 年 3 月 3 日	中央全面深化改革委员会第二十四次会议	要坚持党的全面领导,发展更高水平的社会主义市场经济,毫不动摇巩固和发展公有制经济,毫不动摇鼓励、支持和引导非公有制经济发展,加快建设一批产品卓越、品牌卓著、创新领先、治理现代的世界一流企业。
2022 年 10 月 16 日	中国共产党第二十次全国代表大会	深化国资国企改革,加快国有经济布局优化和结构调整,推动国有资本和国有企业做强做优做大,提升企业核心竞争力;完善中国特色现代企业制度,弘扬企业家精神,加快建设世界一流企业。

三、公司治理理论

公司治理理论作为运用于企业所有权层次上的经济学科学，它的发展出发点与主要发展过程都曾依赖于西方企业实践。自 19 世纪 70 年代以来，随着西方企业规模的扩张，企业所有者权与经营权逐渐分离。自 20 世纪 30 年代以来，一些学者进行了关于公司治理的研究，讨论了股份公司由于股权分散、公司经理人制度等原因而产生的委托代理关系。自从美国学者阿道夫·A. 伯利（Adolf A. Berle）和加德纳·C. 米恩斯（Gardiner C. Means）在《现代公司与私有财产》一书中提出公司治理结构这一概念后[①]，公司治理理论的研究就开始兴起，许多学者都是从不同的视角对它展开研究的，以超产权理论、两权分离理论、委托代理理论以及利益相关者理论等为核心理论是公司治理中最重要的理论基础。

西方经典治理理论集中于公司内部治理。公司制企业的发展导致现代公司股权结构分散化，所有权和经营权相分离，尤其是 20 世纪 20 年代至 60 年代，现代大企业经营权已全部由所有者转交给经营者。"不管是代理问题的存在还是交易费用过高使得合约不能代理，均可能在组织内部引发公司治理问题"[②]。在企业控制权转交给经营管理者时，委托代理问题便随之产生，那么企业如何设计出合理的结构，合约和公司规章等来确保公司高效地经营，以及确保投资者得到回报成为了公司治理所要探索和解决的首要问题。在这些理论中，现代产权理论的代表可归纳为：把交易费用与产权作为概念依据，把交易费用，产权关系作为基本的分

---

① ［美］阿道夫·A. 伯利、加德纳·C. 米恩斯：《现代公司与私有财产》，甘华鸣等译，商务印书馆 2005 年版，第 139 页。

② M. C. Jensen, W. H. Meckling, "Theory of the Firm: Managerial Behavior, Agency Costs and Capital Structure", *Social Science Electronic Publishing*, Vol. 3, No. 4（1976）, pp. 305-360.

析工具、将市场运行与资源配置效率这四者关联在一起，考察产权及产权结构与安排在资源配置中的作用以及资源配置效率[1]。委托代理理论在70年代初期初露端倪。委托代理问题是由于信息不对称而出现的，其中心问题在于如何设计激励机制，依据已观察到的信息来奖励和惩罚代理人，由此激发代理人以最有利于委托人的行为来实现委托人期望效用的最大化。所以，委托代理理论提倡通过订立尽可能完整的合同，激励与约束委托代理双方。

不完全契约理论就是这样产生的，不完全契约理论是格罗斯曼与哈特[2]、哈特与莫尔[3]联合创立的。国内学者通常称其为不完全合约理论。该理论将合约不完全性作为研究假设，将财产权或者（剩余）控制权优化配置作为研究目标。在不完全契约理论中，人的有限理性，信息不完全和交易事项不确定性等因素决定了不完全契约是不可避免和频繁发生的，由于澄清全部产权费用太高，无法制定完全契约以商定一切事项。

内部治理与外部治理两者关系是互为补充的，它们共同组成了公司治理的完整体系，由此引申出内外共治理论。一般而言，企业内部治理压力取决于市场经济体制和外部管理体制的完善程度。尽管外部治理与内部治理作用机理存在差异，但两者在公司治理中所扮演的角色均具有重要意义，单靠内部治理或单靠外部治理其成效均有一定限度，唯有内外共治共建才有可能构成一个完善的公司治理体系。而国有企业把党组织植入公司治理结构的实践则与内外共治这一基本理念不谋而合。严格来说，内外共治理论虽然还未形成一个完整的理论，但是内外共治思想是很值得我们学

---

[1]　陈伟等：《现代产权理论与国有企业改革》，《经济体制改革》2002年第4期。

[2]　S. J. Grossman, O. D. Hart, "The Costs and Benefits of Ownership: A Theory of Vertical and Lateral Integration", *Journal of Political Economy*, Vol. 94, No. 4（1986）, pp. 691-719.

[3]　O. Hart, J. Moore, "Foundations of Incomplete Contracts", *The Review of Economic Studies*, Vol. 66, No. 1（1999）, pp. 115-138.

习和借鉴的。作为一种制度，公司治理需要通过从公司内外产生的一系列制度机制去协调公司与其利益相关者之间的关系，所以公司治理实际上被划分为两种制度：一是内部治理，二是外部治理。内部治理主要由董事会、监事会、股东以及经理层组成，以利益相关者理论为基础，这类治理主体在企业内部采取治理措施以调和公司内部各利益主体间经济利益冲突。外部治理主体以外部市场（产品市场、经理人市场等），外部制度及监管部门等制度为主，通过法律法规，市场规则及舆论压力对公司活动进行制约与遏制，以维护公司外部利益相关者。

这些经典的西方公司治理理论为国内学者研究党组织介入国有企业公司治理问题奠定了理论基础，并对促进国有企业治理结构改革起到了重要的推动。而大多数公司治理结构基础理论都是建立在西方经典理论基础之上的，主要论点总体上偏向于依据西方经典理论及其构架构建公司治理结构，开创性研究很少，且难以突破和发展西方关于治理结构的经典理论框架。从而在我国率先提出了有中国特色中国式的现代化公司治理理论并指出了中国国有企业改革与发展的方向。

中国治理改革沿着由营利组织向非营利组织，政府，社会，国家治理转变的道路渐进进行，持续推进国家治理体系与治理能力现代化。我国公司治理改革是先行者，它建构了以规则，合规与问责为主要内容的公司治理体系，并由依赖法律法规这样一个强制合规的阶段逐渐向自主合规发展，直至目前的有效性增强。党的十八大以后，我国逐渐形成中国式的现代化公司治理，不管是国家治理体系与治理能力现代化还是国有企业集团公司制都正在向资源配置市场化和经营目标经济化方向转变，逐渐形成经济型治理制度。然而，公司治理改革仍存在难点，目前公司治理环境还不够宽松，一些强行加入的行政型治理模式时常与公司治理自身规律背道而驰，从而造成治理错位。我国的体制与规则还有待继续完善与推进，"分类治理"有待开展。具体来讲，公司治理应从行政型转向经济型，减弱政府干预、发挥市场对治理改革的促进作用、重视治理的合规性与有效性构建、促进内外治理机制有机互动。

四、政府干预理论

长期以来，学术界一直在探讨政府与市场的职责分工、政府与经济之间的相互作用，以及政府在经济活动中所扮演的角色等问题，引发了激烈的争论。这些讨论都是围绕着如何实现资源配置效率这一中心展开的，但实际上却忽略了市场本身所固有的缺陷——信息的不完全性及由此带来的交易成本过高。由于信息不完善和市场不完备的普遍存在，市场的作用受到了极大的限制。凯恩斯主义的"政治干预理论"认为①，在外部性、公共物品和垄断等方面，市场无法有效地解决问题，从而无法实现资源的优化配置和社会福利的最大化，这就是所谓的"市场失灵"。因此，在某些领域的经济生活中，政府必须积极介入，不能仅仅扮演"守夜人"的角色，必须对市场进行必要而适度的干预，以"可见的手"来纠正"市场失灵"，这是市场经济发展的内在要求和必然趋势。同时，政治作为一种特殊的社会力量也可以通过各种手段来影响市场运行，从而为市场机制发挥作用提供了条件。因此，从理论上来看，政治干预的适用范围极为广泛，所有影响经济主体选择的政治行为均属于其所涵盖的领域。

政治干预理论与古典经济学之前的重商主义经济理论一脉相承，然而，随着凯恩斯主义在第二次世界大战后的兴起，政治干预理论得以正式确立。它在一定程度上克服了古典经济学家所忽视的市场失灵现象。凯恩斯主义以国家干预主义为基础，构建了一套完整而系统的宏观经济理论和

---

① ［英］约翰·梅纳德·凯恩斯：《就业、利息和货币通论》，高鸿业译，商务印书馆1999年版，第9—17页。

政策框架。该理论在战后的发展过程中，经历了从"政府直接干预论""国家间接干预论"以及"政府完全干预论"三个阶段。随着现代西方经济学的发展，经济干预理论逐渐成为主流思想，而随之而来的是"政府干预理论"这一术语的诞生。古典政治经济学的核心概念是"自由市场经济"，它认为市场可以自发地进行资源配置。根据古典自由主义经济学派的观点，市场在资源配置中扮演着至关重要的角色，甚至可以说是唯一的力量，它会被一只"无形的手"所操纵，以实现公众的最佳福利。然而，直到美国经济大衰退的世纪年代末，人们才开始意识到古典经济学理论的局限性和缺陷。在某些情况下，市场的失灵可能导致一系列社会问题，例如环境污染、就业率下降以及贫富两极分化所带来的社会矛盾激增。在此情况下，政府就必须介入其中来解决这些问题，以保证市场经济运行的效率性、公平性与有效性。因此，单纯依赖市场机制来调节经济是不够的，必须借助政府的必要干预来填补市场机制的缺陷，而不能仅仅扮演"守夜人"的角色。

1936 年，凯恩斯（Keynes）的代表作《就业、利息和货币通论》在西方经济学领域掀起了轩然大波。他从古典政治经济学出发，分析资本主义经济危机产生的原因及解决方法，并指出"看不见的手，即政府的作用是决定性的"[①]。凯恩斯在总结亚当·斯密以来的经济学理论的基础上，提出了国家干预主义，主张政府干预经济政策以促进充分就业和经济增长，同时纠正市场失灵，因为"看不见的手"具有相当的盲目性。政府对经济活动进行有效的控制是市场经济运行所要求的，但过度或不足都会影响经济运行效率。市场的无序和非理性是完全自由放任的必然结果，而政府的适时、适当干预则有助于市场回归理性，从而促进经济发展。因此，他主张

---

① ［英］约翰·梅纳德·凯恩斯：《就业、利息和货币通论》，高鸿业译，商务印书馆1999 年版，第 386—397 页。

对社会资源进行有效配置并通过各种手段来保证资源配置的效率。凯恩斯的政府干预理论为政府管制制度提供了深刻的阐释，同时也为发达国家兴起和发展的政府管制制度奠定了坚实的基础。

政府干预理论是从中国发展进程中所发展出来的结果和对现实的概括，建设有中国特色社会主义市场经济也是我国经济制度发展到一定阶段的必然选择。当前，中国已经处在社会主义初期和转型阶段，错综复杂的社会矛盾要求必须依靠政府调控才能促进经济市场化。透过当前中国经济市场发展状况，我们会发现很多企业行为逐渐和政府联系在一起。政府为了地区经济更繁荣和地区企业更强大，让其有权力也有责任为企业分配资源和提供支持政策。立足于中国公有制为主，多种所有制经济并存这一基本情况，国有企业的性质比较特殊，造成政资、政企长期融合，国有企业的发展要靠政策调整和政府干预才有可能取得发展上的比较优势和机会。

在梳理政府干预相关文献的过程中，学者主要基于以下两点开展理论研究：一是政府扶持之手，这种观点认为政府期望实现经济良性循环，他们会为企业的运营和发展提供有效支持，此时政府的作用犹如"扶持之手"。二是政府掠夺之手，即政府往往为了达到某种目的，通过采取强制干预手段，对财富资源进行掠夺，此时政府扮演"掠夺之手"的角色。1998年施莱弗（Shleifer）与维什尼（Vishny）[1]提出掠夺之手理论，即政府为了追求效益，利用自身权力掠夺企业资源，把企业规划逐渐向有利于政府的方向转变。2000年布兰查德（Blanchard）与施莱弗（Shleifer）[2]在搜集俄国、中国两国经济资料的基础上，运用对比分析法归纳出经济规律，最后得出以下结论：中国最明显的经济依托指标是政府干预。学术界对政治

---

[1] A. Shleifer, R. W. Vishny, "Politicians and Firms", *The Quarterly Journal of Economics*, Vol. 109, No. 4（1994），pp. 995−1025.

[2] O. Blanchard, A. Shleifer, "Federalism with and without Political Centralization: China Versus Russia", *IMF Staff Papers*, No. 48（2001），pp. 171−179.

干预成因的一些理论阐释主要集中在市场失灵，自然垄断，信息不对称，外部性和公共利益等方面。

从 2015 年开始，以国有企业党建工作为对象，以公司治理结构为核心的系列政策措施陆续出台并付诸实施，在国家推进现代化大环境下，提升国有企业现代化公司治理水平是国有企业依法治企的重要内容，是保证党和国家方针政策及重大部署在国有企业贯彻执行的重要抓手，这需要党建深度融入企业治理，担当"扶持之手"对企业治理起到正向作用，从而提高国有企业治理效能。具体到企业，也应该积极响应国家治理政策的要求，将国家治理体系由上位层级向下延伸到企业微观治理情境中去，在坚持与回应社会主义国家治理导向的同时，还需遵循现代企业治理框架；它不仅需要巩固企业经过长期实践探索所形成的科学制度，更需要符合行业改革的新要求，适应企业战略定位的变化。

五、嵌入性理论

嵌入性理论作为新经济社会学的核心理论，它为经济体系和社会体系互动联系的研究提供了一种行之有效的观点、思路与方法。"嵌入"可理解为对某件事物深刻而稳固地内生或者植根于他物之中。从新经济社会学研究范围来看，"嵌入性"是经济体系在运行中包含着社会体系影响。"嵌入性理论等"的核心思想是经济体系并非独立于社会体系而存在，它嵌入到更大范围的社会体系中，受社会关系影响深远，与此同时，错综复杂的社会关系又广泛嵌入经济体系中，所以仅仅运用经济学理论对经济体系及其经济行为进行研究是不够的，从"嵌入性"角度考察经济体系与社会体系的互动关系势在必行。在党组织治理的研究中，嵌入性理论能很好地解决党组织融入公司治理的路径方法问题，加强党对国有企业的领导作用。

学术界普遍认为嵌入性理论的发展大致经过三个时期。第一个阶段是卡尔·波拉尼（Karl Polanyi）研究所代表的时期[1]，1944年他提出了"嵌入性"这一概念，即经济行为始终嵌入文化和习俗等非经济行为之中，嵌入性随社会发展而改变，并对经济体系和社会体系的双边联系进行了研究。第二个阶段以格兰诺维特（Granovetter）研究作为代表人物[2]，1985年对经济行为嵌入社会关系网络的基本特征进行了分析，批判了经济学研究史上过度社会化与低度社会化这两种错误趋势，对市场，公司边界，公司内部等级制以及网络化的组织结构进行了研究，并对组织经济行为与其所处社会体系各个方面之间的多边联系进行了讨论，从而促进"嵌入性理论等"成为新经济社会学的重要组成部分。第三个阶段是从上世纪末到现在，当前嵌入性理论已被广泛运用于企业组织，社会网络，组织发展和区域经济的诸多领域。近年来，我国很多学者在嵌入式视野下对区域治理、社会治理和党组织嵌入公司治理方面做了大量研究。尽管国有企业党组织嵌入治理结构的"嵌入"与嵌入性理论的"嵌入"在含义上并不完全一致，但嵌入性理论的研究视野、方法论和部分结论对于研究公司治理问题具有很强的借鉴价值。对于党组织嵌入，已有学者从"双向进入"和"交叉任职"入手对党组织嵌入公司做出了详细研究分析[3][4]。

党的十八大召开以来，党中央通过组织嵌入、责任落实、制度融合等嵌入式领导机制，使党组织成为引领企业决策、实施、监督的治理主体来

①　［英］卡尔·波拉尼：《巨变：当代政治与经济的起源》，黄树民译，社会科学文献出版社2017年版，第110页。

②　M. Granovetter, "Economic Action and Social Structure: The Problem of Embeddedness", *American Journal of Sociology*, Vol. 91, No. 3（1985），pp. 481–510.

③　刘瑞：《国有企业实现高质量发展的标志、关键及活力》，《企业经济》2021年第10期。

④　程海艳等：《党组织参与治理对国有上市公司盈余管理的影响》，《中国经济问题》2020年第2期。

强化和完善国有企业党建工作。根据党的有关文件，国有企业设有董事会时，董事长通常是党组书记，而无董事会时，党委书记是总经理或者总裁。党组织并没有直接参与企业生产经营具体事项的决策，只是参与企业发展具有实质意义的带有根本性、方向性、长远性和全局性的重大事项的决策。所以企业党组织和行政机构不属于隶属关系和从属关系而属于委托代理关系。

加强国有企业党的建设与完善法人治理结构是新一轮国有企业改革的两大关键任务，推动党建工作嵌入法人治理体系是中国特色国有企业制度的重要内容，这有利于加强党对国有企业的全面领导，完善中国特色现代企业制度，推进国有企业治理现代化，推动国有企业做强做优做大，促进共同富裕。

党的二十大报告着重指出国有企业在改善公司治理时，要着重加强党的领导，但是当前国有企业党建与企业融合中面临着许多困难和挑战。在嵌入性理论视域下，公司治理问题能够而且应当置于更大范围内，并与公司所处社会结构关系相结合加以考察，这还不可避免地要涉及社会制度与政治环境两个方面。一方面股东权益要求公司治理结构，由此奠定董事会，监事会与经理层的治理结构及其主要功能；另一方面国有企业党建目标又要求公司治理结构，这就奠定了党组织的治理地位与主要功能。两大治理逻辑线交融互动。顺应新时代发展要求，我国国有企业治理效能评价研究进程需要以党组织嵌入为重要前提，全面剖析党组织对公司治理所产生的内在影响，并建构党组织嵌入式公司治理结构模式国有企业治理效能评价体系。与此同时，经济行为与社会结构之间的"互嵌性"也为国有企业建党组织嵌入治理结构提供了给予良好的理论依据。

第三节　文献综述

本书立足中国式现代化改革，从现代化公司治理视角出发，对政府干预与企业发展、党组织融入公司治理的逻辑及功能定位、国有企业党组织治理与公司治理结合、企业高质量发展等方面的文献进行了梳理，探讨党组织融入国有企业公司治理的有效措施，以期能够为国有企业发展提供一定的理论参考和借鉴意义。

一、政府干预与企业发展的研究

在市场经济环境中，政府与企业的关系一直是政治经济学研究中的一个重要课题。政府干预一般是指政府针对市场机制的缺陷，通过适当的方法对社会经济运行进行调控，最终实现预期的经济目标或社会目标。政府对企业的干预一般可以用"政府掠夺之手理论"和"政府支持之手理论"来解释[1][2]。中国自1978年以来的市场化改革主要沿着分权化的方向进行，各级地方政府发展地方经济的积极性被中央的经济分权行为所调动，同时以维护稳定和经济增长为基准的一系列政绩考核体系，直接驱动并强化了政府干预辖区企业投资活动的政治与经济动机[3][4]。地方政府具体通过什

---

[1]　A. Shleifer, R. W. Vishny, "Politicians and Firms", *The Quarterly Journal of Economics*, Vol. 109, No. 4（1994）, pp. 995-1025.

[2]　A. Shleifer, R. W. Vishny, *The Grabbing Hand: Government Pathologies and Their Cures*, Cambridge: Harvard University Press, 1998, pp.137-150.

[3]　O. Blanchard, A. Shleifer, "Federalism with and without Political Centralization: China Versus Russia", *IMF Staff Papers*, Vol. 48, No. 1（2001）, pp. 171-179.

[4]　王永钦等:《中国的大国发展道路——论分权式改革的得失》,《经济研究》2007年第1期。

么方法干预企业经营发展以及经济效益如何呢？目前已有部分学者对此进行了研究。

（一）政府干预企业的作用路径

我国金融市场以银行为主导，信贷融资是企业资金的主要来源。银行信贷是政府对企业进行补助的常见途径之一[①]。研究发现，上市公司所在地的市场化程度与长期借款占总借款比重的关系会受到地方政府干预企业程度的差异[②]。以制度分析作为切入点，对地方政府在信贷资源配置方面的作用进行具体分析，探索财政分权背景下企业信贷融资受地方政府干预的影响发现：地方政府干预和财政分权程度对不同期限的信贷资金影响不一，地方政府干预增加了企业的短期贷款，但对企业长期贷款影响不显著；财政分权增加了地方财政的独立性，强化了政府对企业长期信贷的影响，使企业长期贷款减少，但对短期贷款影响不显著。财政分权下受政府干预影响的企业信贷因国有与非国有的产权性质而产生异质性效应[③]。

资本市场是除了信贷融资之外另一个企业融资的重要渠道，并且政府干预在这个渠道同样可以发挥作用。研究发现，在中国政治关联对发行新债券公司的声誉有提升的作用，从而使这些公司获得债券发行便利[④]。在企业首次公开募股时政治关联也发挥着积极作用，具体表现为：政治关联

---

① I. K. Asim, M. Atif, "Do Lenders Favor Politically Connected Firms? Rent Provision in an Emerging Financial Market", *The Quarterly Journal of Economics*, Vol. 120, No. 4（2005）, pp. 1371-1411.

② 孙铮：《市场化程度、政府干预与企业债务期限结构——来自我国上市公司的经验证据》，《经济研究》2005 年第 5 期。

③ 武晋、李元：《政府干预、财政分权与信贷资源配置》，《改革》2021 年第 7 期。

④ F. Du, "Political Connections and Access to Bond Capital: Reputation or Collusion?", University of Southern California, Dissertations & Theses-Gradworks, 2011.

公司能以相对更高的发行价格，更少的折价实现首次公开募股，这一结论在国有企业和私营企业中都适用①。政府补贴是直接或间接向微观经济活动主体提供的一种无偿转移，也是政府干预市场运作的直接手段之一。研究发现，获得更多政府补贴的民营企业常常具有政治联系性②。同时，政府补助会弱化经济政策不确定性对企业信息披露的影响，更有利于企业披露发展预期信息③。

土地出让是中国地方政府干预最为强烈的领域之一。基于我国当前的国情，根据目前中国的土地制度规定，地方政府负责对土地进行管理和调控，并对土地使用权的出让拥有绝对掌控力。以工业用地领域为例，地方政府可以采取土地"价格战"、超额供给以及降低环境规制门槛等逐底方式介入土地出让，地方经济的增长会为政治晋升获取竞争优势④，但也有研究表明地方政府的干预会造成土地要素价格的负向扭曲，并对工业企业生产率造成负面的影响⑤。

税收优惠和直接补贴都是政府激励微观企业创新发展的重要手段之一，也属于政府干预手段的一种。税收是国家财政收入的主要来源，我国税收的主要来源就是国有经济和集体经济。我国的税收优惠属于环境侧补贴，主要涉及企业所得税减免和企业研发加计扣除等。研究表明，税收优惠能够显著提升企业双元创新绩效，而且在非国有企业中的促进作用比国有企业更为显

---

① B. B. Francis, et al., "Political Connections and the Process of Going Public: Evidence from China", *Journal of International Money and Finance*, Vol. 28, No. 4（2009）, pp. 696-719.

② 余明桂等:《政治联系、寻租与地方政府财政补贴有效性》,《经济研究》2010 年第 3 期。

③ 杨杨等:《经济政策不确定性下企业发展预期信息披露策略选择:"实事求是"还是"有意为之"》,《现代财经（天津财经大学学报）》2021 年第 7 期。

④ 王博等:《地方政府土地出让互动干预对工业用地利用效率的影响——基于 262 个城市的空间计量模型检验》,《中国土地科学》2019 年第 12 期。

⑤ 王博等:《地方政府干预、土地价格扭曲与工业企业生产率》,《经济理论与经济管理》2021 年第 7 期。

著。① 有研究表明，政治关联公司承担的所得税相关税率在企业税外负担较重的地区显著更低。而且政府背景会显著增加企业获得的税收优惠，这一结论在企业所在省市的企业税外负担越重的情况下越显著②。政府直接补贴作为一种财政补贴工具，包含了各种对企业的创新补贴与奖励。研究显示，由直接补贴、税收优惠与政府采购组成的组合策略在激励企业创新方面相比这三者单独施行更为有效，且在国有企业中激励效果更为显著。③

政府订单也是政府影响企业的一个重要途径，但现有涉及政府订单与企业经营的研究多集中在腐败行为方面。已有研究结果表明，招待费确实是企业不正当竞争的手段之一，具体表现为企业的招待费支出越多，则该企业获得的政府订单和国有企业订单也越多。④ 而政府订单通常被市场认为是企业声誉的一种信号显示。以 2012 年世界银行关于中国企业运营的制度环境质量调查数据为研究基础，考察腐败影响企业垂直整合动机的路径，发现政府订单与企业市场交易的不确定性呈负相关关系，并且政府订单具有一定的"示范效应"，向市场传递出积极的信号，从而强化企业与其他合作伙伴之间的契约关系，降低了企业垂直整合的动机。⑤ 也有学者认为政府采购可以通过为供应商公司带来稳定的需求和间接的信用背书，使其拥有比同行竞争者更为稳定的销售收入、更加低廉的信贷成本以及更好的商誉，从而缓解了公司在动荡环境中的经营风险，缓解了在市场总需求下降时所产生的负面影响。⑥ 该研究进一步证明了政府订单作为一种政

---

① 张完定、崔承杰：《税收优惠对企业双元创新绩效的影响——基于上市高新技术企业的实证研究》，《西安财经大学学报》2023 年第 5 期。
② 吴文锋等：《中国上市公司高管的政府背景与税收优惠》，《管理世界》2009 年第 3 期。
③ 赵凯、李磊：《政府多工具组合补贴对企业创新行为的影响研究》，《中国管理科学》2023 年 3 月 10 日。
④ 黄玖立、李坤望：《吃喝、腐败与企业订单》，《经济研究》2013 年第 6 期。
⑤ 李后建：《腐败、贿赂与企业垂直整合》，《中国经济问题》2016 年第 2 期。
⑥ 田利辉、关欣：《不确定性冲击下政府采购的价值效应》，《财贸经济》2023 年第 9 期。

府干预手段，对企业及市场有着重要的影响。

（二）政府干预企业的经济后果

政府对企业的干预行为通常被学者们总结为"掠夺之手"和"支持之手"两种形态，因此政府干预带来的经济后果也可以简单分类为正负两种类型。学者研究了政府干预对企业风险承担的影响，并发现政府干预会降低企业风险承担水平，其原因在于政府认为企业承担过高风险将不利于国有企业政治目标和社会稳定功能的实现[1]，而国有企业中的政治晋升激励也会进一步弱化激励考核与企业效益的联系，管理层的风险偏好由此降低[2]。也有实证表明地方官员发生变更可能会因为政绩压力通过税收、贷款、补贴等资源配置推动企业扩张，导致企业产能过剩[3]。地方政府通过增加负债的方式推动企业向上的资本结构调整，且对国有企业的促进作用更为显著[4]。政府干预在财务困境的企业中表现为"支持之手"会对民营企业发挥作用，但在国有企业中更为普遍，具体表现为当企业陷入财务困境后政府会提供信贷资金支持或者根据实际情况进行补贴[5]。

政府干预企业并购动因与效果的相关文献主要集中在以下两个方面：一是从宏观视角出发的政府规制理论，从政府政策与法规的制定出发，经历了公共利益理论和利益集团理论，发展到目前的激励规制理论，这一理论的核

---

[1]　李文贵、余明桂：《所有权性质、市场化进程与企业风险承担》，《中国工业经济》2012 年第 12 期。

[2]　N. Boubakri, et al., "The Role of State and Foreign Owners in Corporate Risk-Taking: Evidence from Privatization", *Journal of Financial Economics*, Vol. 108, No. 3（2013）, pp. 641-658.

[3]　徐业坤、马光源：《地方官员变更与企业产能过剩》，《经济研究》2019 年第 5 期。

[4]　钱水土：《地方政府干预、僵尸企业与资本结构动态调整》，《商业经济与管理》2022 年第 7 期。

[5]　祝继高等：《产权性质、政府干预与企业财务困境应对——基于中国远洋、尚德电力和李宁公司的多案例研究》，《会计研究》2015 年第 5 期。

心重点是政府公共利益动机与集团利益动机并存。二是从微观视角出发的政府终极控制权理论，从公司治理角度出发，认为政府干预行为可以显著影响企业并购决策，并且认为政府的"掠夺"之手与"支持"之手共生①。以国有企业为研究样本，研究政府干预行为与企业投资行为的关系，结果表明：政府干预能够缓解因融资约束而产生的投资不足，而对因代理问题产生的过度投资情况没有显著影响。此外，随着国有企业"现代企业制度"的建立，国有资本运营管理公司持股和建立独立董事制度不仅会对国有企业的投资行为产生影响，还将为政府对国有企业投资行为的干预作用提供便利或增加阻碍，加强或减弱政府干预的作用②。也有部分学者从投资组合的视角出发，设计新的指标，构建上市公司在其最终控制人投资组合中的重要性指数，并通过实证检验证明了当上市公司在其最终控制人投资组合中的重要性越高时，公司的税收负担与超额雇员越沉重、过度投资越严重、从而市场价值越低，而这类公司也越多地获得了政府补助，受政府干预程度越大。③ 高管薪酬激励是公司治理的重要内容，在我国特殊制度背景下，高管薪酬激励作用的发挥受到政府干预的影响。政治关联可以为企业带来利益，同时也需要承担更多的责任，如政府通过提供补贴迫使国有企业承担冗员负担，从而导致业绩损失，进而降低高管薪酬与业绩相关性④。

政府干预同样对企业创新有着显著的影响。一方面，研发补贴、税收优惠、产业政策等政策本身作为一种政府干预措施，会向外界传递出

① 杨沁、扈文秀：《企业并购中政府干预的动机与效果：综述与启示》，《预测》2016 年第 5 期。

② 王淼：《政府干预、公司治理与国有企业的资本配置效率》，《华东经济管理》2016 年第 3 期。

③ 刘行：《政府干预的新度量——基于最终控制人投资组合的视角》，《金融研究》2016 年第 9 期。

④ 廖红伟：《政府干预与国有企业高管薪酬激励有效性：制度背景与传导机制》，《理论学刊》2019 年第 4 期。

政府鼓励企业创新发展的信号，而这一信号将会吸引更多资源被投入企业创新研发，在一定程度上缓解企业因技术创新所带来的财务、技术压力，有效激发企业自主创新积极性，进一步增加企业创新产出；另一方面，企业的创新活动本身具有高风险性和高不确定性，特别是在技术研发与技术推广阶段存在着不同的创新任务核心和挑战亟待解决，这时候就需要政府采取监管、金融和行政手段等进行混合干预，比如通过干预企业制度环境改变管理者认知进而推动企业创新活动开展。[①] 在上述研究的基础上，学者进一步研究了减税降费力度对企业创新产出的影响程度以及政府干预在其中发挥的作用，结果表明减税降费力度对企业创新产出存在非线性关系并存在门槛效应，且受政府干预水平的调节。[②] 随着"绿水青山就是金山银山"概念的提出，促进绿色发展成为了中国企业新的发展目标。企业绿色创新的概念也随之被提出，在实务中，政府主要通过环境规制政策以及绿色信贷政策来鼓励企业进行绿色创新活动。研究结果表明，政府干预在考虑银行和企业作为市场主体的动机与利益的前提下，激励导向的环境规制政策对企业实行预先拨付企业研发补贴和环境税减免，而银行执行绿色信贷政策则要求先行放款与贷后监督的奖惩措施，而这些措施对于形成促进企业绿色技术创新政策合力的机制设计和调控干预是有效的。进一步研究表明，环境规制和绿色信贷政策协同促进企业绿色技术创新的动态演化过程中存在一定的政策冲突，但银行监督效率和企业创新绩效的提升有助于缓解政策冲突问题，实现规范企业绿色技术创新的政策目标。[③]

---

① 刘伟等：《制度环境对新创企业创业导向的影响——基于创业板的实证研究》，《科学学研究》2014 年第 3 期。

② 许楠、刘雪琴：《减税降费对企业创新产出存在门槛效应吗？——基于政府干预程度的非线性调节》，《财会通讯》2022 年第 21 期。

③ 卞晨等：《环境规制、绿色信贷与企业绿色技术创新的政策仿真——基于政府干预的演化博弈视角》，《管理评论》2022 年第 10 期。

二、党组织治理逻辑与能力的研究

（一）政治逻辑和领导能力

党的领导是当代中国社会治理的显著特征与最大优势，这是由党的历史使命和发展历程决定的。纵观百年党史，党组织的治理功能虽然在不同的历史时期侧重点略有不同，并逐步多元化发展，但其领导功能始终是核心能力。坚持党的领导，发挥党的政治功能，强化党的政治引领有其历史客观必然性及其紧迫性。[①] 以党的建设为引领，推进社会治理，这体现了"坚持和加强党的全面领导"的原则。以党建为引领的社会治理逻辑是中国基层政治建设的基本政治逻辑，这是因为党的领导在中国政治生活中具有全局性影响，涵盖了各个方面。[②] 中国共产党在革命、建设和改革的过程中，形成了丰富的政治资源，这些资源深深扎根于中国大地，广泛分布于群众之中，与基层党组织交互融合，只要对这些政治资源进行有效的政治激活和组织聚合，党建引领在社会治理的政治引领中就有了可靠而有力的政治支撑和优势所在。党组织在党建引领治理过程中要有效开展政治引领工作，把讲政治真正落到实处，并就增强政治判断力，领悟力和执行力等方面提出了明确要求：坚持以落实思想为先导，进一步推进思想文化建设工程，把思想政治工作做在人民群众的心坎上；切实落实组织引领，持续优化党组织领导班子建设，强化社会治理人才支撑；大力推行服务引领，牢固树立"领导是一种服务"观念，扎实推进服务型党组织建设；持续加强制度引领并建立和完善相关机制，充分发挥党建在乡村治理中的制度优势；以创新引领为重点，打造新的

---

① 叶本乾:《找回"政治"：新时代基层党组织引领治理的实践运行逻辑转换与回归取向》，《广西大学学报（哲学社会科学版）》2020 年第 4 期。

② 陈朋:《党建引领社区治理的内在逻辑及现实场景》，《中国高校社会科学》2021 年第 5 期。

治理模式、提升治理智能化水平等。[①]党建引领基层治理，其实质就是党的工作部门以党委为主导，以组织嵌入和资源下沉的双元工作机制为抓手，不断把组织系统的触角进行延伸，构筑基层组织网络的基础，以增强对社会空间、社会组织的覆盖和渗透，在党的领导下实现基层社会服务和管理的功能。[②]

（二）组织逻辑和统筹能力

中国共产党是一个以马克思主义为指导的新型政党，它的力量凝聚和运用就在于它的科学组织，组织能使其力量倍增。[③]中国共产党的历史就是一部重视组织、提升组织力的历史。建党近百年来，中国共产党形成了由中央组织、地方组织和基层组织组成的严密的组织体系，这是世界上其余政党所不具有的巨大优势。[④]党组织的组织力，在内作用于广大党员，在外作用于广大群众，保证了党的各项工作和基层治理各项实践的高效执行。[⑤]党的十九大报告指出："要以提升组织力为重点，突出政治功能……推动改革发展的坚强战斗堡垒。"[⑥]

在学理层面上，基层组织建设的关键问题并不在于政党如何嵌入治理单元，而是在于实现组织覆盖之后怎样把党的组织优势内化为治理效能的

---

① 于健慧：《党建引领乡村治理：理论逻辑及实现路径》，《西北师大学报（社会科学版）》2022 年第 1 期。

② 孙柏瑛、蔡磊：《十年来基层社会治理中党组织的行动路线——基于多案例的分析》，《中国行政管理》2014 年第 8 期。

③ 杨新红：《基层社会治理中党组织作用发挥的理论溯源与建设路径》，《湖南社会科学》2018 年第 6 期。

④ 布成良：《党建引领基层社会治理的逻辑与路径》，《社会科学》2020 年第 6 期。

⑤ 张戈：《党建引领基层治理：逻辑机理、价值表征和实践进路》，《云南社会科学》2020 年第 2 期。

⑥ 习近平：《决胜全面建成小康社会 夺取新时代中国特色社会主义伟大胜利——在中国共产党第十九次全国代表大会上的报告》，人民出版社 2017 年版，第 71 页。

问题。① 生产要素与生活资料在各地区间自由流通往往可以通过市场机制实现，而政府机制则具有通过政策倾斜与资源扶持来实现公共资源再配置的功能，中国共产党则可以发挥政治引领功能，克服市场机制的自发性缺陷，克服政府机制的官僚主义弊端，实现社会资源有效统筹与整合。② 从组织逻辑这一角度入手，对党建引领社会治理进行探讨，研究发现：既有嵌入性观点主张把党组织视作一个外部变量，认为党组织是通过对社区治理结构的渗入和重塑来改善社会力量的贫瘠且分散状况，从而实现"政党组织社会"③。党组织的融入塑造出基层党建与社区治理的复合体系，为社区治理提供了有效的运转与统筹机制④，而这一"嵌入式协同"所实现的党建和治理之间的结合，正构建一个能集聚治理要素、协调多元利益关系的新时代社区治理模式⑤。

（三）民主逻辑和协商能力

党的领导是群众路线在政治领域中的重要表现，也是人民民主的重要组成部分。治理网络构筑的终极目标是在基于特定的资源推动多元主体联合行动，而促成多元主体联合行动的具体手段就是协商⑥⑦。有学者

---

① 郝炜：《组织网络、制度型塑与能力提升：党建引领乡村治理的三重路径——以山西省"三基建设"为例》，《治理研究》2021年第2期。

② 张岩、周明明：《"乡村再造"：政党引领乡村治理的理论逻辑与历史经验》，《南昌大学学报（人文社会科学版）》2021年第6期。

③ 叶敏：《政党组织社会：中国式社会治理创新之道》，《探索》2018年第4期。

④ 李浩、原珂：《新时代社区党建创新：社区党建与社区治理复合体系》，《科学社会主义》2019年第3期。

⑤ 涂晓芳、刘昱彤：《嵌入式协同：基层党建与社区治理的联动——以S社区为例》，《北京航空航天大学学报（社会科学版）》2021年第6期。

⑥ 陈剩勇、于兰兰：《网络化治理：一种新的公共治理模式》，《政治学研究》2012年第2期。

⑦ 曹海军、曹志立：《新时代村级党建引领乡村治理的实践逻辑》，《探索》2020年第1期。

提出基层社区治理现代化要处理的问题是国家与社会共同参与公共事务这一新型关系，焦点集中在多元主体如何建构协商上合作与伙伴关系，在程序化，法制化与规范化治理体系下，实现党组织主导下政府、市场与社会协同治理模式，发挥社区居民的主动性、积极性，广泛参与到社区治理中①。基层党组织对基层民主协商是政治引领的实质，党的领导是协商治理的政治基础，在引领式协商中，党领导的关键环节内含责任和授权的治理逻辑②。以嵌入理论为基础，党组织为治理主体，通过结构、权威、资源等三重维度嵌入基层协商治理系统，并将组织动员、政治引领、服务供给等三个维度对应的功能融入协商的各个阶段。③ 组织动员是基层党组织吸纳社会力量的一种社会治理效能④，其内容包括经常入户性访问、主动倾听并收集各类民众不同利益诉求，增加党员与群众之间的互动，建构有效诉求回应及矛盾反馈机制，确保党组织及时连线民众、把握民众即时心理。政治调解即在协商治理模式下以治理主体相对独立性和平等性为前提，通过协商和沟通的方式来实现治理目标的一种治理方式⑤。服务供给功能则是指为协商结果的施行提供必要的资源支持和服务保障。实际上，基层协商民主的发展可以看作是中国共产党与社会关系的缩影，基层协商民主的发展昭示着中国共产党在优化党群关系这方面的重大进步。

① 张紧跟、颜梦瑶：《激活社会：党组织引领社区治理的新逻辑》，《郑州大学学报（哲学社会科学版）》2021 年第 1 期。

② 张大维、赵益晨：《引领式协商：协商系统理论下党领导自治的新发展——以广西宜州木寨村为例》，《湖湘论坛》2021 年第 5 期。

③ 陶周颖、王瑜：《主体嵌入与功能融入：基层协商治理中党组织的行动逻辑分析——基于苏州市 L 社区"民生协商项目"的个案研究》，《学习论坛》2022 年第 4 期。

④ 姚远、任羽中：《"激活"与"吸纳"的互动——走向协商民主的中国社会治理模式》，《北京大学学报（哲学社会科学版）》2013 年第 2 期。

⑤ 付建军：《党群治理转型与基层协商民主的发展逻辑》，《探索》2021 年第 3 期。

（四）关系逻辑和中介能力

中国共产党的特殊性质决定了它在治理体系中可以作为连接各方主体的节点，从而推动治理的供需平衡，实现治理效益的最大化。党组织要以民众的利益需求为导向，在充分了解社情民意的基础上，来确定党组织的工作目标并采取相应的发展策略①。就政治功能而言，中国共产党在人民与国家之间发挥了关键的中介功能②③。中国共产党自成立以来就肩负着民族解放和建设国家的历史重任，从这方面来说，沟通国家与社会的桥梁是中国共产党的基本定位④。进一步将视线集中到基层治理，党建带动基层治理的实践机制可以通过建设基层治理共同体来解决"上下左右"主体关系融合以及资源要素凝聚的难题。具体而言，构建治理共同体解决了各主体间矛盾关系及资源整合的难题，并通过两个方面的行动来实现：一是通过基层党组织自身规范化建设增强其对自我身份和政治合法性的认同；二是通过构建和塑造治理场域来整合和浓缩实现网络主体关系⑤。党群关系可看作是一个半径不等的同心圆，中国共产党是同心圆中的"圆心"，是代表和实现广大人民群众利益的"最大公约数"；人民群众特定而又实际的利益与价值的差别就是同心圆长短不一的"半径"。党群关系同心圆随半径变化可分为全面建成小康社会同心圆、军民

① 朱天义：《科层制逻辑与政党适应性：农村基层党组织行动逻辑的组织机制分析》，《青海社会科学》2017 年第 5 期。
② 景跃进：《将政党带进来——国家与社会关系范畴的反思与重构》，《探索与争鸣》2019 年第 8 期。
③ 林毅、刘玲：《"政党中心"：中国共产党整合乡村社会的现实逻辑及其调适》，《社会科学研究》2021 年第 3 期。
④ 张勇杰：《多层次整合：基层社会治理中党组织的行动逻辑探析——以北京市党建引领"街乡吹哨、部门报到"改革为例》，《社会主义研究》2019 年第 6 期。
⑤ 陈秀红：《从"治理共同体"到"生活共同体"：党建引领基层治理的社会整合功能实现逻辑》，《北京行政学院学报》2022 年第 3 期。

团结同心圆、政党合作同心圆和全国各族团结一致同心圆、中华民族复兴同心圆、人类命运共同体同心圆等等。党群关系同心圆本质是以一致性为基础的差异性，用一致性容纳差异性①。党群关系同心圆结构的核心就是初心源自民心，以协商凝聚共识，以初心谋定方向，该结构也强调了党组织与人民群众的密切联系，这是党组织能够有效实现社会整合的群众基础和有力保障。

三、企业党组织功能定位的研究

（一）党组织在民营企业中的功能定位研究

第一，协调功能。民营企业党组织建设从一开始就被赋予了协调各方利益关系、维护职工群众合法权益、构建和谐劳动关系、维护企业稳定的使命。② 在国有企业中，将党组织治理融入企业治理中，强调党组织治理与其他制度治理之间协调。③ 但在民营企业中，党组织融入治理的程度相对较弱，但民营企业党组织同样具有公司治理的功能，不仅要维护员工的合法权益，还要支持经营者依法行使权利，维护业主的合法权益，形成合理的利益协商机制；在企业外部，民营企业党组织要协调企业同当地党和政府的关系，不仅要保护企业的合法权益，也要尊重当地政府及有关部门（例如工商、税务、劳动等部门）依法对企业行使的有关权利。④⑤ 在企业内部存在

---

① 祝灵君:《党领导基层社会治理的基本逻辑研究》,《中共中央党校（国家行政学院）学报》2020 年第 4 期。

② 董志强:《党组织在民营企业中的积极作用——以职工权益保护为例的经验研究》,《经济学动态》2018 年第 1 期。

③ 姜付秀、王莹:《国有企业公司治理改革的逻辑: 从国家治理到公司治理》,《经济理论与经济管理》2021 年第 6 期。

④ 秦兴洪:《试析非公有制企业党组织的地位和作用》,《社会主义研究》2003 年第 3 期。

⑤ 王河:《非公有制企业党组织功能的准确定位及其实现方式》,《理论探讨》2003 年第 3 期。

的党组织，是平衡非公有制企业利益与职工权利的重要工具，也是一项对于改善职工权益起着重要作用的中国特色制度安排。第二，引导功能。民营企业中党组织能切实发挥政治引领与文化引领作用，积极响应国家战略方针政策号召，努力构建人与自然、人与人之间和谐共生企业文化。[①] 基层党组织一经成立就天然属于全国党组织的网络体系，与党和政府有着天然的联系，对各类政策法规了解更加全面，因此可以利用组织优势及时将这些政策信息传递给企业主，天然地具有政治引领功能，因此更有利于引导企业专注生产经营、资源管理和技术创新等活动[②]。一方面，基层党组织可以作为一种桥梁，使得民营企业更快获悉中央、地方出台的与企业发展相关的政策措施，帮助其了解信息，提升企业生产积极性；另一方面，基层党组织作为企业管理层可以公开利用的政治信息渠道，必要时候，企业主可以同上级党委和政府直接对话，及时反映问题[③]。此外，除了政治引领，民营企业组织也发挥着文化引领的功能。文化引领即让党组织的影响渗入到企业文化中。企业文化即在特定的社会经济背景中，通过社会实践而产生的，是企业或组织在其自身发展过程中形成的一种以价值为核心的独特的文化管理模式[④]。企业文化对企业长期发展有着非常重要的作用。民营企业的党组织建设工作可以和企业文化建设工作相融合，既丰富了企业内部文化，又提高员工的思想觉悟，进而提升企业的软实力。党组织嵌入非公有制企业也会将党的价值理念、作风逐渐内化到企业活动中，使得党组织活

---

① 徐光伟等：《党组织嵌入对民营企业社会责任投入的影响研究——基于私营企业调查数据的分析》，《软科学》2019 年第 8 期。

② 何轩、马骏：《执政党对私营企业的统合策略及其效应分析：基于中国私营企业调查数据的实证研究》，《社会》2016 年第 5 期。

③ 何轩、马骏：《党建也是生产力——民营企业党组织建设的机制与效果研究》，《社会学研究》2018 年第 3 期。

④ 郑长忠：《党建工作与非公企业有机融合的逻辑、空间与机制》，《毛泽东邓小平理论研究》2019 年第 11 期。

动与公司的行为活动相互融合与影响。^① 研究显示，党组织结构性嵌入民营企业与企业家加入党组织对民营企业在履行社会责任方面有明显的促进作用，进一步研究发现党组织嵌入对民营企业参与社会治理的意愿、环境治理参与度、企业社会责任披露情况和员工社会责任履行状况等不同维度的影响程度略有不同，但总体来说党组织的嵌入能够加强企业家的社会责任认知，使其更加积极地承担和履行其社会责任^②。第三，监督功能。党组织对非公有制企业同样有监督作用，政府可以通过党组织网络对企业进行监督。在民营企业中党组织有着落实党和国家的路线和方针，监督政策是否有效执行，并监督企业行为不违法乱纪的任务。我国国有企业建立党组织是党和国家介入国有企业公司治理的一个重要途径，它嵌入治理结构可以参与企业重大经营决策和履行相应监督职能，这是新时代具有中国特色的公司治理模式的典型制度安排^③。党委、纪委都是党的重要组织形式，党委的主要职责就是参与国有企业重大经营决策的制定，纪委对党的路线、方针、政策在国有企业内落实、执行情况进行监督、执纪和问责^④。当权力集中到董事长、经理层或者董事会后，为有效缓解所有者缺位带来的代理问题，往往会通过设立监督联席监管来实现国有企业内部监督机制的强化^⑤。研究表明，民营企业党组织的嵌入对企业的财务违规行为有显著的抑制作用，证明了民营企业党组织确实对公司治理有着明显的改善作用，能够促进企业遵守法律法规^⑥，侧

---

① 郑登津、谢德仁：《非公有制企业党组织与企业捐赠》，《金融研究》2019 年第 9 期。

② 肖红军等：《私营企业党组织嵌入、企业家地位对企业社会责任的影响》，《管理学报》2022 年第 4 期。

③ 修宗峰等：《党组织治理、政策响应与国有企业参与脱贫攻坚》，《财经研究》2022 年第 2 期。

④ 陈仕华等：《国有企业纪委的治理参与能否抑制高管私有收益？》，《经济研究》2014 年第 10 期。

⑤ 姜付秀、王莹：《国有企业公司治理改革的逻辑：从国家治理到公司治理》，《经济理论与经济管理》2021 年第 6 期。

⑥ 郑登津等：《党组织嵌入与民营企业财务违规》，《管理评论》2020 年第 8 期。

面证明了民营企业党组织在企业中具有监督功能。

（二）党组织在国有企业功能定位研究

第一，领导决策功能。坚持党对国有企业的领导，是我们党的一贯方针。国有企业党组织政治核心作用最终表现为国有企业改革与发展、国有企业保值增值、国有企业职工根本利益得到较好的代表与实现。[1] 自中国共产党建党以来，国有企业领导制度虽几经调整，但是确保党的路线、方针和政策在国有企业中得到贯彻和落实，确保党对国有企业实行领导，却是一以贯之的方针[2]。国有企业的性质，党的执政规律，社会主义建设规律等因素，决定着我们要坚持党的领导，切实加强党的建设。总结国有企业党的领导制度变革的历史经验，其中最重要的一条是坚持党的领导制度是国有企业特有的优势[3]。中共中央印发的《中国共产党国有企业基层组织工作条例（试行）》指出："国有企业党委（党组）发挥领导作用，把方向、管大局、保落实，依照规定讨论和决定企业重大事项"[4]。再次强调了国有企业党组织的领导功能，其权责也愈发清晰。第二，思想教育功能。中国共产党的百年历史是一部共产党人共同奋斗的历史，也是一部中国共产党不断发展、从严治党的历史。要实现技术创新、科技强国以及更进一步地实现中华民族的百年复兴这些目标归根到底是需要优秀的人才的。而思想建设作为党的基础性建设，同时也是党培养人才的重要途径。以坚定党员干部的理想信念作为加强思想建设的初心和核心，以主题教育等方式

---

[1] 刘炳香、韩宏亮：《国有企业党组织发挥政治核心作用的现状和对策》，《理论视野》2011年第7期。

[2] 韦彦：《论现代企业制度建设中党组织的作用》，《广西大学学报（哲学社会科学版）》1998年第4期。

[3] 张洪松、朱家明：《国有企业党的领导制度百年探索：发展历程与基本经验》，《四川大学学报（哲学社会科学版）》2021年第2期。

[4] 《中国共产党国有企业基层组织工作条例（试行）》，人民出版社2020年版，第7页。

引导广大党员干部铭记全心全意为人民服务的根本宗旨，树立正确的三观，为创新驱动发展战略提供人才储备[1]。还有学者从党员职工的思想引领、建设各级党支部工作、入党积极分子培训等方面引入新的教育理念实现思想升华，规范党员干部从业行为，在企业内部营造良好的工作风气。领导干部充分发挥表率作用，先做行业标兵，为员工起好带头作用，以身作则，充分调动员工的积极性。[2] 第三，监督功能。党组织领导企业既表现为政治领导和党管干部，又表现在对企业的监督功能上。有学者表明，国有企业党组织的监督功能是指党组织对企业日常经营、改革发展和党组织建设进行监管和督查的权利。[3] 党组织监督应该将国有企业贯彻执行党和国家的方针政策和保证法人代表充分行使职权有机统一起来。[4] 党组织监督企业主要有四个渠道，监督重点是管人、管权、管钱。一是党的上级机关监督企业党组织尤其是领导班子。对领导履行职责和行使权力的情况进行监督，通过科学有效的监督体系与标准规范的常态化监督不断规范企业领导人员的行为[5]，对权力集中、资产富集的岗位进行重点监督，从根源上杜绝贪污腐败、渎职等情况的发生。二是企业全体党员及党代会监督党委、党委书记。三是企业党委集体监督党委成员，包括党委书记。四是民主监督，即群众对党员、党组织的监督。对党员干部进行日常督查，对于一些刚露头的小问题，要早打招呼，予以及时提醒，避免小毛病发展成大问题。党组织对企业内部监督的重点包括：企业决策监督、企业经营管

---

① 肖云峰：《全面强化国有企业党的政治功能》，《党建》2021 年第 3 期。
② 刘炳香、韩宏亮：《国有企业党组织发挥政治核心作用的现状和对策》，《理论视野》2011 年第 7 期。
③ 李景治：《深化国企改革要进一步加强和改善党的领导》，《学术界》2016 年第 8 期。
④ 王世谊：《国有企业党组织政治核心作用的探索——江苏部分国有企业党组织参与企业重大问题决策的调查与思考》，《社会主义研究》2001 年第 4 期。
⑤ 王金柱、王晓涵：《新时代国有企业党组织"三权两责"建构分析》，《中共中央党校（国家行政学院）学报》2022 年第 3 期。

理监督、国有资产监督、切实落实国有企业反腐倡廉"两个责任"等。企业决策中必须严格监督企业领导人员的用权行为，强化关键岗位和重点人员尤其是企业"一把手"的监督，对违法违纪行为进行严格纠察并严肃处理，营造国有企业风清气正的良好氛围。在企业经营管理监督方面，党内监督主要关注党员管理干部是否有违法乱纪的行为，是否存在不存在行业不正之风，能否对企业实行科学化管理，是否不断提高企业的生产效益。在国有资产监督方面，要重点抓好两方面的工作：一是防止因企业管理不到位、经营不善引起的企业的亏损与国有资产的流失。二是防止以权谋私和贪污腐败而导致的国有资产流失。相较地方党政机关而言，国有企业在党风廉政建设中，问题较为突出，反腐倡廉监督机制较薄弱。企业党委在对本单位的反腐倡廉工作进行全面领导的时候要加强党员干部的党性教育、法制教育和警示教育，引导党员干部树立坚定的理想信念，自觉遵守"三严三实"要求，正确行使权力，履职尽责①。

四、国有企业公司治理结构研究

（一）国有企业公司治理结构的概念

英美经济体关于公司治理的制度安排和学术研究以显性契约为主导，如外部法律制度和内部激励监督制度。然而，这些制度在中国转型和快速发展的经济中并不是都那么适用。20世纪90年代，随着股份制公司的兴起，掀起了公司治理结构研究的浪潮，我国关于公司治理结构，不同学者有不同见解。吴敬琏学者认为公司治理结构是一种由所有者、董事会和高级经理人员三者组成的组织结构。②而学者钱颖一认为

---

① 李景治：《深化国企改革要进一步加强和改善党的领导》，《学术界》2016年第8期。

② 吴敬琏：《现代公司制度与企业改革》，《中国经济问题》1995年第4期。

公司治理结构是一套用来平衡投资者、经理、工人三者利益关系的制度安排。[1] 张维迎学者认为公司治理结构在狭义层面可以是公司董事会的功能与结构、股东的权利等制度安排，广义层面可以是具体化的企业所有权一系列安排[2]。在此基础上林毅夫深化了张维迎的观点，并参考了施莱费尔和维什尼（Shleifer，Vishny，1997）关于公司治理结构的定义[3]，他认为，"所谓的公司治理结构，是指所有者对一个企业的经营管理和绩效进行监督和控制的一整套制度安排"[4]。随后，学者提出公司治理结构原则[5]。数字经济时代下，遵循"技术赋能—数据驱动—治理重构"的逻辑思路，并将企业家作为中心，尤其是掌握企业核心技术与资源的企业团队，构建了新型治理生态模式构建[6]。此外，随着 ESG 理念的兴起，有学者提出了公司治理与 ESG 理念结合起来的现代化公司治理结构，更加注重广泛的社会利益[7]，也有学者从隐性契约视角出发，结合中国传统历史文化与制度背景，深入剖析了适合于中国式现代化治理结构和有效路径[8]。

---

[1] 钱颖一：《企业的治理结构改革和融资结构改革》，《经济研究》1995 年第 1 期。

[2] 张维迎：《所有制、治理结构及委托—代理关系——兼评崔之元和周其仁的一些观点》，《经济研究》1996 年第 9 期。

[3] A. Shleifer, R.W. Vishny, " A Survey of Corporate Governance", *Journal of Finance*, Vol.52, No.2（1997）, pp.737-783.

[4] 林毅夫、李周：《现代企业制度的内涵与国有企业改革方向》，《经济研究》1997 年第 3 期。

[5] 周志华、唐宁：《我国公司法人治理的"五大原理"》，《学术论坛》2017 年第 6 期。

[6] 陈德球、胡晴：《数字经济时代下的公司治理研究：范式创新与实践前沿》，《管理世界》2022 年第 6 期。

[7] 郭雳、武鸿儒：《ESG 趋向下的公司治理现代化》，《北京大学学报（哲学社会科学版）》2023 年第 4 期。

[8] 陈冬华等：《公司治理新论（下）——一个中国社会关系结构的视角》，《会计与经济研究》2023 年第 2 期。

（二）国有企业公司治理结构的改革

1. 内部机制改革

（1）董事会与公司治理

早期国外学者认为董事会治理对推动企业发展，提升企业绩效意义重大[①]。作为公司的受托人，董事会服务于公司各方参与人的利益，为了公司整体效益最大化，甚至可以不顾股东利益，即董事会是公司的"协调架构"（mediating hierarchs）[②]。董事会是公司治理的中心地位，是区别于股东的保障公司独立性的，弱化大股东对公司的控制权；董事会也要具备管理公司及做出决策所需要的能力和素质，以此打造一支职业化的经理人队伍[③]。在这些研究基础上，我国学者结合国内国情也对董事会治理展开了研究。有研究发现，董事会会降低国有控股企业的两类代理成本[④]。自2018年《上市公司治理准则》修订发布后，学者们聚集利益相关者融入公司治理对国有企业公司治理的影响和机制改革。将政府董事融入国有企业内部治理结构是适应现代企业竞争的重要环节[⑤]。从董事长与总经理的角度，有学者探讨了在"老三会"上市企业中融入了新的公司治理机制[⑥]，也有研究从独立董事参与实际决策的话语权和监督权较弱

---

① S. Johnson, et al., "Tunneling", *American Economic Review*, Vol.90, No.2（2000）, pp.22–27.

② M. Margaret, "Boards of Directors as Mediating Hierarchs", *Seattle University Law Review*, Vol. 38, No. 2（2015）, pp. 297–336.

③ M. M. See, L. A. Blair, "Director Accountability and the Mediating Role of the Corporate Board", *Washington University Law Quarterly*, Vol. 79, No. 2（2001）, pp. 403–447.

④ 李文贵等：《央企董事会试点、国有上市公司代理成本与企业绩效》，《管理世界》2017年第8期。

⑤ 肖海军：《政府董事：国有企业内部治理结构重建的切入点》，《政法论坛》2017年第1期。

⑥ 陈颖、吴秋明：《中国混合所有制企业公司治理特殊性及治理效率的实证研究》，《经济体制改革》2018年第4期。

的视角，认为我国董事制度有待进一步改善[1]。在此基础上，学者汪青松提出了国资公司治理模式的选择应突破规范与理论之争，构建和完善以董事会为中心的治理模式，以董事会为公司治理机制建设的重点，并且通过机构间的分权手段，对董事会采取一般授权，对其他机构采取有限授权。[2]

（2）监事会与公司治理

在国外关于监事会治理的研究中，主流观点认为，监事会在实际中承担着"常勤监督者"的职能。例如，德国的监事会是作为一种监督制衡机制，用来制衡董事会并维护投资者利益[3]，日本的监事会制度同样如此，都是提供一种监督制衡和参与机制的作用。我国的监事会制度是借鉴国外而来的，现有对监事会治理的相关研究是将国有企业和非国有企业作为分组研究对象，来检验监事会治理[4]以及独立监事治理[5]对公司治理的有效性。

（3）控股股东与公司治理

控股股东对管理层及经营活动的有效监督能提升公司价值。[6]当股东积极参与公司治理时，股东与管理者之间的信息不对称程度降低[7]，对薪

---

[1]　王曙光、王彬：《独立董事制度、公司治理与国有企业治理文化》，《社会科学战线》2022年第9期。

[2]　汪青松：《国家出资公司治理模式选择与法律制度保障》，《政治与法律》2023年第9期。

[3]　王世权：《德国监事会制度的源流考察及其创新发展》，《证券市场导报》2007年第6期。

[4]　王兵等：《监事会治理有效吗——基于内部审计师兼任监事会成员的视角》，《南开管理评论》2018年第3期。

[5]　王世权、宋海英：《上市公司应该实施独立监事制度吗？来自中国证券市场的证据》，《会计研究》2011年第10期。

[6]　S. J. Grossman, O. D. Hart, "The Costs and Benefits of Ownership: A Theory of Vertical and Lateral Integration", *Journal of Political Economy*, Vol. 94, No. 4（1986）, pp. 691−719.

[7]　G. Atul, et al., "Do Scandals Trigger Governance Changes? Evidence From Option Backdating", *Journal of Financial Research*, Vol. 41, No. 1（2018）, pp. 91−111.

酬契约的监督治理作用也更强①。但是，控股股东也有通过关联交易、盈余管理等方式攫取公司利益的动机②。公司治理制衡的基础机制是股权制衡，通常采用分散式股权结构达到公司治理的制衡目的③；中小股东积极参与公司治理能够降低信息不对称程度，进一步抑制高管薪酬粘性，并且在公司大股东监督治理能力越好时更加明显④；非国有股东参与国有企业高层治理可以显著降低冗员规模和提升资本密集度，对国有企业去僵尸化和发展壮大具有积极的促进作用⑤。资本结构是公司治理结构的基础，也有学者将智力资本引入资本范畴，优化资本结构理论，创新健全了国有企业公司治理结构⑥。

（4）高管与公司治理

在高管特征对公司治理的影响研究中，国外学者认为高管团队内部关系会影响公司绩效⑦⑧。高管薪酬契约是股东与管理者博弈的核心，高

---

① C. Chen, et al., "The Agency Problem, Corporate Governance, and the Asymmetrical Behavior of Selling, General, and Administrative Costs", *Contemporary Accounting Research*, Vol. 29, No. 1（2012）, pp. 252−282.

② M. Jameson, et al., "Controlling Shareholders, Board Structure, and Firm Performance: Evidence from India", *Journal of Corporate Finance*, No. 27（2014）, pp. 1−20.

③ 蒋建湘、薛侃:《混合所有制国企制衡治理初探》,《中南大学学报（社会科学版）》2021 年第 6 期。

④ 朱佳立等:《中小股东参与治理会提升薪酬契约有效性吗？——来自高管薪酬粘性的证据》,《南开管理评论》2021 年 11 月 15 日。

⑤ 马新啸等:《非国有股东治理与国有企业去僵尸化——来自国有上市公司董事会"混合"的经验证据》,《金融研究》2021 年第 3 期。

⑥ 郝晓雁、王慧娟:《国有企业再造资本结构的公司治理效应研究》,《统计与决策》2017 年第 1 期。

⑦ C. L. Ridgeway, S. J. Correll, "Unpacking the Gender System: A Theoretical Perspective on Gender Beliefs and Social Relation", *Gender and Society*, Vol. 18, No. 4（2004）, pp. 510−531.

⑧ J. Y. He, Z. Huang, "Board Informal Hierarchy and Firm Financial Performance: Exploring a Tacit Structure Guiding Board-room Interactions", *Academy of Management Journal*, Vol. 54, No. 6（2011）, pp. 1119−1139.

管薪酬契约是一种有效的激励手段，其作用在于鼓励管理者维护股东利益，缓解与股东之间的利益矛盾[1]。在有关国有企业高管治理效应的研究中，学者们认为优化国有企业公司治理结构要推行中国特色国有企业职业经理人制度，加强党对国有企业的领导，完善国有企业法人治理结构，并完善经理层成员任期制契约化管理市场化的激励和约束机制[2][3]。也有学者以管理层激励效应为理论基础，探讨了我国国有企业管理层差异化激励机制[4]，并从管理层激励视角出发，实证表明了员工持股计划对国有企业内部控制质量提高和改善作用[5]。

2. 外部治理机制

关于国有企业外部治理机制的研究，可以归纳为分类改革和"竞争中性"改革两种机制[6][7]。"竞争中性"改革则是对视域下国有企业改革的取向等问题进行了讨论[8][9]。随着我国市场经济的发展，对国有企业外部治理的研究越来越多元化，学者们提出完善国有资产监管机制[10]，优化国有

---

[1]　B. Bennett, et al., "Compensation Goals and Firm Performance", *Journal of Financial Economics*, Vol. 124, No. 2（2017）, pp. 307−330.

[2]　李锡元等：《国有企业推行职业经理人制度的改革路径》，《学习与实践》2018 年第 6 期。

[3]　武鹏：《国有企业任期制契约化管理改革的推进历程与完善建议》，《理论学刊》2022 年第 6 期。

[4]　张正堂、曹伟航：《国有企业管理层激励效应研究：演进与展望》，《经济管理》2022 年第 9 期。

[5]　曹越等：《国有企业实施员工持股计划能否提升内部控制质量？——基于"国企混改"背景》，《会计研究》2022 年第 11 期。

[6]　黄群慧、余菁：《新时期的新思路：国有企业分类改革与治理》，《中国工业经济》2013 年第 11 期。

[7]　黄群慧：《国有企业分类改革论》，《经济研究》2022 年第 4 期。

[8]　刘戒骄：《竞争中性的理论脉络与实践逻辑》，《中国工业经济》2019 年第 6 期。

[9]　黄速建等：《竞争中性视域下的国有企业改革》，《中国工业经济》2019 年第 6 期。

[10]　张敏捷：《国有企业公司治理之研究——完善国有资产监管机制和优化国有企业公司治理结构》，《经济体制改革》2013 年第 6 期。

企业审计制度[①]，也有学者认为深化国有企业改革，要以公司章程为抓手，在国有企业分类改革的基础上开展职工民主管理和企业治理文化建设，进一步规范化设立国有企业的法人治理结构[②]。从内外部治理两方面出发，学者主要从企业外部的经济结构调整以及内部的法人治理结构完善两方面，提出新时期国有企业改革的推进路径，建立治理机制[③]。从公司文化建设入手，学者认为要建立良好的文化融合机制、现代公司治理机制和现代市场运行机制[④]。只有这样，混合所有制企业才能加快发展，才能越快越好地发展。总结学者的研究经验，对国有企业公司治理及监督制度建设提出六个方面的平衡机制：政策指导与制度规范的平衡及相互配合、国有产权治理与利益相关者治理的平衡及相互协同、成为"超级股东"与自我设限"有所为有所不为"的平衡及尺度把握、国有企业中的特殊管制安排与现代公司治理结构的平衡及嵌入融合、纠错追责机制与容错激励机制的平衡及良性循环、公司治理和监督制度建设中的成本—收益平衡及适度监管[⑤]。以政府经营性行为与商业行为制度的公共性为核心，有学者提出要完善国有资本经营预算制度，完善从国有企业设立运营到破产的全流程规范、从财务会计到审计的全方面规制等具体建议[⑥]。

3. 混合所有制改革

早期学者们研究发现，第二股东能够明显地制衡第一大股东的掏空行

---

① 綦好东等：《国有企业经济责任审计制度的演进历程及基本经验》，《审计研究》2022年第5期。

② 丰存斌：《规范国有企业法人治理结构的基本路径》，《经济问题》2017年第7期。

③ 周娜、庄玲玲：《供给侧改革背景下国有企业改革的新思路》，《华东经济管理》2017年第2期。

④ 程承坪：《当前国企改革的方向：建立中国特色现代国有企业制度》，《学习与实践》2017年第2期。

⑤ 辛宇：《国有企业公司治理中的平衡机制分析》，《人民论坛》2019年第12期。

⑥ 谢琳：《组织化竞争时代的国有企业及制度回应》，《中国政法大学学报》2022年第5期。

为[1]，在这类研究基础上，学者进一步解释了混合所有制改革能够提高企业效率的原因[2]。有研究表明，政府放权意愿能有效促进国有企业混改[3]，同时混合所有制企业的有效治理需要依赖职业经理人市场、行政化管理、资本进入和退出机制的完善，因为这解决了国有企业混改中涉及的垄断国有企业引入非公资本、国有资本与非公资本的融合、多元化资本主体的产权关系、国有资本管理体系以及集团企业多层级公司治理等主要问题[4]。从分类改革原则下，推进国有企业的混合所有制改革，在不同领域下实施差异化混改制度[5]。学者们还对混合所有制改革的经济后果进行了进一步的探讨。有的学者认为，引入异质股权会使国有企业提高经营绩效[6]；国有企业混合所有制改革能够剥离政策性负担[7]；提高企业经营业绩[8]；加速企业创新[9]；降低企业产能过剩[10]；促进国有企业创新行为[11]；降低费用粘性[12]。在资源配

[1] R. L. Porta, et al., "Law and Finance", *The Journal of Political Economy*, Vol. 106, No. 6 （1998）, pp. 1113–1155.

[2] 谭麟：《国有企业混合所有制改革治理结构设计》，《人民论坛·学术前沿》2015 年第 14 期。

[3] 蔡贵龙等：《国有企业的政府放权意愿与混合所有制改革》，《经济研究》2018 年第 9 期。

[4] 张冰石等：《国有企业混合所有制改革理论研究》，《经济体制改革》2017 年第 6 期。

[5] 杨瑞龙：《新时期新国企的新改革思路——国有企业分类改革的逻辑、路径与实施》，《经济理论与经济管理》2017 年第 5 期。

[6] 刘小玄：《民营化改制对中国产业效率的效果分析——2001 年全国普查工业数据的分析》，《经济研究》2004 年第 8 期。

[7] 陈林、唐杨柳：《混合所有制改革与国有企业政策性负担——基于早期国企产权改革大数据的实证研究》，《经济学家》2014 年第 11 期。

[8] 武常岐、张林：《国企改革中的所有权和控制权及企业绩效》，《北京大学学报（哲学社会科学版）》2014 年第 5 期。

[9] 李文贵、余明桂：《民营化企业的股权结构与企业创新》，《管理世界》2015 年第 4 期。

[10] 白雪洁、张哲：《混合所有制改革能有效化解国有企业产能过剩吗？》，《经济理论与经济管理》2022 年第 9 期。

[11] 任广乾等：《制度环境、混合所有制改革与国有企业创新》，《南开管理评论》2022 年 5 月 18 日。

[12] 葛永盛等：《国有企业混合所有制改革能降低费用粘性吗？》，《财贸研究》2022 年第 2 期。

置方面，混合所有制改革可以通过减少要素市场扭曲、消除行政垄断、缓解融资约束、消除政策负担等方式，提高国有企业全要素生产率和市场占有率，从而实现资源从国有企业向改制后的国有企业和非国有企业的转移，优化要素资源在企业间的配置效率[1]。但是有专家研究表明混合所有制改革可能会加重国有企业预算软约束[2]；降低经济效益[3]。有学者实证分析国有企业混合所有制改革中非国有股东对高管薪酬的影响。非国有股东委派高管有利于降低国有企业高管的薪酬敏感度[4]，同时混合所有制改革在一定程度上能够提升企业投资效率[5]，并且能显著降低国有控股企业费用粘性[6]。还有研究表明：分散化的股权结构和多元化的高管结构能够促进企业可持续发展，并且分散化的股权结构和多元化的高管结构对国有企业可持续发展能力提升越明显。[7] 最新研究发现，在国有企业中，使经济价值和创新能力实现均衡的国有持股比例最优区间为50%，表明混合所有制股权结构改革有利于提高企业发展质量，其中公司治理起到积极的中介作用，但是股权结构对企业产出质量的影响仍然具有复杂性。[8] 还有学者研究发现，国有企业混合所有制改革能显著改善国有上市公司股价信息。其中，提高非国有股东参与程度、提升股权整合程度所带来的股权结构改

---

① 王强、李鲁：《国有企业改革的资源配置效应及其机制研究》，《财经论丛》2023 年第 10 期。
② 林毅夫、刘培林：《以加入 WTO 为契机推进国有企业改革》，《管理世界》2001 年第 2 期。
③ 马连福等：《混合所有制的优序选择：市场的逻辑》，《中国工业经济》2015 年第 7 期。
④ 蔡贵龙等：《非国有股东治理与国企高管薪酬激励》，《管理世界》2018 年第 5 期。
⑤ 许晨曦等：《国有企业混合所有制改革提高了企业投资效率吗？》，《北京师范大学学报（社会科学版）》2020 年第 3 期。
⑥ 廖飞梅等：《混合所有制改革影响企业费用粘性吗？》，《经济体制改革》2020 年第 5 期。
⑦ 赵斌斌等：《混合所有制改革、政府放权意愿与国企可持续发展》，《经济与管理》2020 年第 6 期。
⑧ 范玉仙等：《混合所有制股权结构、公司治理效应与企业高质量发展》，《当代经济研究》2021 年第 3 期。

善，以及非国有股东任命高管所带来的高管治理改善，都有利于股价信息的改善。①

4.制度设计

在制度与实践方面，有学者提出国有企业良治的六大核心价值观：公开透明、民主决策、股东主权、股权平等、诚信问责与社会责任②。学者提出中国特色现代国有企业制度建设应由国有企业党的领导制度、中国特色国有资产监管制度、中国特色国有企业公司治理制度和中国特色国有企业管理制度等四个部分构成。③ 我国应当通过合理的制度设计强化对控制股东的权力制衡和责任约束，以保障民营资本中小股东的权利实现和投资利益，以此推进国有资本和民营资本之间的有效混合，形成经济发展的合力，实现国有企业混合所有制改革的基本目标④。通过聚焦混合所有制改革的关键环节——有效制衡的公司治理结构，从股权结构、董事会、监事会和管理层四个维度探讨公司治理结构的调整路径，有学者提出改善独立董事和监事会监督效率的相关措施，探索管理层市场化的激励与约束制度，以期建立更完善的治理结构⑤。也有学者认为应坚持构建国资监管体制框架，通过混合所有制的实现形式，从宏观、中观以及微观视角将实行国有企业分类监管、探索国有资本投资运营公司的组建与运行以及完善现代企业制度与公司治理结构等国有企业改革关键环

---

① 陈少凌等：《国企混改与股价信息性：度量、机制及政策评价》，《产经评论》2023 年第 2 期。

② 刘俊海：《全面推进国有企业公司治理体系和治理能力现代化的思考与建议》，《法学论坛》2014 年第 2 期。

③ 程承坪：《当前国企改革的方向：建立中国特色现代国有企业制度》，《学习与实践》2017 年第 2 期。

④ 王生斌：《混合所有制改革下的控制股东权利制衡研究》，《中南民族大学学报（人文社会科学版）》2018 年第 4 期。

⑤ 叶玲、王亚星：《混合所有制改革下公司治理结构的动态调整路径研究》，《当代财经》2018 年第 8 期。

节贯穿起来。① 还有学者提出国有企业公司治理应继续沿着市场化方向和公司化道路深化改革，完善现代企业制度，结合"竞争中性"原则，兼顾规范和效率、业绩与责任，从而实现国有企业的"良治"。② 朱炜等学者从提高国有企业核心竞争力、增强国有企业核心职能、打造优质创新生态、完善产权保护制度、中国特色现代企业制度、优化收益分配机制、差别化管控机制等方面对国有企业混合所有制改革路径和治理结构进行了优化。③

（三）国有企业公司治理结构的模式

计划经济体制下，我国国有企业治理模式为行政型治理，而在计划经济体制向市场经济体制转变的过程中，国有企业治理模式也开始向经济型治理进行转变④。党的十八大强调将党的建设融入国有企业公司治理当中去，学者们在此基础上提出将党建"嵌入式"融入公司治理，明确了讨论前置决策机制能有效将党组嵌入国有企业公司治理⑤。另有研究表明，国有企业引入党组织讨论前置决策程序有助于将企业的决策系统与执行系统协同起来，企业决策执行效果得以保证。⑥ 此

---

① 廖红伟、杨良平：《以管资本为主新型监管体制下的国有企业深化改革研究》，《学习与探索》2018年第12期。
② 王宏淼：《中国国企改革过程中公司治理特征、挑战与对策》，《经济纵横》2022年第6期。
③ 朱炜等：《国企混改的理性优势、实践逻辑与路径优化》，《财经问题研究》2023年第9期。
④ 李维安等：《中国国有企业行政经济型治理：模式与展望》，《财务管理研究》2019年第1期。
⑤ 强舸：《国有企业党组织如何内嵌公司治理结构？——基于"讨论前置"决策机制的实证研究》，《经济社会体制比较》2018年第4期。
⑥ 刘福广等：《国有企业党组织讨论前置决策机制的效应研究——基于博弈论视角》，《北京交通大学学报（社会科学版）》2019年第3期。

后，基于"管资本就要管党建"的改革，从企业内外部全面赋予国有企业完整决策权和遏制"内部人控制"的双重目标。有学者提出了在企业内外部横向上构建党委党组决定"什么不能干"、管理层决定"干不干、怎么干"的决策分工机制①。也有学者提出国有企业治理转型路径，从传统的行政型治理到内部人控制进而到经济型治理机制建设的演进，从而构建了治理转型的双重量化体系。②党的二十大报告强调，党的全面领导的制度优势与深化国有企业改革密切相关，国有经济主要依靠国有资本和国有企业，具有明显的制度形态领域观特征。③有学者从这一视角出发，构建"政府—市场"的制度结构以实现党的壮大和优化，全面分析了党领导国有经济做强、做优、做大的发展历程和实践逻辑。④

五、企业党组织治理的研究

（一）企业党组织治理制度的相关研究

新时代国有企业党组织的研究重点在于党组织以何种方式融入公司治理，需要制定何种保障机制。部分学者研究认为可以采用间接引导型与直接干预型两种形式将党组织融入公司治理结构，同时构建系统性的

---

① 强舸：《"国有企业党委（党组）发挥领导作用"如何改变国有企业公司治理结构？——从"个人嵌入"到"组织嵌入"》，《经济社会体制比较》2019 年第 6 期。

② 李维安、邱艾超：《国有企业公司治理的转型路径及量化体系研究》，《科学学与科学技术管理》2010 年第 9 期。

③ 参见习近平：《高举中国特色社会主义伟大旗帜　为全面建设社会主义现代化国家而团结奋斗——在中国共产党第二十次全国代表大会上的报告》，人民出版社 2022 年版，第 27 页。

④ 李曦辉等：《党引领国有经济做强做优做大的历程与逻辑——基于域观经济理论的视角》，《经济与管理研究》2023 年第 2 期。

法律制度体系以确保党组织地位。① 现有针对党建工作推进的文献研究表明，加强国有企业党的建设应明确党组织法定地位与国有企业党组织的职责范围、履职方式和程序；加强党组织对企业经营者的管理，完善国有企业经理层选聘和激励机制②。但实践中，国有企业党建工作依然存在弱化趋势③，随着国有企业党委会和董事会的职能交替，新老三会并存造成了制度性内耗、功能性冲突和顶层设计缺失造成了党委会治理薄弱和监督隔离机制的缺乏④，呈现出目标与实践相悖的趋势。为解决这一问题，"讨论前置"决策机制成为国有企业党建最重要的理论创新和实践要求⑤。但"讨论前置"环节多，耗时长，可能影响企业效率。因此，如何进一步优化制度设计，提高"讨论前置"的运行效率，成为国有企业普遍关注的关键问题。学者强舸根据长期研究收集的国有企业经验和实践，从厘清研究事项的边界、厘清"决定"与"讨论"的区别、优化决策过程等三个方面探讨提高"讨论前置"运行效率的具体方法，从操作层面总结出更完整的步骤和程序⑥。其次，新"一肩挑"（董事长兼任党委书记）也成为党组织参与国有企业公司治理的一种路径⑦。还有学者提出嵌入式领导是实现党的领导融入国有企业治理体系的基本运作机制，

① 刘大洪、许丹琳：《党组织参与国企公司治理的路径与法律保障研究——以国企分类改革为视角》，《中南大学学报（社会科学版）》2017 年第 5 期。
② 陈宾：《法人治理结构视角下完善国有企业党的领导》，《行政管理改革》2018 年第 5 期。
③ 龚睿：《政党权力视阈下的国企党建生成逻辑与路径转型》，《理论与改革》2017 年第 6 期。
④ 孙晋、徐则林：《国有企业党委会和董事会的冲突与协调》，《法学》2019 年第 1 期。
⑤ 强舸、成小红：《国有企业党委（党组）与董事会的决策分工与运作机制——以"讨论前置"为考察核心》，《理论视野》2019 年第 11 期。
⑥ 强舸：《如何提升"讨论前置"的运转效率——国有企业党组织内嵌公司治理结构的操作逻辑》，《理论视野》2023 年第 4 期。
⑦ 范明珠等：《橘枳之辩：新旧"一肩挑"与国有企业研发效率——来自中国 A 股国有企业的经验证据》，《科技进步与对策》2023 年第 1 期。

也是确保党对国有企业进行政治领导、组织调控和思想引领的有效治理方式。

在党组织如何融入公司治理的问题上，学者们遵循国有企业是党执政兴国的重要支柱和依靠力量的理论逻辑，把企业党组织内嵌入公司治理结构之中的实践逻辑[①]，提出了加强国有企业党组织本身享有的针对董事高管的人事任免权、薪酬决定权以及针对"三重一大"的决策权[②]；党组织在对董事会、监事会和经理层实施"双向进入、交叉任职"时，应当根据不同公司机构的地位与作用设置不同的进入比例上下限，通过对信息披露、责任追究制度加以完善[③]；完善董事会、监事会和经理层协调治理体系[④]。从国有企业党委、董事会和管理层的三大治理体系视角来看，高明华等学者在权责清单和实践逻辑两个方面提出了将党组织嵌入公司治理和提高国有企业内部治理效率的有效途径[⑤]。同时，学者们还从国有企业党组织建设的政治力、组织力、发展力、文化力、监督力五个维度出发，融入公司治理，使企业的各个要素、各个环节、各个方面形成有机联系，助推国有企业真正融合创新和高质量发展[⑥]。并且党组织在公司治理体系中权责建构的重点应是明确和落实"三权两责"[⑦]。

---

① 姬旭辉：《新时代加强党对国有企业领导的理论逻辑与实践路径》，《理论视野》2020年第 7 期。

② 杨大可：《论党组织与国企监督机制的融合》，《当代法学》2020 年第 2 期。

③ 楼秋然：《国有企业公司治理改革：政治逻辑与经济逻辑的协调融合之道》，《华中科技大学学报（社会科学版）》2021 年第 2 期。

④ 汪显东：《国有企业党建工作融入公司治理体系研究》，《社会科学家》2021 年第 4 期。

⑤ 高明华等：《党组织提高国有企业内部治理效能的理论逻辑、现实约束及突破路径》，《山东大学学报（哲学社会科学版）》2023 年第 1 期。

⑥ 人民论坛专期调研组：《"五力"建设促进国有企业融合发展——湖南现代农业集团党建创新发展实践》，《人民论坛》2019 年第 31 期。

⑦ 王金柱、王晓涵：《新时代国有企业党组织"三权两责"建构分析》，《中共中央党校（国家行政学院）学报》2022 年第 3 期。

（二）企业党组织治理效应的研究

近年来，学者对企业党组织治理效应进行了一系列的研究。首先，党组织在公司治理中发挥了领导决策功能，"双向进入"和"交叉任职"就是发挥其领导功能的途径之一。研究表明，对于国有企业而言，党组织与经理层、监事会以及董事会之间"双向进入"程度与国有企业的环境绩效呈正比[①]；并且能够促进企业投入更多资金参与乡村振兴发展[②]，但也有研究表明党委会"双向进入"程度和公司治理水平之间的关系呈倒U形，并且会提高董事会效率，同时"交叉任职"可以显著影响公司治理水平，但董事长担任党委书记一职不利于提高公司治理水平[③]，国有企业党委会参与公司治理会增加公司冗余雇员规模，降低公司高管的绝对薪酬，抑制高管攫取超额薪酬的行为，缩小高管与普通员工之间的薪酬差距[④]。其次，党组织融入公司治理发挥了监督功能，减少了贪污腐败等违法行为的发生。党组织融入国有企业公司治理所特有的中国优势，不仅有效抑制国有企业的内部人控制问题，还能与国有企业的经济效益目标协调融合[⑤]。不同于国有企业，民营企业是我国经济制度改革的成果之一，资本来自民间筹集，产权属于业主，因此不属于政府直接管理范畴，党建工作没有体制上的保证。研究结果显示，非公有制企业党组织有助

① 庄明明等：《党组织参与治理能够提升国有企业的环境绩效吗？》，《管理评论》2022年第11期。

② 云锋：《党组织参与公司治理对企业助力乡村振兴的影响——基于A股上市公司的经验证据》，《南方金融》2023年第2期。

③ 马连福等：《中国国有企业党组织治理效应研究——基于"内部人控制"的视角》，《中国工业经济》2012年第8期。

④ 马连福等：《国有企业党组织治理、冗余雇员与高管薪酬契约》，《管理世界》2013年第5期。

⑤ 楼秋然：《党组织嵌入国有企业公司治理：基础理论与实施机制研究》，《华中科技大学学报（社会科学版）》2020年第1期。

于促进其履行社会责任，这有助于评估和促进非公有制企业党组织的建设及其作用的发挥①。

此外，国有企业党组织发挥作用包括治理作用与监督作用，其中治理作用主要包括对国有企业代理成本的影响②、对投资效率或运营效率的影响③④⑤、对雇佣行为或高管薪酬的影响、对内部治理问询函的影响等⑥；监督作用主要包括对国有企业党组织治理对内部控制有效性的影响⑦、对减少高管腐败的影响⑧、对抑制国有资产流失的影响⑨、对企业财务舞弊行为的影响⑩、对企业信息披露违规的影响⑪。其次，部分学者探讨了国有企业党组织对企业绩效的影响，研究发现党组织治理有利于提高企业绩效⑫，但是党委

① 余汉等：《国有企业党委参与公司治理综合评价及有效性检验》，《中国软科学》2021年第10期。

② 程博、王菁：《法律环境、政治治理与审计收费》，《经济管理》2014年第2期。

③ 熊婷等：《公司政治治理能抑制大股东掏空行为吗？》，《贵州财经大学学报》2015年第5期。

④ 赖明发：《"从严治党"情境下国有企业党组织的投资治理效应分析》，《商业研究》2018年第4期。

⑤ 任广乾等：《混合所有制改革中政府激励行为与非国有资本策略选择的主观博弈分析》，《中国管理科学》2021年第4期。

⑥ 罗昆、李亚超：《国有企业党组织治理与监管问询——来自内部治理问询函的经验证据》，《财经研究》2022年第12期。

⑦ 吴秋生、王少华：《党组织治理参与程度对内部控制有效性的影响——基于国有企业的实证分析》，《中南财经政法大学学报》2018年第5期。

⑧ 严若森、吏林山：《党组织参与公司治理对国企高管隐性腐败的影响》，《南开学报（哲学社会科学版）》2019年第1期。

⑨ 陈艳、张武洲：《国有企业党组织"把方向"能有效抑制财务舞弊吗？——基于"讨论前置"机制的准自然实验》，《中国软科学》2022年第1期。

⑩ 陈艳、张武洲：《国有企业党组织"把方向"能有效抑制财务舞弊吗？——基于"讨论前置"机制的准自然实验》，《中国软科学》2022年第1期。

⑪ 王梦凯等：《党组织"双向进入、交叉任职"能抑制企业信息披露违规吗？》，《外国经济与管理》2022年第12期。

⑫ 金晓燕等：《党组织讨论前置决策机制对国有企业绩效提升的影响研究》，《北京工商大学学报（社会科学版）》2022年第6期。

书记、董事长和总经理三职合一运营效率最低①。也有学者研究表明,党组织治理能降低国有企业金融化②;促进企业高质量发展③;抑制企业非效率投资④。在新时期国有企业分类改革背景下,有学者实证检验了在不同类型国有企业中党组织治理存在显著差异,以此提出"因企制宜"的国有企业改革方式⑤。

第一,在政策执行方面,大部分公司章程已将党组织融入公司治理内容纳入其中并增设了党建专章,主要表现为党组织对于董事会事项决策的参与⑥,在今后国有企业章程修改时,应规定党组织融入公司治理的法定依据、法定地位、参与程度及参与程序。第二,在作用发挥方面,学者们证实了党组织是建设中国特色现代国有企业制度的根基⑦,党的领导能够显著抑制国有资产流失的现象⑧,党委会作用的发挥不仅直接对公司治理结构的效能具有直接和正向影响,还可以通过影响董事会、监事会、经理层对公司治理结构的效能实现间接和正向的影响⑨;实证表明国有企业加

---

① 雷海民等:《公司政治治理影响企业的运营效率吗?——基于中国上市公司的非参数检验》,《中国工业经济》2012年第9期。

② 乔嗣佳等:《党组织参与治理与国有企业金融化》,《金融研究》2022年第5期。

③ 陈林、龙菲:《基层党组织参与公司治理的高质量发展效应研究》,《东岳论丛》2022年第6期。

④ 毛志宏、李丽:《党组织嵌入、代理成本与非效率投资——基于国有上市公司的经验证据》,《当代经济管理》2022年第10期。

⑤ 郝云宏、马帅:《分类改革背景下国有企业党组织治理效果研究——兼论国有企业党组织嵌入公司治理模式选择》,《当代财经》2018年第6期。

⑥ 吴凌畅:《党组织参与国有企业公司治理进章程——基于央企旗下287家上市公司章程的实证研究》,《理论与改革》2019年第3期。

⑦ 张弛:《国有企业党组织与现代企业制度冲突吗?》,《当代经济研究》2019年第12期。

⑧ 陈艳、张武洲:《国有企业党组织"把方向"能有效抑制财务舞弊吗?——基于"讨论前置"机制的准自然实验》,《中国软科学》2022年第1期。

⑨ 刘福广等:《国有控股公司党组织嵌入治理影响结构效能的路径研究》,《北京联合大学学报(人文社会科学版)》2019年第2期。

强党建工作有助于国有资产保值增值和履行社会责任[①]；党委参与公司治理可以有效促进国有企业对环保的投资。同时，随着国有企业混改的实施，党委参与公司治理可以有效减少混改过程中对企业环保投入的消极影响[②]。第三，在政治方面，党委书记和董事长"二职合一"能够显著降低国有企业腐败风险[③]；研究表明了纪委治理能促进国有企业履行社会责任，积极响应脱贫攻坚战略，采用造血式扶贫方式进行扶贫，证明了纪委在国有企业董事会和监事会治理中所发挥的积极监督作用[④]。

六、企业高质量发展的研究

党的十九大报告指出，我国经济已经从高速增长阶段向高质量发展阶段转变，提出必须在新发展理念引领下推进经济发展的质量变革，效率变革和动力变革。国有企业，是国有经济的核心载体与国民经济的"顶梁柱"。国有企业的高质量发展，对于整体经济高质量发展至关重要。国有经济"五力"[⑤]体现了新时代、新情境下，国有经济改革与发展的新使命和新目标。因此，探究实现国有企业高质量发展的途径，尤其是如何结合国有企业"五力"促进其高质量发展，成为诸多学者研究的对象。

[①] 余汉等：《国有企业党委参与公司治理综合评价及有效性检验》，《中国软科学》2021年第10期。

[②] 余汉、宋增基：《党委参与公司治理对国有企业履行环境责任的影响研究》，《江西财经大学学报》2023年第2期。

[③] 郝健等：《国有企业党委书记和董事长"二职合一"能否实现"双责并履"？——基于倾向得分匹配的双重差分模型》，《管理世界》2021年第12期。

[④] 修宗峰等：《党组织治理、政策响应与国有企业参与脱贫攻坚》，《财经研究》2022年第2期。

[⑤] 2020年6月30日，中央全面深化改革委员会第十四次会议审议通过的《国企改革三年行动方案（2020—2022年）》提出，要"增强国有经济竞争力、创新力、控制力、影响力、抗风险能力"。

（一）企业高质量发展的科学内涵

在由企业发展质量这一概念演绎为企业高质量发展认识的过程中，有必要将企业高质量发展这一状态性概念与过程（行为）性概念区别开来。前者是从经济层面上提出的高质量发展概念，其内涵为经济从高速增长阶段向高质量发展阶段转变[1][2][3]。企业高质量发展也可以是企业实现或处于高水平、高层次、卓越的企业发展质量的一种新境界[4]。就后一种情况而言，因为高质量发展被视为符合"创新、协调、绿色、开放、共享"发展理念相契合并强调"质量第一，效益优先"的新型发展过程[5][6]，高质量发展为经济提质增效提供了一种新型发展方式。因此，企业高质量发展也可以被认为是一种新的企业发展方式，其内涵是企业旨在以高水平、高层次、卓越的企业发展质量为发展目标，超越过去粗放式发展模式，重视经济价值及社会价值创造的效率和水平，强调塑造企业不断发展壮大的素质能力之路。有学者将企业高质量发展定义为：企业在经济和社会价值的创造上追求更高的水平，更高的层次和效率，以及塑造优秀企业持续成长与持续价值创造素质能力的发展范式。[7] 值得注意的是，尽管对企业发展质量既可从短期也可从中长期进行评价和测度，但是企业高质量发展需放在

---

[1] 金碚：《关于"高质量发展"的经济学研究》，《中国工业经济》2018 年第 4 期。

[2] 任保平、李禹墨：《新时代我国高质量发展评判体系的构建及其转型路径》，《陕西师范大学学报（哲学社会科学版）》2018 年第 3 期。

[3] 齐嘉：《促进我国民营企业高质量发展的政策思路——基于瞪羚企业扶持政策的效应分析》，《学习与实践》2019 年第 2 期。

[4] 黄速建等：《论国有企业高质量发展》，《中国工业经济》2018 年第 10 期。

[5] 师博、张冰瑶：《新时代、新动能、新经济——当前中国经济高质量发展解析》，《上海经济研究》2018 年第 5 期。

[6] 贺晓宇、沈坤荣：《现代化经济体系、全要素生产率与高质量发展》，《上海经济研究》2018 年第 6 期。

[7] 黄速建等：《论国有企业高质量发展》，《中国工业经济》2018 年第 10 期。

更长的时间域上进行考察和定义。

（二）企业高质量发展的实现路径：基于"五力"视角

第一，增强国有企业经济竞争力。高质量发展强调质量、强调效率、强调产品和服务的供给顺应需求的升级，提高全要素生产率有利于企业高质量发展[①]。这也对企业提高生产效率，增效提质提出了更高的要求。增强国有企业经济竞争力要以增强国有经济活力、效率为前提，充分利用内部激励约束机制[②]。高效的高管激励契约对于促进国有企业不断创新，推动经济高质量发展具有重要意义[③]。差异化战略是企业重要的竞争手段，研究表明企业战略差异度与其高质量发展呈现倒 U 形，利用战略差异度的正向作用，防范化解战略差异过大所引发的定位、经营和效率风险，利于企业高质量发展[④]。根据高阶理论，企业家的认知影响着企业战略决策[⑤]。企业家精神作为企业经济发展的核心推动力之一，有利于推动企业创新与产品质量升级，从而促进企业高质量发展[⑥]。国有企业董事会一方面制定企业的相关战略决策，另一方面还具备监督作用，多元化的董事会能够较好地确保董事会决策的准确性和科学性，促进企业高质

---

① 贺晓宇、沈坤荣：《现代化经济体系、全要素生产率与高质量发展》，《上海经济研究》2018 年第 6 期。

② 李政：《新时代增强国有经济"五力"理论逻辑与基本路径》，《上海经济研究》2022 年第 1 期。

③ 毛新述等：《国企高管薪酬职务倒挂影响企业创新吗？》，《南开管理评论》2023 年第 2 期。

④ 赵燕、梁中：《差异化战略与企业高质量发展——内控机制的风险应对及阈值管理》，《中国流通经济》2022 年第 11 期。

⑤ 陶建宏等：《高阶理论研究综述——基于跨层次整合视角》，《科技管理研究》2013 年第 10 期。

⑥ 王新平、周彩霞：《企业家精神与企业高质量发展——基于被调节的链式中介模型》，《调研世界》2022 年第 8 期。

量发展[1]。

第二，增强国有企业创新力。有学者从技术创新角度，认为企业高质量发展的主要价值创造方式是提高资源配置效率，实现技术进步[2]。企业技术创新从动力源头出发，为企业生产经营引进先进设备和工艺手段，提高全要素生产率，减少企业成本费用，从质的角度提升企业的竞争力，从而提升企业的价值和市场竞争力，达到从动力、效率和质量三方面变革促进企业高质量发展[3]。另外，资源基础观理论表明，知识产权是一种重要的内部资源，能够有效地增强企业竞争力，促进企业高质量发展[4]。企业要创新能力的提高促进企业高质量发展。从商业模式创新角度着手，商业模式创新对市场上企业的运营逻辑进行系统重构，不仅有利于培育并提升自身竞争能力，维持企业竞争优势的同时，也为企业获得较好的企业绩效起到了积极的促进作用[5]。以价值网络理论为理论基础，商业模式价值创造指企业以系统方式来创造新价值、以价值创造来实现企业价值、提升企业发展质量的过程[6]。加快创新人才队伍建设，激发创新活力和动力，因此，加强科技人才引育能赋能企业高质量发展[7]。

第三，增强国有企业控制力。作为市场经济微观行为主体之一的国有

① 李雄飞：《董事会多元化对国有上市企业高质量发展的影响研究》，《经济问题》2022年第6期。

② 张军扩等：《高质量发展的目标要求和战略和途径》，《管理世界》2019年第7期。

③ 朱叶、孙明贵：《知识产权战略赋能企业高质量发展了吗？——基于知识产权示范城市的准自然实验》，《科学学与科学技术管理》2023年7月6日。

④ 王新平、周彩霞：《企业家精神与企业高质量发展——基于被调节的链式中介模型》，《调研世界》2022年第8期。

⑤ 蒲晓晔、Jarko Fidrmuc：《中国经济高质量发展的动力结构优化机理研究》，《西北大学学报（哲学社会科学版）》2018年第1期。

⑥ 原磊：《国外商业模式理论研究评介》，《外国经济与管理》2007年第10期。

⑦ 刘金英：《加强科技人才引育赋能企业高质量发展——评〈我国企业科技人才吸引力研究〉》，《科技进步与对策》2020年第23期。

经济,对经济发展方向的把握是其功能的主要体现,即引导、服务以及调节经济发展方向①。因此,在党的领导下,通过制度创新来促进国有企业时刻围绕主业发展和国民经济主战场开展相关工作,才能切实做到对国有经济的正确控制与引导,真正推动国有企业实现高质量发展②。通过强化文化领域在国有经济的引领作用来提升国有企业控制力的方式同样重要③。通过强化党的领导、发掘中国文化资源优势等方式,为国有企业高质量发展注入精神支撑④。提升国有企业控制力要强化创新管理,激发员工的积极性创造性。充分挖掘发挥员工的主观能动性,让员工选择主动创造型执行而非被动适应型执行相关的既定决策⑤;通过加强党的领导切实实现按劳分配原则,注重经济激励的同时,还应加强精神激励,才能解决国有企业治理中员工的积极性问题⑥,这对企业高质量发展有着不可忽视的作用。

第四,增强国有企业影响力。国有企业肩负着保障就业、提高劳动者收入和福利待遇水平等重要社会责任,发挥好国有企业在保障就业、改善民生等方面的重要作用,对于引领国有企业高质量发展有重要意义⑦。除此之外,数字责任也是社会责任的具体表现之一。有研究指出提升数字信

---

① 王子林:《混合所有制改革视阈下的国有经济控制力研究》,《当代经济研究》2017 年第 5 期。

② 陈晓华:《从党建视角探索新时代国企高质量发展的实现路径》,《理论探索》2019 年第 3 期。

③ 李政:《新时代增强国有经济"五力"理论逻辑与基本路径》,《上海经济研究》2022 年第 1 期。

④ 陈晓华:《从党建视角探索新时代国企高质量发展的实现路径》,《理论探索》2019 年第 3 期。

⑤ 李粮:《同事关系与企业高质量发展——基于非正式制度视角的研究》,《经济问题》2021 年第 9 期。

⑥ 陈晓华:《从党建视角探索新时代国企高质量发展的实现路径》,《理论探索》2019 年第 3 期。

⑦ 邓伟华:《加强党的建设引领国有企业高质量发展》,《红旗文稿》2022 年第 13 期。

任对增加企业价值具有积极作用[1]，破解数字技术带来的信任难题对于企业高质量发展有着积极的意义，随着数字经济时代的到来，数字化转型正成为微观经济主体实现高质量发展的必由之路，数字化转型同群效应不仅能够通过深化供应链协同，推动制造企业产品质量与服务水平的提高，也能通过范围经济与规模经济效应，推动制造企业生产效率变革，从而带来制造企业创新能力的提高[2]。同时，数字化转型能够增强企业处理信息的能力，缓解信息不对称问题，利于企业稳健运营规避风险，从而增强企业承担风险的能力，以促进企业高质量发展[3]。

第五，增强国有企业抗风险能力。国有企业要实现高质量发展，必须建立完善风险防控机制，全面提升国有企业内部控制体系的有效性，增强企业抗风险能力[4]。金融资产配置与企业各项活动密切相关，其是影响企业高质量发展的一个决定性因素。有研究发现基于"挤出效应"，金融资产配置导致企业偏离实体经济，是一个资源错配行为，过度的金融资产配置，一方面可能会扰乱资本市场，导致金融风险的产生[5]；另一方面其会通过降低企业内部控制质量、增加企业非效率投资和抑制企业创新水平来降低企业全要素生产率，从而阻碍企业高质量发展[6]。从权衡理论来看，

---

① S. Kluitersl, L. et al., "The Impact of Digital Trust on Firm Value and Governance: An Empirical Investigation of US Firms", *Society and Business Review*, Vol.18, No.1（2023）, pp.71–103.

② 刘艳霞:《数字经济赋能企业高质量发展——基于企业全要素生产率的经验证据》,《改革》2022 年第 9 期。

③ 王義等:《数字化转型对企业高质量发展的影响——企业创新与风险承担视角》,《科技进步与对策》2023 年 5 月 31 日。

④ 李世春:《新时代国有企业高质量发展的实现路径分析——基于建筑业的调研》,《学术研究》2020 年第 3 期。

⑤ 许志勇等:《金融资产配置、内部控制与企业高质量发展》,《中国软科学》2022 年第 10 期。

⑥ 丁怡帆等:《金融资源错配如何影响企业高质量发展：理论与实证》,《金融监管研究》2022 年第 8 期。

适度的杠杆率会为公司创造税收收益，但是公司破产成本随公司杠杆率增加而增加。因此，企业应警惕杠杆率过高带来的风险，才能促进企业持续健康地实现高质量发展[①]。此外，健全内部控制机制必不可少。完善内控机制，提前防范和动态控制战略决策风险，提前捕捉到战略选择中存在的风险，并加以介入和纠正，使战略决策与高质量发展目标之间实现迅速协同发展[②]。

七、文献述评

关于国有企业公司治理的研究一直以来都是学者关注的热点，本书立足中国式现代化与公司治理深化改革，从政府干预与企业发展、党组织治理逻辑与能力、企业党组织功能定位、国有企业公司治理结构、企业党组织治理以及企业高质量发展六大方面梳理了相关研究文献，以期厘清党组织融入国有企业公司治理的历史起点、理论逻辑，总结其经验与治理效果，为中国式国有企业治理现代化提供一定的理论参考和借鉴意义。

政府干预企业经济活动的现象是广泛存在的，且干预途径多样。但不论是信贷担保还是税务补助等都属于直接干预，事实上，在我国特色社会主义制度下，党组织融入企业治理也能间接实现政府干预。基层党组织作为中国共产党的"神经末梢"，在微观企业层面贯彻党和国家意志与政策主张，发挥着"把方向、管大局、保落实"的政治领导作用，是政府与企业间信息沟通的重要桥梁。从政治逻辑、组织逻辑、民主逻辑以及关系逻辑把握党组织治理逻辑，厘清党组织领导能力、统筹能力、协商能力和中

---

① 施本植、汤海滨：《什么样的杠杆率有利于企业高质量发展》，《财经科学》2019 年第 7 期。

② 赵燕、梁中：《差异化战略与企业高质量发展——内控机制的风险应对及阈值管理》，《中国流通经济》2022 年第 11 期。

介能力的基础上，明确了党组织在国有企业中具有领导决策功能、思想教育功能以及监督功能。

关于国有企业公司治理框架方面，学者就其建设的目标展开了探讨，随后，关于如今尚处在推进中的混合所有制变革，有学者就其变革的基础、目的、问题、障碍与方法等展开了具体研究。也有学者聚焦研究国有企业管理层机制，对国有企业经理人的薪酬薪资、股票期权、在职消费以及政治晋升等进行了深入探讨，此外还有学者研究了国有企业经理层监督和评价机制。随着新时代党组织融入国有企业建设的逐渐加强，学者们开始研究党组织融入国有企业治理结构的途径以及新型治理结构效应。目前关于企业高质量发展的研究，主要通过提升国有企业经济竞争力来实现，主要集中在效率的提升和企业战略制定等；通过增强创新力来实现，主要从技术创新、商业模式创新两方面着手；通过控制力的提升来实现。主要是对经济命脉的把控，聚焦国有企业主业，同时也要注重员工的积极性问题；通过企业影响力的提升来实现，主要表现在社会责任的履行；增强抗风险能力也是企业实现高质量发展的途径之一，主要研究集中在应对金融风险，杠杆率的确定和内部治理等。

但已有研究存在以下几个方面的不足：一是在研究内容上，目前关于国有企业公司治理研究主要基于西方经典公司治理理论，结合我国国情的国有企业公司治理制度梳理还不够全面，围绕我国国有企业治理发展的理论研究和实践应用还不够系统深入。二是在研究思路上，缺乏符合我国国情的国有企业公司治理理论和制度。大部分研究仍然借鉴和套用外国企业的治理理论和治理结构，缺乏结合我国实际国情的实践性和合理性，未来国有企业改革应更加注重我国国内市场发展趋势，因地制宜地提出具有实践性质的改革措施和方案。三是在研究视角上，从国有企业高质量发展视角创新研究国有企业治理现代化的时代性成果还有待完善。2020 年 6 月 30 日，中央全面深化改革委员会第十四次会议审议通过了《国企改革三年行动方案（2020—2022年）》。会议引入了"五力"的发展要求。2022年10月，党的二十大召开并提出了核心任务：牢牢把握全面建成社会主义现代化强国这个中心，提出新的思路、新的战略、新的举措，也赋予了国有企业新的使命。我国国有企业现代化发展路径离不开"经济竞争力、创新力、控制力、影响力、抗风险能力"这五大能力，并且吸收国内外公司治理改革的精髓经验，与我国实际相结合，构建具有中国特色的现代化国有企业，为国有企业公司治理问题提出匹配实践的解决方案，为全面建成现代化国家提供经济基础和战略支撑。

因此，本书在国有企业党组织治理紧迫性分析与理论框架构建的基础上，将系统梳理建党以来国有企业党组织的发展变迁，总结国有企业党组织建设和治理的历史经验和现代化发展方向；随后深入剖析党组织助推中国式国有企业治理现代化的典型案例，总结梳理了国有企业党组织融入公司典型经验和做法；厘清国有企业党组织治理功能发挥的作用机理，从国有企业"五力"高质量发展的视角构建国有企业党组织治理效果评价体系，重点对国有企业党组织治理效果开展实证研究；最后，对中国特色现代国有企业治理制度提出完善建议。

第 二 章

企业党的建设工作制度背景

2021 年 7 月 1 日，习近平总书记在庆祝中国共产党成立 100 周年大会上宣布，我们党已经"形成比较完善的党内法规体系"，[①] 这一制度建设是我党持续推进建章立制特别是党的十八大以来全面深化党的建设制度改革的结果，标志着党内法规制度建设由此迈入高质量发展新阶段，全面从严治党、依规治党站在新的历史起点上。实践证明，坚持党的领导、加强党的建设是国有企业改革的重要内容和保证。在国有企业改革发展的历程中，伴随着党对国有企业的历史沿革，不断以党组织制度建设推动党建工作，有力促进了国有企业的改革和发展。关于加强国有企业党建工作制度的重要文件及相关规定，对于提升国有企业党组织治理功能具有重要的理论和现实意义。

第一节　企业党的建设工作制度背景：中央层面

2015 年 3 月 5 日，习近平总书记在参加十二届全国人大三次会议上海代表团审议时强调，"要建立健全相关制度，用制度管权管事管人。要突

①　习近平：《在庆祝中国共产党成立 100 周年大会上的讲话》，人民出版社 2021 年版，第 7 页。

出重点，重在管用有效，全方位扎紧制度笼子，更多用制度治党、管权、治吏。"① 企业党组织的制度建设本质是用思想治党、用法治治党。通过规章制度来调整和强化组织体系，使党组织的作用得以充分发挥，以制度的形式增强其政治功能和组织力，从而将企业党组织打造成具有战斗能力的坚强堡垒。要完善党内法规制定体制机制，注重党内法规同国家法律的衔接和协调，构建以党章为根本、若干配套党内法规为支撑的党内法规制度体系，提高党内法规执行力。② 企业党组织制度建设的关键核心在于法律法规体系建设，必须在《中国共产党章程》的基础上，坚持民主集中制为核心，在以党内法规体系为准绳的条件下执行。各领域、各层次的党内法规体系是一个有机统一、具有内在逻辑的整体，主要包括组织法规、党的领导法规以及党组织自身建设的法规制度等。党的十八大以来，党中央继承和发展马克思主义建党学说，总结运用党的百年奋斗历史经验，深入推进管党治党实践创新、理论创新、制度创新，将加强党的建设行之有效的做法经验及时上升为制度，构建起一整套党的自我革命制度规范体系。

2012 年 6 月 4 日，中央办公厅印发《关于开展党内法规和规范性文件清理工作的意见》，这是党的历史上第一次对党内法规和规范性文件进行集中清理；2013 年 5 月 12 日，中央办公厅印发《2013 年中央文件和党内法规制定计划》，这是中央第一次编制年度中央文件和党内法规制定计划；2013 年 11 月 5 日，中共中央印发《中央党内法规制定工作五年规划纲要（2013—2017）》，这是党的历史上第一个党内法规制定工作五年规划；2014 年 10 月，党的十八届四中全会决定把"形成完善的党内法规体系"与形成完备的法律规范体系、高效的法治实施体系、严密的法治监督体系、有力的法治保障体系一起，作为中国特色社会主义法治体系的重要组成部分，

① 中共中央纪律检查委员会、中共中央文献研究室编：《习近平关于严明党的纪律和规矩论述摘编》，中共文献出版社 2015 年版，第 59—60 页。

② 习近平：《加快建设社会主义法治国家》，《求是》2015 年第 1 期。

确立为全面依法治国总目标的重要内容，并对加强党内法规制度建设作出重要部署；截至 2017 年年底，党的十八大以来共制定修订 90 多部中央党内法规，占现行有效中央党内法规的 50％ 左右；2018 年 2 月 23 日，中共中央印发《中央党内法规制定工作第二个五年规划（2018—2022 年）》，对党内法规制度建设进行顶层设计，是推进党内法规制度建设的重要指导性文件①。2022 年 1 月 18 日，习近平总书记在十九届中央纪委六次全会上强调，"必须坚持构建自我净化、自我完善、自我革新、自我提高的制度规范体系，为推进伟大自我革命提供制度保障"②。十年来，一系列关于加强党内法规制度建设的决策部署，立足实际、着眼长远，环环相扣、梯次推进。

企业党建工作的制度化建设就必须遵循新时代党内法规制度建设总要求，建立和完善企业党建工作的制度规范体系，从制度层面加强党的自身建设，从体制机制上把党的领导融入公司治理的各环节，打造党委领导核心和现代企业管理的公司治理双重制度优势。企业党的建设工作制度着眼于推动党组织与其他公司治理主体依法行权的有机融合，完善党领导下的中国特色现代企业制度。具体到国有企业，就是从组织上、制度上、机制上确保党组织对国有企业改革发展全局的领导，坚持用习近平新时代中国特色社会主义思想武装国有企业党员、领导干部，确保习近平总书记重要指示、党中央决策部署在国有企业落地生根，确保国有企业改革发展正确在国有企业改革发展的历程中，伴随着党对国有企业领导的历史沿革，党建制度在国有企业发展中孕育成长，党的领导体制及建设在国有企业改革中探索前进，基层党建制度在国有企业壮大中不断提升，有力促进了国有企业的改革和发展。党的十八大以来，党中央作出全面从严治党的重大战略部署，并持续推动全面从严治党在国有企业向纵深发展。特别是习近平

---

① 王伟国：《国家治理体系视角下党内法规研究的基础概念辨析》，《中国法学》2018 年第 2 期。

② 《习近平谈治国理政》第四卷，外文出版社 2022 年版，第 550 页。

总书记关于国有企业党的建设的系列重要论述（如表2-1所示），阐明了如何加强新时代国有企业党建一系列根本问题，是国有企业党建工作制度建设的根本遵循与行动指南。

表2-1　习近平总书记关于国有企业党的建设的部分重要论述

时间	来源	内容
2015年1月	第十八届中央纪律检查委员会第五次全体会议	要完善国有企业监管制度，加强党对国有企业的领导，把"两个责任"落实到位，发挥国有企业纪委监督作用，加强对国企领导班子的监督，搞好对国企的巡视，加大审计监督力度。企业党委要切实履行领导职责，不断让企业干部受警醒、明底线、知敬畏
2015年6月	中央全面深化改革领导小组第十三次会议	把国有企业做强做优做大，不断增强国有经济活力、控制力、影响力、抗风险能力，要坚持党的建设与国有企业改革同步谋划、党的组织及工作机构同步设置，实现体制对接、机制对接、制度对接、工作对接，确保党的领导、党的建设在国有企业改革中得到体现和加强
2016年7月	全国国有企业改革座谈会	要坚持党要管党、从严治党，加强和改进党对国有企业的领导，充分发挥党组织的政治核心作用。各级党委和政府要牢记搞好国有企业、发展壮大国有经济的重大责任，加强对国有企业改革的组织领导，尽快在国有企业改革重要领域和关键环节取得新成效
2016年10月	全国国有企业党的建设工作会议	坚持党对国有企业的领导是重大政治原则，必须一以贯之。建立现代企业制度是国有企业改革的方向，也必须一以贯之。中国特色现代国有企业制度，"特"就特在把党的领导融入公司治理各环节，把企业党组织内嵌到公司治理结构之中，明确和落实党组织在公司法人治理结构中的法定地位，做到组织落实、干部到位、职责明确、监督严格
		党对国有企业的领导是政治领导、思想领导、组织领导的有机统一。国有企业党组织发挥领导核心和政治核心作用，归结到一点，就是把方向、管大局、保落实。要明确党组织在决策、执行、监督各环节的权责和工作方式，使党组织发挥作用组织化、制度化、具体化。要处理好党组织和其他治理主体的关系，明确权责边界，做到无缝衔接，形成各司其职、各负其责、协调运转、有效制衡的公司治理机制

续表

时间	来源	内容
2016 年 10 月	全国国有企业党的建设工作会议	国有企业领导人员是党在经济领域的执政骨干，是治国理政复合型人才的重要来源，肩负着经营管理国有资产、实现保值增值的重要责任。国有企业领导人员必须做到对党忠诚、勇于创新、治企有方、兴企有为、清正廉洁。国有企业领导人员要坚定信念、任事担当，牢记自己的第一职责是为党工作，牢固树立政治意识、大局意识、核心意识、看齐意识，把爱党、忧党、兴党、护党落实到经营管理各项工作中
		要坚持党管干部原则，保证党对干部人事工作的领导权和对重要干部的管理权，保证人选政治合格、作风过硬、廉洁不出问题。要让国有企业领导人员在工作一线摸爬滚打、锻炼成长，把在实践中成长起来的良将贤才及时选拔到国有企业领导岗位上来
		各级党委要抓好国有企业党的建设，把党要管党、从严治党落到实处。地方各级党委要把国有企业党的建设纳入整体工作部署和党的建设总体规划。国有企业党委（党组）要履行主体责任。要加强国有企业党风廉政建设和反腐败工作，把纪律和规矩挺在前面，持之以恒落实中央八项规定精神，抓好巡视发现问题的整改，严肃查处侵吞国有资产、利益输送等问题

为了贯彻新时期国有企业党建工作的要求，2013 年，中共中央办公厅接连印发了《中央组织部、国务院国资委党委关于中央企业党委在现代企业制度下充分发挥政治核心作用的意见》《关于在深化国有企业改革中坚持党的领导加强党的建设的若干意见》两个文件，明确要求无论中央企业领导体制、经营机制、产权结构和治理结构如何变化，都要始终坚持党对企业的领导，充分发挥党委政治核心作用，这明确了党委在国有企业发挥政治核心作用的内涵、要求和规则程序。①

在这两个文件基础上，根据全面从严治党的新要求和国有企业党建工

---

① 国务院国资委党委：《在全面深化国有企业改革中加强党的建设工作》，《求是》2016年第 11 期。

作面临的新情况新问题，2015 年 6 月 5 日，习近平总书记主持召开中央全面深化改革领导小组第十三次会议审议通过了《关于在深化国有企业改革中坚持党的领导加强党的建设的若干意见》，提出一系列针对性、指导性很强的措施要求：坚持党的建设与国有企业改革同步谋划，充分发挥党组领导核心作用、党委政治核心作用、基层党组织战斗堡垒作用和党员先锋模范作用；坚持党管干部原则，从严选拔国有企业领导人员，建立适应现代企业制度要求和市场竞争需要的选人用人机制；严格落实国有企业党建工作责任制，切实履行党风廉政建设主体责任和监督责任；把加强党的领导和完善公司治理统一起来，明确国有企业党组织在公司法人治理结构中的法定地位；坚持从严教育管理国有企业领导人员，强化对国有企业领导人员特别是主要领导履职行权的监督；适应国有资本授权经营体制改革需要，加强对国有资本投资、运营公司的领导；把建立党的组织、开展党的工作，作为国有企业推进混合所有制改革的必要前提。同年 8 月，中共中央国务院办公厅印发了《关于深化国有企业改革的指导意见》，作为新时期指导和推进国有企业改革的纲领性文件，强调"把加强党的领导和完善公司治理统一起来，将党建工作总体要求纳入国有企业章程，明确国有企业党组织在公司法人治理结构中的法定地位，切实承担好、落实好从严管党治党责任，进一步加强国有企业领导班子建设和人才队伍建设。加强对国有企业领导人员尤其是主要领导人员的日常监督管理和综合考核评价，及时调整不胜任、不称职的领导人员"。这两份重要文件是新阶段加强国有企业党的建设的指导性文件。

针对多数国有企业现代企业制度不完善、部分国有企业尚未形成有效的法人治理结构等现实问题，2017 年 4 月 24 日，国务院办公厅印发了《关于进一步完善国有企业法人治理结构的指导意见》，明确完善国有企业治理的两大方向：建立健全产权清晰、权责明确、政企分开、管理科学的现代企业制度；健全各司其职、各负其责、协调运转、有效制衡的国有企业法人治理结构，强调党组织在改革过程中的领导核心及政治核心作用。2019 年 11 月 29 日，习近平总书记主持召开中共中央政治局会议，审议《中国共产党国有企业基层组织工作条例（试行）》，对组织设置、主要职责、治理结构、队伍建设等国有企业党组织工作作出全面规范，在着重对国有企业总部层面落实作出制度性规范的同时，对所属基层企业落实也提出了原则性要求，是新时代加强国有企业党的建设的基本遵循①。

2020 年 6 月 30 日，习近平总书记主持召开中共中央全面深化改革委员会第十四次会议，会议审定了《国企改革三年行动方案（2020—2022 年）》②，通过实施国企改革三年行动，在形成更加成熟更加定型的中国特色现代企业制度和以管资本为主的国资监管体制上取得明显成效，在推动国有经济布局优化和结构调整上取得明显成效，在提高国有企业活力和效率上取得明显成效，做强做优做大国有资本和国有企业，增强国有经济竞争力、创新力、控制力、影响力、抗风险能力。国企改革三年行动聚焦八个方面的重点任务，其中之一就是加强国有企业党的领导党的建设，推动党建工作与企业的生产经营深度融合，对完善中国特色现代企业制度、加强国有企业党的领导和党的建设提出要求并给出具体完成的时间点。同年，为了加强党的全面领导，充分发挥公司章程在公司治理中的基础作用，规范公司章程管理行为，国务院国资委、财政部印发了《国有企业公司章程制定管理办法》，要求公司党组织条款应当按照《中国共产党章程》《中国共产党国有企业基层组织工作条例（试行）》等有关规定，写明党委（党组）或党支部（党总支）的职责权限、机构设置、运行机制等重要事项。

2021 年 5 月 30 日，中共中央办公厅印发《关于中央企业在完善公司

---

① 《中国共产党国有企业基层组织工作条例（试行）》，人民出版社 2020 年版，第 1—20 页。
② 《习近平主持召开中央全面深化改革委员会第十四次会议强调 依靠改革应对变局开拓新局 扭住关键鼓励探索突出实效》，《人民日报》2020 年 7 月 1 日。

治理中加强党的领导的意见（试行）》，进一步对中央企业进一步把加强党的领导和完善公司治理统一起来、加快完善中国特色现代企业制度作出部署，明确了中央企业党组织在公司重大问题决策前置研究的 17 个重大事项，明确中央企业党组织履职行权的规则程序，确保党的领导组织化、制度化和具体化，是推进中国特色现代企业制度建设的标志性制度成果。通过制定上述一系列的政策和制度规定，中国特色现代企业制度系统化、规范化、制度化不断推进，国有企业党组织和其他治理主体的关系不断完善，逐步形成了各司其职、各负其责、协调运转、有效制衡的公司治理机制。

非公有制企业是中国特色社会主义市场经济的重要组成部分，也是国家治理重要的生力军。2018 年 11 月，习近平总书记在上海考察时谈到，"我们在有党员的各类企业里建立党组织，目的是为企业的党员提供管理和服务，团结凝聚员工遵纪守法，遵守企业规章制度，发挥党员先锋模范作用。这也有利于企业加强管理，有利于推动企业健康发展"[①]。从非公有制企业高质量发展的角度出发，基于非国有企业的治理机制和组织结构的不断发展和完善，我国也在不断加强非国有企业的党组织参与公司治理相关制度的制定。2012 年 5 月 25 日，中共中央办公厅印发《关于加强和改进非公有制企业党的建设工作的意见（试行）》，明确了非公有制企业党组织的功能定位："非公有制企业党组织是党在企业中的战斗堡垒，在企业职工群众中发挥政治核心作用，在企业发展中发挥政治引领作用。"这一文件的发布对非公有制企业党建工作的建立和发展指明了方向，同时也为党在非公领域扩大了阶级基础、群众基础。2017 年 10 月 24 日，党的十九大审议并通过的《中国共产党章程（修正案）》第三十三条规定："非公有制经

[①] 《习近平关于全面从严治党论述摘编（2021 年版）》，中央文献出版社 2021 年版，第 240 页。

济组织中党的基层组织，必须贯彻党的方针政策，引导和监督企业遵守国家的法律法规，促进企业健康发展。"2018 年 9 月 30 日，中国证券监督管理委员会发布修订的《上市公司治理准则》第五条规定："在上市公司中，根据《公司法》的规定，设立中国共产党的组织，开展党的活动。上市公司应当为党组织的活动提供必要条件。国有控股上市公司根据《公司法》和有关规定，要结合企业股权结构、经营管理等实际，把党建工作有关要求写入公司章程。"其中既包括国有上市公司，也涵盖了所有非国有上市公司。

综上，党的十八大以来，党中央及相关部委通过制定一系列关于企业党的建设相关制度与政策使党对国有企业的领导在各方面得到逐步细化与完善创新（见表 2-2）。通过将党建工作总体要求纳入国有企业章程，明确党组织在企业决策、执行、监督各环节的权责和工作方式，使党组织成为企业法人治理结构的有机组成部分；通过系统梳理各治理主体的工作职责，正确处理党委、董事会、经理层的关系，既保证党组织的意图在重大问题决策中得到体现，又维护董事会对企业重大问题的决策权，维护经理层的授权范围内的决策权和日常经营管理权；通过坚持和完善"双向进入、交叉任职"治理结构，推行党组织书记、董事长一般由一人担任的"一肩挑"领导制度，从机制和流程上完善重大事项的议事决策程序，确保党的领导组织化、制度化、具体化，各治理主体依章依法依规行使职权，充分发挥党组织领导作用，把好方向、管好大局、促进落实，共同推动党和国家重大决策部署在企业落实落地；通过全面压实党建工作责任，推动党建责任考核与经营业绩考核等考核评价有机衔接，不断加强企业领导人员队伍建设，为国有企业改革发展提供坚强组织保证。党中央不断深化对国有企业加强党的领导党的建设的理论和实践认识，从制度层面牢牢把握坚持党对国有企业的全面领导的政治原则，牢牢把握建设中国特色现代企业制度的改革根本方向，把党的领导党的建设贯穿国资监管和国

有企业改革发展全过程，使党的领导与公司治理逐步实现高度统一、有机
融合。

表2-2　党的十八大以来中央层面关于企业党的建设相关的重要制度（部分）

发布时间	发文字号	发文机关	政策名称	相关内容（节选）
2015年8月	中发〔2015〕22号	中共中央、国务院	《关于深化国有企业改革的指导意见》	要求把加强党的领导和完善公司治理统一起来，将党建工作总体要求纳入国有企业章程，明确国有企业党组织在公司法人治理结构中的法定地位，创新国有企业党组织发挥政治核心作用的途径和方式。在国有企业改革中坚持党的建设同步谋划、党的组织及工作机构同步设置、党组织负责人及党务工作人员同步配备、党的工作同步开展，保证党组织工作机构健全、党务工作者队伍稳定、党组织和党员作用得到有效发挥。坚持和完善双向进入、交叉任职的领导体制。董事长、总经理原则上分设，党组织书记、董事长一般由一人担任。党组织书记要切实履行党建工作第一责任人职责，党组织班子其他成员要切实履行"一岗双责"，结合业务分工抓好党建工作。中央企业党组织书记同时担任企业其他主要领导职务的，应当设立1名专职抓企业党建工作的副书记
2015年9月	中办发〔2015〕44号	中共中央办公厅	《关于在深化国有企业改革中坚持党的领导加强党的建设的若干意见》	提出坚持党的建设与国有企业改革同步谋划，充分发挥党组领导核心作用、党委政治核心作用、基层党组织战斗堡垒作用和党员先锋模范作用；坚持党管干部原则，从严选拔国有企业领导人员，建立适应现代企业制度要求和市场竞争需要的选人用人机制；严格落实国有企业党建工作责任制，切实履行党风廉政建设主体责任和监督责任；把加强党的领导和完善公司治理统一起来，明确国有企业党组织在公司法人治理结构中的法定地位；坚持从严教育管理国有企业领导人员，强化对国有企业领导人员特别是主要领导履职行权的监督；适应国有资本授权经营体制改革需要，加强对国有资本投资、运营公司的领导；把建立党的组织、开展党的工作，作为国有企业推进混合所有制改革的必要前提

发布时间	发文字号	发文机关	政策名称	相关内容（节选）
2017 年 4 月	国办发〔2017〕36 号	国务院办公厅	《关于进一步完善国有企业法人治理结构的指导意见》	明确党组织在国有企业法人治理结构中的法定地位，将党建工作总体要求纳入国有企业章程，明确党组织在企业决策、执行、监督各环节的权责和工作方式。要充分发挥党组织的领导核心和政治核心作用，领导企业思想政治工作，支持董事会、监事会、经理层依法履行职责，保证党和国家方针政策的贯彻执行。国有企业董事、监事、经理层中的党员每年要定期向党组（党委）报告个人履职和廉洁自律情况。上级党组织对国有企业纪委书记实行委派制度和定期轮岗制度。坚持和完善双向进入、交叉任职的领导体制；党组（党委）书记、董事长一般由一人担任，推进中央企业党组（党委）专职副书记进入董事会。在董事会选聘经理层成员工作中，上级党组织及其组织部门、国有资产监管机构党委应当发挥确定标准、规范程序、参与考察、推荐人选等作用
2019 年 12 月	—	中共中央	《中国共产党国有企业基层组织工作条例(试行)》	国有企业党员人数 100 人以上的，设立党的基层委员会（以下简称党委）。党员人数 50 人以上、100 人以下的，设立党的总支部委员会。国有企业党委由党员大会或者党员代表大会选举产生，每届任期一般为 5 年。党总支和支部委员会由党员大会选举产生，每届任期一般为 3 年。国有企业党委一般由 5 至 9 人组成，最多不超过 11 人，其中书记 1 人，副书记 1 至 2 人。国有企业应当将党建工作要求写入公司章程，写明党组织的职责权限、机构设置、运行机制、基础保障等重要事项，明确党组织研究讨论是董事会、经理层决策重大问题的前置程序，落实党组织在公司治理结构中的法定地位。国有企业党委（党组）应当结合企业实际制定研究讨论的事项清单，理清党委（党组）和董事会、监事会、经理层等其他治理主体的权责

续表

发布时间	发文字号	发文机关	政策名称	相关内容（节选）
2020年12月	国资发改革规〔2020〕86号	国务院国资委、财政部	《国有企业公司章程制定管理办法》	明确党组织研究讨论是董事会、经理层决策重大问题的前置程序。设立公司党委（党组）的国有企业应当明确党委（党组）发挥领导作用，把方向、管大局、保落实，依照规定讨论和决定企业重大事项；明确坚持和完善"双向进入、交叉任职"领导体制及有关要求。设立公司党支部（党总支）的国有企业应当明确公司党支部（党总支）围绕生产经营开展工作，发挥战斗堡垒作用；具有人财物重大事项决策权的企业党支部（党总支），明确一般由企业党员负责人担任书记和委员，由党支部（党总支）对企业重大事项进行集体研究把关。对于国有相对控股企业的党建工作，需结合企业股权结构、经营管理等实际，参照有关规定和本条款的内容把党建工作基本要求写入公司章程。公司章程的主要内容应当确保出资人机构或股东会、党委（党组）、董事会、经理层等治理主体的权责边界清晰，重大事项的议事规则科学规范，决策程序衔接顺畅
2021年5月	—	中共中央办公厅	《关于中央企业在完善公司治理中加强党的领导的意见》	明确了中央企业党委（党组）在公司重大问题决策前置研究的17个重大事项，可归纳为三类权利：决定权，主要是落实党中央大政方针和决策部署、重要人事任免等重大事项，党委（党组）研究决定，董事会经理层履行法定程序；建议权，企业生产经营重大事项，党委（党组）研究讨论后提出建议，有关治理主体按规定程序依法决策；监督权，企业重大决策违反党和国家法律法规，侵犯公众和职工权益，党委（党组）及时提出明确意见，如得不到纠正，及时向上级党组织和履行出资人职责机构反映。企业应结合实际细化完善党委（党组）前置研究讨论重大经营管理事项清单，明确党委（党组）履职行权的规则程序，确保党的领导组织化、制度化和具体化

第二节　企业党的建设工作制度背景：四川层面

多年来，四川省全面贯彻落实中央有关精神，通过制定一系列规范性文件和政策，助力四川省国有企业在加强党的建设改革发展。自党的十八大以来，四川省委省政府、四川省国资委党委为进一步深化国资国企改革，制定了一系列相关制度文件（见表2-3），始终瞄准党建工作弱化、淡化、虚化、边缘化等突出问题，坚持"两个一以贯之"，以建设中国特色现代国有企业制度为统揽，深入实施高质量党建引领高质量发展系列行动，采取"责任制＋清单式""法治化＋制度化""统一底线＋突出个性""组织建设＋机制对接"等方式，把坚持党的领导、加强党的建设贯穿国资国企改革发展全过程各方面，不断推动四川国有企业党建工作取得新突破。

表2-3　党的十八大以来四川省层面企业党的建设相关的重要制度（部分）

发布时间	发文字号	发文机关	政策名称	相关内容（节选）
2014年5月	川委发〔2014〕11号	中共四川省委、四川省人民政府	《关于深化国资国企改革促进发展的意见》	要求充分发挥党组织的政治核心作用。加强和改善党对国有企业的领导，健全党委参与企业重大问题决策的体制机制。加强党风廉洁和反腐倡廉建设，加强对国有企业领导人员的监督，健全权力运行制约监督机制。加强对国有企业经营管理人员的教育培训。明确竞争性企业实行外大于内的董事会结构，董事长和总经理原则上分设，党委书记一般由董事长兼任。功能性企业原则上董事长为法定代表人，经法定程序可兼任总经理，党委书记可单设

续表

发布时间	发文字号	发文机关	政策名称	相关内容（节选）
2016 年 4 月	—	中共四川省委办公厅	《关于坚持党的领导加强党的建设推进国有企业治理现代化的意见》	提出 24 项改革举措，通过健全完善"四大制度机制"，推动党的领导党的建设与企业改革发展深度融合。强调要完善"双向进入、交叉任职"的组织架构，省管企业党委书记同时担任企业其他主要领导职务的，应当设 1 名专职抓党建工作的党委副书记。提出要区别党委班子、董事会、经理层、监事会成员不同职责和履职特点，对企业领导人员实行差异化选任。要求企业党委要履行主体责任，企业党委书记要切实履行第一责任人职责，党委班子成员和其他董事会、监事会、经理层党员成员要认真落实"一岗双责"
2018 年 8 月	川办发〔2018〕65 号	四川省人民政府办公厅	《关于印发省属企业公司制改制工作实施方案的通知》	要求省属企业党委要切实加强对改制工作的组织领导，按照有关规定落实党的建设同步谋划、党的组织及工作机构同步设置、党组织负责人及党务工作人员同步配备、党的工作同步开展的"四同步"和体制对接、机制对接、制度对接、工作对接的"四对接"要求。要充分发挥企业党组织的领导核心和政治核心作用，确保党的领导、党的建设在企业改制中得到充分体现和切实加强。提出改制企业要以建设现代企业制度为目标，要坚持两个"一以贯之"，把加强党的领导和完善公司治理统一起来，处理好党组织和其他治理主体的关系，明确权责边界，做到无缝衔接，形成各司其职、各负其责、协调运转、有效制衡的公司治理机制

发布时间	发文字号	发文机关	政策名称	相关内容（节选）
2018年12月	川办发〔2018〕101号	四川省人民政府办公厅	《关于进一步完善国有企业法人治理结构的实施意见》	要求国有独资、全资和控股公司将党建工作纳入公司章程，确立党组织在法人治理结构中的法定地位，明确党组织在企业决策、执行、监督各环节的权责和工作方式。把党组织研究讨论作为董事会、经理层决策重大问题的前置程序。企业的重大经营管理事项经党组织研究讨论后，再由董事会、经理层决定。国有企业党委充分发挥领导作用，领导企业思想政治工作，保证党和国家方针政策的贯彻执行。进入董事会、经理层的党委会成员，坚决贯彻党组织的意见和决定。坚持党管干部原则。坚持和完善双向进入、交叉任职的领导体制，符合条件的国有企业党委领导班子成员可以通过法定程序进入董事会、经理层，董事会、经理层成员中符合条件的党员可以依照有关规定和程序进入党委。党委书记、董事长由一人担任；总经理一般担任党委副书记并进入董事会；国有企业党委应配备专职副书记，一般应进入董事会，并专责抓党建工作。上级党组织对国有企业纪委书记实行委派制度和定期轮岗制度。在董事会选聘经理层成员工作中，上级党组织及其组织部门、国有资产监管机构党委应当发挥确定标准、规范程序、参与考察、推荐人选等作用

续表

发布时间	发文字号	发文机关	政策名称	相关内容（节选）
2019 年 1 月	川办发〔2019〕3 号	四川省人民政府办公厅	《关于四川省国有企业高质量发展的指导意见》	提出全面加强党的建设，坚持"四同步""四对接"，把党管干部原则和发挥市场机制作用结合起来，强化基层党组织建设，创新党建工作机制，提高党建工作水平。充分发挥企业党委领导作用，把方向、管大局、保落实，不断增强推动高质量发展的本领。要求以公司章程为核心，有效划分治理主体权责，健全权责对等、运转协调、有效制衡的决策执行监督机制。坚持加强党的领导和完善公司治理相统一，完善"双向进入、交叉任职"领导体制，健全"党组织研究讨论企业重大决策前置"机制
2019 年 7 月	川国资委〔2019〕103 号	四川省政府国有资产监督管理委员会	《四川省国资委所出资企业混合所有制改革操作指引（试行）》	提出混合所有制企业应根据组织形式变化，在组建企业和机构的同时，同步设置党的组织，同步开展党的工作，发挥战斗堡垒作用。参股混合所有制企业的国有企业的党组织要引导和推动企业党组织的设置和工作开展。明确混合所有制企业中的党组织主要承担贯彻党的方针政策，引导和监督企业遵守国家的法律法规，领导工会、共青团等群团组织，团结凝聚职工群众，维护各方的合法权益，促进企业健康发展。企业党组织的隶属关系原则上由控股、相对控股企业党组织确定或由参股企业各方协商确定，股权较为分散的混合所有制企业其党组织原则上由所在地党委领导

发布时间	发文字号	发文机关	政策名称	相关内容（节选）
2020年4月	川办发〔2020〕38号	四川省人民政府办公厅	《关于构建全省国资监管大格局协同推进国有企业改革发展的指导意见》	提出要切实加强对国有企业党建工作的指导，推动国有企业深入学习贯彻习近平新时代中国特色社会主义思想，增强"四个意识"、坚定"四个自信"、做到"两个维护"，始终在思想上政治上行动上同以习近平同志为核心的党中央保持高度一致。认真落实全国国有企业党的建设工作会议精神和全省国有企业党的建设工作重点任务，不断健全企业基层党组织体系，抓实基本组织、基本队伍、基本活动、基本制度、基本保障。坚持把统战工作纳入企业党委重要议事日程，为企业改革发展凝聚广泛力量。探索建立全省国企党建协同联动机制，推动互促共建，实现同频共振
2020年12月	川国资法规〔2020〕14号	四川省政府国有资产监督管理委员会	《四川省省属企业合规管理指引（试行）》	明确企业党委会的合规管理职责主要包括：发挥把方向、管大局、保落实的重要作用，全面领导、统筹推进合规管理工作；推动科学立规、严格执规、自觉守规、严惩违规；研究合规管理负责人人选、合规管理牵头部门设置；对董事会、监事会、高级管理人员的合规经营管理情况进行监督；对合规管理相关的重大事项研究提出意见；按照权限研究或决定对有关违规人员的处理事项

续表

发布时间	发文字号	发文机关	政策名称	相关内容（节选）
2021年12月	—	四川省政府国有资产监督管理委员会	《关于强化有效监管提升精准服务的实施办法》	要求推动省属企业全面落实在完善公司治理中加强党的领导有关要求，充分发挥企业党委领导作用。督促省属企业严格落实国企党建"四同步、四对接"要求，以二三级公司为重点，切实抓好"第一议题"制度全覆盖、党建入章、党组织设置、前置讨论研究、党建与生产经营深度融合等系列重点工作。完善全面从严治党责任制度，推动党委主体责任、党委书记第一责任人责任和纪委监督责任贯通联动、一体落实。强化"以案促改"，加大巡察监督，推动全覆盖、有效整改、持续深化。建立健全廉洁教育常态化机制，一体推进不敢腐、不能腐、不想腐的体制机制建设。推进组建四川国企党校，加大党员干部培训服务力度，以"高水平、专职化"培训大力提升企业党组织书记、党务工作队伍和党员队伍的能力素质。加强国企党建研究，指导省属企业、市（州）国资委深入做好国企党建及党建带群团工作。推动党建"联建共创"，加强行业系统交流，打造示范标杆，以高质量党建推动高质量发展

发布时间	发文字号	发文机关	政策名称	相关内容（节选）
2021年5月	—	四川省政府国有资产监督管理委员会	《四川省属国有资本授权经营体制改革实施办法》	明确授权主体的党组织要加强对授权工作的领导，结合省属企业实际，深入研究授权相关问题，以加强行权能力建设为重点，加快完善有效的监管体制。要求省属国有企业要按照"四同步""四对接"的要求调整和设置党的组织、开展党的工作，确保企业始终在党的领导下开展工作。厘清企业党委会、董事会、经理层决策边界和决策事项清单，全面落实企业重大决策党组织研究前置，依照有关规定讨论和决定企业重大事项，确保董事会决策体现党组织意志、维护党组织权威，切实发挥企业党组织领导作用，把方向、管大局、促落实。在市场化选聘职业经理人试点工作中，坚持党管干部原则和发挥市场机制作用相结合，在上级党组织的领导和指导下，依法依规落实企业选人用人权，发挥企业党委、董事会在市场化选聘中的主导作用

党的十八大开创了国有企业党建的新局面，四川省为充分发挥党组织的政治核心作用，提出要加强和改善党对国有企业的领导，加强党风廉洁和反腐倡廉建设，加强对国有企业领导人员的监督，健全党委参与企业重大问题决策的体制机制，健全权力运行制约监督机制。2014年5月，四川省委省政府《关于深化国资国企改革促进发展的意见》正式发布，从多个层面明确省内新一轮国资国企改革的指导思想、基本原则、主要目标和实现路径，其中就包括促进治理结构规范化，针对不同类别规范党委书记

的设置，加强和改善党对国有企业的领导，健全党委参与企业重大问题决策的体制机制。2015年4月，四川省国资委印发《国有企业党委（党组）书记抓党建工作专项述职评议工作方案》，要求在省内全面开展国有企业党委书记抓党建工作述职评议会议，将履行第一责任人职责、加强领导班子和干部队伍建设、基层服务型党组织建设、党建工作保障、党风廉洁建设、和谐企业建设和创新推进党建工作等七个方面情况，作为企业党委（党组）书记述职评议的重点内容，并以述职评议结果作为工作考核的重要依据在全省国资系统中通报，有效传导了党建工作的责任和压力，使党建工作由"软指标"变为"硬约束"。

为深入贯彻落实党中央国务院《关于深化国有企业改革的指导意见》（中发〔2015〕22号）、《关于在深化国有企业改革中坚持党的领导加强党的建设的若干意见》（中办发〔2015〕44号）的文件精神，中共四川省委在2016年4月印发了《关于坚持党的领导加强党的建设推进国有企业治理现代化的意见》，对深化国有企业改革中坚持党的领导加强党的建设作出新的部署，明确了推进国有企业治理现代化的四个主要目标，其中两个目标就是企业党组织在公司法人治理结构中的法定地位更加巩固，公司法人治理结构更加完备以及党组织在企业运行中的体制机制更加完善，政治核心作用充分发挥。同时，进一步强调要落实党组织在公司法人治理结构中的法定地位，将党建工作总体要求纳入企业章程，明确党组织在企业决策、执行、监督各环节的权责和工作方式以及与其他治理主体的关系，促进党的政治优势、组织优势、群众工作优势、干部人才优势转化为企业治理优势和改革创新优势，从制度机制层面为国有企业深化改革加快发展提供支撑和保障。2018年12月，四川省人民政府办公厅印发《关于进一步完善国有企业法人治理结构的实施意见》，要求2020年省属及以下国有企业构建起完善的法人治理结构，并明确提出国有独资、全资和控股公司应将党建工作纳入公司章程，确立党组织在法人治理结构中的法定地位，明确党组织在企业决策、执行、监督各环节的权责和工作方式，坚持党管干部原则，坚持和完善双向进入、交叉任职的领导体制。

2020 年是决胜全面建成小康社会、决战脱贫攻坚之年。面对一系列新挑战，四川省在加强企业党建方面的工作只增不减。2020 年 4 月，四川省人民政府办公厅印发《关于构建全省国资监管大格局协同推进国有企业改革发展的指导意见》，进一步明确了四川国资监管大格局的目标，力争用 2—3 年时间推动实现全省各级国资监管党的领导坚强有力、机构职能上下贯通、法规制度协同一致、行权履职规范统一、协同监管合力明显增强，其中就要求全面加强国有企业党的建设，不断健全企业基层党组织体系，坚持把统战工作纳入企业党委重要议事日程，探索建立全省国企党建协同联动机制，推动互促共建，实现同频共振。2020 年 12 月，四川省政府国有资产监督管理委员会发布了《四川省省属企业合规管理指引（试行）》，其中第十五条在公司治理层面上要求全面落实"三重一大"决策制度，注重合规治理，提升决策有效性；保障党委会、董事会、监事会、总经理办公会、职代会等依据法律法规及公司章程正确履职，实现党的领导与公司治理的有效融合。在 2020 年这个不平凡的一年里，四川省属各企业党委着眼于政治建设，推动重大决策部署落地落实，共同打好了疫情防控、经济发展、科技创新和改革攻坚四场硬仗。

2021 年以来，为深入学习贯彻习近平总书记在庆祝中国共产党成立 100 周年大会上重要讲话精神，扎实推进党史学习教育，四川省属各国有企业积极开展相关主题教育活动，通过各种形式把学习"七一"重要讲话精神同公司改革发展、生产经营结合起来，大力弘扬伟大建党精神，进一步引导党员干部学史明理、学史增信、学史崇德、学史力行，在学思践悟中总结经验、观照现实、推动工作，坚定不移推动公司改革发展和党的建设再上新台阶。2021年,四川省政府国有资产监督管理委为加快实现以管企业为主向以管资本为主的转变,先后出台《关于强化有效监管提升精准服务的实施办法》《四川省属国有资本授权经营体制改革实施办法》两个文件,都强调要在全面落实在完善公司治理中加强党的领导有关要求,把坚持和加强党的全面领导贯穿改革的全过程和各方面,在思想上政治上行动上同党中央保持高度一致,为改革提供坚强有力的政治保证,充分发挥企业党委领导作用。

总而言之,近年来,四川省在持续强化党的政治领导、推动国资国企改革创新、推动治蜀兴川再上新台阶、扩大基层党的组织覆盖和工作覆盖、推进党建与生产经营深度融合、提升国企党建凝聚力和影响力等方面狠抓工作责任落实,坚定不移地推进全面从严治党纵深发展。通过推进党建入章、重大事项党委前置讨论研究、双向进入、交叉任职、建立健全党建工作责任制、实施党委书记抓党建述职评议考核等党建重点工作,全面推动党的领导体制机制融入公司治理;通过推动治理结构、决策机制、领导体制、考评制度、责任体系有机融入公司法人治理,不断强化党对国有企业的领导体系化制度化规范化具体化;通过不断完善党管干部原则与市场化相结合的选人用人机制,狠抓"外大于内"的规范化董事会建设,探索建立职业经理人制度,不断优化省属企业领导班子结构;通过坚持把落实从严治党政治责任与国资国企改革发展同部署、同推进、同检查、同考核,深化"标本兼治"、以案促改等工作,不断推进全面从严治党向纵深发展;通过建立督导落实党建与企业改革发展"四同步四对接"①的长效机制,推进党组织设置与企业组织架构运行有机统一;通过推进党内监督与企业内部监督有机结合,完善监督体系,形

---

① "四同步四对接"是指党的建设和国有企业改革同步谋划、党的组织及工作机构同步设置、党组织负责人及党务工作人员同步配备、党的工作同步开展,实现体制对接、机制对接、制度对接和工作对接。

成监督合力，防控廉洁风险，防止国资流失。四川不断健全完善国有企业党建方面的制度机制，从制度层面推动党的领导党的建设与企业改革发展深度融合，构建既体现社会主义本质特征又充满生机活力的现代国有企业治理体系，将四川省国有企业党建工作推向新水平，不断提升国有企业"五力"。

第 三 章

国有企业党组织建设与
治理的历史经验和现代化新契机

回顾中国共产党百年变迁的历史，国有企业随着党的诞生、发展而不断成长和发展。可以认为，一部国有企业建立、发展和改革的历史，就是一部国有企业党组织建设的奋斗史，就是一部国有企业坚持和加强党的领导的辉煌史。在百年大党视野下，系统梳理和全面审视国有企业党组织建设与治理的历史变迁过程，厘清发展脉络，总结基本经验，对于新时代新征程进一步深化国有企业党组织建设、持续推动国有企业高质量发展具有重要意义。

第一节　百年大党视野下国有企业
党组织建设的变迁

纵观党的建设百年发展，国有企业党组织建设在不同历史时期经历了萌芽、探索、发展、转型与深化的变迁历程，为确保各个历史时期党和国家中心任务的顺利推进提供了坚实的物质基础和政治基础。始终坚持和加强党对国有企业的领导、始终坚持和贯彻党管干部原则是贯穿国有企业党组织建设历史变迁进程中的两大鲜明特征。在不同的历史时期，国有企业党的领导体制或制度形式虽然经过多次变迁，但逐步趋于稳定，而国有企业党组织的功能地位也表现出显著的不同。具体参见表 3-1。

表 3-1　国有企业党组织建设的历史变迁

时期	时间	领导体制 （制度形式）	功能地位
民主革命时期公营企业党组织建设的萌芽	1921—1927 年	无	党的基层组织：组—小组—支部；"一切工作归支部"
	1927—1942 年	"三人团"（厂长、支部、工会）领导体制	教育工人以"新的态度对待新的劳动"，并"从各方面去改善群众的生活"
	1942—1944 年	厂长领导下的厂务会议	对工厂行政的支持与合作
	1944—1949 年	工厂管理委员会、职工代表会议（东北和华北解放区）	协助厂长动员和组织职工的劳动热情
社会主义革命和建设时期国营企业党组织建设的探索	1949—1953 年	厂长负责制（东北地区）	对厂矿中的政治思想领导负有完全的责任，对厂矿中行政、生产工作负有保证和监督的责任
		党委领导下的厂长负责制（华北、华东、中南、西南等地区）	党委统一领导，讨论决定上级指示的方针、任务及其具体实施方案和计划等一切重要事项；厂长对同级党委负责
	1953—1956 年	厂长负责制	领导政治思想工作和群众组织，保证监督企业生产行政工作，教育职工严格遵守企业行政纪律和秩序，帮助确立和巩固厂长负责制
	1956—1966 年	党委领导下的厂长负责制	党委讨论、决定包括生产行政工作在内的一切重大问题，加强思想政治工作，但不应当包揽行政事务
	1966—1978 年	党委领导下的厂长负责制中断	革命委员会→党的一元化领导

续表

时期	时间	领导体制 （制度形式）	功能地位
改革开放初期国营企业党组织建设的发展	1978—1983 年	党委领导下的厂长分工负责制	党委集体讨论决定企业的一切重大问题
		党委集体领导、行政集中指挥	党委的主要精力和时间集中抓好党的建设，抓好党和国家各项方针政策的贯彻执行，抓好企业职工思想政治工作抓重大问题，不具体指挥生产和行政事务
	1983—1992 年	厂长负责制	党委支持厂长行使统一指挥生产经营活动的职权，保证和监督党和国家各项方针、政策的贯彻执行，加强企业党的思想建设和组织建设，加强对企业工会、共青团组织的领导，做好职工思想政治工作
			党在企业的基层组织处于政治核心地位，企业党委要参与讨论企业的重大问题并提出意见和建议
现代企业制度背景下国有企业党组织建设的转型	1992—2012 年	公司董事会领导下的经理负责制	企业党组织发挥政治核心作用
党的十八大以来国有企业党组织建设的深化	2012 年至今	党的领导与现代企业制度的全面融合（中国特色现代国有企业制度）	企业党组织发挥政治核心作用→领导核心和政治核心作用→领导作用。国有企业党委（党组）发挥领导作用，把方向、管大局、保落实，依照规定讨论和决定企业重大事项

一、民主革命时期公营企业党组织建设的萌芽（1921—1949 年）

中国共产党建立的国有企业最早可以追溯到土地革命战争时期建立的公营企业，并逐步在其中建立健全党的基层组织，为这一时期党的中心任务的顺利完成提供了坚强政治保证。实际上，在建党初期和大革命时期，中国共产党虽未建立并掌握全国的政权，但1922年7月，党的二大党章规定，"各农村各工厂各铁路各矿山各兵营各学校等机关及附近，凡有党员三人至五人均得成立一组，每组公推一人为组长，隶属地方支部"①，彰显了"组"是中国共产党的基本单位，也是中国共产党的基层组织的最初形态；1923年，党的三大党章又将党的基层组织由"组"修改为"小组"，1925年党的四大首次将"支部"确定为党的基本组织，并提出"一切工作归支部"，"使各支部里都有全党形式的各样工作，如职工会运动"②，从而确保支部在基层社会单位中充分发挥核心作用。这为中国共产党在此后领导和掌握的国营和公营企业中广泛建立和巩固党的基层组织提供了基本遵循、奠定了重要基础。

1927年，《全国第四次劳动代表大会宣言》提出，工人阶级"参加管理国有企业"。1931年，中国共产党开始探索建立一些小型的、以手工业劳动、军事工业为主的公营企业，如在江西创建中央红军官田兵工厂、中央钨砂公司等，并逐步在其中建立健全党的基层组织，最大限度满足革命根据地生产生活和军队作战的现实需要。例如，《中共中央对于目前兵运工作的决议》规定，在兵工厂内，"督促指导并建立各地支部切实进行兵运工作"③，并明确上述公营企业实行厂长、党支部代表和工会代表组成的"三人团"领导体制。1934年3月，"中央苏区的国家工厂已有三十二个，包括工人两千多人"④。

---

① 中央档案馆编：《中共中央文件选集》（第1册），中共中央党校出版社1989年版，第93页。

② 《中国共产党重要文献汇编（第八卷）（一九二六年五月——一九二六年七月）》，人民出版社2022年版，第440页。

③ 中共中央文献研究室、中央档案馆编：《建党以来重要文献选编》（第8册），中央文献出版社2011年版，第297页。

④ 金冲及：《刘少奇传1898—1969》（上），中央文献出版社2008年版，第180页。

为了克服国家工厂管理上的种种弊端，刘少奇强调，"必须把工厂中的完全的个人负责制建立起来，厂长对于全厂的生产与行政，负有绝对的责任。但厂长在决定各种问题时，必须事先与党的支部书记和工会的主任商量，尽可能取得他们的同意，配合党与工会的系统来一致执行。我们现在要用这种'三人团'的方式来管理我们的工厂。"1934 年 4 月，中央政府明确规定，国家公营企业生产过程实行厂长、党支部书记、工会委员长组成的"三人团"领导制度，厂长具有最终决定权，但是"有政委的工厂，政委参加三人团会议，并有最后决定的权力"[1]，其中工厂支部负责向工人解释和教育"以新的态度对待新的劳动"，又要善于倾听群众的意见和建议，不断改善群众生活。由此可见，苏维埃国家工厂内党的支部在"三人团"领导体制中仅有形式上的讨论和建议权，其地位从属于厂长，这在一定程度上弱化了党支部作用的充分发挥，影响了企业党组织建设的质量。

1937 年，陕甘宁边区政府在延安地区相继建立了弹药厂、被服厂等公营工厂，为确保前线抗战取得胜利和当地生产生活需要提供了源源不断的储备物资。但是，随着公营工厂的数量日益增加，规模日趋扩大，加强党的领导、推进生产管理的难度越来越复杂，导致"三人团"的领导体制逐渐暴露出一系列弊端和问题，难以满足实际需要。为此，1942 年中共中央发出指示，"研究公营工厂管理制度和生产技术的改进"[2]，1942 年 12 月，毛泽东在《经济问题与财政问题》报告中强调，工厂内的行政、支部、工会三方面的工作具有统一共同的目标，而"各顾各地把三方面工作分裂起来的做法，是完全错误的，三方面要组织统一的委员会"[3]，1943

---

[1] 《苏维埃国家工厂支部工作条例》，《斗争》1934 年第 56 期。

[2] 中央档案馆编：《中共中央文件选集》(第 13 册)，中共中央党校出版社 1989 年版，第 374 页。

[3] 《毛泽东文集》第二卷，人民出版社 1993 年版，第 464 页。

年，张闻天强调，"公营工厂的管理要贯彻一元化的方针"①，以此克服管理上的多头分散，此后各公营企业开始实行厂长领导下的厂务会议制度，替代了此前实行的"三人团"领导体制。

但是，厂务会议制度正式实施后，有些工厂更加强调厂长的"一元化"领导，弱化了工厂支部和工会的作用，难以充分调动广大职工参加生产管理的积极性。鉴于此，1944 年，陕甘宁边区召开会议强调，厂长必须依靠党支部和工会组织动员职工参与企业生产管理。1946 年 5 月，中共中央在《关于工矿企业政策的指示》中，明确要求在公营工厂中建立由工人代表参加的管理委员会。由此，工厂管理委员会这一制度形式在当时的东北和华北解放区广泛推行。1948 年年初，毛泽东强调，"在公营企业中，必须由行政方面和工会方面组织联合的管理委员会，以加强管理工作，达到降低成本、增加生产、公私两利的目的"②。1948 年 8 月，第六次全国劳动大会强调，要在各公营企业中建立统一领导生产的管理委员会。1949 年 8 月，华北人民政府明确规定：企业的职工代表会议可以对管委会的工作报告进行听取和讨论，并对其相关工作提出批评与建议。总体而言，国营、公营企业管理委员会这一制度形式并未完全改变厂长的最终决定权，具有明显的类似于苏联国营企业"一长制"的特点，同时也并未完全明确企业党组织在其中的功能定位，从而弱化了党对国营和公营企业的领导、影响了国营和公营企业党组织建设的质量。

综上所述，中国共产党在革命战争年代高度重视在国营和公营企业中建立党的基层组织，也积极探索公营企业职工民主管理制度，以此将党的领导融入企业管理过程中，但是由于革命战争频繁，上述各种探索实践的时机和条件并不成熟，影响了基层党组织功能的充分有效发挥。

---

① 《张闻天文集》第 3 卷，中共党史出版社 1994 年版，第 215 页。
② 《毛泽东选集》第四卷，人民出版社 1993 年版，第 1269 页。

二、社会主义革命和建设时期国营企业党组织建设的探索（1949—1978 年）

新中国成立初期，国家通过对官僚资本主义企业进行循序渐进的改造，对外国在华外资企业进行征用、代管或收购，对民族资本主义工商业进行改造，以及大规模的投资兴建，逐步建立起一大批国营企业，以支持和巩固大规模的国家经济建设。1949—1978 年，在中央的政策指引下，我国逐步形成了国营经济占主导地位的工业所有制结构，通过国家投资的形式，我国建立了规模过亿、分布广泛、数量众多的国营企业[①]。因而，国营企业已经成为支撑国民经济恢复与发展的重要骨干力量，具有极强的政治性和鲜明的目标性。在这种背景下，如何健全完善国营企业领导体制，成为社会主义革命和建设时期中国共产党探索国营企业党组织建设的重要焦点和难点。

（一）从"一长制"、党委领导下的厂长（经理）负责制并行到厂长负责制

1949—1956 年，我国初步建立起独立且完整的工业体系和国民经济体系。在此期间，中央并未对国营工矿企业的领导体制作出统一规定，而在实践中出现两种类型：一是"一长制"，又称厂长负责制，即行政领导负责制，厂长或经理对工厂各项事务具有最终决定权，党委只发挥保证和监督作用，以东北地区为代表；二是党委领导下的厂长（经理）负责制，强调以党委为主、具有最终决定权，厂长执行党委的决定，以华东华北地区为代表。其中，1949—1952 年国民经济恢复时期主要是上述两种领导体制的并存，而在 1953—1956 年"一五"期间，各国营工矿企业均开始选择

[①]　黄群慧等：《中国国有企业改革 40 年研究》，广东经济出版社 2019 年版，第 21 页。

试行厂长负责制。显而易见，由于各国营工矿企业的领导体制不同，企业党组织在其中的地位和功能也不同，因而其发挥保证与监督作用的效果也是迥然不同。

东北地区在借鉴苏联实行"一长制"经验的基础上，最早提出在国营企业中实行厂长负责制。实际上，东北地区在新中国成立前就率先在国营工业企业中推行党员干部担任厂长、经理的做法，学习工厂管理经验，不断融洽党群干群关系，成为该地区厂长负责制得以顺利推进的重要基础。《中国人民政治协商会议共同纲领》规定，"在国家经营的企业中，目前时期应实行工人参加生产管理的制度，即建立在厂长领导之下的工厂管理委员会"①，意味着厂长负责制这一制度形式得到了中共中央的肯定。鉴于此，1951 年，东北局城市工作会议明确提出，"厂矿中的生产行政工作实行厂长负责制，党对厂矿中的政治思想领导负有完全的责任"②，并规定党的基层组织发挥保证与监督作用的工作方法、主要内容以及实现途径，并且重点强调必须做好党的组织建设和宣传教育工作，前者旨在做好"建党与整党工作"③，后者旨在提高全体党员和职工的思想政治水平，从而促使国营厂矿生产效率的持续有效提升。

与东北地区实行厂长负责制不同，华北、华东、中南、西南等全国其他地区主要实行的是党委集体领导下的厂长负责制。主要原因在于，这些地区工矿企业的民主改革相较于东北地区仍较为滞后、缓慢，"暂时还没有或少有既懂得经济工作和技术，又懂得党与群众工作的干部来管理工

---

① 中共中央文献研究室编：《建国以来重要文献选编》（第 1 册），中央文献出版社 1992 年版，第 8 页。

② 中共中央文献研究室编：《建国以来重要文献选编》（第 2 册），中央文献出版社 1992 年版，第 414 页。

③ 中共中央文献研究室编：《建国以来重要文献选编》（第 2 册），中央文献出版社 1992 年版，第 424 页。

厂，因而在工厂中实行一长制是难于管好工厂的"①，所以要实行党委集体领导，这样不仅能够强化党的领导，而且还能弥补厂长的某些不足。随着实践的深入发展，虽然党委领导下的厂长负责制有利于克服过去国营工矿企业中党的领导和党的建设水平低下的弊端，但是在实践中也逐渐暴露出生产上职责不明、多头领导、生产效率低下等现实问题，难以适应大规模经济建设的要求。

1953 年"一五"计划开始实施后，全国各地区先后提出在国营工矿企业中实行厂长负责制，目的是为了通过发挥党组织对厂长行使生产经营管理职权的保证与监督作用，提高国营工矿企业的生产管理水平。华东局在《一九五三年工业生产工作提纲》中提出，"工厂中党的领导和国家经济机关的计划领导已经加强……实行在生产行政上的厂长负责制，不但是必要的，而且是可能的。但必须是有准备、有步骤的，应首先从条件优越的厂矿搞起，再推及一般的厂矿"②；在《关于国营、地方国营、公私合营厂矿生产改革经验的综合报告》中提出，"逐步推行党委统一领导下的在生产行政上的厂长负责制……充分发挥党委对完成国家生产任务的监督作用"③。山东分局于 10 月 16—29 日召开全省地方国营工业会议，对"加强党的政治思想领导，健全党委制，实行生产行政上的厂长负责制""各地党委加强对地方国营企业的领导"④ 等内容提出了新要求。

① 中共中央文献研究室编：《建国以来重要文献选编》（第 2 册），中央文献出版社 1992 年版，第 270 页。
② 中共中央文献研究室编：《建国以来重要文献选编》（第 4 册），中央文献出版社 1993 年版，第 199—200 页。
③ 中共中央文献研究室编：《建国以来重要文献选编》（第 4 册），中央文献出版社 1993 年版，第 208 页。
④ 中共中央文献研究室编：《建国以来重要文献选编》（第 5 册），中央文献出版社 1993 年版，第 47—48 页。

1953 年 9 月，中共中央强调，"凡有条件并必须加强计划管理的国营厂矿……建立健全各种责任制，特别是厂长负责制"①。这为此后全国其他各地相继在国营工矿企业中推行厂长负责制的领导体制、加强企业党的建设指明了重要发展方向。1954 年 5 月，政务院颁布《国营企业内部劳动规则纲要》，为充分发挥党组织的保证与监督作用、促进生产行政上的厂长负责制的顺利实行提供重要制度保障。随后，中共中央提出，"有必要也有可能在全国各国营厂、矿（包括地方国营厂矿）中实行厂长负责制，以便进一步地提高工业企业的领导水平，更好地完成国家计划"②，对全国各地全面推行厂长负责制作出了顶层设计、提出了现实要求。实际上，中央在转发这一决定之前，李富春曾于 5 月 5 日给刘少奇写信中也提到，要不断强化国营工矿企业党的领导和党的建设。

不可否认，厂长负责制在全国各地区国营工矿企业中的全面推广，促使生产上职责不明、多头领导、无人负责等问题得到了切实有效解决，大大提高了生产管理水平。但是，由于受到一些政治事件的影响，如东北地区的"高饶事件"、苏共二十大对斯大林个人崇拜的批判，厂长负责制在实践中遭到严厉批判，最典型的表现就是"忽视党的思想政治领导，取消党组织对企业行政工作的监督"③，因而实践中对于是否应当继续推行厂长负责制产生了分歧和争论。鉴于此，1955 年 4 月，中央书记处第三办公室召开座谈会，专题研究和讨论工矿企业的领导体制问题，并在研究报告中指出，"党的政治思想工作薄弱，对经济工作的监督保证软弱无力，是

---

① 中共中央文献研究室编：《建国以来重要文献选编》（第 4 册），中央文献出版社 1993 年版，第 363 页。

② 中共中央文献研究室编：《建国以来重要文献选编》（第 5 册），中央文献出版社 1993 年版，第 254 页。

③ 中央档案馆、中共中央文献研究室编：《中共中央文件选集》（第 18 册），人民出版社 2013 年版，第 154 页。

当前工厂中存在的普遍而突出的问题"①，凸显出厂长负责制在实践中并未得到真正有效地贯彻实施，党组织的监督保证作用并未得到充分有效发挥。尽管如此，中央并未完全否定厂长负责制，强调"企业中的党组织必须认真帮助确立和巩固企业管理的一长制，并教育一切工作人员严格遵守企业行政纪律和秩序。党组织绝不可以把党的政治领导与推行一长制对立起来，绝不可以使经济工作与政治工作分离开来"②。

（二）党委领导下的厂长（经理）负责制的集中化推行

1956 年 2 月，中央政治局针对国营企业领导制度问题进行反复研究认为，要在党委领导下实行分工负责，"毛泽东在听取 34 个部委汇报时，对厂长负责制提出严厉的批评"③，强调工厂"没有党的领导，很容易形成一长独裁；任何情况下，党的集体领导这个原则不能废除，如果企业可以除外，那党的集体领导原则就变成了有头有肚子没有脚"④。此后在党的八大党章得到明确规定，"党委领导下的厂长（经理）负责制"作为我国国营企业的领导体制，正式被确定下来，并一直延续至改革开放初期⑤。党的八大以后，国营企业在坚持党委领导下的厂长负责制的同时，坚持大搞群众运动，坚持政治挂帅与物质鼓励相结合，创造了与"马钢宪法"截然不同、以"两参、一改、三结合"制度为核心内容的"鞍钢宪法"。毛

---

① 中共中央文献研究室编：《建国以来重要文献选编》（第 7 册），中央文献出版社 1993 年版，第 330—334 页。

② 中共中央文献研究室编：《建国以来重要文献选编》（第 7 册），中央文献出版社 1993 年版，第 328—329 页。

③ 薄一波：《若干重大决策与事件的回顾》（下卷），中共中央党校出版社 1993 年版，第 963 页。

④ 中共中央文献研究室编：《毛泽东传（1949—1976）》（上），中央文献出版社 2004 年版，第 473 页。

⑤ 《邓小平经济思想》，人民出版社 2004 年版，第 96 页。

泽东强调，"'鞍钢宪法'在远东，在中国出现了"①。1960 年 7 月，通过总结提出，"巩固、提高和发展两参一改三结合的制度，必须加强党的领导，坚持政治挂帅"②，这是有效贯彻党委领导下的厂长负责制和职工代表大会制的必然要求，也是党的八大以来国营企业强化党的领导、提高党组织治理水平的一条重要经验。此后，"两参一改三结合"制度的基本精神和内容被写入《国营工业企业工作条例（草案）》（简称《工业七十条》），进一步推动"鞍钢宪法"规范化和制度化，对后来改进国营企业管理工作、提高国营企业党的领导和党组织建设的科学化水平具有重要意义。

1961 年 8 月，中共中央发布《关于当前工业问题的指示》，系统总结了近些年国营企业党的领导和党的建设取得的显著成绩，如"在工业建设中加强了党的领导，管理工业的各级党委开始学到了领导工业工作的本领，企业中的群众运动有了很大的发展，广大职工队伍的政治觉悟有了显著提高"③；但同时提出"所有国营工业企业，都应当切实地进行一次整顿"④。根据上述对国营工业企业进行整顿的指示，1961 年 9 月，中央有关部门在广泛调查研究的基础上颁布了《工业七十条》，系统全面总结建国以来尤其是"大跃进"以来国营企业管理工作的经验和教训，强调"在国营工业企业中，实行党委领导下的行政管理上的厂长负责制，这时我国企业管理的根本制度。"⑤ 同时，也明确规定企业党委对于生产行政工作的领

---

① 中央档案馆、中共中央文献研究室编：《中共中央文件选集》（第 33 册），人民出版社 2013 年版，第 374 页。

② 中共中央文献研究室编：《建国以来重要文献选编》（第 13 册），中央文献出版社 1997 年版，第 635 页。

③ 中共中央文献研究室编：《建国以来重要文献选编》（第 14 册），中央文献出版社 1997 年版，第 613 页。

④ 中共中央文献研究室编：《建国以来重要文献选编》（第 14 册），中央文献出版社 1997 年版，第 628、634 页。

⑤ 中共中央文献研究室编：《建国以来重要文献选编》（第 14 册），中央文献出版社 1997 年版，第 648 页。

导责任、应当讨论和决定的重大问题及其限制性措施，这为加强国营企业党的领导和党的建设、推动生产管理规范化提供了重要制度遵循。

为了加强党在国营工业企业商业中的基层组织建设，进一步提高党的领导水平，确保生产管理效率持续有效提升，1962 年 9 月，《中共中央关于商业工作问题的决定》明确对国营商业和合作社商业企业中的党组织下了明确规定①。10 月，全国组织工作会议讨论规定，"国营工业企业中的党组织，必须实行集体领导和分工负责相结合的制度，在生产行政上实行党委领导下的厂长负责制，必须做好党的建设工作和职工的思想政治工作。"②国营商业企业"党组织既要做好党员干部教育管理工作，又要做好思想政治工作，把政治工作与经济工作很好地结合起来。"③上述规定虽然在实践中由于党的"左"倾错误的继续发展而未能得到全面贯彻执行，但是其对坚持和加强党对国营工业企业和商业的集中统一领导、强化基层组织建设具有十分重要且深远的历史意义。

1965 年 2 月，《一九六五年工业交通系统政治工作要点》强调，国营工业企业"要加强党的基层组织建设，健全党委会集体领导制度，认真贯彻执行党委领导下的厂长负责制，充分发挥支部的战斗堡垒作用"④。8 月，中央组织部发布《关于目前党员的情况和今后六年接收党员意见的报告》，对在国营工业企业中巩固和强化党的基层组织提出了新要求：在国营工交企业中，"较大的班组，都应该建立起党小组；较小的班组，应该

---

① 中央档案馆、中共中央文献研究室编：《中共中央文件选集》（第 41 册），人民出版社 2013 年版，第 89—90 页。

② 中央档案馆、中共中央文献研究室编：《中共中央文件选集》（第 42 册），人民出版社 2013 年版，第 197—198 页。

③ 中央档案馆、中共中央文献研究室编：《中共中央文件选集》（第 42 册），人民出版社 2013 年版，第 208—215 页。

④ 中央档案馆、中共中央文献研究室编：《中共中央文件选集》（第 48 册），人民出版社 2013 年版，第 219 页。

有个别党员，有条件的也可以建立党的小组。经过发展，职工中党员的比例，可能由目前的 15.3%，达到 20%—25%"。在财贸基层单位中，"一般地独立核算的企业单位或者基层事业单位，都应该建立起党支部；较大的网点应该有党员，有条件的应该建立党小组。应该按行业建立支部，尽可能不要建立联合支部。经过发展，财贸系统中党员的比例，逐步争取由目前的 17.3%，达到 20%或者更多一些"[①]。1966 年 3 月，《一九六六年工业交通工作纲要》强调要通过树立三大作风，严格党的组织生活，坚持'三会一课'制度，整顿落后支部，加强国营企业党组织建设，"要坚决地、大胆地把年轻优秀的工人和干部提拔到关键性的负责岗位上，要积极地、慎重地、较多地发展新党员；到 1970 年争取在企业中党员占到职工总数的 20%—25%，争取在两三年内，在较大和重要的班组，都建立起党的小组，使所有的班组都有党员"[②]。

（三）党委领导下的厂长（经理）负责制的被迫中断

"文革"期间，国营工业企业中党的基层组织陷入严重的瘫痪状态，党委领导下的厂长负责制被迫中断实施。1966 年 11—12 月，工交企业座谈会正式通过《中共中央关于抓革命、促生产的十条规定（草案）》（又称《工业十条》），"否定党委对运动的领导"，提出让工人群众建立革命组织"自己教育自己"，意味着国营企业党组织陷入瘫痪状态，各位党员被迫停止开展组织生活。1967 年 1 月，全国各地陆续成立革命委员会，在"五十字"建党方针指导下通过领导整党建党，全面恢复党的组织生活。其中，各地在国营工业企业中也普遍开展了整党建党工作，"积极慎重吸

---

① 中央档案馆、中共中央文献研究室编：《中共中央文件选集》（第 49 册），人民出版社 2013 年版，第 314 页。

② 中央档案馆、中共中央文献研究室编：《中共中央文件选集》（第 50 册），人民出版社 2013 年版，第 321、342 页。

收新鲜血液，健全党的组织，实现一元化领导，加强对犯错误党员的教育，普遍提高党员思想觉悟"①，是国营工矿企业整党建党的典型做法与经验。1973 年 12 月，邓小平同志提出首先从当时对国民经济影响最大的铁路、钢铁系统进行整顿，此后逐渐发展为对各行各业进行全面整顿，"各个公司、厂矿、车间的领导班子，包括职能机构，都要加强"②，为整顿各国营工业企业、恢复和加强党的领导、强化党的基层组织建设指明了重要发展方向。以杭州丝联场整顿领导班子为例，"从思想上、组织上进行整党，批判派性，整顿企业管理秩序，仅两个月就改变了'老大难'的面貌，恢复了正常生产"③。

1975 年 7 月，国务院主持起草《关于加快工业发展的若干问题》（又称《工业二十条》），强调要抓好企业领导班子的整顿，"每个企业都要在党委的统一领导下，建立强而有力的、独立工作的生产管理指挥系统，负责搞好企业的日常生产经营。不能事无大小，都由党委直接处理，妨碍党委抓大事"④。针对工业发展的有关问题，邓小平提出，"恢复和健全规章制度，关键是建立责任制"⑤。这为恢复和健全国营企业领导体制、强化国营企业党组织的规范化和制度化建设提供了基本遵循。8 月，邓小平为强化国营工业企业党组织建设、提高生产管理水平指明了重要发展方向。总体而言，虽然国营工业企业通过全面整顿，使得企业生产管理水平得到回升和提高，但是在当时"批邓、反击右倾翻案风"的政治运动下，全面整顿被迫中止，从而对国营工业企业中党的基层组织建设造成一定影响和破坏。

---

① 《北京新华印刷厂整党建党调查报告》，《人民日报》1969 年 12 月 16 日。
② 《邓小平文选》第二卷，人民出版社 1994 年版，第 9 页。
③ 赵生晖：《中国共产党组织史纲要》，安徽人民出版社 1987 年版，第 404 页。
④ 张明楚：《中国共产党基层组织建设史》，福建人民出版社 2017 年版，第 258 页。
⑤ 《邓小平文选》第二卷，人民出版社 1994 年版，第 30 页。

三、改革开放初期国营企业党组织建设的发展（1978—1992 年）

改革开放初期，各地在对工业企业进行整顿的过程中，逐渐加强国营企业党组织建设，恢复实行党委领导下的厂长（经理）负责制，而在八十年代中期为了克服这种领导体制的弊端，又开始实行厂长（经理）负责制。

（一）党委领导下的厂长（经理）负责制：恢复与重建

"文革"结束后，国营工业企业逐渐恢复实行党委领导下的厂长负责制。比如，1978 年 4 月，中共中央提出，国营工业企业"实行党委领导下的厂长负责制和党委领导下的职工代表大会制"[1]。随着实践的发展，这种体制的弊端逐渐暴露出职责不明、党政不分、以党代政、"党不管党"等现实问题。为此，1978 年 12 月，邓小平同志在中央工作会议闭幕会上强调，"我们在实行党委领导下的厂长负责制的时候，要切实做到职责分明"[2]，这对改革国营企业领导体制、加强和改善国营企业党的领导提出了现实要求。1980 年 8 月，邓小平提出，"有准备有步骤地改变党委领导下的厂长负责制、经理负责制，经过试点，逐步推广、分别实行工厂管理委员会、公司董事会、经济联合体的联合委员会领导和监督下的厂长负责制、经理负责制。这不是削弱党的领导，而是更好地改善党的领导，加强党的领导"[3]。这为改革国营企业领导体制、强化国营企业党组织建设指明

---

① 邵丁、董大海：《中国国有企业简史（1949—2018）》，人民出版社 2020 年版，第 322 页。

② 中共中央文献研究室编：《三中全会以来重要文献选编》（上），中央文献出版社 2011 年版，第 27 页。

③ 中共中央文献研究室编：《三中全会以来重要文献选编》（上），中央文献出版社 2011 年版，第 460 页。

了重要发展方向、提供了多元化的思路与方案。

1981—1983 年，中共中央、国务院按照"党委集体领导、职工民主管理、厂长行政指挥"的原则，以党内法规①的制度化形式，对企业领导制度进行了初步规范。其中，1982 年，中共中央强调，"必须加强和改善党对企业的领导，企业党组织与企业行政组织要逐步实行分工，除重大方针和决策要由党委讨论决定外，企业的日常生产行政工作由厂长（经理）负责，党委的主要精力要用到抓思想政治工作和党的建设上"②，这在一定程度上虽然有利于改变国营企业中党政不分、以党代政的现象，进一步加强和改善企业党的领导，但是并未从根本上全面彻底解决党委领导下的厂长负责制暴露出的权责分离、党政不分、党不管党的现实问题。

由此可见，与党的八大确立的党委领导下的厂长（经理）负责制有所不同，恢复重建后的党委领导下的厂长（经理）负责制中的党委发挥作用的方式越来越趋于制度化，并且党委要把"主要精力和时间集中到抓好党的建设，抓好党和国家各项方针政策的贯彻执行，抓好企业职工思想政治工作上来"③。这为加强国营企业党的思想建设和作风建设、提高国营企业党组织的治理水平提供了基本遵循和重要指引。

（二）厂长（经理）负责制：从局部试点到全面推行

1983 年，中共中央提出要改革国营企业领导体制，实行厂长负责制。经过对企业领导体制进行广泛深入调查研究后，1984 年 5 月，中共中央

---

① 先后颁布《国营工业企业职工代表大会暂行条例》《国营工厂厂长工作暂行条例》《中国共产党工业企业基层组织工作暂行条例》和《国营工业企业暂行条例》。

② 中共中央文献研究室编:《三中全会以来重要文献选编》（下），中央文献出版社 2011 年版，第 384—386 页。

③ 中共中央文献研究室编:《十二大以来重要文献选编》（上），人民出版社 1986 年版，第 383 页。

办公厅和国务院办公厅决定，实行生产经营和行政管理工作厂长（经理）负责制，并选择部分国营工业企业进行试点。六届人大二次会议进一步明确提出，"在国营企业中逐步实行厂长（经理）负责制，企业的生产指挥、经营管理由国家委托厂长（经理）全权负责"①。1986年7月，国务院提出，"企业要在总结试点经验的基础上，普遍推行厂长负责制"②，9月，中共中央、国务院关于颁发全民所有制工业企业三个条例③的通知，分别对国营工业企业普遍实行厂长负责制中的厂长、党组织和职工群众的地位、作用等有关事项作出明确规定指出"实行厂长负责制，必须保证厂长在企业生产经营重大问题上的决策权，突出厂长在行政指挥中的作用。但是，绝不应把实行厂长负责制同加强和改善党对企业的领导、巩固和发扬民主管理对立起来。企业党组织必须把工作重心放到积极支持厂长实现任期责任目标和统一指挥生产经营活动上来，放到保证监督党和国家各项方针、政策的贯彻执行上来，放到搞好企业党的建设和思想政治工作上来，保证企业生产、经营工作任务的顺利进行"④。这为国营工业企业全面实行厂长负责制、充分发挥党组织的保证和监督作用提供了重要制度保障，标志着国营工业企业的领导体制和党组织的治理机制逐步走向制度化和规范化。截至1987年6月底，实行厂长（经理）负责制的国营工业企业达到3.5万余个，占同类企业总数的63.9%⑤。

---

① 中共中央文献研究室编：《十二大以来重要文献选编》（上），人民出版社1986年版，第481页。

② 中共中央文献研究室编：《十二大以来重要文献选编》（下），人民出版社1988年版，第1059页。

③ 三个条例为：《全面所有制工业企业厂长工作条例》《全民所有制工业企业职工代表大会条例》《中国共产党全民所有制工业企业基层组织工作条例》。

④ 中共中央文献研究室编：《十二大以来重要文献选编》（下），人民出版社1988年版，第1133—1134页。

⑤ 章迪诚：《中国国有企业改革简史》，中国工人出版社2020年版，第123页。

1987 年 10 月，党的十三大报告强调，"企业党组织的作用是保证监督"①，并对加强国营工业企业党组织建设提出了更高要求。《中国共产党章程部分条文修正案》进一步规定，企事业单位中党的基层组织发挥保证监督作用。这虽然以党内法规的形式对国营工业企业中党的基层组织的功能与作用进行了明确规定，有利于为企业党组织充分发挥保证与监督作用提供法规保障，但是并未对企业党组织在国营工业企业中的地位作出明确界定，使其在实践中与厂长的中心领导地位相比，处于明显的从属地位，严重影响了企业党的领导和党组织建设的整体效果。1988 年 4 月，中央指出"企业实行党政分开后，职工思想政治工作将由厂长负责，逐步探索出一条党组织同行政组织、群众组织密切配合，专职同兼职党务干部密切配合，依靠全体党员和全体职工做好思想政治工作的新路子"②。这虽然有利于改变企业思想政治工作与生产经营"两张皮"的状况，但是也意味着企业党组织不再领导企业的思想政治工作，而仅仅是协助厂长做好企业思想政治工作的"配角"，从而导致企业党组织被"边缘化"、党的领导弱化、党的建设水平低下。

针对国营企业党的领导弱化、党的基层组织建设低下的现实状况，1989 年 8 月，江泽民提出，"要求企业党组织起政治核心作用"③。随后，中共中央发布《关于加强党的建设的通知》提出，"实行厂长负责制，不能淡化基层党组织的作用，削弱党的领导。党在企业的基层组织处于政治核心的地位，企业党委要参与讨论企业的重大问题并提出意见和建议"④。

①　中共中央文献研究室编:《十三大以来重要文献选编》（上），人民出版社 1991 年版，第 37 页。

②　张明楚:《中国共产党基层组织建设史》，福建人民出版社 2017 年版，第 275 页。

③　中共中央文献研究室编:《十三大以来重要文献选编》（中），人民出版社 1991 年版，第 582 页。

④　中共中央文献研究室编:《十三大以来重要文献选编》（中），人民出版社 1991 年版，第 594—595 页。

这是首次对企业党组织的地位作出明确规定，有利于充分发挥其保证监督作用，进一步加强和改善企业党的领导。为有效处理好"政治核心"与"中心"作用，宋平指出，"既坚持执行厂长负责制，又要加强党委的作用，加强党的建设，加强思想政治工作。'核心'与'中心'都应当是为了把企业办好。厂长和党委书记都要胸怀全局，同心协力，互相支持，互相商量，共同办好工厂"①。1990 年，李瑞环强调，"企业党委要切实加强对思想政治工作的领导"②，从根本上扭转了过去在开展思想政治工作方面企业党组织从属于厂长的局面。1990 年 12 月，党的十三届七中全会首次提出国营企业领导体制的"三句话"③方针，"它们是相辅相成的。要把企业建设好，这三者缺一不可。这三条，是我们四十多年特别是近十多年来企业领导体制的实践经验的总结，准确地反映了我们企业的社会主义性质"④。由此可见，充分发挥企业党组织的政治核心作用已经成为国营企业领导体制的重要组成部分，对于加强和改善国营企业党的领导、强化国营企业中党的基层组织建设具有十分重要的意义。

四、现代企业制度背景下国有企业党组织建设的转型（1992—2012 年）

1992 年 10 月，党的十四大报告确立了"建立社会主义市场经济体制"

---

① 中共中央文献研究室编:《十三大以来重要文献选编》（中），人民出版社 1991 年版，第 608 页。

② 中共中央文献研究室编:《十三大以来重要文献选编》（中），人民出版社 1991 年版，第 1091—1092 页。

③ 国营企业领导体制的"三句话"方针包括：国营企业要充分发挥党组织的政治核心作用，坚持和完善厂长负责制，全心全意依靠工人阶级。

④ 中共中央文献研究室编:《十三大以来重要文献选编》（下），人民出版社 1991 年版，第 1703—1704 页。

的目标，强调要坚持加强和改进国有企业党的建设，并将国有企业领导体制的"三句话"方针写入党章。随着我国经济体制改革的逐步深化，1993年11月，党的十四届三中全会首次提出"建立现代企业制度"[①]，由此我国国有企业开始正式实行公司制。但是，有些国有企业在改制过程中产生了"新老三会"[②]融合矛盾。对此，1994年中组部印发《关于加强股份制企业中党的工作的几点意见》，明确党组织必须在国有企业改制过程中，充分发挥好其政治核心作用。

而在此时，国有企业是否要建立党组织并发挥好政治核心作用，在实践中曾出现不同意见。一种意见认为，国有企业是以生产经营为中心的经济组织，在其中发挥政治核心作用的党组织要逐渐淡化，甚至可以取消；另一种意见认为，国有企业在市场经济条件下应当学习西方国家企业中不设党组织的做法。即使在国有企业中设置了党的基层组织，企业党组织也不要参与和干预企业的生产经营活动，而仅仅把自己的党员管理好即可。针对上述现实状况，1994年，中共中央要求，国有企业建立现代企业制度，要同步设置党组织。1995年，中共中央组织部强调，"在建立有中国特色现代企业制度的新形势下，党对企业在政治上的领导权决不能丧失"[③]，要不断加强和完善党对国有企业的领导。这在建立现代企业制度的新形势下为加强国有企业党的领导、推进国有企业党的建设工作指明了重要发展方向。

1996年，中共中央组织部对"试点企业在进行公司制改组时，应适应公司组织结构的变化和党员分布状况，及时地合理调整党组织的设置"作出明确规定。此后，中共中央提出，"要不断改进企业党组织的工作内容和

---

① 《改革开放以来历届三中全会文件汇编》，人民出版社2013年版，第59页。

② "新三会"是指股东会、董事会、监事会；"老三会"是指党委会、职代会、工会。

③ 中共中央组织部党建研究所：《企业党建大事记》，党建读物出版社1996年版，第178页。

活动方式"①。党的十六大党章对国有企业党组织建设条款进行修订,增加"支持股东会、董事会、监事会和经理(厂长)依法行使职权"②等内容。在党和国家一系列政策的要求和推动下,国有企业结合建立现代企业制度工作,积极主动探索企业党组织发挥政治核心作用的基本方式、主要途径和实现机制,对于进一步加强和改进国有企业党的领导、提高国有企业党的建设具有重要意义。

此后,一直到党的十八大以前,国有企业根据企业改制、改组和进行结构调整的具体实际情况,适时调整和规范企业党组织的设置,并通过推行企业领导"双向进入、交叉任职"、完善企业党组织参与"三重一大"集体决策制度、完善党管干部制度机制、推行党政"一肩挑"等举措,不断推动国有企业党组织充分发挥政治核心作用。2004年,中共中央提出,"国有企业党组织要适应建立现代企业制度的要求,完善工作机制,充分发挥政治核心作用"③,不断加强和改进国有企业党的基层组织建设,以此提高党的执政能力。2008年,习近平在全国组织工作会议上强调,"要紧紧围绕企业改革发展稳定加强国有企业党组织建设,进一步探索在现代企业制度条件下充分发挥企业党组织政治核心作用的领导体制和工作机制,探索国有资本相对控股和持大股的多元投资主体企业、金融行业特别是国有金融机构党组织发挥作用的有效途径和形式"④。2010年,中央明确了国有企业"三重一大"事项决策的原则范围和基本程序,为国有企业党组织发挥政治核心作用形成了可操作的制度规范和程序机

---

① 中共中央文献研究室编:《十五大以来重要文献选编》(中),中央文献出版社2011年版,第182—183页。

② 《中国共产党第十六次全国代表大会文件汇编》,人民出版社2002年版,第81页。

③ 《中共中央关于加强党的执政能力建设的决定》,人民出版社2004年版,第35页。

④ 中共中央文献研究室编:《十七大以来重要文献选编》(上),中央文献出版社2009年版,第224页。

制。①2011 年，习近平在全国组织部长会议上强调，"国有企业党建工作，要注重解决好党的工作与经营管理相结合，党管干部、党管人才与市场化选聘人才相结合等问题，使党组织适应建立现代企业制度的新要求，更好地发挥政治核心作用"②。

五、党的十八大以来国有企业党组织建设的深化（2012年至今）

党的十八大以来，习近平总书记针对国有企业党组织建设提出很多论述，并在实践中不断健全完善相关制度体系，从根本上扭转了国有企业党的领导和党的建设弱化、淡化、虚化、边缘化以及由于管党治党不力导致"两个责任"落实不到位的境况，从而推动国有企业改革发展发生了历史性变革，取得了历史性成就。

2013 年 8 月，中共中央对央企党委发挥政治核心作用的重要意义以及实现途径进行了明确规定。显而易见，该文件仍然延续以往发挥国有企业党组织政治核心作用的定位，国有企业内部治理结构并未发生明显变化。2015 年 6 月，中央办公厅印发《中国共产党党组工作条例（试行）》提出，要充分发挥国有企业党组"领导核心"作用③。此后不久，中共中央结合全面从严治党的新形势，对加强国有企业党的建设提出了诸多指导性、针对性和前瞻性的措施要求，强调"坚持党的建设与国有企业改革同

---

① 《关于进一步推进国有企业贯彻落实"三重一大"决策制度的意见》，人民出版社 2010 年版，第 13 页。

② 中共中央文献研究室编：《十七大以来重要文献选编》（下），中央文献出版社 2013 年版，第 688 页。

③ 1992 年，党的十四大党章规定，国有企业中党的基层组织发挥政治核心作用和中国共产党发挥领导核心作用，但是此后很长时间内并未出台相关文件对后者作出明确规定，而实际上党组一直参照党的基层组织发挥政治核心作用。

步谋划，充分发挥党组领导核心作用、党委政治核心作用、基层党组织战斗堡垒作用和党员先锋模范作用"①。

针对一些国有企业党组织管党治党责任不落实、作用被弱化的现实状况，党中央提出，"将党建工作总体要求纳入国有企业章程，明确国有企业党组织在公司法人治理结构中的法定地位，在国有企业改革中坚持'四个同步'"，"建立健全党建工作责任制"②，为在深化国有企业改革中坚持和加强党的领导、强化企业党组织建设指明了重要发展方向，明确了主要任务和工作重点。2016 年 1 月，党的十八届中央纪委六次全会对"推动国有企业党组织落实责任，强化领导核心作用"③ 提出了新要求。2016 年 10 月，习近平总书记在全国国有企业党的建设工作会议上强调，"全面从严治党要在国有企业落实落地，必须从基本组织、基本队伍、基本制度严起"，"确保企业发展到哪里、党的建设就跟进到哪里、党支部的战斗堡垒作用就体现在哪里"④。这是新时代加强国有企业党的建设、坚持党对国有企业的领导的纲领性文献，对做强做优做大国有企业、推进党和国家事业发展具有重要意义。

2017 年 10 月，党的十九大《党章》新增了"国有企业党委（党组）发挥领导作用，把方向、管大局、保落实，依照规定讨论和决定企业重大事项"⑤，首次以党章形式明确了国有企业党委（党组）的功能作用由"政

---

① 《中办印发〈关于在深化国有企业改革中坚持党的领导加强党的建设的若干意见〉》，《人民日报》2015 年 9 月 21 日。

② 《中共中央国务院关于深化国有企业改革的指导意见》，人民出版社 2015 年版，第 21 页。

③ 中共中央党史和文献研究院编：《十八大以来重要文献选编》（下），中央文献出版社 2018 年版，第 146 页。

④ 姜洁、兰红光：《习近平在全国国有企业党的建设工作会议上强调　坚持党对国有企业的领导不动摇　开创国有企业党的建设新局面》，《人民日报》2016 年 10 月 12 日。

⑤ 《中国共产党第十九次全国代表大会文件汇编》，人民出版社 2017 年版，第 93 页。

治核心作用"转变为"领导作用"。2018 年 7 月，习近平总书记在全国组织工作会议上指出，"在一些国有企业，党的领导融入公司治理在总部一级做得比较好，再往下延伸则存在层层递减问题"[1]。为进一步建立健全国有企业党委（党组）发挥领导作用的制度规定，2020 年 1 月，《中国共产党国有企业基层组织工作条例（试行）》从遵循原则、组织设置、主要职责、党的领导与公司治理、党员队伍建设、党的政治建设、党内民主和监督等方面，对国有企业党的领导和党的建设作出全面规范，集中体现了党的十八大以来国有企业党的建设理论、实践和制度成果，具有较强的指导性和操作性。2021 年 5 月，中共中央对"央企党委（党组）在决策、执行、监督等各环节的权责和工作方式"[2] 作出了制度性安排，对于央企在完善公司治理中进一步坚持和加强党的全面领导、提高国有企业党的建设质量加快推进中国特色现代国有企业制度建设具有重要意义。

第二节　党的十八大以前国有企业党组织治理实践的经验

实践充分证明，党的十八大以前，国有企业党组织建设在长期的历史变迁过程中不断得以加强和深化，其在领导、监督、参与公司治理的实践中积累了丰富的历史经验。系统全面总结这些经验，有助于为新时代坚持和加强党对国有企业的全面领导、加强国有企业党组织建设，并将其融入到公司治理各环节、内嵌到公司治理结构中，提供重要历史借鉴。

---

[1]　中共中央党史和文献研究院编：《十九大以来重要文献选编》（上），中央文献出版社 2019 年版，第 561 页。

[2]　《中办印发〈关于中央企业在完善公司治理中加强党的领导的意见〉》，《人民日报》2021 年 5 月 31 日。

一、强调党组织在企业中的政治核心作用

所谓政治核心是指党对国有企业的政治领导权。"党组织作为企业的政治核心，就是管政治、政策的核心。它意味着党组织是企业在政治上的领导者、政策上的掌舵者，是企业发展的政治方向、政治立场、政策执行的保证监督者。"①国有企业党组织发挥政治核心作用是加强党的执政能力建设和党的先进性建设的题中应有之义。纵观党的十八大以前国有企业党组织建设的历史变迁，从民主革命时期公营企业党组织发挥协助、解释和教育作用，到社会主义革命和建设时期国营企业党组织发挥保证监督作用、坚持党的"一元化"领导，到改革开放与社会主义现代化建设新时期国营企业党组织发挥领导监督作用、保证监督作用，国有企业党组织发挥政治核心作用，这是蕴含在党的十八大以前国有企业党组织治理实践中的一条鲜明主线。其中，"国有企业党组织发挥政治核心作用"是在系统总结 1989 年 8 月以前国有企业领导体制改革和国有企业党组织建设的历史经验的基础上提出来的，是新时期国有企业党组织治理实践的宝贵历史经验。实践充分证明，只有始终坚持党的领导，充分发挥国有企业党组织的政治核心作用，才能始终确保坚持国有企业改革发展的社会主义方向，为建立完善中国特色的现代企业制度提供根本政治保证。

总体而言，1989 年 8 月以前，中国共产党在各个历史时期的国营公营企业中逐步建立健全党的基层组织，主要发挥协助、解释、教育、支持、保证、监督、领导等功能和作用，为各个时期持续发展和壮大国有企业、更好服务和保障党和国家中心任务的顺利完成提供了重要保证。但同时，各国营公营企业中党的基层组织在不同历史时期也表现出过度强调党对企业的"一元化"领导，导致党政不分、以党代政、党委包揽企业行政

---

① 张书林：《改革开放 36 年基层党建创新论析》，《学习与实践》2014 年第 7 期。

事务，或者表现出弱化、虚化、淡化甚至否定企业党的领导的错误倾向，严重影响了国营公营企业党组织建设的质量和水平，削弱了党的执政根基和基石。有学者指出，"在贯彻执行厂长负责制过程中，……政工机构和专职政工人员大幅度被削减，一些企业党的建设和思想政治工作受到严重损失"[①]。1989 年 8 月，江泽民在全国组织部长会议上首次提出，"现在我们党中央有必要要求企业党组织起政治核心作用"[②]。因而，国有企业党组织发挥政治核心作用是 1989 年至党的十八大以前国有企业党组织参与公司治理的一条重要历史经验。

需要特别明确的是，强调党组织在国有企业中的政治核心作用，与20 世纪 80 年代后期和 90 年代初期厂长处于中心地位之间并不矛盾，更不是截然对立的。在 20 世纪 90 年代以后建立现代企业制度的背景下，中央有关部门印发和出台一系列有关国有企业党组织必须发挥政治核心作用的意见，引导各地主动不断推动国有企业党组织融入公司治理走向制度化、规范化和法制化。总体而言，国有企业党组织的政治核心作用包括把方向、管干部、凝人心、带队伍，其中既不能脱离经济工作，又不能代替经济工作，不能回到过去以党代政的不良局面；同时，政治核心作用是组织行为，不仅是党委书记的责任，还有委员和党员的责任，简言之，党员行政领导干部的作用也是政治核心作用的重要组成部分[③]。具体而言，这主要体现为对党和国家的方针、政策在本企业的贯彻执行的保证监督作用，对股东会、董事会、监事会和经理（厂长）依法行使职权的支持作用，对企业重大问题决策的参与作用，对职工群众全心全意的依靠作用以及对思想政治工作、精神文明建设和工会、共青团等群

---

① 虞云耀：《党的建设研究》，中共中央党校出版社 2004 年版，第 509 页。
② 中共中央文献研究室编：《十三大以来重要文献选编》（中），人民出版社 1991 年版，第 582 页。
③ 虞云耀：《党的建设研究》，中共中央党校出版社 2004 年版，第 527—528 页。

众组织（包括协调企业与员工、不同类型员工之间的关系）的领导作用，从而促使国有企业按照"三个代表"重要思想和科学发展观的要求实现更好更快地发展。

二、确立"双向进入、交叉任职"的制度

"人"的有效融合是推动党的领导与公司治理有机统一的关键环节和主要途径。"双向进入、交叉任职"是建立现代企业制度背景下国有企业党组织发挥政治核心作用的一种重要制度创新，通过引导和规范国有企业党组织参与企业重大问题决策，有利于促使企业党组织融入国有企业治理的全过程和各环节。"双向进入、交叉任职"这一领导体制和制度创新是在系统总结 20 世纪 90 年代建立现代企业制度背景下"新老三会"如何有效融合的探索实践的基础上提出来的，是新时期国有企业党组织建设和治理的宝贵历史经验。

1993 年以前，中国共产党在各个历史时期积极探索党组织在国营工业企业中发挥作用的方式与途径，包括重大方针和决策由党委讨论决定、党委书记兼任主管思想政治工作的副厂长、推行厂长（经理）和书记"一肩挑"等，这有力地推动了党的领导与工厂管理的相互融合，为此后建立和完善实践充分证明，"双向进入、交叉任职"的企业领导体制奠定了坚实基础。1993 年，党的十四届三中全会首次提出，国有企业要建立现代企业制度。在此背景下，国有企业逐步由工厂制改制成为公司制，即建立公司法人治理机构。而传统意义上厂长负责制下的党委会、厂长（经理）、职代会，改制后则变成了由股东会、董事会、经理层、监事会组成的公司法人治理机构。如何充分发挥企业党组织在公司法人治理结构中的政治核心作用，则成为这一时期国有企业党组织建设和治理实践中的一项重大课题。"双向进入、交叉任职"便是建立现代企业制度背景下中央和

地方各国有企业积极主动探索企业党组织发挥政治核心作用的一种重要制度创新。例如，"在上海市 61 家工业企业的法人治理机构中，董事会和监事会成员中党委成员分别占 58.3%、10%，而党委班子成员中的党员行政领导干部的比例超过 1/3 的占 98%；在山东省有些企业的董事会、监事会、经理班子中，党委委员占 70%—80%；四川省 57 家试点企业的董事会和监事会成员中党委委员分别占 53%、27%，而党委成员中党员行政干部占 57%"①。

　　"双向进入、交叉任职"这一制度创新的相关表述和规定最早出现在1996 年，② 其实践经验受到中央有关部门的充分肯定，之后在 1997 年中加以健全和完善。③ 党的十五届四中全会明确提出，"新老三会"之间可以双向进入，为正确协调和理顺二者关系提供新思路。此后，胡锦涛在全国"三讲"教育工作总结会议上强调，"国有企业党的建设，要推行'双向进入、交叉任职'的办法"④。2004 年，这一制度正式被确立下来。2011

---

① 　张明楚：《中国共产党基层组织建设史》，福建人民出版社 2017 年版，第 330 页。

② 　《关于在现代企业制度百家试点企业中加强和改进党的工作的意见（试行）》指出，"根据工作需要和领导成员的素质条件，企业党委主要负责人和其他成员可按照法定程序进入董事会、监事会。有的可与公司董事、监事、经理、副经理交叉任职。条件具备的，党委书记、董事长可由一人担任，配备一名党委副书记以主要精力抓党的工作"。

③ 　《关于进一步加强和改进国有企业党的建设工作的通知》提出，"实行公司制的企业，党委书记、董事长可由一人担任。由一人担任的，应具备两个职务所要求的条件和能力，同时配备一名党委副书记以主要精力抓党的工作。党委书记和董事长分开配备的，党员董事长可任党委副书记，党委书记可任副董事长。根据工作需要和人员条件，党委成员可依法分别进入董事会、监事会和经理班子；董事会、监事会、经理班子中的党员，具备条件的，可按照有关规定进入党委会。董事长与总经理原则上分设。实行工厂制的国有中小企业党政领导的任职形式，要根据本单位的实际和本人条件，宜分则分，宜兼则兼，不搞一刀切。"

④ 　中共中央文献研究室编：《十五大以来重要文献选编》（中），人民出版社 2001 年版，第 1517 页。

年，中央企业总部及二级以上1129家公司制企业中董事和监事9361人，党委（党组）成员7718人，其中党委（党组）成员进入董事会、监事会的有3219人，党委（党组）书记、董事长由一人兼任的企业数量为328家①。简言之，"双向进入、交叉任职"的企业领导体制为企业党组织参与企业重大问题决策、充分发挥政治核心作用提供了保障，成为党的十八大以前建立现代企业制度背景下国有企业党组织建设与治理的一条重要历史经验，也为新时代以后持续深化国有企业党组织治理实践提供重要历史借鉴。因而，要积极主动适应建立现代企业制度的新形势新要求，坚持和完善"双向进入、交叉任职"的企业领导体制，"打造既会做政治工作，又能做经济工作的复合型专业化人才"②。

三、坚持党管干部原则融入国有企业用人机制

所谓党管干部原则是指各级党组织坚持贯彻党的干部路线、方针和政策，严格按照"德才兼备、以德为先"的原则，选拔、委任、推荐领导干部，并对其进行及时有效的教育、管理和监督。党管干部原则是中国共产党在长期的革命、建设和改革过程中形成的一项重要组织原则，是组织路线服务于政治路线的集中体现，是坚持和加强党的领导的重要内容和实现形式。国有企业坚持党管干部原则是国有企业党组织发挥政治核心作用的重要内容，也是党的十八大以前国有企业党组织建设和治理实践的宝贵历史经验。

民主革命时期，中国共产党对党管干部原则进行了积极探索，并将其运用到公营企业干部的选拔任用过程中。1938年9月，毛泽东强调"没有

---

① 黄群慧等：《中国国有企业改革40年研究》，广东经济出版社2019年版，第120页。

② 刘国胜：《政治核心作用论》，人民出版社2009年版，第66页。

多数才德兼备的领导干部，是不能完成其历史任务的"①，为完善和确立党管干部原则指明了发展方向。这一时期，为了适应和服务革命战争形势的需要，公营企业贯彻党管干部原则主要体现为党中央和地方党委的组织部统一任命、指派、调配以及监督、管理和教育企业干部，因而具有明显的强制性和直接性等典型特征。社会主义革命和建设时期，中国共产党开始实行分级分部管理干部的制度②。在这种高度集中的计划经济体制下，国营工业企业贯彻党管干部原则主要体现为上级党委和企业党组织共同考察、培养、决定以及教育、监督企业干部，具有较为强烈的指令性和行政性等典型特征，尤其是在不断强化党的一元化领导下，其权限越来越集中在企业党委书记手中。改革开放初期，中国共产党提出分级分类管理干部的制度③，"建立科学的分类管理体制"④，进一步完善了党管干部原则。在党政分开的背景下，国营工业企业贯彻党管干部原则主要体现为上级党委和企业党委直接任命管理一切企业干部的做法逐渐被淡化和否定，而在全面推行厂长（经理）负责制后，厂长被赋予了较大的选人用人权，并全面负责企业职工思想政治工作，企业党委只是发挥"协助"作用，开展党的路线、方针、政策的理论学习，从而确保国营工业企业选人用人的自主权。

在建立现代企业制度的背景下，国有企业中要不要继续坚持党管干部

① 中央档案馆编：《中共中央文件选集》（第11册），中共中央党校出版社1991年版，第648页。

② 分级分部管理干部制度是指从原则上说担负最重要职务的干部，应集中由中央管理，地方组织加以协助；担负次要职务的干部，由各中央局、分局和省委、区党委分别管理，下级组织加以协助；担任初级组织职务的干部（乡村和基层组织的干部）则由县委和市委管理。

③ 分级分类管理干部制度是指要本着管少、管活、管好的精神，在党委统一领导下，实行组织部门统一管理和分级管理相结合的原则，各级党委要适当缩小管理干部的范围，下放管理干部的权限。

④ 中共中央文献研究室编：《十三大以来重要文献选编》（上），人民出版社1991年版，第41页。

原则，有着不同的意见和看法。有的认为，国有企业是搞经营的，只要不违法乱纪，守法经营就行了，企业干部的选拔任用和教育监督管理应该由经营者完全决定；国有企业在着力解决政企不分的同时，坚持党管干部原则，可能会形成新的党企不分，甚至与有关法律法规相悖①。这些意见和看法是片面和错误的。实际上，"我们所要建立的现代企业制度中也不必设立党的基层组织，更不必坚持党管干部原则的观点，脱离了中国国情，忽略了社会主义市场经济的特色"②。坚持党对国有企业的政治领导主要体现为"坚持党管干部原则，按照管理权限依法选派、推荐国有资产产权代表和企业经营管理负责人，并对他们实施教育、培养、考核和监督。"③中央和地方各国有企业积极探索将党管干部原则嵌入现代企业制度中，落实到国有企业党组织与企业法人治理结构的衔接和共同决策机制的建立中，落实到董事会依法选择经营管理者以及经营管理者依法行使用人权重，落实到国有企业领导人员选拔任用和监督管理中，落实到国有企业领导人员考核评价和培养教育中。这彻底扭转了过去由党委直接任命企业一切干部的不良态势，也加强和改善了党对国有企业的领导。

第三节 党的十八大以来国有企业党组织治理实践的发展

党的十八大以来的实践充分证明，国有企业党组织在领导、监督和参

---

① 《企业法》和《全民所有制工业企业转换经营机制条例》赋予了厂长（经理）任免中层干部的权力，《公司法》赋予了董事会、经理职权范围内聘任或者解聘股份制企业管理人员的权力，从而改变了由党委统一任命干部的模式。

② 岳清唐：《中国国有企业改革发展史》，社会科学文献出版社 2018 年版，第 200 页。

③ 中共中央文献研究室编：《十四大以来重要文献选编》（下），人民出版社 2011 年版，第 295 页。

与公司治理的实践中已经取得了历史性成就，积累了宝贵的经验。系统全面总结这些实践经验，有利于进一步深化国有企业党组织建设，提升国有企业"五力"。

一、明确党组织在国有企业的领导核心作用

中国共产党领导是中国特色社会主义的本质特征，是中国特色社会主义制度的根本优势，"党政军民学，东西南北中，党是领导一切的"[1]。坚持和完善党的领导，是中国共产党一以贯之的优良传统，也是新时代中国共产党治国理政的突出特征和显著优势。习近平总书记强调，"坚持党的领导、加强党的建设，是我国国有企业的光荣传统，是国有企业的'根'和'魂'，是我国国有企业的独特优势"[2]。党的十八大以来国有企业党组织建设与治理的实践表明，"国有企业党委（党组）发挥领导作用"[3] 是在系统总结过去国有企业党组织发挥政治核心作用的历史经验的基础上，由党的十九大党章修正案第三十三条明确提出，是新时代国有企业党组织建设的重要历史经验。

党的十八大以来，我国国有企业党组织的地位功能经历了从政治核心、领导核心和政治核心、领导作用的制度变迁过程。"国有企业党委（党组）发挥领导作用"[4] 首次被明确提出并得以确立，主要源于党的十九大党章修正案第三十三条。该修正案标志着国有企业党委（党组）的功能作用由"政治核心作用"转变为"领导作用"，为党的十九大以后推动国有

---

① 中共中央文献研究室编：《习近平新时代中国特色社会主义思想三十讲》，学习出版社 2018 年版，第 74 页。

② 《习近平谈治国理政》第二卷，外文出版社 2017 年版，第 176 页。

③ 《中国共产党第十九次全国代表大会文件汇编》，人民出版社 2017 年版，第 93 页。

④ 《中国共产党第十九次全国代表大会文件汇编》，人民出版社 2017 年版，第 93 页。

企业改革发展提供了根本遵循。在实践中，国有企业腐败问题尤其是部分地方出现了令人触目惊心的"塌方式腐败""系统性腐败"，由此凸显出国有企业党的领导弱化、党组织主体责任缺失、党的建设与企业经营管理"两张皮"等现象亟须加以应对。鉴于此，习近平总书记强调，"加强党对国有企业的领导，加强对国企领导班子的监督，搞好对国企的巡视"①，为明确国有企业党组织发挥领导作用指明了发展方向。

国有企业党委（党组）发挥领导作用具有丰富的科学内涵，新时代我们要厘清和深化对其内涵及其逻辑关系的认识和理解。首先，国有企业党组织发挥领导作用是坚持和加强党的全面领导的必然要求和重要体现。国有企业不仅具有一般意义上的经济属性和社会属性，而且还具有极其鲜明的政治属性。其次，国有企业党组织发挥领导作用是"加强领导"与"发挥作用"的有机统一。"加强领导"是"发挥作用"的前提和根本，离开"加强领导"，"发挥作用"容易使国有企业改革偏离社会主义方向；"发挥作用"是"加强领导"的基础和目的，离开"发挥作用"，"加强领导"必然成为空话，使党的领导弱化、虚化、淡化、边缘化。再次，把方向、管大局、保落实之间具有紧密的内在统一性。"把方向"是"管大局"和"保落实"的前提和基础；"管大局"是"把方向"的正向延伸，是"保落实"的内容基础；"保落实"是"把方向"和"管大局"的目标和结果。②因而，国有企业党委（党组）要充分发挥领导作用的关键在于，必须将党的领导和完善公司治理统一起来，将党的建设工作的总体要求纳入国有企业章程，明确企业党组织在公司法人治理结构中决策、执行、监督等各环节的权责和工作方式，使得企业党组织发挥"把方向、管大局、保落实"的领

---

① 中共中央文献研究室编：《习近平关于全面从严治党论述摘编》，中央文献出版社 2016 年版，第 203 页。
② 董德兵、朱豪媛：《新时代国有企业党委（党组）发挥领导作用的核心要义与实践要求》，《中国浦东干部学院学报》2019 年第 5 期。

导作用的制度化、规范化、具体化，从而以党对国有企业全面领导的不断强化，切实提升国有企业党的建设质量，从而持续深化推动国有企业改革发展。

二、完善国有企业党政"一肩挑"领导体制

"一肩挑"领导体制是国有企业各项工作有效开展的重要组织保证。所谓国有企业党政"一肩挑"领导体制是指国有企业党委（党组）书记和董事长由一人担任，并与公司法人治理结构中的其他治理主体之间形成的关系。国有企业党政"一肩挑"是建立现代企业制度背景下有效贯彻落实"双向进入、交叉任职"体制的核心环节，是将党委发挥领导作用和董事会发挥经营决策作用进行有机结合的核心举措。有学者指出，"党委（党组）和董事会之间应是领导与被领导的关系，是公司领导核心与经营决策中心的关系，而不是互不搭界的'两驾马车'"①。实践充分证明，国有企业党政"一肩挑"是在系统总结党的十八大以前国有企业党组织治理实践经验的基础上，经过新时代的全面推行和健全完善，在实践中被证明是行之有效的领导体制，是推进和深化新时代国有企业党组织建设与治理实践的宝贵经验。因而，在新时代的背景下，只有不断健全完善国有企业党政"一肩挑"领导体制，才能为国有企业改革发展的社会主义方向提供根本组织保证。

纵观党的十八大以前国有企业党组织建设与治理实践的变迁过程，国有企业党政"一肩挑"的实践探索首次出现在 1992 年 7 月，各地国有企业在贯彻国务院发布的《全面所有制工业企业转换经营机制条例》时，已

---

① 董德兵、朱豪媛：《新时代国有企业党委（党组）发挥领导作用的核心要义与实践要求》，《中国浦东干部学院学报》2019 年第 5 期。

经有相关明确规定，比如"厂长和书记宜兼则兼，宜分则分，积极推行厂长书记一人兼，允许企业党政领导交叉兼职"①，"大型企业厂长和书记宜兼则兼、宜分则分；中小型企业厂长和书记原则上一人兼任"②，"企业厂长（经理）、书记可由一人兼任"③ 等。截至 1996 年 2 月，"在上海市已改制的 107 家企业中，党委书记担任董事长的占 42%，担任副董事长的占 36%；上海工业系统以改制的 11 个控股集团公司和国资授权经营的集团公司中，有 10 个公司的党委书记、董事长为一人兼任，只有一家公司是党委书记兼副董事长，董事长兼党委副书记；山东省实行公司制改造的企业中，党委书记、董事长一人兼任的占69%"④。这种制度安排虽然在一定程度上有利于解决国有企业党委是"核心"与厂长（经理）是"中心"之间不合的问题，但是无形中也使得国有企业"一把手"面临较高的腐败风险。1997 年，党中央发布文件强调，"实行公司制的企业，党委书记、董事长可由一人担任"⑤，为此后推进国有企业党政"一肩挑"提供了制度保障。

党的十八大以来，中国特色社会主义现代企业制度不断向纵深推进和发展。在系统总结过去国有企业党组织建设与治理实践经验的基础上，中央和各地国有企业坚持完善和全面推行国有企业党政"一肩挑"领导体制，通过将党的领导有效嵌入企业内部治理结构中，最大限度实现党的领导与公司治理之间的全方位融合。2020 年 1 月，中共中央印发文件对国有企业党政"一肩挑"作出制度规定"国有企业党委（党组）书记、董事

---

① 《河南省全民所有制工业企业转换经营机制实施办法》，1993 年 2 月 10 日。
② 《辽宁省全民所有制工业企业转换经营机制实施办法》，1993 年 3 月 11 日。
③ 《厦门市关于贯彻〈全民所有制工业企业转换经营机制条例〉的补充规定》，1993 年 5 月 26 日。
④ 张明楚：《中国共产党基层组织建设史》，福建人民出版社 2017 年版，第 330 页。
⑤ 中共中央文献研究室编：《十四大以来重要文献选编》（下），人民出版社 1999 年版，第 364 页。

长一般由一人担任……确因工作需要由上级企业领导人员兼任董事长的，根据企业实际，党委书记可以由党员总经理担任，也可以单独配备；不设董事会只设执行董事的独立法人企业，党委书记和执行董事一般由一人担任。"①，截止到年底，设董事会的国有企业中党委（党组）书记、董事长"一肩挑"的比例超过80％②。在国有企业党政"一肩挑"的领导体制下，必须正确处理和协调好党委（党组）领导和董事决策之间的辩证统一关系。一方面，企业党委（党组）书记、董事长在主持党委（党组）会研究企业"三重一大"事项时，必须贯彻民主集中制，通过充分发扬民主、进行有效集中，以此实现其防错纠错的政治功能；另一方面，在主持董事会进行经营决策时，必须积极引导党员有效贯彻落实党组织意图，注意区分党委会和董事会的关系，不能以党委会代替董事会，而直接成为国有企业生产经营的决策中心。因而，在新时代的背景下，要不断坚持和完善国有企业党政"一肩挑"领导体制，深刻认识和把握党委（党组）发挥领导作用的特定内涵，正确处理和协调好党委领导与董事决策之间的关系，实现党的领导与公司治理结构之间的有效融合，切实将完善中国特色现代企业制度的优势转化为高质量推动国有企业做强做大做优的治理效能。

三、强调党组织前置讨论优化国有企业重要决策

所谓"党组织前置讨论"是指党组织研究讨论是董事会、经理层决策重大问题的前置程序。"讨论前置"的制度目标是党组织把好政治关，

---

①　《中共中央印发〈中国共产党国有企业基层组织工作条例（试行）〉》，《人民日报》2020年1月6日。

②　孟祥夫：《为做强做优做大国有企业提供根本动力和坚强保证（奋斗百年路　启航新征程·党旗在基层一线高高飘扬）——党的十八大以来国有企业党建工作综述》，《人民日报》2021年7月30日。

管理层算好经济账，共同作出最优决策①。党组织前置分为规则性前置和主动性前置，前者是将党组织前置明确写入国有企业章程，适用于国有独资或国有控股企业；后者是企业党组织针对拟决策的重大经营管理事项，事先主动与董事会、经理层进行充分沟通，形成共识，适用于参股企业。党组织前置讨论是完善中国特色现代企业制度背景下贯彻落实"两个一以贯之"的必然要求，是优化国有企业党组织议事决策机制的核心内容，是将党的领导内嵌到企业内部治理结构中，并充分发挥党组织"把方向、管大局、保落实"领导作用的重要体现。实践充分证明，"党组织前置讨论"是在总结党的十八大以前国有企业党组织参与企业重大问题决策的实践经验的基础上，由2015年颁布的《中国共产党党组工作条例（试行）》首次明确提出，经过近些年的充分实践已经被证明是一种行之有效的重要制度创新，为完善中国特色现代企业制度背景下坚持和加强党对国有企业的全面领导、提高国有企业党的建设科学化水平提供了重要经验借鉴。

党的十八大以来，"国有企业党组织前置讨论"首次出现在2015年颁布的《中国共产党党组工作条例（试行）》中，即"涉及国家宏观调控、国家发展战略、国家安全等重大经营管理事项应当经党组研究讨论后由董事会或者经理层作出决定"②，标志着党组织由过去的"建议权"转变为"部分决策权"③。但是，与企业"三重一大"事项相比，该

① 强舸：《"国有企业党委（党组）发挥领导作用"如何改变国有企业公司治理结构？——从"个人嵌入"到"组织嵌入"》，《经济社会体制比较》2019年第6期。

② 《中国共产党党组工作条例（试行）》，人民出版社2015年版，第10页。

③ 1997年1月，《关于进一步加强和改进国有企业党的建设工作的通知》对国有企业党组织参与决策的重大问题进行明确规定。2010年7月，中央办公厅和国务院办公厅印发《关于进一步推进国有企业贯彻落实"三重一大"决策制度的意见》规定，"国有企业研究'三重一大'事项时，应事先与党委（党组）沟通，听取党委（党组）的意见"，即国有企业党组织拥有建议权。

条例所规定的"党组织前置讨论"的适用主体仅仅是党组，适用范围仅仅涵盖涉及国家宏观调控、国家发展战略、国家安全等重大经营管理事项。2016 年 10 月，习近平总书记对"完善'三重一大'决策监督机制"提出新要求①。此后，《关于印发〈贯彻落实全国国有企业党的建设工作会议精神重点任务〉的通知》对"讨论前置"作了顶层设计和制度安排，强调"健全党组织议事决策机制，厘清党委（党组）和其他治理主体的权责边界，完善'三重一大'决策的内容、规则和程序，落实党组织研究讨论是董事会、经理层决策重大问题前置程序的要求"②。研究发现，该通知将"讨论前置"的适用主体由党组扩展为党委（党组），适用范围由国家宏观调控、国家发展战略、国家安全等事项扩展为"三重一大"重要事项，为新时代国有企业将党组织"讨论前置"写入公司章程、嵌入公司内部治理结构中指明了重要发展方向。以重庆市国有企业为例，该市明确了党组织直接决策的六项内容和参与决策十一项内容，确保中央和市委部署在企业落实落地③。2020 年，中共中央专门印发条例，对国有企业"讨论前置"进行规范。2021 年，中共中央对央企"规范党委（党组）前置研究讨论重大经营管理事项的要求和程序"作出制度性安排④。

　　"党组织前置讨论"作为国有企业"三重一大"事项的决策机制创新，具有极其丰富的科学内涵。新时代我们要从以下几个方面加强认识

---

① 姜洁、兰红光：《习近平在全国国有企业党的建设工作会议上强调　坚持党对国有企业的领导不动摇　开创国有企业党的建设新局面》，《人民日报》2016 年 10 月 12 日。

② 强舸、成小红：《国有企业党委（党组）与董事会的决策分工与运作机制——以"讨论前置"为考察核心》，《理论视野》2019 年第 11 期。

③ 崔佳：《强根固魂　深化改革　重庆：国企党建与公司治理双加强（两优一先·国企党建）》，《人民日报》2016 年 11 月 14 日。

④ 《中办印发〈关于中央企业在完善公司治理中加强党的领导的意见〉》，《人民日报》2021 年 5 月 31 日。

和把握：首先，"党组织前置讨论"要重点关注"三重一大"的决策事项的"四个是否"原则①。其次，企业党组织在"三重一大"事项决策中只有部分决策权，而这种决策权主要是政治方面的"否决权"，即"什么不能干"，并不能决定"干不干或怎么干"，后者主要是经理层的权力。企业党委（党组）不直接领导经理层，但进入经理层的党组成员应当以管理层身份，从国有企业经济效益和社会效益角度，对决策事项进行讨论表决。"厘清党委（党组）和董事会、监事会、经理层等其他治理主体的权责，防止把党委（党组）会议当成'筐'，大事小事都往里装。党组织既要把好方向又不包办代替，既不能缺位失位也不能越位错位。"②第三，加强对不同类型、不同层级的国有企业决策事项前置讨论的具体研究，分别制定适合本地区国有企业前置讨论的事项清单，明确党组织和公司其他治理主体之间的权责边界形成各司其职、各负其责、协调运转、有效制衡的公司治理机制。在新时代的背景下，要不断健全完善党组织前置讨论决策机制，深刻认识和把握党委（党组）在"三重一大"事项决策中的政治把关作用，厘清党委（党组）、董事会和经理层在事项决策中发挥作用的方式，实现党组织与各治理主体之间的全方位融合和无缝衔接，从而以国有企业党的建设科学化水平的提升，推动国有企业高质量发展。

---

① "四个是否"原则即：是否符合党的路线方针政策，是否契合党和国家的战略部署，是否有利于提高企业效益、增强企业竞争实力、实现国有资产保值增值，是否有利于维护社会公众利益和职工群众合法权益。

② 姜洁：《以高质量党建推动国有企业高质量发展——中央组织部负责人就颁布〈中国共产党国有企业基层组织工作条例（试行）〉答记者问》，《人民日报》2020年1月7日。

第四节 百年变局视阈下国有企业党组织 治理的现代化新契机

中国特色现代企业制度是党的十八大以来以习近平同志为核心的党中央提出的新思想、新理念、新战略的重要内容，是习近平新时代中国特色社会主义思想的重要组成部分。习近平总书记强调，"坚持党对国有企业的领导是重大政治原则，必须一以贯之；建立现代企业制度是国有企业改革的方向，也必须一以贯之。中国特色现代国有企业制度，'特'就特在把党的领导融入公司治理各环节，把企业党组织内嵌到公司治理结构之中"①。这是社会主义国家国有企业发展壮大的一项独有的制度特色，为新时代背景下加强国有企业党的建设、提升国有企业党组织治理水平提供了根本遵循和重要发展方向。

一方面，我国面临世界百年未有之大变局。2020 年既是全面建成小康社会、实现第一个百年奋斗目标决胜之年，也是中央企业党建巩固深化年。国有企业改革发展的双重任务与使命的新形势，对加强国有企业党的建设、充分发挥国有企业党组织治理功能提出了新要求。中央和地方各国有企业要充分发挥好坚持党的领导、加强党的建设的特色优势，切实提升企业党组织治理水平，实现以高质量党建加快推动企业高质量发展，从而为常态化推进疫情防控、全面建成小康社会、实现第一个百年奋斗目标提供重要保障。实际上，国有企业坚持党的领导、加强党的建设的关键在于正确有效协调和处理好企业党组织与公司治理的全方位融合。但是在实践中，"有的国有企业在落实党委会前置程序的实践中，没有正确把握好党委会与董事会权责之间的关系，不时有越俎代庖的情况发生，从而

---

① 《习近平谈治国理政》第二卷，外文出版社 2017 年版，第 176 页。

造成董事会在企业治理中地位和作用的边缘化；有的国有企业党委会关于选人用人的重要决策，由于科学性不足，造成落实的困难，不仅影响了企业发展，也削弱了党委会的权威"[1]。显而易见，如何更加清晰界定以企业党组织为主体的各决策环节的权责和工作方式，如何协调企业党组织与董事会、经理层、监事会之间的关系，尤其是董事会被边缘化的问题，是在健全和完善中国特色现代国有企业制度进程中，深入推进国有企业党的建设、提升国有企业党组织治理水平的核心问题和关键环节。

2020 年 6 月，习近平总书记强调，"要坚持和加强党对国有企业的全面领导"[2]，并通过《国企改革三年行动方案（2020—2022 年）》，以 2020 年为深化国有企业改革行动的元年，以三年改革为先导，开启全面建设社会主义现代化国家的新征程。这为加强国有企业党的建设、发挥国有企业党组织治理功能提供了新的契机。2020 年 9 月 29 日，国务院国资委对中央企业改革三年行动工作进行动员部署，要求在形成更加成熟更加定型的中国特色现代企业制度等方面取得明显成效，并提出"要突出抓好中国特色现代企业制度建设，明确中央企业党委（党组）、董事会、经理层之间的权责和工作方式。要突出抓好党的领导和党的建设，充分发挥国有企业的政治优势，推进党建工作与生产经营深度融合，把提高企业效益、增强企业竞争力、实现国有资产保值增值作为企业党组织工作的出发点和落脚点。"2020 年 10 月，党的十九届五中全会提出，"深化国资国企改革，做强做优做大国有资本和国有企业……加快完善中国特色现代企业制度"[3]，对于未来五年国有企业坚持党的领导、深化国有企业党组织治理功能作出

---

① 黄群慧、崔建民：《国有企业党建发展报告（2021）》，社会科学文献出版社 2022 年版，第 33 页。

② 《习近平主持召开中央全面深化改革委员会第十四次会议强调 依靠改革应对变局开拓新局 扭住关键鼓励探索突出实效》，《人民日报》2020 年 7 月 1 日。

③ 《〈中共中央关于制定国民经济和社会发展第十四个五年规划和二〇三五年远景目标的建议〉辅导读本》，人民出版社 2020 年版，第 33 页。

总体规划、提出了新目标和新要求。

另一方面，2021 年不仅是中国共产党成立 100 周年，是全国国有企业党的建设工作会议召开 5 周年，而且也是"十四五"规划开局之年。在这个背景下，国资委党委召开 2020 年度中央企业党委（党组）书记党建工作述职会议强调，"要在推动党建工作向基层拓展上下功夫，严密组织体系，指导企业结合改革发展、生产经营、组织管理规范党组织设置，持续提升规范化水平"①，并对"持续推动党建工作与生产经营深度融合"提出新要求，为进一步压实压紧企业党委（党组）管党治党政治责任、做强做优做大国有资本和国有企业提供重要保证。2021 年 11 月，党的十九届六中全会强调，"党领导人民成功走出中国式现代化道路，创造了人类文明新形态"，"以中国式现代化推进中华民族伟大复兴"。② 国有企业必须在推进和拓展中国式现代化新道路上勇于作为、敢于作为，着力发挥好战略支撑和"压舱石"作用，以中国式国有企业治理的现代化推动中华民族伟大复兴。

2022 年 10 月，习近平总书记在党的二十大报告中指出，"推进国有企业、金融企业在完善公司治理中加强党的领导"③，并将"中国式现代化"作为新时代新征程中国共产党的使命任务。这对国有企业加强党的领导提出了新要求，也为新时代国有企业发挥战略支撑和"压舱石"作用指明了重要发展方向、提供了新契机。2023 年 3 月 21 日，国务院国有资产监督管理委员会党委书记、主任张玉卓在第二届国有经济研究峰会上强调，

---

① 语谦编：《国资委党委召开中央企业党委（党组）书记党建工作述职会议》，2021 年 2 月 20 日，见 http://www.sasac.gov.cn/n2588020/n2588057/n2592506/n2592514/c17172445/content.html。

② 《〈中共中央关于党的百年奋斗重大成就和历史经验的决议〉辅导读本》，人民出版社 2021 年版，第 73、36 页。

③ 习近平：《高举中国特色社会主义伟大旗帜　为全面建设社会主义现代化国家而团结奋斗——在中国共产党第二十次全国代表大会上的报告》，人民出版社 2022 年版，第 68 页。

"经济现代化是中国式现代化的重要物质基础，现代化的国家离不开现代化的企业"，并对"着力打造适应中国式现代化要求的现代新国企""推动中国式现代化的成果惠及全体人民"提出了新要求。① 国有企业要在推进中国式现代化中扛起新的使命和责任，就必须不断深化国有企业党组织的领导作用，实现党的领导与中国特色现代企业制度深度融合，而这一领导作用的有效发挥，必须与服务企业生产经营、推动企业高质量发展的根本目标相协调，努力做到既不缺位也不越位。必须坚持市场化、规范化、数字化、国际化的改革方向，着力推进国有企业实现数字化转型、战略性重组和专业化整合，不断在完善公司治理中加强党的领导，健全新型生产经营责任制，致力于打造高质量发展且具有全球竞争力的世界一流企业。

---

① 俞昭君编：《着力打造适应中国式现代化要求的现代新国企——第二届国有经济研究峰会观察》，2023 年 3 月 23 日，见 http://www.sasac.gov.cn/n2588025/n2588139/c27515382/content.html。

第 四 章

国有企业党组织治理功能
发挥典型案例：多维实践调研考察

前文对国有企业党组织建设与治理的历史经验的系统梳理，展示出国有企业党的建设发展波澜壮阔的历史画卷。进入新时代以来，国有企业以习近平新时代中国特色社会主义思想为指引，不断强化党的领导融入公司治理的机制制度建设，形成了一批具有较高应用价值的实践成果，本书选取了四家具有代表性的国有企业党建的优秀案例，分别是中国东方电气集团有限公司（中央企业）、中国航油天府分公司（央企下属分公司）、华西集团（地方国有企业）、成都银行（国有银行），对其各自的党建发展历程、党组织融入公司治理的做法成效以及未来发展方向加以提炼、概括和升华，以形成带有普遍指导意义的实践成果供学习借鉴和推广应用。

第一节　中国东方电气集团：筑牢"三大
根基"，争创世界一流

一、中国东方电气集团有限公司简介及其党建发展历程

（一）中国东方电气集团基本情况介绍

中国东方电气集团有限公司（以下简称"东方电气集团"，股票代码

为 600875）创立于 1958 年，是国务院国资委批准改制设立的国有独资企业。东方电气集团地处成都平原腹地，是中国重型装备行业的领军企业，是中西部最大、国内最著名的发电设备研制基地，是国务院直管的 53 户国有重要骨干企业之一。截至 2022 年 9 月，东方电气集团位列"中国企业 500 强"第 442 位、"中国大企业创新 100 强"第 63 位。东方电气集团以大型发电设备、电站工程承包、电站服务以及电控设备、环保设备节能设备为主要产业，并且实现了多领域研究项目产业化或提升了传统产业的智能化、自动化水平。与此同时，东方电气集团大力发展国外市场，出口领域涉及火力发电工程、水力发电工程、风光储示范工程、环保工程等，出口市场涉及东南亚、西亚、中东、南美、东欧等二十多个国家和地区。随着"绿色发展"战略的提出，东方电气集团以"绿色动力、驱动未来"为己任，坚持科技自立自强，完整、准确、全面贯彻新发展理念，瞄准碳达峰、碳中和目标，加快推进"绿色智造"转型，形成了"六电并举、六业协同"①的产业格局。东方电气集团作为国家首批创新型企业、国家技术创新示范企业，建立了面向市场的企业产品研发多级创新体系，助推企业可持续稳定发展，助力国家建设"创新型国家""制造强国"和"数字中国"。

东方电气集团组织架构主要可以分为两个部分。一方面，东方电气集团下设国际业务部、组织人事部、战略投资部等多个与企业业务发展有关的部门，各部门各司其职、有效配合，提高了公司的组织效率。另一方面，东方电气集团成立了党组办公室、党风廉政建设办公室等党建部门，保证党的路线方针政策在企业层面的贯彻落实。国有企业中的社会主义事业领导核心的作用主要体现在党委会与董事会、监事会以及经理层之间的

---

① "六电"：风电、太阳能、水电、核电、燃机、煤电；"六业"：高端石化装备产业、节能环保产业、工程与国际贸易产业、现代制造服务业、电力电子与控制产业、新兴产业。

关系上①。东方电气集团通过"双向进入，交叉任职"的方式在提高企业经济效益的同时，确保了党组织的权威。东方电气集团组织架构具体如图4-1所示。

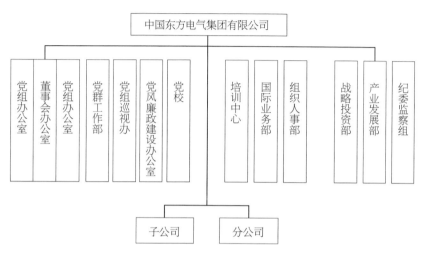

图4-1　东方电气集团组织架构图

（二）中国东方电气集团党建发展历程

东方电气集团党组成立于1984年，截至2022年底，集团共有基层党委20个，党总支43个、党支部317个，全集团共有党员7473人。自从2006年起，东方电气集团连续16年9次召开党支部建设工作经验交流大会，发布了《"1+N"基层党支部共建提升活动方案》，评选出一批示范党支部。2008年汶川大地震发生后，在党和国家的领导下，东方电气集团作为国有企业勇担责任，积极参与灾后重建工作。2021年，在党中央的号召下，东方电气集团开展现场讲授专题党课活动。2022年，东方电

---

① 王元芳、马连福：《国有企业党组织能降低代理成本吗？——基于"内部人控制"的视角》，《管理评论》2014年第10期。

气集团举行党建品牌发布会，启动"东方心"党建品牌。截至 2022 年底，东方电气集团共有 12 个二级党委（含总部直属党委）、4 个三级企业党委、4 个内设机构党委，39 个党总支，267 个党支部。东方电气集团在重大工程项目现场、海外一线成立了 8 个临时党支部，集团公司 16 家独立企业法人党支部（党总支）党员领导班子成员全部进入支委会，全集团 1271 个班组实现党员全覆盖，做到"应建尽建""应换尽换"。东方电气集团不断夯实党建工作基础，其基层党组织多次获评"中央企业基层示范党支部""全国先进基层党组织"称号。

东方电气集团公司一直以来始终坚持党的领导，对党建工作的开展不敢松懈，坚决扛起管党治党政治责任，扎实推进思想建设、组织建设，从严抓好党风廉政建设和反腐败工作，管党治党取得明显成效。东方电气集团党组始终坚持高标准谋划、高质量推进，构建科学化党建工作体系，实施党建三年攀高计划，深化推进落实，狠抓党支部标准化规范化建设，促进党建与业务工作深度融合，充分发挥"把方向、管大局、促落实"的领导作用，把制度优势持续转化为治理效能，夯实党的基层组织建设，持续锻造攻坚克难的战斗堡垒。坚持以效果为导向，聚焦问题，筑牢根基，推动党建工作向更深层次、更高水平迈进，筑牢政治、思想、制度、组织、人才和廉政根基，显著提升国有企业经济竞争力、控制力和创新力。

二、筑牢党建"三大根基"，增强东方电气核心竞争力

（一）筑牢党建思想根基，增强集团影响力

一是从严做实政治建设，把好企业发展方向。党的十九大报告强调，"坚持全面从严治党。勇于自我革命，从严管党治党，是我们党最鲜明的品格。必须以党章为根本遵循，把党的政治建设摆在首位，思想建党和制

度治党同向发力"①。东方电气集团党组织始终旗帜鲜明讲政治，持续提升强化集团政治建设的思想认识。一方面，东方电气集团持续健全强化政治建设的工作机制。东方电气集团坚持把党的政治建设摆在首位，时刻对标上级指示要求，认真落实党中央决策部署，牢固树立"四个意识"，坚定"四个自信"，形成思想、政治与行动同党中央的高度一致性。与此同时，东方电气集团党委和各子公司党支部积极建立完善"第一议题"制度，规范向党中央请示报告工作机制，构建传达学习有载体、研究部署明目标、贯彻落实靠措施、督查考核出成果的"四有"工作机制，建立以日常台账管理为主线，以重点事项专项检查和年度"回头看"为抓手的全闭环督查制度，保证习近平总书记重要指示批示精神以及党中央重大决策部署得到及时落地、有效落实。另一方面，东方电气集团不断提高加强政治建设行动意识。东方电气集团坚决贯彻全面从严治党的主体责任，通过制定实施办法及主体责任清单、完善落实机制等措施，保证了全面从严治党落在实处。坚决落实习近平总书记"四个融入"，完成中央首轮巡视整改工作，全力以赴配合中央十九届第三轮巡视，如期完成整改任务。持续推进"五位一体"扶贫攻坚和"百千万亿"扶贫工程，先后选派 28 位扶贫干部、累计投入 12633 万元资金，帮助定点扶贫地区脱贫摘帽。在新冠疫情这场重大考验中听党指挥，闻令而动，稳生产经营一切之时，积极承担国资央企责任，采用优先向困难供应商支付货款，运用原材料储备助力供应商返工投产，免除中小企业和个体商户房租，同时提高应届生录用人数，为"六稳""六保"全局服务。

二是从严做实思想建设，激活员工内生动力。首先，从严抓好学习制度建设。东方电气集团党组坚持以习近平新时代中国特色社会主义思想为

---

① 习近平：《决胜全面建成小康社会　夺取新时代中国特色社会主义伟大胜利——在中国共产党第十九次全国代表大会上的报告》，人民出版社 2017 年版，第 26 页。

学习主线，构建集团党组、企业党委、基层党支部三级联动组织，覆盖领导人员、党支部书记、党务工作者、党员以及职工五个维度学习对象的学习体系，发挥好党委（党组）理论学习中心组学习的引领示范带动作用。各级党务工作部门通过征求意见、调研座谈等多种方式对党支部建设情况加强日常分析研判和督促指导检查，确保将党支部标准化规范化建设成效体现到提升组织力、强化政治功能上，坚持抓两头带中间，不断创新建立集团党组成员直接联系基层党支部的工作机制，党组成员定期参加所联系党支部的组织生活并给予精准指导，"一竿子插到底"，切实把支部牢牢抓在手上，推动全面从严治党向基层延伸，打通基层党建"最后一公里"，使党组履行党建主体责任，既有抓手、也更见成效。其次，从严抓好党内集中性学习教育。推进党史学习教育走深走实，继承伟大建党精神，深入领悟习近平新时代中国特色社会主义思想的历史逻辑、理论逻辑以及实践逻辑，弘扬企业身边的"东汽精神"。最后，从严抓好意识形态工作责任落实落地。东方电气集团党组紧紧掌握意识形态工作领导权话语权和主动权，推崇"同心守正·廉洁致远"的企业廉洁文化理念，开展职工思想政治工作，拓展融媒体宣传阵地，讲好东方电气故事，进一步丰富"同创"文化体系内涵，全体党员干部职工的凝聚力、向心力得到进一步增强。

（二）筑牢党建制度根基，巩固集团控制力

一是扎实推进制度建设，完善企业制度体系。作为国有骨干企业之一，东方电气集团党组始终坚持两个"一以贯之"，把党的领导有机融入到公司治理，推进党建总体要求进入章程，完善机构设置等重大事项，明确了党组织的职责权限，并创新性地制定"一横一纵"两张权责清单，全面实现横向明责，纵向放权，注重党建制度纵向深化，将下属企业"党建进章程"和"双向进入、交叉任职"全面落实，培养专职董事和监事"两支队伍"对企业管理控制模式进行优化，注重对下属企业的指导、监管以及考核。同时，东方电气集团在党建工作制度建设工作中扎实推行，集团公司层面完成共 160 项制度和相关规范性文件制定，12 个二级党委近 400 项制度落实，其内容涉及党的政治建设、思想建设、基层党组织建设、领导班子建设与领导人员队伍建设、党风廉政建设、巡视巡察工作等方面，运行的党建制度体系较系统完整。

二是贯彻落实制度体系，提升企业治理效能。东方电气集团通过日常监督、专项监督、基层制度的管理和落实情况列入党建年度考核监督、持续深化整改"回头看"等方式持续深化监督检查。探索建立具有人财物重大事项决策权的非独立法人单位党支部（党总支）对重大事项集体研究把关的体制机制，明确了"议事规则 + 决策清单"、制定专项制度两种对企业重大事项集体研究把关模式，推动制度优势更好地转化为治理效能，切实将党的领导融入公司治理。与此同时，集团各二级企业党委通过建立健全制度体系，进一步明确厂务公开民主管理具体的工作规范、操作流程和考评办法等标准，建立了"三会一公开"的民主管理机制和"目标明确、制度健全、责任落实、措施有力、监督到位"的厂务公开民主管理长效工作机制。通过党内培训，党建工作例会，专题会议，专项解读，视频展示等多形式开展制度宣传工作。

（三）筑牢党建组织根基，提升集团创新力

一是健全人才选用机制，筑牢企业发展根基。一方面，东方电气集团党组织以试点先行为改革积累经验，2019 年，在 2 户三级企业试点经理层任期制和契约化管理，为全集团推广积累经验。以完善制度体系为扎实推进提供制度遵循，2020 年，统筹构建了"3+N"（1 个行动方案 +1 个任务清单 +1 个考评体系 +N 个配套制度）改革制度框架，制定了以"三个突出"（突出以指标定任务、突出全流程管理、突出以"三比较"定"三挂钩"）为特色的改革考核评价机制，为全级次企业全面推开打下坚实基础。东方电气集团党组织积极推行"摘标制"①，继续深化干部制度改革，率先实现中央企业二级企业经理层任期制、契约化管理全覆盖；不断优化领导班子结构，建立健全"两年一调研、一年一补充"的优秀年轻干部滚动发现机制；加大领导人员队伍培训锻炼力度，派出40多名中层领导人员参加集团公司总部和所属企业双向挂职锻炼活动，为干部健康成长提供帮助。另一方面，东方电气集团通过优化人才引领发展的工作机制，贯彻落实中央人才工作会议精神，组建人才工作领导小组，构建"一把手"抓好"第一资源"的机制等，深入推进"人才强企"，形成涵盖三支人才队伍建设制度框架的顶层设计体系；做好核心人才培养和选拔工作，构建以领军人才、杰出人才和青年骨干人才为主的三层次专家人才培养，选聘和管理制度体系；不断强化技能人才队伍建设，成立技能大师工作室，举办多层次职业技能大赛和岗位练兵比武。

二是落实党风廉政建设，涵养员工廉洁理念。加强国有企业党风廉政建设，实现制度优势向治理效能的转变，是新时代党的建设题中应有之义。东方电气集团党组深入推进全面从严治党。协调推动各类监督贯通融合发展，倡导建立业务监督、职能监督和执纪监督"三道防线"制度，督促各部门贯彻落实"防、控、查"的要求，压紧压实责任；推进各项监督的贯通协调，建立集团和企业层面纪检监察机构对中央巡视整改工作的监督协同机制，加强内外部协同联动，不断健全"大监督"工作机制；加大政治监督力度，围绕服务国家战略重大项目，实施乡村振兴战略，深化改革和深化中央巡视整改重点工作加强监督检查，促进党中央决策部署的贯彻落实落地；加强"一把手"及领导班子的督查督办，对"一把手"及

---

① 以"发标"方式公布任期业绩和薪酬目标，经理层"摘标"签订确认书；不"摘标"的，将另行组建新的经理层，明确退出标准和流程，实现平者让、庸者下、劣者汰。

领导班子成员进行"画像"考核，用"一幅画像"准确扫描，立体展示一个单位的"关键少数"面貌，积极探索解决"一把手"及本级督查督办问题。与此同时，东方电气集团还力推"三不"机制。加强"不敢腐"威慑，不断加大采购营销和市场等高风险领域违规违纪违法案件查处；扎好"不能腐"笼子，以四个专项整治为基础，多举措推进落实，综合运用各项监督检查督促，继往开来推进供应链反腐提升；筑牢"不想腐"防线，召开警示教育大会、撰写《违法犯罪典型案例警示录》、出台集团"同心守正·廉洁致远"廉洁理念，大力营造崇廉尚廉良好氛围；深化中央巡视整改工作，制定东方电气集团党组巡视工作五年规划、年度计划，规范组建巡视"组长库""人才库"，构建上下联动的巡视巡察监督格局，整体提升巡视巡察质量。

三是深度融合党建与业务，推动企业创新发展。东方电气集团党组坚持把学习抓在经常融入业务中，对标对表党的十九大报告关于培育具有全球竞争力的世界一流企业的要求，坚决贯彻落实加强党的领导、制造强国战略和国有企业改革发展等系列重大决策部署。对"十三五"和"2019—2021三年滚动规划"进行了优化提升，进一步强化主责主业意识。坚持创新驱动，突出风电产业振兴、现代制造服务业做大、国际业务做强，加快新兴成长产业发展，明确新形势下的发展目标举措，将相关任务分解到党组成员并层层分解落实，进一步压实践行国家战略、推动企业高质量发展的责任。坚决落实把关键核心技术牢牢掌握在自己手中的要求，积极践行铸就大国重器的使命担当，持续开展科技创新。坚持实施重大科研项目考核奖励，加大分配资源向科技创新主体倾斜力度。召开科技创新大会，对技术创新杰出个人、先进集体评选、创新成果实施表彰，其中技术创新杰出个人、先进基层集体奖励额较上期均实现翻倍。筑牢"不想腐"防线，大力营造崇廉尚廉良好氛围，召开警示教育大会、出台集团"同心守正·廉洁致远"廉洁理念；深化中央巡视整改工作，制定东方电气集团党组巡视工作短期年度计划和长期五年规划，组建巡视"组长库""人才库"，构建成上下联动的巡视巡察监督格局，整体提升巡视巡察质量。

三、党组织嵌入东方电气集团的工作成效

（一）经济竞争力飙升，助力集团迈入新阶段

东方电气在推动国有经济布局优化和产业结构调整、市场化改革等方面取得显著成效，经济竞争力显著提升，主要体现在以下三方面。

一是经济指标持续攀升。自2017年以来，东方电气集团实现利润总额、净利润、新中标合同和全员劳动生产率等指标逐年上升，2021年各项主要经济指标均实现两位数增长，其中营业收入同比增长28.26%，主要是风电板块收入同比增长69.77%；净利润较上年同期增长22.93%；归属于上市公司股东净利为人民币22.89亿元，较同期增长22.93%。2022年，东方电气集团年度经营指标站上历史新高度，市场业绩达到近十年最好水平，高质量发展迈上新台阶，较好地实现了"十四五"规划第一阶段目标。东方电气集团全年营业收入同比增长高于13%，利润总额同比增长高于14%，净利润同比实现12%的增幅，全员劳动生产率同比增长超过10%。

二是产业结构转型升级。东方电气集团党组织顺应发展形势变化，持续优化产业布局，着力打造"事业部＋企业"产业化经营体系，2017年至2022年，集团公司产业结构实现了从"一火独大"转型升级为"水、火、核、风、光、气"的"六电并举"新格局。火电营业收入占比从"十二五"末的45.6%下降到"十三五"末的21.8%；风电产业脱困振兴，行业排名跻身世界前10位和全国前5位；现代服务制造业长足发展，国际业务板块在规模稳中向好，盈利水平维持高位；新材料、节能环保等新兴产业均实现规模"翻番"；能源转型取得不俗成效，新产品和在役机组

提质增效、深度调峰、节能减碳技术研发应用加快，且以氢燃料电池为核心的关键核心技术装备研发不断攻坚。

三是市场化改革全面深化。在推动国有企业深化改革的进程中，坚决坚持党对国有企业的领导，切实增强党组织的创造力与凝聚力，为企业深化改革和健康发展提供强大动力和组织保障。东方电气坚持推进市场化改革，全面建立市场化经营机制，始终坚持"两个一以贯之"，不断完善公司治理体系，加快构建科学高效管控体系，推动资产证券化率超过95％，实现集团整体上市，持续深化三项制度改革，推动混合所有制改革实现"破冰"，推动社会职能移交"清零销账"，全面完成历史遗留问题处理、企业经理层任期制契约化管理等部分改革任务，走在了央企前列。"十四五"以来，东方电气董监事队伍建设得到不断加强，应建尽建完成率达到90％以上。经理层任期制和契约化管理全面覆盖，普遍推行中层管理人员竞聘上岗，进一步激发企业活力。众和海淡、东方环境按标准完成剥离，提前一年率先完成"两非"专项剥离任务。

（二）自主创新力不断提升，内生动力增强促发展

习近平总书记指出，"矢志不移自主创新，坚定创新信心，着力增强自主创新能力"[①]。企业创新战略实施的关键，是寻求新的竞争优势、增强创新能力。国有企业作为我国经济发展的中坚力量，承担着推进我国经济迈向高质量发展的重大任务与职责。"十三五"以来，东方电气集团坚定不移地走自主创新之路，不断加大研发投入力度，年均研发投入强度达到5.13％，最高达到5.86％，同比央企平均水平超过3.2个百分点以上，为重大科技攻关提供了充足的资金保障，有效支撑了创新发展。

一是高质量数字化转型工程推进。为深入贯彻落实国家制造强国、

---

① 习近平：《努力成为世界主要科学中心和创新高地》，《求是》2021年第6期。

网络强国、数字中国战略，东方电气印发《智能制造转型三年行动方案（2020—2022年）》，切实推进制造数字化转型，开展了装备产品赋智、制造过程赋能、服务模式创新、数据平台聚力、新兴技术增值和基础能力提升六大行动，超额实现预定目标。目前已打造了东方风电第一个制造数字化应用示范场景——风电主机数字化车间，也是国内首个大型清洁高效发电装备智能制造数字化车间，生产效率增幅达到48.2%，运营成本降低31.9%，研制周期缩短30.7%，产品不良品率降低20%，能源利用率提高57.3%，自主研发行业首个智慧电厂一体化系统解决方案，智能化关键技术正重塑能源装备制造业形态。

二是新能源材料领域蓬勃发展。东方电气集团不断增强科技自立自强能力，技术创新持续突破，品牌影响力持续增强，在多个新能源材料领域的创新发展中取得突破性进展。在风能材料领域，实现国产风电环氧树脂成功替代进口，产品累计销量超过20万吨，挂机叶片超过2.5万套，进口占比大幅降低；自主研制的风电叶片以卓越的产品性能成功实现了国产化替代，打破叶片关键材料大部分依赖进口的状态。在光伏材料领域，太阳能组件先后通过权威测试和可靠性评价，已具备替代国外进口的性能指标，进入批量销售阶段。在高纯材料领域，研制的高（超）纯材料品种成为国内最齐全、产品纯度最高的品种。

三是技术影响力进一步提升。2022年，东方电气新增有效专利532件（其中发明专利183件），截至2022年年底拥有有效专利3336件（其中发明专利1282件）。有效专利数量较"十三五"末增长1.41倍，发明专利总量为"十三五"末的2.44倍，主持制定、修订国家、行业标准113项，参与制订国际标准4项，技术影响力进一步提升。"十三五"以来，东方电气集团获得国家科技进步特等奖1项、一等奖1项、二等奖2项，省部级各类奖励110项，形成了我国装备制造业一流的综合技术开发能力，让科技创新从"跟跑、并跑"为主，向"创新、领跑"加速转变。

（三）影响力持续扩大，企业形象深入人心

中国特色社会主义社会基本经济制度的巩固和发展，要求国有经济不断增强活力、控制力、影响力，有效发挥主导作用。作为全球最大的能源装备制造企业集团之一，东方电气在响应国家重大战略、挺起中国制造业脊梁、提升国际国内市场话语权上，影响力的提升至关重要。

一是理论研究取得实效。研究课题《传承红色基因　弘扬"东汽精神"做中国装备制造业排头兵的探索与研究》获中央企业党建思想政治工作研究会 2021 年度优秀课题研究成果一等奖，优秀研究成果转化应用、理论阐释传播扩大再进一步，为高质量发展提供坚强思想保证。截至 2022 年 5 月，"东汽精神"文化长廊已累计接待社会各界参观来访人员近四万人，"东电印迹"工业历史文化园"高技能人才培训基地"已初具雏形，先后开展包括"'追梦中华·侨瞩同城化'2021 海外华文媒体"在内的 5 次大型参观活动，接待企业职工及内外部人员 9000 余人次，产生了良好的社会影响力。

二是国内外品牌影响力不断提升。2022 年，东方电气六上央视《新闻联播》，多项"大国重器"创新成果被主流媒体报道，并再次获评"中国年度最具社会责任雇主"，企业文化凝聚力和品牌影响力不断提升。凭借出口巴西杰瑞水电站 22 台世界迄今单机容量最大的 75 兆瓦灯泡贯流式水电机组项目，被业主授予唯一的"优质供货商"，电站以 99.16％的利用率排名全国第一。乌兹别克斯坦电视台 24 套、《人民言论报》等主流媒体纷纷在头条头版报道电站竣工仪式，反响积极。巴布亚新几内亚总理马拉佩亲临瓦伦哥水电站项目现场，高度认可"东方"精品工程为当地经济发展所做出的贡献。

三是社会责任切实履行。积极承担社会责任是国有企业深化改革的题中之义。中国式现代化新阶段下，企业应给予各类公益，慈善组织以

及所在地区社会治理与公共事务更多关注，更积极主动地承担社会责任，为公共行政部门在塑造其品牌形象、传播其价值观的过程中分担压力，这是商业价值与社会价值相协同的完美实现。东方电气贯彻落实国有企业改革方案，切实履行央企社会责任，全力以赴打赢脱贫攻坚收官战，全年直接投入帮扶资金2700余万元，购买贫困地区农产品1900余万元，聚焦精准、聚力攻坚，扎实推进各项帮扶工作，助力定点帮扶的四川省壤塘县、昭觉县相继于2020年2月、11月退出贫困县序列，全面完成定点帮扶贫困县的高质量脱贫摘帽。《老挝人民军队日报》曾整版报道东方电气集团南芒河项目公司组织的医疗援助活动；新华社、国资委与孔子学院联合出版的《"一带一路"100个全球故事》收录了东方电气集团在老挝和越南社会履责的故事；在越南、巴基斯坦、印尼、波黑、老挝、厄瓜多尔等工程现场，东方电气集团雇佣和培训了数千名当地管理、技术及劳务人员，既促进了当地就业，又降低了项目成本，推动了项目顺利执行。

四、党组织嵌入指明东方电气治理未来发展方向

东方电气集团党组深入学习贯彻习近平总书记重要讲话精神，充分发挥自身把方向、管大局、保落实的领导作用，坚持高标准谋划、高质量推进，构建科学化党建工作体系，实施党建三年攀高计划，按照"一年夯基而上、两年跨越而行、三年登高而招"的思路，深化推进落实，狠抓党支部标准化规范化建设，狠抓党建与生产经营融合，下一步工作中要坚持用党的创新理论凝心铸魂，把制度优势持续转化为治理效能；继续夯实党的基层组织建设，持续锻造攻坚克难的战斗堡垒。牢固树立大抓基层的鲜明导向，把重心放在基层、功夫下到基层、资源用到基层，通过夯基垒台助力攀上高质量党建新"高峰"。

（一）坚持用党的创新理论凝心铸魂

党的二十大报告把"团结奋斗"写进大会的主题。团结奋斗是"东汽精神"的应有之义，更是东方电气人宝贵的精神品质。东方电气集团要在"十四五"后三年集团公司发展提质、加速、转型的重要战略机遇期跳起摸高，各级党组织和全体党员干部职工务必要发扬斗争精神，与腐败消极作斗争，与前进困难作斗争，与重大风险作斗争，敢想敢干敢闯敢拼，拿出钢铁般的志气骨气底气踔厉奋发、勇毅前行。充分发挥好党员先锋模范作用和党组织战斗堡垒作用，带领全体职工团结成一块"坚定、坚诚、坚实、坚韧、坚劲"的钢铁。坚决拥护"两个确立"，坚定做到"两个维护"，深入学习落实习近平新时代中国特色社会主义思想，不断将全面从严治党推向纵深，沿着中国式现代化的前进方向，奋力开创集团公司高质量发展新局面，带领广大职工同心同力同行，在新征程中共同谱写发展新篇章。

（二）加强党的全面领导，把制度优势持续转化为治理效能

坚持加强党的领导，坚决落实"两个一以贯之"要求，切实将党的领导融入公司治理。突出党组管大事、议大事、抓重点，修订完善《"三重一大"及重要事项决策管理办法》《党组议事规则》《董事会议事规则》《总经理工作规则》等制度，厘清党组会、董事会、经理层的职责边界，职责边界清晰、授权体系健全、决策流程规范的公司治理体系得到优化。针对企业战略、改革、发展等重大问题，实施党组定期研究机制，着力解决企业在改革发展进程中存在的重大问题，党组"把方向、管大局、保落实"效能进一步增强。严格执行党组（党委）研究前置，集团公司党组会、企业党委会与总经理办公会合并套开问题全部归零，党组（党委）前置程序执行不越位、不缺位。

（三）继续夯实党的基层组织建设，持续锻造攻坚克难的战斗堡垒

抓好基层党组织建设是党建工作的"重头戏"。深刻认识抓基层打基础是巩固党集中统一领导组织基础的必然要求，是推进全面从严治党向基层延伸的有效载体，是推动党建工作高质量发展的重要途径。通过继续夯实基层组织工作标准化规范化，促进基层党建工作水平不断提升。不断细化标准规范，持续完善东方电气集团党支部工作标准化规范化手册和全面推进基层党支部标准化规范化建设工作指引。对基层党支部标准化规范化建设进行分级达标、分类督导，坚持问题导向，抓好整改落实。建立党支部标准化规范化推进机制，促进党支部建设制度化，抓考核评价，建立"定量连乘、定性联动"考核机制，促进党支部建设长效化，有力推动基层党支部在创新中出特色、在实践中出成绩，谱写党建赋能、价值创造的时代新篇。

第二节　中国航油天府分公司：构建"双轨模式"，夯实安全防线

一、中国航油天府分公司简介及其党建发展历程

（一）中国航油天府分公司基本情况介绍

中国航空油料有限责任公司天府机场分公司（以下简称"中国航油天府分公司"）成立于2020年，是世界500强企业、国内最大航油供应商中国航空油料集团有限公司（以下简称"中国航油集团"）旗下四级公司，隶属于中国航空油料有限责任公司西南公司（以下简称"中国航油西南公司"）管辖。主营业务为航空油品采购、运输、储存、检测、销售与加注，

服务于 4F 级国际机场、国际航空枢纽、丝绸之路经济带中等级最高的航空港成都天府国际机场，也是成渝地区双城经济圈建设服务的重要保障单位之一。中国航油天府分公司下辖中转油库、业务油库、航空加油站等 3 个生产单位和综合管理部、企划财务部、安全管理部、党群工作部等 4 个职能部门，1 个运行控制中心；供油设施包括 1 座业务油库、1 座中转油库、1 条铁路专用线、1 条输油管线、1 套机坪加油管网系统，总储油能力 10 万立方米，为天府机场 225 个机位提供航油加注服务。中国航油天府分公司组织结构具体如图 4-2 所示。

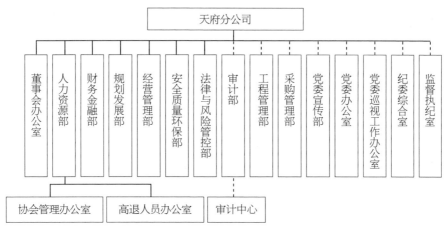

图 4-2 中国航油天府分公司组织架构图

（二）中国航油天府分公司党建发展历程

中国航油天府分公司党委于 2022 年 1 月 13 日成立，现有党员 36 人。中国航油天府分公司党委成立后，于 2022 年 2 月 28 日设立了天府分公司业务油库联合党支部、中转油库联合党支部与航空加油站联合党支部，其中天府业务油库联合党支部 11 人，天府中转油库联合党支部 10 人，天府航空加油站联合党支部 12 人。其中，中国航油天府分公司机关职能部门党员 10 人全部下沉到基层生产一线党支部，以加强机关联系基层常态化、制度化。中国航油天府分公司党组织架构具体如图 4-3 所示。

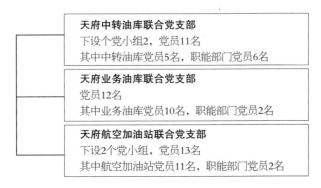

天府中转油库联合党支部
下设个党小组2，党员11名
其中中转油库党员5名，职能部门党员6名

天府业务油库联合党支部
党员12名
其中业务油库党员10名，职能部门党员2名

天府航空加油站联合党支部
下设2个党小组，党员13名
其中航空加油站党员11名，职能部门党员2名

图 4-3 中国航油天府分公司党组织架构图

习近平总书记指出，党的基层组织是确保党的路线方针政策和决策部署贯彻落实的基础，要以提升组织力为重点，突出其政治功能[①]。基层是党的执政之基、力量之源，是推动基层党建引领基层治理的"耦合剂"[②]。在中国航油天府分公司党组织成立初期，一些基层党组织在推进党建工作中出现了党组织的战斗堡垒和党员的先锋模范作用发挥不突出，党员学习教育效果不明显，党组织凝聚力向心力不强等问题，存在着"重业务、轻党建"的思维模式，出现"以会议落实会议、以文件传达文件"的"两张皮"现象，导致基层党组织治理没有形成推动发展的合力。随后，中国航油天府分公司加强学习习近平总书记关于全国国有企业改革发展和党的建设系列讲话，转变思维方式，提高政治站位，以开放的理念和思路，重新对党建工作进行审视定位和职能界定，并深入贯彻落实习近平总书记关于全国国有企业党的建设工作会议上的重要

---

① 习近平:《决胜全面建成小康社会 夺取新时代中国特色社会主义伟大胜利——在中国共产党第十九次全国代表大会上的报告》，人民出版社 2017 年版，第 65 页。

② 陈海燕:《习近平关于基层党组织建设重要论述的理论特征》，《理论视野》2019 年第 4 期。

讲话精神。在中国航油天府分公司党委工作规划与实践思路中，主要以"双轨"推进的系统化党建模式开展党建工作，即纵向来看，在随时间推进而有计划、有步骤地创建党建品牌的过程中，逐步提升基层党组织自身的内在价值；横向来看，通过以点带面、多点开花的联动势头，整体推进基层党建全局。同时，结合自身所处民航行业特点，统筹安全与发展两件大事，将机关党员融入各库站支部，继承和发扬成都天府国际机场建设时期的文化传统，积极落实机关服务基层常态化、制度化，以基层党建治理持续推进和打造"新时代中国航油川军"，筑牢能源安全的坚强保障。

二、基层党建筑牢中国航油天府分公司安全高质量发展

（一）打造一个"天府凌云"党建品牌，确保凝心聚力

中国航油天府分公司党委牢固树立"安全第一、第一安全"的思想，将航油安全提升到事关中国航油做强做优做大，事关交通强国和民航强国建设，事关人民群众生命财产安全，事关党和国家工作大局的高度，坚持"特色、创新、精品"的党建创新思路，推动基层党建走深走实、实现党建与业务深度融合、不断提升基层党组织创造力、凝聚力、战斗力，积极构建"天府凌云"党建品牌。分公司党委以品牌建设模式开展党建工作，主要基于两点初衷。首先，开展党建品牌建设，体现了分公司党委借鉴现代企业管理和企业宣传方式，以品牌化方式集成党建领域特色亮点与优秀成果，促进党建各项措施深入基层、更好地引领中心工作，从而实现推动企业高质量发展核心目标的党建工作思路。在此基础上，基于党建品牌作为一种基层党建新思路的普适性和系统性，以及其在广泛实践中所体现出的可行性与有效性。中国航油天府分公司党委采用党建品牌建设法推动党建工作与安全生产工作的有机结合，提升

各级党组织的引领和带动作用，凝聚积极向上奋进力量，筑牢安全生产防线。

从党建品牌的名称寓意上看，"天府凌云"中的"凌云"二字取自《汉书·扬雄传》中对汉朝时期蜀郡成都辞赋家、思想家扬雄"凌云之志"的记载。古今多用"凌云"表达个人或集体的雄心壮志、远大理想和非凡抱负。毛泽东主席也曾在《水调歌头·重上井冈山》中写道："久有凌云志，重上井冈山"，以表达斗志昂扬的积极态度与不畏艰难险阻的革命精神。在党建品牌的落地过程和具体实践中，"天府凌云"品牌与中国航油天府分公司的自身定位与业务实际相结合，从而在词汇原本内涵的基础上生发出了全新阐释：一是"天府凌云"意味着中国航油作为民航业不可分割的一部分，时刻彰显和发挥"民航强国、航油先行"的担当精神。天府分公司党委意在以此激励天府航油人赓续红色血脉、不畏艰难险阻，志存高远逐梦天府。二是"天府凌云"意味着中国航油天府分公司作为中国航油的一部分，始终传承和践行"攻坚克难　勇攀高峰"航油精神。中国航油天府分公司党委意在以此号召天府航油人积极向上履行初心使命，登高望远锻造天府川军。三是"天府凌云"意味着中国航油天府分公司作为天府机场工程建设完成后的运营组织，充分继承和弘扬天府机场供油工程"守正凝结　担当实创"的建设精神。中国航油天府分公司党委以此鼓舞天府航油人发扬铁军作风、保障工程安全、争做创新标杆、助力银鹰翔翔。

从组织架构出发，"天府凌云"党建品牌在联合党支部与党建专员的设置上充分体现出以员工为本、服务基层的鲜明特色，继承和发扬成都天府国际机场建设时期的优良传统，积极落实机关服务基层常态化、制度化，中国航油天府分公司党委成立后，将机关党员融入各库站党支部，设立了天府分公司业务油库联合党支部、中转油库联合党支部与航空加油站联合党支部。在党和国家"两个一百年"奋斗目标、中国航油集团"两个金色三十年"战略目标的历史交汇期，中国航油天府分公司党委立足新发展阶段、贯彻新发展理念、构建新发展格局、推动高质量发展，重整行装再出发，结合分公司自身特色与发展规划，从"凌云之志、凌云之责、凌云之能、凌云之力"四个方面积极打造"天府凌云"党建品牌，不断发扬"四个永远"的新时代中国航油川军精神，持续迈向"守正、担当、善为、和谐"的奋斗目标。

（二）用好两个"共同体平台"，提高治理效能

一是以政治建设为统领，搭建"意识共同体"平台。中国航油天府分公司坚持把政治建设摆在首位，在政企党建互动中增强引领意识，助力疏通"政企共建"的"最后一公里"。一方面，通过红色资源学习共享、理想信念教育及主题党日等载体互用，多形式、分层次抓好双方党组织的理论学习，打造凝聚党心的思想先锋阵地。中国航油天府分公司通过理论宣讲、微党课、专题专栏等多种形式，推动党的创新理论进机关、进库站、进班组，教育引导广大党员始终绷紧政治纪律和政治规矩这根弦，经常性开展党内政治生活体检，把旗帜鲜明讲政治贯穿生产经营全过程，确保天府分公司高质量发展始终沿着正确方向前进。通过为每一名党员过"政治生日"，进一步让党员坚定理想信念、增强党性修养、严格组织纪律，优化工作作风、发挥模范作用。通过开展"学党史、悟思想、强本领、保安全"硬笔书法活动，在学习传统书法文化的同时，让党史学习教育入脑入心入行见成效，从增强理论武装中汲取提升安全意识、保证安全生产的不竭动力。另一方面，通过联合开展技能培训、练兵比武等活动，强化政府部门和中国航油天府分公司双方基层党支部和党员在生产经营中的战斗堡垒和先锋模范作用，以优秀党员政治思想和安全思想"传帮带"，打通安全生产工作的思想关、责任关和落实关，引领推动安全管理水平和安全生产水平的全面提升。

二是以联动协作为机制，搭建"行为共同体"平台。政府部门和中国航油天府分公司双方坚持把人员互补放在核心，在联动协作中深挖合作潜能。国有企业有着鲜明的政治属性，是政治属性和经济属性相统一的市场主体。国有企业作为国家、社会和市场的构成单元，正是由于其鲜明的政治属性，每一个国有企业都是时刻置于党领导下的政治组织共同体，都肩负着党和国家赋予的政治责任、经济责任和社会责任。一方面，中国航油天府分公司党委派遣青年骨干到简阳市应急局跟班学习，以轮岗人员为桥梁，将最新安全管理要求、政策转化为中国航油天府分公司及时高效贯彻执行的得力措施。另一方面，中国航油天府分公司适时开展航油开放日活动，与简阳市应急局及相关安全管理先进单位开展经验交流，加深双方信息掌握度，为企业持续对标达标强基固本。在此基础上，中国航油天府分公司还积极拓展与东部新区应急局、天府机场应急办的党建引领安全生产共建工作，搭建国家标准、地方政策与企业之间交流的桥梁，提高基层安全治理效能。

作为天府国际机场航油保障企业，中国航油天府分公司坚决贯彻落实习近平总书记关于能源安全工作的重要论述和对民航工作的重要指示批示精神，突出服务大局，坚持系统观念，统筹航油安全保障、绿色转型发展和生产经营安全，以意识共同体、行为共同体"两个平台"为载体，提升航油供应安全稳定保障能力，切实发挥好"航油国家队"的顶梁柱主力军作用，全面贯彻总体国家安全观，把握发展和安全大局，坚决防止触碰安全红线和防范风险的底线。

（三）突出党组织"三基建设"，提升治理效果

首先，中国航油天府分公司围绕"资源供应安全、油品质量安全、加注保障安全"的总体要求，结合岗位特点，因地制宜、便于工作、服务发展的原则，动态调整基层组织设置，建立完善党小组构架，确保党支部的

战斗堡垒作用全面发挥。基层组织是党治理体系建设的基础，也是宣传贯彻执行党的路线方针政策以及党中央决策部署"最后的一公里"的重要组成部分①。基层党组织要站高位、谋全局、强基础、筑堡垒，把企业党建置于国家发展目标与方向这一宏观大局之中，继续深化改革，加强治理。中国航油天府分公司推进党组织和党员全覆盖，落实"四同步、四对接"，各级党组织接受垂直管理，新建企业及时设立党组织，海外机构也实行党工委派驻制。集团公司党委进一步落实党委参与重大问题决策的领导体制和工作机制，坚持把将党建进章程的工作推进到三级企业，完善"双向进入、交叉任职"的领导体制，以及"三重一大"民主决策制度，修订完善集团公司党委会、总办会、董事会议事规则。以党支部规范化标准化建设为抓手，进一步提升各级党组织的组织力。在强化政治引领力、组织覆盖力、群众动员力、发展推动力、自我锻造力上下功夫，树立大抓基层工作导向，突出基层党支部的政治功能。严肃党内政治生活，严格党内组织生活，通过对各基层党组织分类指导、整体推进，规范执行"三会一课"等基本组织生活制度，统一印发《党支部工作手册》《党员学习手册》，规范"三会一课"台账，做好年度重点任务清单的梳理、学习与记录，围绕党员思想工作和安全生产、经营管理中的基层实际重难点问题，确定"三会一课"学习主题和平台，着力于建立党组织阵地作为党组织与党员、群众谈心，密切党群、干群关系的良好环境，使党组织的战斗力在组织党员群众学习教育、与党员群众开展交流、沟通中得到增强，切实发挥党组织作用。

其次，中国航油天府分公司围绕《中国航油党建全面质量提升发展纲要（2018—2022）》，落实党的建设和国有企业改革同步谋划的基本制

①　易新涛：《筑牢党长期执政的战斗堡垒：基层党建的逻辑与指向》，《中南民族大学学报（人文社会科学版）》2022年第12期。

度建设工作，确保党的组织和党的工作全覆盖。第一，加强顶层设计，颁布《中国航油党建全面质量提升发展纲要（2018—2022）》。集团公司党委以习近平新时代中国特色社会主义思想为指导，全面贯彻全国国有企业党建工作会议精神，按照"中央企业党建质量提升年"的总体要求，进一步加强顶层设计，结合集团公司"十三五"规划，制订颁布《中国航油党建全面质量提升发展纲要（2018—2022）》，以推进党的建设新的伟大工程为目标，扎实推进党的政治、思想、组织、作风、纪律以及制度等方面建设，为集团公司实现高质量发展提供坚强的政治和组织保证。第二，夯实党建工作责任制。集团公司党委修订《党建工作责任制实施办法》，建立从集团总部、成员企业到基层支部的责任清单，各级党组织书记负责抓好党建责任清单。各级班子成员积极履行"一岗双责"，扎实推进分管范围内的党建工作，提高质量实效。第三，健全完善党建责任制述职评议制度。组织开展党建工作责任制述职评议，二级企业及部分三级企业党组织书记、总经理进行述职并接受考核，将考核结果作为压实主体责任、增强工作实效的重要抓手，推动党建工作各项目标任务顺利完成。研究制订《党支部规范化建设的指导意见》《党建工作经费管理办法》，修订《党费收缴使用管理办法》等，不断完善党建基本工作制度。认真落实"控制总量、优化结构、提高质量、发挥作用"总要求，严格落实发展总量不超过上年党员总数2%的要求，制订年度《集团公司发展党员计划》，有序推进党员发展工作。中国航油天府分公司党委通过开展党支部建设"对标争先"，以打造和评选标杆支部、样板支部持续推进支部标准化规范化建设，以一个标准评价机关基层、境内境外党建工作，增强党组织凝聚力，提升基层队伍组织力。通过开展多种形式和载体的分层次培训教育，加强人才梯队建设，全面提升基层党组织干部队伍和党员队伍综合素质，不断激发基层党组织书记"头雁"作用、党员干部的表率作用和党员骨干作用。

最后，中国航油天府分公司落实作风建设，营造良好政治生态，激发基层党组织队伍的内生动力。加强基层党组织作风建设、建设服务型党组织对于提升党组织治理效果尤为重要和关键。① 中国航油天府分公司坚持党委主导、强化改革创新、用好监察利器，确保风清气正的政治生态。中国航油新一届党委班子从抓关键少数的作风建设破题，把严的标准进一步确立起来、把实的作风进一步发扬起来、把好的经验进一步运用起来，开展"抓党建、促党风，抓干部、促作风"主题活动，强力推进机关作风建设，讲政治、顾大局、践承诺、正言行，坚决维护党中央权威和集中统一领导。党员干部带头作出"党委班子率先垂范的八项承诺"，严守中央八项规定精神，坚持民主集中制原则，带头维护团结和谐；带头落实"一岗双责"，担当作为，工作中摒弃私心杂念，以身作则，给企业带来了一股清风正气。中国航油天府分公司全面推进有责任、有定力、有纪律、有担当、有作为的"五有"航油铁军建设，筑牢信仰之基、补足精神之钙、把稳思想之舵，组建"国门航油铁军""草原航油铁军""丝路航油铁军"等党员先锋突击队，涌现出以吴志梁、王国平等为代表的先进模范人物，形成强大示范带动效应，有效激励广大干部员工投身"民航强国，航油先行"宏伟事业，发挥先锋模范作用，促进企业政治生态得到根本扭转，将攻坚克难、勇攀高峰的强大精神力量，转化为推动企业高质量发展的强大内生动力。

（四）深化党建工作与业务工作融合，共保能源安全

首先，中国航油天府分公司党委与简阳市应急局党委共同探索"政企共建"的新模式。作为天府国际机场航油保障企业，中国航油天府分公司坚决贯彻落实习近平总书记对安全工作的重要论述和对民航工作的重要指

---

① 张宾州：《基层党组织思想作风建设研究》，《人民论坛·学术前沿》2018 年第 3 期。

示批示精神，以党建引领不断深化"政企共建"载体，突出党建引领隐患排查治理、党建引领安全队伍建设、党建引领生产经营构建"三个引领"，在简阳市范围内首推"政企共建、共保安全"党建工作新模式，全力破除企业与政府安全监管部门间的壁垒，打通政企互助的"最后一公里"。通过红色资源学习共享、理想信念教育及主题党日等载体互用，多形式、分层次抓好双方党组织的理论学习，从增强理论武装中汲取提升安全意识、保证安全生产的不竭动力。定期联合开展技能培训、练兵比武等活动，强化双方基层党支部和党员在生产经营中的战斗堡垒和先锋模范作用；同时中国航油天府分公司委派遣青年骨干到简阳市应急局跟班学习，以轮岗人员为桥梁，将最新安全管理要求、政策转化为中国航油天府分公司及时高效贯彻执行的得力措施。

其次，中国航油天府分公司党委坚持"以员工为中心"的发展理念，如何有效发挥党的政治优势、组织优势，实现党建工作与安全生产的融合，满足职工群众对美好生活的向往，是分公司党建工作的重点内容。中国航油天府分公司在党建工作中发挥引领作用。通过每月党委会"议安全"、支委会"说安全"、每季度党员大会"学安全"、党课"讲安全"，党建工作与安全生产实现同部署、同落实、同考核，持续强化政治引领，将"安全是最大的政治"这一理念深入人心。通过开展"学党史、强作风、勇担当"主题党日活动、安全顺口溜征集等活动，以"抓安全从抓思想开始、抓思想从抓安全出发"的党建与安全融合思路，将团队文化建设与党建工作目标相统一，全面培养员工"自我驱动履职担当"的安全作风，进一步营造了浓厚的安全氛围，增强了坚守"安全决胜高地"的信心和决心；通过党支部与支委签订《安全生产责任书》，全体党员签订《党员无违章承诺书》，党员自发制作《应知应会"口袋书"》，持续增强每位党员的责任感、使命感，以党员带动群众，筑牢安全防线。

最后，中国航油天府分公司通过开展"我为群众办实事"实践活动，直面问题矛盾，为基层单位解决实际困难；通过积极发挥"党建强工建""党建强团建"组织桥梁纽带作用，大力弘扬"劳模精神""工匠精神"，为员工成长成才搭建平台、提供舞台、创建擂台，把广大员工的幸福感、获得感、安全感转化为建设新航油的强大精神动力。与此同时，中国航油天府分公司党委为每个联合党支部配备了一名政治过硬、作风优良的"90后"机关党员担任党建专员，鼓励机关党员常调研、常联系、交心谈心等活动，了解基层单位员工思想、生产和生活现状，让机关更多地了解基层、让基层更好地理解机关，以此进一步推动中国航油天府分公司服务型党组织建设，形成了机关与基层"共同学习、共谋发展、共促和谐"的良好局面。

三、基层党组织融入中国航油天府分公司治理的工作成效

中国航油天府分公司党委始终坚持党对国有企业的领导不动摇，始终坚持服务生产经营不偏离，始终坚持建强基层党组织不放松，全力争做经营管理强、安全管理严、党建工作实的创新型企业。

（一）党建和业务深度融合，公司生产成效得以凸显

党的二十大新修订的《中国共产党章程》明确规定，"国有企业和集体企业中党的基层组织，围绕企业生产经营开展工作"[1]。党建和业务工作的深度融合是国有企业深化改革的重要抓手，为国有企业发展激发活力、创造动力[2]。为进一步强化党建引领生产经营的构建力度，中国航

---

[1] 《中国共产党章程》，人民出版社 2022 年版，第 25 页。

[2] 陈平其、王泽盛：《国企党建工作与生产经营深度融合过程中的四个不等式》，《山西财经大学学报》2022 年第 S1 期。

油天府分公司党委立足实际，强化顶层设计，始终坚持基层党组织治理服务发展大局，两手抓、两促进，切实推动党建工作和业务工作延伸融合，把党的组织政治优势转化为生产发展优势，整体生产经营成效大幅显现。

第一，员工技能素质稳步提升。中国航油天府分公司以加强基层队伍素质为企业高质量发展的根本保障，以员工能跨越多域、适应多场、掌握多能、胜任多岗为目标，稳步开展企业各岗位同质化工作，培养大批量"一专多能"型人才，全方位盘活人力资源，降低用工量，持续挖潜增效，激发创新创效活力，目前岗位同质化率已达90%。第二，全员劳动生产率提升。全员劳动生产率作为企业竞争力强弱和劳动生产效能水平的重要体现，中国航油天府分公司将其列为检验党建成效及生产经营标尺，不断优化技改支持、强化创新驱动、优化项目管理，多措并举、正向激励，安全生产全员劳动生产率增长30%以上，切实提升公司运行效率。第三，着力推动专利成果转化。中国航油天府分公司坚持党建引领，不断塑造党建与业务融合发展新动能新优势，大力推动安全生产技术创新工作开创新局面，切实加强和规范知识产权的申报和管理工作，深入挖掘高质量专利成果，先后申请获得4项实用新型专利及1项发明专利。

（二）基层党组织融入治理，公司安全防线有所增强

习近平总书记强调："要抓紧建立健全党政同责、一岗双责、齐抓共管的安全生产责任体系。安全生产工作，不仅政府要抓，党委也要抓。"[1]在面对当前国内严峻复杂的安全生产形势下，中国航油天府分公司党委以

---

[1] 《习近平总书记关于防范风险挑战、应对突发事件论述摘编》，中央文献出版社2020年版，第28、229页。

进一步落实企业安全生产责任，增强全员安全意识，提升安全管理水平，营造良好的安全生产环境等为诉求，通过与监管部门"政企共建"的形式，切实抓好安全生产各项工作，助力地方营造安全稳定的发展环境，共同推动基层党建抓安全，促进发展工作再上新台阶。

第一，生产作业违章率大幅下降。中国航油天府分公司不断健全安全制度，强化现场作业安全管控，切实提升生产一线人员的岗位安全职责落实，大力推进安全生产综合监测系统建设，全面部署车辆监控终端，生产区域生产作业及行政车辆监控覆盖率达100％，各类违章大幅下降，生产作业违章率仅为0.06％，较2021年下降92％，取得显著成效。第二，加强隐患排查，全力提升本质安全。中国航油天府分公司全面落实安全生产主体责任，坚持问题导向，开展风险隐患大排查、行业大检查，深入分析研判当前安全生产面临的潜在风险隐患，列出清单、逐项整改。与2021年同期相比，天府中转油库隐患自查整改增加50％；与2021年四川省危化品重大危险源第一次专项检查13项问题隐患，2021年第二次专项检查11项问题隐患相比；2022年第一次专项检查减少为5项问题隐患，2022年第二次专项检查减少为4项问题隐患。2022年任意两季度隐患数量之和较2021年三、四季度隐患数量之和有所下降，表明公司安全防线得以加强。2022年累计治理隐患29项，排查治理率达100％，牢牢守住安全发展底线，持续强化安全防范措施落实，推动安全生产关口前移。天府分公司隐患治理情况详见表4-1。第三，安全应急能力全面提升。中国航油天府分公司进一步完善安全生产应急救援工作体制机制，加强安全生产应急准备和应急救援，强化安全生产应急救援队伍建设与管理，提高防灾减灾救灾和急难险重突发公共事件处置保障能力，开展应急操作技能比武、培训，拓展员工应急技能掌握项目达14项并加以考核，应急技能通过率达100％，优秀率达90％。

表 4-1　天府分公司隐患及其治理表

（单位：项）

治理情况	2021 年三季度	2021 年四季度	2022 年一季度	2022 年二季度	2022 年三季度	2022 年四季度
隐患数量	11	6	7	9	6	7
已治理隐患数量	11	6	7	9	6	7

（三）特色党建引领赋能，公司社会责任落实到位

中国航油集团将责任理念融入企业管理和运营，在党中央、国资委、民航局、审计署的正确领导下，保持政治定力，抢抓发展机遇，加快发展步伐[1]。中国航油集团通过党建引领，围绕践行央企使命，履行社会责任，有力保障了青藏地区 55 个高原机场的安全供油；在汶川强震、茂县山塌、凉山大火等危急关头、不惜一切代价、攻坚克难，确保了抢险救援"空中生命线"的畅通，展现了航油人的责任担当[2]。

中国航油天府分公司在中国航油集团的引领下，切实履行央企经济责任、政治责任、社会责任，全面站改还建庙子沟火车站，为当地招商引资创造有利条件；利用天府供油工程外运土石方修建 800 米长防洪堤线，解决长期以来的水涝问题，并形成了 500 亩可利用耕地，实现荒滩变良田；同时为当地政府提供建设用地的模式修建 3.5km 的"村村通"主干道以及 1km 长的互通直线道路，连接周边村镇，打破制约当地发展的交通瓶颈，为扎实助推乡村产业振兴、改善生态环境、提升民生体验做

---

[1]　中国航油:《中国航油 2019 企业社会责任报告（中文版）》，2021 年 4 月 9 日，见 https://www.cnaf.com/PORTAL_LNG_RLS_XWGJ.getFormList.do? XW_CODE=1WtWb0SRFf3pZqermn9HOW&LM_CODE=CNAF_SH_SHZRBG。

[2]　中国日报网:《标立基层党建的海拔新高度——中国航油推进高原党建工作打造央企精神高地采访札记》，2019 年 11 月 27 日，见 https://baijiahao.baidu.com/s? id=1651344811917768801。

出了积极贡献和突出成果。

四、中国航油天府分公司未来党建工作重点

在党和国家"两个一百年"奋斗目标、中国航油"两个金色三十年"战略目标的历史交汇期，中国航油天府分公司党委立足新发展阶段、贯彻新发展理念、构建新发展格局、推动高质量发展，重整行装再出发，结合分公司自身特色与发展规划，从"凌云之志、凌云之责、凌云之能、凌云之力"四个方面持续打造"天府凌云"党建品牌，不断发扬"四个永远"——"永远和衷共济、永远能征善战、永远担当作为、永远听党指挥"的新时代中国航油川军精神，持续迈向"守正、担当、善为、和谐"的奋斗目标。

（一）以"凌云之志"坚定守正笃实信念目标

一是坚定理想信念，不负韶华凌云志。习近平总书记指出："理想信念是共产党人精神上的'钙'，没有理想信念，理想信念不坚定，精神上就会缺钙，就会得软骨病。"① 坚决落实"第一议题""第一行动"，把学习贯彻习近平总书记重要讲话精神作为理论武装的重中之重。持续开展理想信念教育，筑牢坚持真理、坚守理想的信仰根基，引导员工主动把个人理想同社会发展、时代进步紧密相连，脚踏实地、精益求精地干好每一件工作，在工作中展示和实现人生价值。

二是锚定奋斗目标，擦亮底色守初心。通过开展读书班、支部共建、党建工作研讨会，为基层党组织搭建交流学习平台；通过持续开展"四史"学习教育、天府系列讲堂、青年员工座谈等形式丰富的活动，让全体

---

① 《学习习近平总书记 8·19 重要讲话》，人民出版社 2013 年版，第 17 页。

党员以学致用、用以促学，在理论与实践相结合的道路上，经受实践锻炼，增长能力才干，凝聚高质量发展共识，明确共同前进方向。

（二）以"凌云之责"践行基层党建责任担当

一是融入基层，履职尽责显担当。通过为三个基层联合党支部配备"党建专员"，将机关党员全部下沉到基层，建立健全机关服务基层常态化、长效化机制，开展机关作风建设和安全作风整顿活动，将联合党支部特色优势融入微党课、"三会一课"、谈心谈话、组织生活会，打造上下齐心、同频共振的和谐队伍；为构筑新时代基层党组织党建共同体，天府分公司党委参与基层党组织结对共建，促使党建引领得以加强，不断将基层党组织的政治优势、组织优势转换化为公司治理效能，以提升治理效率；始终以推动落实全员安全生产责任制为重要抓手，紧紧围绕重点任务，将人员培训与生产实际相结合，突出培训重点、提高培训质量，增强队伍成员运用所学解决实际问题、防控重大风险的本领，打造一支"想干事、能干事、干成事、不出事"的基层骨干队伍，确保基层党组织真正走入基层，有效落实党在基层的各项方针和政策。

二是融合中心，不辱使命勇作为。把党的领导融入公司生产经营各环节，通过围绕重点任务，把"党小组建在分队上"，推动党建进班组，让基层党建工作为业务工作提供思想保障、组织保障、作风保障，让业务工作的成效成为检验党建工作落实落地的标尺。中国航油天府分公司党委把"融入中心、服务大局"作为党建引领的重要推手，形成了基层哪里有需要，哪里就有党员干部的身影。在中国航油西南公司运营"一体化"框架下，中国航油天府分公司针对生产运行特点、多重监管特点、员工结构特点，开展了多层次的与"邻"共建、多方面的政企共建、多维度的校企共建，致力于打造内外协同、多元联动的安全生产运行新局面。天府分公司党委积极响应国家基层治理号召，建立党建专员联系基层党支部常态化机制，通过 3 名机关青年党员点对点联系三个基层党支部，积极筹划青年指数、先锋指数、堡垒指数体系构建，为品牌党建、融合党建工作强基固本。①

三是融汇责任，以身作则严纪律。党委坚决履行全面从严治党主体责任，通过灵活运用党员先锋指数和党支部堡垒指数，激发党组织内生动力，用"小积分"带领"大队伍"，打造一支有责任、有纪律、有担当的党员队伍，党员干部以身作则、以上率下，压实"党政同责、一岗双责"，营造出刀刃向内、自我革命的良好氛围。以问题整改为导向，以阳光党建为目标，在解决大事难事中彰显党的力量，自觉把党建责任抓在手上、扛在肩上、落到地上，让党建工作逐步有了底气，让党务干部逐步有了硬气。以破解企业发展重大课题、难题为"标准尺""温度计"，将巡视督查整改视为企业"祛病良方"，开门亮问题、阳光抓整改。

（三）以"凌云之能"激发队伍支部表率作用

一是建强"两支队伍"。中国航油天府分公司主动谋划队伍建设，从干部队伍和党员队伍两个方向着手，致力于提高党员队伍整体素质。国有企业基层党组织要坚持任人唯才的原则，把品行好、抓实干的生产骨干纳入干部考核，建立干部人才储备库，真正提拔那些"政治上靠得住、工作上有能力、作风上过得硬"的基层干部。② 一方面，坚持"党管干部、党管人才"，紧紧围绕集团公司"两个纲要"，通过开展党支部书记培训、素质提升系列活动，不断提升基层党组织书记"头雁"本领，狠抓干部队伍建设；另一方面，紧抓党员队伍建设，解决好改革发展的基石问题。通过把业务骨干培养成党员，把党员人才培养成党组织

---

① 李赵润治编：《天府分公司党委"服务基层"见真章出实效》，2022 年 9 月 28 日，见 https://mp.weixin.qq.com/s/3_E9cWLUvklxXyVtXioDtQ。

② 邓战强：《论加强和改进企业基层党的建设》，《山西财经大学学报》2013 年第 S1 期。

后备力量，充分发挥党员干部的表率作用和党员的骨干作用，带领全员坚决扛起"顶梁柱""主力军"责任，攻坚克难、全力以赴决战决胜全年任务目标。[①]

二是打造"学习支部"。重视学习、善于学习是中国共产党的优良传统和宝贵的历史经验。党支部是党的最基层组织，是党全部工作和战斗力的基石，加强学习型党支部建设是建设学习型政党的坚实基础。[②] 以全面推进各库站"岗位同质化"为抓手，通过开展师带徒、岗位练兵、技能比武、合理化建议、业务分级培训，为一专多能型人才搭建施展专业技能的平台，让想干事的员工有机会，让能干事的员工有舞台，营造"人人想成才、人人能成才、人人有其台"的浓厚进取氛围。通过开展党建相关主题的党日活动、学习会、专题研讨、撰写心得体会和主题朗诵活动等方式加强学习，实现以讲促学、以写促学、以评促学，推动党员干部补足精神之钙、筑牢信仰之基、把稳思想之舵。[③]

（四）以"凌云之力"铸牢和谐共赢长效机制

一是坚持以员工为中心，将关心员工，服务员工真正落到实处。在新时代我国社会主要矛盾发生转变的情况下，国有企业的基层党建质量应该得到相应的提高，才能更好地为企业的发展与职工的福祉服务。通过持续开展"为员工办实事"、职工之家建设、职工运动会、团建交流等活动，深化"党建强工建""党建强团建"，把职工群众是否满意作为党委工作评价的"温度计"，充分发挥党组织"粘合剂""润

---

① 孙梦雨编：《中国航油构建党建工作"12345"的新高度》，2019 年 11 月 25 日，见 http://www.dangjian.cn/djw2016sy/qydj/201911/t20191125_5329727.shtml。

② 何祥林、张静：《加强学习型党支部建设是建设学习型政党的坚实基础》，《理论月刊》2011 年第 1 期。

③ 刘文志编：《"云岭滇峰"党总支"四学"让党的二十大精神在基层"扎根开花"》，2022 年 12 月 16 日，见 https://mp.weixin.qq.com/s/y45pdISIZSEM5Xj1EOy6Gw。

滑剂"作用，凝心聚力促发展，把广大员工的幸福感、获得感、安全感转化为建设天府航油的强大精神动力。天府分公司党委坚持"以员工为中心"的管理理念，一方面通过制定《成都天府分公司机关联系服务基层制度》《成都天府分公司机关作风建设活动实施方案》，分阶段集中收集各单位亟须解决的现实问题，召集各部门共同研究应对措施，形成时间表和任务图，积极帮助协调解决；另一方面通过在各基层库站设立3个联合党支部，将机关10名党员分散至各联合党支部帮助指导基层党建工作，进一步促进基层党建与生产经营的融合、机关部门与基层单位的融通、党员干部与职工群众关系的融洽，形成机关服务基层的长效机制，为公司发展与员工成长营造互利共赢的良好环境。

二是坚持"党建+"模式，构建全员参与的"大党建"共同体。将常态化运行此项安全管理机制，并结合新《安全生产法》条文要求，形成对安全工作全员参与、齐抓共管的态势，继续突出党支部建设"融、合、实"总体思路，发挥"党建+安全"和"党建+业务"的引领效应，全面推动各油库"学、训、活"生产经营方针全面落地，达到"双+双促"良好效果，以更高标准、更严要求切实抓好安全工作。[①] 另外，通过"党建+社会责任""党建+素质提升"等模式，群策群力、集思广益，在疫情防控、应急保障、提质增效等重大任务和重点工作中，形成支部带头、党员挑担、全员参与的积极氛围，进一步把党的政治优势、组织优势向公司的竞争优势、发展优势转化，为推动公司高质量发展提供了坚强政治保障和组织保证。

在全面从严治党不断向纵深发展、向基层延伸的大背景下，作为

---

① 吴云冬、熊苗苗：《成都业务油库"党建+安全"深度融合再上新台阶》，2021年10月28日，见 https://mp.weixin.qq.com/s/IpLlCVY75H341FU65aLXBQ。

新成立的国有企业基层党组织，天府分公司党委将坚持把党的政治建设作为党的根本性建设，持续提升对民航安全工作"政治属性、经济属性、社会属性、业务属性、文化属性"的认识，传承红色基因、系牢红色纽带，驱动红色引擎把各级基层党组织建设成为坚强的战斗堡垒，汇聚团结奋进的正能量，积极履行好中央企业的政治责任、社会责任和经济责任，服务地方发展，始终成为党和国家事业发展的重要依靠力量。

第三节　华西集团：善建"流动支部"，筑基建筑强省

一、华西集团简介及其党建的发展历程

（一）华西集团基本情况介绍

四川华西集团有限公司（以下简称"华西集团"）始建于1950年5月，既是四川省属大型国有建筑集团企业，也是四川省属重要国有骨干企业，截至2022年，华西集团位列"中国企业500强"第282位。华西集团全程参与新中国的建设，全域拓展市场空间，全链打造产业形态，其发展史被中国建筑业协会誉为"半部中国建筑业史"，现已经成为四川建筑业的链主企业、航母企业、领航企业，业务涵盖工程承包、工程智能制造、数字经济、科研设计、建筑金融服务、地产和城市更新、工程智能装备等建筑全产业链，市场遍及全国30多个省市自治区以及海外20多个国家和地区。华西集团紧紧围绕建筑产业国有资本投资公司定位，以贯彻落实国省重大战略为主责，以促进四川由"建筑大省"向"建筑强省"转变为使命，积极谋划建设省级建筑产业园区，加快推动施工设

计科研一体化、投融建运一体化、建材生产智能制造一体化，奋力打造成为中国一流的建设集成商，朝着 2022 年实现"千亿华西"、2025 年迈进"世界五百强"的目标不断迈进，在推进全省建筑业集聚发展、高质量发展中充分发挥链主企业的更大作用。目前，华西集团建立起了以董事会、监事会、经理层和党委会为主体，多层级串联，同级并联的"直线—职能制"的组织架构。经理层下设战略与投资管理中心、运营管理中心、财税管理中心等多个部门，各部门既保持了组织成员构成的稳定性，又充分发挥了组织成员的综合优势，提高了公司的组织效率。华西集团组织架构具体如图 4-4 所示。

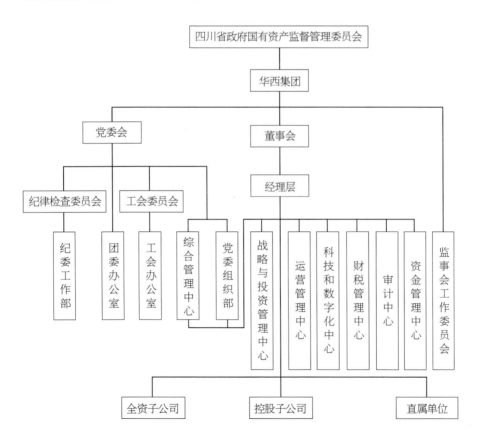

图 4-4 华西集团组织架构图

（二）华西集团党建发展历程

华西集团自 1950 年 5 月成立前身——国营西南建筑公司，便同步建立党组织，成立中共国营西南建筑公司党支部委员会，后逐步进行体制机制改革，于 1997 年 7 月改制为四川华西集团有限公司，成立中共四川华西集团有限公司党委，延续至今。目前，华西集团共有党组织 644 个，其中党委 21 个、党总支 96 个、党支部 527 个；党员 7052 名，其中在岗党员 5927 名，大专及以上学历党员 5784 名。华西集团在建的 850 个工程项目，单独建立 415 个项目党支部，联合设置 83 个项目党支部，实现基层党的组织和工作"全覆盖"。

在华西集团党组织成立初期，由于企业党建与企业治理运行逻辑不完全相同，不可避免产生了"失衡"状态，进而导致企业出现党组织法定地位不够明确、党组织嵌入公司法人治理的体制不够健全等问题，使华西集团党的建设和企业治理无法较好结合。自全国国有企业党的建设工作会议以来，华西集团着手落实"党建入章"要求，以"双向进入，交叉任职"的方式将党组织嵌入公司治理结构，形成党委会领导下的"党委会、董事会、监事会、经理层"四位一体的公司治理结构，党委会下设纪律检查委员会、工会委员会等多个部门，建立基层党组织报告工作、党建督查等机制，层层分解细化任务举措，确保战略部署在基层的落地落实，并在企业文化中不断加强思想宣传和精神文明建设。针对建筑施工企业项目分散地域广、人员流动性大的特点，华西集团党委紧密结合建筑企业实际，树立起把"党支部建在项目上"的党组织建设主线，始终坚持"项目建设到哪里、党支部就扎根到哪里、战斗堡垒作用就发挥到哪里"，以"支部建在项目上"为抓手，以党支部标准化规范化建设为重点，推动党建工作和项目生产经营同频共振、互促共赢，切实以党建工作引领和推动了华西集团全面深化改革、转型升级发展。

二、"流动式"党组织推动"善建"华西跨越发展

（一）夯实筑牢"流动党支部"，锻造改革发展坚强堡垒

作为四川大型国有建筑企业，华西集团每个下属公司都有几十甚至上百个工程项目，这些项目大都远离集团总部，分散在全国各地甚至海外，工作条件艰苦，人员流动性大。为了更好解决集团下属公司"重施工轻党建"的思想问题，华西集团党委建立"流动党支部"，推动党建工作与项目工作一体谋划、整体联动，确保应建尽建、设置规范、调整及时。

一是抓两个覆盖，夯实党建根基。华西集团坚持"项目建设到哪里、支部就扎根到哪里、战斗堡垒作用就发挥到哪里"的理念，形成了基层党组织在国有企业的有形、有效覆盖。华西集团紧密结合建筑企业流动党员较多，工作地相对固定集中的实际情况，为进一步推进基层党组织在企业异地项目和境外机构组织实现全覆盖，华西集团因地制宜、精准施策，建立了"流动党支部"。明确要求为期6个月以上的项目必须成立党支部，党员不足3人的成立联合党支部，根据项目变动同步建立党的组织、动态调整组织设置。另一方面，华西集团注重把党建工作标准化与项目管理标准化有机结合，做到了"临时党支部不临时"，制定《党支部规范化建设实施意见》《党建工作标准化手册》等规范文件，将党建作为专章纳入《工程项目管理手册》。并推进支部分类定级，建立巩固先进、整顿薄弱的晋位升级机制，把党建管理融入项目管理体系，做到党建工作和项目生产建立党组织，实现基层党的组织和工作全覆盖。与此同时，华西集团严格落实"四同步四对接"，全覆盖开展集团组织工作检视整改，重点对施工项目党组织应建未建、党组织设置形式不规范、党组织隶属关系不清晰等问题进行全面排查，根据项目变动灵活调整组织设置，规范设置各级党务工作机构，严格按要求保障党建工作经费和党务工作人员待遇。有效开展混合所有制企业党建工作，把认同党的领导、

支持党的建设作为推进混改工作的前提。持续规范换届选举工作，不断提升党支部标准化规范化建设水平。

二是抓标准规范，促进整体提升。华西集团按照"一清晰两覆盖"的目标，做到"事项清晰，各治理主体和各级法人全覆盖"，将党委会、董事会、总经理办公会决策事项及决策流程集成在一个矩阵上，决策效率及规范程度明显提升。通过董事会向经理层授权、制定"授权清单"和"负面清单"等方式大力推进"放管服"改革。修订《"三重一大"决策制度》《党委会议事规则》《党委会前置研究、研究决定事项清单》，将"前置事项"有机融入包含9大类、40子类、105个具体事项的"党委会、董事会、总经会决策事项总清单"。制定《外部董事管理办法》，确保外部董事履职履责。制定《党委会、董事会、总办会"三会"议题议案上会工作细则》和《重要事项督办办法》，补全"三会"运行闭环，进一步提高了"三会"各司其职、各负其责、协调运转、有效制衡的公司治理机制运行质量。按照"两个一律"基本原则实施制度"废改立"，制定"管制度的制度"，修订完善了包含119项制度的《管理制度汇编》。与此同时，华西集团加强党支部规范化建设，推进支部分类定级，建立巩固先进、整顿薄弱的晋位升级机制，大力开展支部对标创先行动，涌现出东来印象"四个一"党建工程、天府国际机场"三化"党建等示范典型。

三是抓队伍建设，锻造"善建铁军"。一方面，华西集团从持续强化政治教育入手，以提升政治能力为重点，坚持把加强党员教育培训作为党建先行工程，大胆把思路开阔、能力突出、包容性强的年轻党员干部选拔进项目支部班子，每年组织1次以上基层党委书记和党务工作人员培训，常态化全覆盖推进党员教育。采取"普遍轮训""以会代训""骨干调训"等形式，通过线上线下混合式教学方式，近三年来组织2万余名党员参与清华大学、浙江大学等干部培训基地专题培训。同时，把党支部书记岗位作为培养选拔干部的重要平台，实施支部书记和项目骨干人才"双向培养"计划，注重把党性强、懂经营、会管理的优秀项目骨干选拔到党支部书记岗位上来，动态建立支部书记、项目经理信息库，80%的工程项目实行书记和经理"一肩挑"。结合党史学习教育，分层分类组织7000余名党员赴夹金山、遵义会址、两弹城、小平干部学院等基地接受党性锻炼，教育引导党员增强"四个意识"、坚定"四个自信"、做到"两个维护"。另一方面，华西集团进一步强化日常管理，严格落实"三会一课"、组织生活会等基本制度，结合施工生产实际，灵活开展党员政治生日、主题党日、重温入党誓词、送教送学到项目一线、"工棚学习"等活动，着力强化党性修养、提升业务能力，并健全党内激励关怀机制，搭建人才成长平台，大力开展"党员结对帮扶"和"导师带徒"活动，把物质帮扶和精神激励有机结合。此外，为适应集团转型升级发展需要，重点优化两级班子年龄结构、专业结构、能力结构，大规模实施各级领导人员调整，批次性对二级公司主要负责人和二级公司财务总监进行交流调整，两级领导班子整体功能显著提升。

（二）始终坚持党建"三全"机制，把准改革发展正确方向

一是完善党委全方面领导机制。华西集团要明确党组织发挥领导作用的实践路径，首先要解决如何领导的问题。在华西集团推进党组织融入公司治理工作的过程中，遇到的主要难题就是党组织法定地位不够明确、法人治理权责边界不够明晰、党组织嵌入公司法人治理的体制不够健全，解决这一问题的第一步是完善集团公司章程，组织推动各级子企业将党建工作要求写入公司章程，集团所属子公司做到"党建入章"应入尽入，明确党组织"把方向、管大局、促落实"等重要内容，落实党组织在公司治理结构中的法定地位。第二步是明确"三重一大"事项的前置研究讨论程序。第三步是完善"双向进入、交叉任职""一肩挑"的领导体制，党员总经理担任党委副书记并进入董事会，党委专职副书记进入董事会且不在

经理层任职。以此"三部曲"确保党的领导组织化、制度化和具体化。与此同时,华西集团紧扣集团转型为国有资本投资公司的重要战略定位,健全党委发挥作用的体制机制,大力推动二级公司党委换届,同步开展新一轮子公司《公司章程》《"三重一大"决策制度》《党委会议事规则》《党委会前置研究、研究决定事项清单》修订工作。另一方面,党组织和公司治理结构的结合方式主要有两种,一是党组织成员与公司治理主体相融合,二是党组织内嵌于公司治理结构①,在基本形成了党组织融合型的公司治理结构后,华西集团结合集团自身转型发展需求,着手修订完善集团干部人才选拔任用、书记经理"一肩挑"等系列制度,以实现党组织成员和治理主体的融合。

二是创新人才全方位选用机制。创新人才考核指标和激励体系,强化目标责任制,是企业效益检验党建成绩的重要方式。② 一方面,华西集团出台经理层市场化选聘、选拔任用工作规程等制度10余个,在市场化经营机制改革重点量化指标100%完成的基础上,实现人才储备、队伍激励等方面历史突破,管理人员全员竞聘和全员公开招聘成为常态,年轻干部选育管用实现闭环。另一方面,华西集团注重把项目优秀人才培养成党员,把项目优秀党员选拔进支部班子,近三年在项目一线发展党员384名;推行"导师带徒"工作机制,建立"三个一"工作模式,即每1个项目党支部为每1名新进员工指定1名导师,由支部牵头,支委、师徒协商确定岗位、制定职业发展规划,导师在授业解惑的同时,积极做好员工思想政治工作,助其健康成长成才,更好服务项目建设。与此同时,华西集团搭建人才成长平台,大力开展"党员结对帮扶"活动,成立"许彤创新工作室",大力推广许彤团队20年来积累的管理创效、技术创新、人才

---

① 马连福、王佳宁:《党组织嵌入国有企业治理结构的三重考量》,《改革》2017年第4期。

② 蒋铁柱、沈桂龙:《企业党建与公司治理的融合》,《社会科学》2006年第1期。

培养等方面成果，有效形成人才聚集效应。

三是健全责任全周期落实机制。一方面，通过抓实抓细党组织书记党建工作第一责任、其他班子成员分管责任，落实全面从严治党监督责任。修订完善党建责任落实、党建述职评议、领导联系基层等制度办法，层层开展集团及下属单位党委书记抓党建述职评议。同时，制定党员领导人员诫勉办法、运用监督执纪"四种形态"暂行办法等，定期研判集团政治生态情况，树立负面典型，如利用"杨硕案"①持续推进以案促改工作。充分发挥党的领导在政治、组织、纪律等方面的独特优势，强化自我革命，持续开展正风肃纪，扎实开展巡察工作，开展"亏损项目专项治理两年行动"，对3家二级公司全面进行政治体检，营造了风清气正的政治生态和干事创业环境。另一方面，通过将党建工作纳入企业管理体系推进集团党建"全周期"管理，完善《党建工作责任制实施办法》《党建工作考核办法》等规章制度，将党委班子担当作为、党务工作者组织协调和党员先锋作用发挥等情况作为重点，同步制定实施领导班子抓党建任务清单，构建抓党建述职评议、现场考核、日常工作考核、民主评议等多维度综合考核体系，压实每一层的责任。同时，在《企业负责人年度经营业绩考核办法》中把党建工作考核综合得分纳入经营业绩加分项，与企业负责人年度薪酬挂钩，将党建工作考核与领导人员综合考评、经营业绩考核"双挂钩"，实现党建责任与经营责任的有机融合。与此同时，华西集团还出台了《党支部规范化建设实施意见》《党建工作标准化手册》等文件，将党建内容作为专章纳入集团《工程项目管理手册》，规范党组织及党建工作机构设置，建立巩固先进、整顿薄弱的晋位升级机制。

---

① "杨硕案"是指四川检察机关依法对华西集团原党委委员、董事、副总经理杨硕提起公诉，杨硕严重违反党的政治纪律、组织纪律、廉洁纪律，构成职务违法并涉嫌行贿犯罪、对有影响力的人行贿犯罪、非法经营同类营业犯罪，性质恶劣，情节严重，予以严肃处理。

（三）完善党建品牌"育—拓—强"链条，凝聚改革发展强大合力

一是围绕项目培育品牌。华西集团深化拓展"支部建在项目上"党建主品牌，创新培育不同领域子品牌，形成"筑梦川安""同心"党建、善建标杆、"红心匠色"等品牌矩阵，广泛开展党员责任区、党员示范岗等活动，为项目建设提供坚强保障。首先，华西集团提出要进一步提升品牌内涵，找准党建工作亮点，突出党建工作特点，紧贴党建工作重点，增强党建品牌建设的针对性和实效性。其次，要进一步挖掘特色亮点，继续发挥集团"支部建在项目上"党建品牌优势，在思路、方法、形式和载体上不断创新，不断总结新经验。最后，要进一步融入生产经营，继续坚持党建引领，把党建品牌创建工作与集团"150天大会战，决胜千亿华西"任务相结合，让党建品牌建设成为华西安装公司高质量发展的"红色引擎"。

二是践行初心拓展品牌。积极践行先锋表率作用，彰显使命担当，不断丰富拓展"支部建在项目上"品牌内涵。华西集团提出要始终把党建品牌建设与围绕中心、服务大局相结合，实现党建品牌创建工作与中心工作同频共振。进一步总结提炼创建过程中的经验做法，扩大党建品牌的覆盖面和知名度。华西集团继续精准发力提升党建品牌创建融合度，以高质量党建引领高质量发展，进一步明确党建品牌创建的根本任务，推进工作思路创新、方法创新和载体创新，把党建品牌创建工作"重心"放到基层，共同推动党建品牌创建工作再上台阶。

三是紧贴大局建强品牌。集团各级党组织紧扣中心工作，充分发挥组织凝聚力与品牌号召力，全力推动实施集团工作部署，将党的建设作为重要部分纳入集团"十四五"规划，建立基层党组织报告工作、党建督查等机制，层层分解细化任务举措，确保战略部署在基层的落地落实。华西集团以推动"建筑强省"建设为引领，大力推进省级建筑产业园区落地，完成厦门、深圳等区域总部建设，相继建成中科院高海拔宇宙射线观测站、

2948 风洞、人造太阳设备安装、成飞某总装厂房、天府新区省级文化中心、金牛宾馆等一批重点工程，切实将品牌建设丰硕成果转化为高质量发展强大动能，推动集团实现发展速度和质量"两个跨越"。

三、党组织嵌入优化治理结构助推华西科技创新与经济发展"齐飞"

（一）完善党建工作机制，优化公司治理结构

一是国有企业党的组织体系建设更加完善。全覆盖开展集团组织工作检视整改，重点对施工项目党组织应建未建、党组织设置形式不规范、党组织隶属关系不清晰等问题进行全面排查，根据项目变动灵活调整组织设置，规范设置各级党务工作机构，严格按要求保障党建工作经费和党务工作人员待遇。有效开展混合所有制企业党建工作，把认同党的领导、支持党的建设作为推进混改工作的前提。持续规范换届选举工作，不断提升党支部标准化规范化建设水平。截至 2022 年底，集团 20 家二级公司全部完成换届，在建工程项目全部建立党组织，实现基层党的组织和工作全覆盖。

二是"党建入章""一肩挑"全面落实。华西集团持续完善现代企业制度，在推动下属二级子公司全面完成公司制改造的同时，同步落实"党建入章"，针对部分子公司章程对党建工作总体要求规定不够明确，使党组织发挥作用缺乏章程作支撑的现象，以及党委、董事会、经理层成员"双向进入、交叉任职"存在一定的不合理，既有高度重合的问题，又有班子残缺不全、决策达不到规定人数的问题；有的企业对党总支和党支部的功能作为把握不准，对党组织在决策中应发挥的作用不够明确，有的企业集团本部人员大量兼任下属子公司领导职务，但又没有发挥党建和决策的实质性作用的情况，进行了重新梳理和改正。目前，集团所属子公司全

面实现"党建入章"应入尽入,"一肩挑"应挑尽挑。

三是中国特色国有企业治理的效能更高。针对部分子公司"三会一层"职权边界不够清晰,相关议事规则、议事清单缺失,党组织前置研究讨论程序执行不到位,党组织成员结构不优,董事会作用不强的问题;以及部分子公司党组织在参与公司"三重一大"决策程序上存在不规范的问题,如有的以党政联席会方式代替党委会,有的党委会与董事会在决策内容、决策重点上简单重复,有的重大事项存在个人决定的现象,华西集团修订《"三重一大"决策制度》《党委会议事规则》《党委会前置研究决定事项清单》,将"前置事项"有机融入包含 9 大类、40 个子类、105 个具体事项的"党委会、董事会、总经会决策事项总清单"。制定《外部董事管理办法》,确保外部董事履职履责。制定《党委会、董事会、总办会"三会"议题议案上会工作细则》和《重要事项督办办法》,补全"三会"运行闭环,进一步提高了"三会"各司其职、各负其责、协调运转、有效制衡的公司治理机制运行质量。

(二)创新力不断提升,产业结构持续优化

华西集团通过实施党建入公司章程,实现了党组织与公司治理深度融合。党组织贯彻党和国家的意志与政策主张,发挥着"把方向、管大局、保落实"的政治领导作用。党组织嵌入公司治理结构以来,华西集团围绕"建筑产业链"的延链补链强链工作进一步走深走实,产业结构优化持续升级。

一是智能制造有新成效。2022 年 1 月 10 日,四川华西龙鑫供应链有限公司正式揭牌成立,致力打造成为四川省内智能化、数字化的大宗建筑材料优秀供应链企业;华西绿舍坚持以"新建与并购共举,强化与地方平台公司合作"的投资策略,依托集团平台优势,积极推动简阳、宜宾、雅安、厦门等热点经济区域的产业布局,持续增强发展后劲。2022 年 1 月

21 日，华西绿舍天全矿山项目开发利用方案顺利通过评审，华西绿舍高品质砂石骨料基地通过中国砂石协会的技术评审，即将建成投产。二是科研技术再上新台阶。以科技创新为引领，聚焦"双碳"战略、智能化建设、产品优化、高附加值产品研发等重点领域、关键环节，大力推进绿色建材相关产品的研发。2022 年一季度，公司完成 6 项国家专利授权且已全部实现成果转化，现已在行业中全面推广应用，产生良好的经济效益；智能化建设方面，完成 32 项国家软件著作权获准登记。截至 2022 年一季度，公司现已拥有国家专利授权 124 项，其中发明专利 19 项，国家软件著作权 34 项。① 三是建筑金融服务取得新突破。建筑金融服务定位为集团的培育产业，是集团建筑产业发展的必备资源。推进产业资本和金融资本深度融合发展，培育拓展资产管理业务，是集团高质量发展的重要支撑。华西金控牵头开发的"建筑行业安责险事故预防服务系统平台"目前已具备上线条件。平台上线后，华西将成为省内首个能在行业内提供"安责险"配套服务内容的供应商。②

（三）经济竞争力持续增强，全力助推企业发展

华西集团始终坚守"围绕发展抓党建，抓好党建促发展"的理念，紧扣集团"8795"③ 工作部署和 2023 年实现"千亿华西"、2025 年迈进"世

① 曾豪编：《强势开局　华西绿舍跑出发展加速度》，2022 年 4 月 15 日，见 https:// mp.weixin.qq.com/s/1JoaU4BNOaL67d1NKjBMxQ。

② 曾豪编：《一季度收官　华西集团晒出亮眼成绩单》，2022 年 4 月 12 日，见 https:// mp.weixin.qq.com/s/DKr_dy_lE_yfEvFZ7A2SFA。

③ "8795"工作部署是指"速度、质量、创新、激励"八字方针；"坚持党的全面领导、坚持解放思想求出路、坚持依法合规保运行、坚持善建天下为人民、坚持文化引领强共识、坚持从严治党不松懈、坚持依靠职工办企业"七个坚持；"一个目标、一个总部、一个平台、一个园区、一支队伍、一个特色、一个指挥棒、一个底线、一个品牌"九个一工作思路；"亏损项目治理、数字经济发展、重点风险化解、资产证券化、补齐产业链短板"五个重大专项行动。

界五百强"奋斗目标，引导广大党员在落实战略目标、推进改革创新上下功夫，聚力推动集团高质量发展，经济竞争力得以不断加强。

一是经济指标超出预期。华西集团发展势头迅猛，各项主要经济指标增幅均超预期。主要表现为"两增两升一扩"，即营业收入、利润率增长，经济效益、净资产收益上升，资产总额进一步扩大。2021年，华西集团实现营收819亿元，增速在20%以上。2022年1至8月实现营业总收入540亿元，同比增长9%；利润总额11亿元，同比增长11%；累计新签合同总额850亿元，同比增长21%；资产总额976亿元，同比增长20%。新签合同额增速达到全国建筑业平均水平的6倍，在西部省属建工集团中排名第一，营收增速排名第二。2022年前三季度营收、利润、新签合同、资产总额同比分别增长10%、12%、20%、22%，全年营收将突破1000亿元，踏上华西改革发展新的里程碑。二是投融建运一体化能力持续提升。加快产业链上下游延伸，西南地区首个零碳示范园区——省级建筑产业园区科研基地正式开工；14个智能建造装配式基地投资建设，国家级装配式产业示范基地进入试生产阶段。1至8月，产业投资同比增长109%；投资总额达42亿元；围绕重大民生、生态环保、城市建设等领域，完成13亿元基础设施领域投资，带动施工产值70亿元，投资撬动比增长236%。① 三是多业务联动高效发展。近年来，集团全面推进集团产业结构、任务结构、区域结构"三个调整"，逐步形成了建筑施工类业务、投资与金融类业务、科研与设计类业务、海外业务及其他各类业务的相互联动支持、协调发展的良性格局，相继承接天府国际机场、东来印象、深圳基金大厦等一大批具有重大影响力的工程；按照四川省委省政府领导的批示，华西集团主动把握机遇，大力推进四川省现代建筑科技产业园建设，

---

① 四川省政府国有资产监督管理委员会编：《华西集团：乘风破浪创佳绩，栉风沐雨砥砺行》，2022年9月21日，见 http://gzw.sc.gov.cn/scsgzw/c100114/2022/9/21/8fabdb5ec3c44b5dbe72656e01aa8f36.shtml。

力争为四川打造建筑强省作出积极贡献的同时，其自身的技术实力也得到了极大的提升，先后获得"鲁班奖"及"创鲁班工程特别荣誉奖"38 项、中国土木工程詹天佑奖 7 项、国家优质工程奖 37 项，天府杯、白玉兰杯、金牛奖等工程质量奖千余项。

（四）社会影响力扩大，凝心聚力推动跨越发展

华西集团党委坚持把加强党的建设与履行社会责任、推动企业发展深度融合，切实把党的政治优势、组织优势和群众工作优势更好地转化为企业的改革发展优势，积极承担社会责任并提上新的战略高度。

一是主动为职工解忧纾困。国有企业背负着国家经济社会发展的使命与责任，其社会责任履行既影响企业自身发展，也影响国家和社会公众利益[1]，而且其所具备的责任是多方面的，对员工的责任就是其中的一方面[2]。华西集团坚持依靠职工办企业、办好企业为职工，大力推进"暖心工程"，广泛开展春送岗位、夏送清凉、秋送助学、冬送温暖"四季送"活动，把党组织的教育管理、情感关怀、结对帮扶等活动融为一体，把党建服务融入职工服务，用党组织的关怀凝聚人心、激发动力。2021 年以来，累计投入 800 余万元开展职工健康体检、普法教育、心理关怀等，帮助解决实际困难 217 个，受益职工 6 万余人次，帮助百余名困难职工子女实现"大学梦"。二是积极践行国有企业担当。华西集团在国家有召唤，群众有需要的重要关头，从集团到参建单位的主要领导都在紧要时刻主动上阵，靠前指挥，以上率下，以最好方案、最快速度、最短时间、最高标准，实心实在地干，不分昼夜地拼，全力协同地统，展示了"善建者·华西"的企业形象，体现了华西规范精细的现场管理水平，呈现出了社会各

---

① 商华等：《我国国有企业社会责任实现驱动力研究——基于内生性视角》，《科研管理》2022 年第 10 期。

② 沈志渔等：《基于社会责任的国有企业改革研究》，《中国工业经济》2008 年第 9 期。

界都认可的阶段性成效。如九寨沟"8·8"地震灾后重建项目，党员身先士卒，克服高原环境恶劣、施工条件差等不利因素，按期完成灾后重建任务；凉山州白鹤滩水电站移民安置项目支部为让群众早日住上放心房，全体职工不分节假日、不分昼夜连续作战，保证了工程各节点高效完成。①华西集团在国家有召唤，群众有需要的重要关头，从集团到参建单位的主要党委领导都在紧要时刻主动上阵，靠前指挥，以上率下，以最好方案、最快速度、最短时间、最高标准，实心实在地干，不分昼夜地拼，全力协同地统，展示了"善建者·华西"的企业形象，体现了华西规范精细的现场管理水平，呈现出了社会各界都认可的阶段性成效。

四、党组织引领华西集团未来转型升级支撑"建筑强省"

华西集团围绕打造世界一流企业的奋斗目标，坚持"速度、质量、创新、激励"八字方针，全面落实"坚持党的全面领导、坚持解放思想求出路、坚持依法合规保运行、坚持善建天下为人民、坚持文化引领强共识、坚持从严治党不松懈、坚持依靠职工办企业"七个坚持，深入贯彻"一个目标、一个总部、一个平台、一个园区、一支队伍、一个特色、一个指挥棒、一个底线、一个品牌"九个一工作思路，扎实推进"亏损项目治理、数字经济发展、重点风险化解、资产证券化、补齐产业链短板"五个重大专项行动，把华西建设成为盈利能力、运行质量、队伍作风、员工收入、社会影响力显著提高的国有资本投资公司，推动华西品牌形象更大提升，核心竞争力和综合实力再上新的台阶。②

---

① 华西集团：《临危再受命 善建再出征——杨斌再赴泸定，督导过渡安置房关键节点工作》，2022年9月26日，见 https://www.huashi.sc.cn/info/1021/2407.htm。

② 徐梦帆：《四川华西集团召开第三次党代会》，2020年12月15日，见 http://m.xinhuanet.com/sc/2020-12/15/c_1126863755.htm。

（一）党建赋能集团数字化转型

华西集团积极响应党的二十大号召，将数字经济定位为集团的培育产业，承担集团数字化转型和"换道超车"的重要使命。坚定产业数字化、数字产业化的发展方向，推动集团转型、高质量发展。华西集团整合华西在开发、设计、材料、施工、检测、装修、维保和物管等全产业链的数据资产，打造规模化数字新产业，形成与其他传统建筑施工企业形成差异化的新竞争优势。[①] 以"建筑全产业链"为方向，聚焦"建筑＋数字"产业化工作，华西集团持续深耕"三朵云"生态圈，加快提升"两把刀"的市场能见度。

一是"三朵云"建筑数字产业工作提速推进。"善建云""天府云""住建云"三朵云构建数字转型新引擎，华西集采数字建筑供应链平台入选国务院国资委数字化转型典型案例。"华西善建云"建设持续发力，携手移动云共同打造中国华西"善建云"数字化平台，推动信息化与工业化深度融合，构建现代化建筑施工企业数字化管理体系，为建筑业赋予全新活力，助力四川向建筑强省前进。同时，华西集团成功探索数字金融新型合作，在省属国有企业中率先首创与四川本土数字银行——四川新网银行股份有限公司签订《"善建云"数字化平台数据融服战略合作协议》。平台建设方面，一季度完成第一阶段各系统功能和集成开发、公有云、IDC（私有云）云基础设施建设以及云资源分配和部署，积极开展"善建云"平台整体测试上线、主数据平台生产资源主数据初始化工作。"天府阳光云"上线高效推广，2022年2月18日，四川省国资委出台《四川省省属企业实施阳光采购管理办法》，明确"天府阳光采购服务平台"为指定服务平

[①]　川观新闻：《立下新目标！四川华西谋求3年上千亿、5年"世界500强"》，2020年12月15日，见 https://baijiahao.baidu.com/s?id=1686145483319419525&wfr=spider&for=pc。

台。"四川建筑云"建设进程加快，智慧供应链完成上线部署，智慧工地、智能生产模块完成初步部署，平台建设方案、发布会实施方案、平台宣传册完成编制。

二是技术研发持续迭代。公司紧抓技术开发和科创属性打造，完成天府阳光采购服务平台 V1.0、四川建筑云 V1.0、善建云供应链 V3.0、华西云采 V1.0、国资国有企业在线监管平台一期等 20 多个项目迭代开发，跟进华西云采 1.0 寻源、结算系统 SMS、建造云 V2.0 寻源等 9 个运维项目。华西集团对相关课题进行研究、申报并立项了 3 个集团科研项目，目前正参与国务院国资委研究中心和商业信用中心联合主持的《国有企业采购信用信息公示规范》，中科院和中国信息协会牵头的《科学数据云存储环境运维流程与服务规范》等两项"规范"的标准制定。

三是新生业务拓展取得新进展。公司协同股份公司新增钢筋连接件、智慧工地、木模板 3 个生产资源一级采购新品类，开展新品类招采。刚刚完成的建筑木模板集中采购创新采用统一价格、统一结算的招采模式实现集团全程监督、集中管控，推动了集团内部交易的契约化、合同化，强化了生产资源风险前置管理[1]。

（二）党建助力集团投资管理升级

建立科学有效的投资管理制度体系，能规范投资的运作和管理流程，保障投资效果，投资管理既要推动赋能放权，也要加强监督管理，投资决策既要提升质量和效率，也要防控风险提高效益。

一是转变投资思维，构建五位一体模式。华西集团转型为建筑产业的国有资本投资公司，应从传统施工思维转换为投资思维，从传统单纯获取

---

[1] 曾豪编:《看过来　集团数字化建设正提速推进》，2022 年 4 月 22 日，见 https://mp.weixin.qq.com/s/9RCWKnl5krCq4iLBX3HF2w。

施工项目思维转换为多元闭环投资思维。建筑行业承接项目模式已经发生根本性变革，片区开发以及一、二级联动等逐渐替代传统的施工总承包模式，集团各单位要加强学习、思考并掌握驱动行业发展的新模式，推动四川由建筑大省向建筑强省转变。要建立投资项目、退出安排、融资渠道合作伙伴生态圈，提升项目的获取能力、高周转的运营能力和高效率的融筹资能力，形成"投融建管运"五位一体发展模式，打通投资、融资、建设、管理、运营的产业链条，构建"投资引领、产业支撑、产融双驱"跨越发展的新局面。[1]

二是促进投融资效率稳健发展。各单位要总结投资经验和教训，坚定投资拉动发展方向，提高经营性项目投资的质量和效率是首要任务，集团及各单位要加强人才团队建设和培养、引进专业性人才，要统一思想、提高认识，研究商业模式，理清"融"和"退"的路径，积极引入合作伙伴和外部专家，向外借"力"，明确管理职责，推动赋能授权，尽快印发办法，纳入管理制度体系，要认真学习落实国省国有企业改革三年行动方案中释放的政策红利和改革要求，积极稳妥推进混合所有制改革，加快市场化经营机制建设，全面推进激励机制务实管用，提升投资工作的活力和效率。同时，项目管理公司是集团（股份）对经营性投资项目实施"管理和退出"的"参谋员"，项目管理公司要尽快完善组织架构、组建人才队伍、搭建业务流程，以规范化、制度化、流程化促进投融资发展，以投资拉动发展助力集团"十四五"战略规划目标实现，助力集团实现"千亿华西"，迈进"世界500强"[2]。

① 王正林：《华西集团召开 2021 年投资工作座谈会》，2021 年 4 月 12 日，见 https://mp.weixin.qq.com/s/lWr9yiEc1XzgB3x4r2e12g。

② 华西集团：《马林出席集团经营性投资项目投资与融资座谈会》，2021 年 11 月 18 日，见 https://huashi.sc.cn/info/1021/1482.htm。

第四节 成都银行：释放"红色金融"，
助推实体经济

一、成都银行简介及其党建的发展历程

（一）成都银行基本情况介绍

成都银行股份有限公司（以下简称"成都银行"，股票代码为601838）成立于1996年，注册资金36.12亿元，在岗员工6800余名，下辖45家分支行（部）、220多家营业网点，控股、参股4家企业，2018年成都银行在上海证券交易所主板上市。成都银行是一家国有控股的地方性股份制商业银行，引入马来西亚丰隆银行作为境外战略投资合作伙伴。成都银行在促进四川省经济金融发展中有着关键且重要作用。在2022年《清华金融评论》发布"2022中国银行业排行榜"中，成都银行居全国银行第40位。成都银行以为小微企业融资提供金融方案和金融服务，为市民提供代发工资、社保和代收煤气水电费等基础金融业务为主业。目前，成都银行建立了以"三会一层"（股东大会、董事会、监事会、高级管理层）为主体，多层级串联，同级并联的"直线—职能制"的组织架构。其中三会和一层之间的纵横关系清楚明了，即股东大会、董事会与高级管理层之间存在直线的领导与被领导关系，而监事会与董事会之间多为同级沟通协作关系。党组织以"双向进入，交叉任职"的方式嵌入公司治理结构，形成党委会领导下的"党委会、董事会、监事会、管理层"四位一体的公司治理结构。高级管理层下设多个部门，各部门之间独立运行同时也进行横向的协作与配合关系。组织架构完整、清晰，完善了各机构独立运作、有效制衡的制度方案。由委托代理理论，代理人基于自身利益会损害委托人的利益，而党组织嵌入公司治理，可以有效制衡代理人的道德风险和逆向选择

行为，这种相互协调和相互制衡机制，对开展业务奠定了良好的组织基础和保障，为长远发展和规避风险奠定了稳固的基础，组织架构具体如图4-5所示。

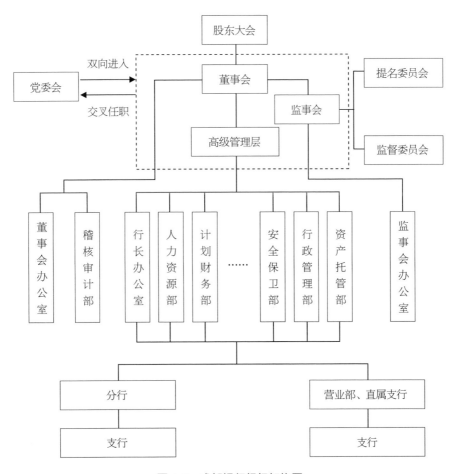

图 4-5　成都银行组织架构图

（二）成都银行党建发展历程

作为以国有股本为主的地方股份制城市商业银行，成都银行于 1996 年成立之初就把坚持党的领导、加强党的建设作为发展的首要重大政治原则。2009 年，成都银行首次提出构建党建工作长效机制，严格落实党风廉政建设责任制。2016 年，成都银行积极响应全国国有企业党的建设会议要求，于 2017 年将党建工作纳入公司章程，属于全国城商行中较早一批将党建载入公司章程的企业。2019 年以来，成都银行党委立足市属金融国有企业的实际，以党建品牌建设与中心工作深度融合为出发点和落脚点，打造"金融先锋"1+N 党建品牌体系。2020 年初，在疫情防控和经济社会发展双重任务叠加的背景下，成都银行启动惠及中小微企业的"同舟行动"，"党旗飘·同舟行"等党建品牌。2021 年起，在党中央的号召下，成都银行党委开展党史学习教育活动，如举办红色经典诗歌朗诵会，开设"党日学党史"课堂，组织党员参观红色革命教育基地等。成都银行党建历程详见图 4-6。

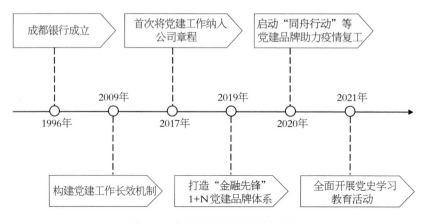

图 4-6　成都银行党建历程时间轴

目前，成都银行现有党组织 102 个，其中，总党委 1 个、分行党委 2 个、党总支 15 个、党支部 84 个，共有党员 2126 人。从 2018 年起，成都银行通过"双向进入、交叉任职"的领导体制，从组织上实现党委会成员与银行人员的交叉重合。其中，2021 年成都银行的党委会和董事会重合人数为 3 人，党委会和监事会重合人数为 1 人，党委会与高管层重合人数为 2 人。与此同时，2018 年、2019 年、2020 年、2021 年连续四年成都银行党委书记兼任董事长职位。成都银行总部党组织结构图如图 4-7 所示。

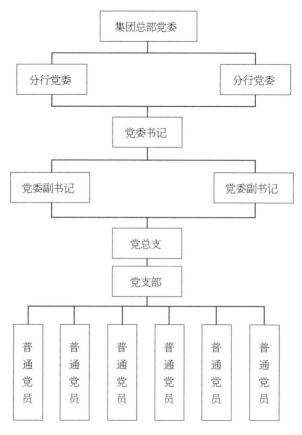

图 4-7　成都银行总部党组织结构图

在成都银行构建的金融先锋党建品牌矩阵中，"双联·双心"等 4 个子品牌被市委国资国企工委评为"优秀"，"党旗飘·同舟行"子品牌被市委组织部评为党建创新项目。2019 年、2020 年、2021 年成都银行的党建工作连续三年被市委国资国企工委评为"优秀"，经营业绩考核连续三年评为"先进"。国有企业坚持党的建设，不仅能够巩固社会主义经济制度，更有利于企业自身朝着更大更强的方向发展。过去，成都银行的党建工作与中央的要求仍然存在一定的差距，部分分行缺乏完善的党建工作考核制度，责任落实不到位；一些党建工作管理方式僵化，缺乏时代感和针对性，抓不住重点，影响党建工作效益等。自全国国有企业党的建设工作会议以来，成都银行注重政治理论学习、重视党组织队伍建设，并在企业文化中不断加强思想宣传和精神文明建设。党建工作的加强，使成都银行上下在自身规模效益实现突破的同时，也为地方经济社会发展提供了强有力的金融支撑。

二、党组织嵌入引领成都银行发展航向

（一）构建"党建＋企业"双融合特色文化品牌，把好金融企业改革方向

一是品牌引领，打造务实型党组织。一方面，成都银行以实现企业"党建强、发展强"为目标，把党的旗帜、党的文化深深嵌入企业文化基因。企业文化是企业成员共同信念的体现，当企业文化与中国共产党的代表性相结合才能超越企业经营管理的视野局限[1]。成都银行以党建为引领，结合金融行业服务实体经济的独特诚信文化、工匠精神、合规廉洁和优服理念，构建了独具特色的文化品牌体系，通过内部凝聚力量、激励创新、促进管理，向外部传播企业形象，提升市场竞争力。另一方面，成都银行在日常业务和社会服务中，充分发挥党建品牌的辐射带动示范作用，把党组织的战斗堡垒作用助力到公司转型升级中，推动党建发展与公司发展同频共振、同向发力，不断增强经济效益和社会效益，为成都银行转型发展

---

[1] 李锦峰、赵莉生：《国企党建的"代表原理"及其实践策略》，《河海大学学报（哲学社会科学版）》2022 年第 3 期。

疏通了"经脉"，筑牢了成都银行的"根"和"魂"。

二是改革谋强，打造创新型党组织。成都银行以党建为引领，解放思想，守正创新。一方面，积极探索公司管理体制机制改革，创新公司治理模式，实现薪酬体制改革。成都银行在市属国有企业中率先建立专职党建工作者队伍，全力推行"责任制＋清单制＋督查制"；积极引进、充分挖掘领军型、复合型高端人才；将党建考核评价结果纳入 KPI 考核，直接与绩效挂钩，激发公司发展的动力和活力。另一方面，完善党建引领银行业务创新的制度机制，主动融入区域经济发展的经济结构、消费结构、居民习惯等区域因素，围绕"六大经济形态""七大应用场景"以及成都打造国际消费中心等部署，深入推进科技金融、文创金融服务创新，推出"惠"字头系列信贷产品，正式上线"文创通"产品，打造体现时代特征的特色金融服务口碑；创新实施基层支部"示范引领"工程和"结对互帮"工程，坚持"结对互助补短板、攻坚克难谋发展"原则，在党的建设、业务营销、内部管理等方面形成"优势互补、互助共赢、共同发展"的良好局面。在党建引领下，成都银行坚持"党旗铸魂明方向、业务党建双提升"，创新性提出"五色工作体系"①。

三是创先争优，打造服务型党组织。首先，成都银行围绕城市发展战略匹配金融资源，聚焦重点领域和行业，开发了一批"特色化、标准化、本土化"的信贷产品。例如，符合企业发展周期的"创业贷""壮大贷"，以及适用于不同还款现金流的"易采贷""惠抵贷"等。2022 年 8 月，成都银行正式展开个人基金代销业务，推出"成稳致远"和"成银慧选"两个产品系列，进一步扩大其业务范围。其次，成都银行积极引领企业在公益事业上加大投入，从而有利于企业更好履行社会责任。聚焦"同舟行

---

① 即以"红色引领同舟共进"为目标，以"橙色破冰同舟共济、蓝色起航同舟共创、金色互惠同舟共赢"为载体，以"青色护航同舟共治"为保障，坚持高质量党建带动金融服务高质量发展。

动"，坚持疫情创建两手抓，社区服务作表率。成都银行鼓励党员干部冲锋在前，在疫情防控、文明城市创建中充分发挥先锋模范作用。疫情期间，成都银行全力支持中小微企业纾困壮大，在全市启动了面向中小微企业的稳企惠企"同舟行动"，为中小微企业提供信贷支持，切实减轻企业负担，积极履行社会责任，为稳妥推进复工复产奠定坚实基础。最后，成都银行牢牢聚焦"服务城市"，切实担当起地方法人金融机构的政治使命。2018 年以来，成都银行围绕成渝地区双城经济圈建设、成都都市圈建设、公园城市示范区建设等中央省市重大战略，成都银行共提供信贷支持超5000 亿元，围绕市委市政府构建高质量发展的现代产业体系和"建圈强链"相关部署累计为 2000 余户链上企业提供信贷支持近 500 亿元。与此同时，成都银行领导班子成员赴基层一线和企业调研 20 余次、开展同业交流 10 余次的成果，切实把党史学习教育成效转化为干事创业的"动力源"和服务实体经济的"助推器"。

（二）确保党组织在公司治理体系的法定地位，管好企业三重一大事项

一是着眼完善机制"依法进入"。首先，针对"国有主导、相对分散"的股权结构特点，成都银行不断加强与境内外股东密切沟通和互动协调。其次，总行及直属企业全部实现"党建入章"，按照"双向进入、交叉任职"原则，成都银行党组织负责人通过法定程序进入董事会、监事会和管理层，全面推行"一肩挑"，总行、直属企业和分支机构的党组织书记、行政负责人"一肩挑"比例达 94%，位居市属国有企业前列。最后，成都银行将党的组织从总行、分（支）行延伸到具体的营业网点和服务窗口，实现了党的组织与公司治理结构相融合的基本形态。

二是着眼厘清权责"功能嵌入"。一方面，成都银行坚持尊重企业经济主体的自身规律和自主发展，按照"放手不甩手、尽职不越位"和"守住底线、把住关键"的原则，制定《党委会议事规则》《党委会议事工作细则》，明确把党委会研究讨论作为董事会、经营管理层决策"三重一大"事项的前置程序。首先，要准确把握发展方向，以习近平总书记重要讲话和重要指示精神为引领，研究制定"2022—2024 战略发展规划"，确立"规模迈入万亿级、管理进入一梯队"发展目标。其次，规范党委决策机制，在"细"字上下功夫，制定《党委会议事工作细则》，明晰党委"定"和"议"的职责范围，规范大类和党委会议事的具体项目、议事流程，做到总揽不包揽、协调不替代。同时，明晰治理主体权责边界，确保各治理主体不缺位、不越位、不错位。坚持民主集中制原则，促进职工党员代表有序参与治理，推动各治理主体协同高效、形成合力。

三是着眼政治引领"使命融入"。一方面，加强思想建设。成都银行弘扬"创新、风险、工匠、家园"精神，重塑企业先进文化体系，确立2022 年为企业文化建设年，编制《企业文化宣言》《文化手册》，制作文化宣传片、宣传歌曲，实施文化专项行动，打造企业文化长廊，承办市属国有企业企业文化建设现场推进会。另一方面，坚持党的全面领导。坚决落实新时代党的建设总要求，建立健全"不忘初心、牢记使命"主题教育"清单化"管理机制，结合银行改革发展实践列出重点任务清单，并将重点任务进一步细化其大类，分解目标，并提出具体举措，以明晰的工作计划和实施路线图，引导班子成员和广大党员干部自觉将银行的改革发展与国家和省市经济发展战略相统一，最大限度凝聚改革发展的政治认同、思想认同和情感认同，确保党在金融领域的政策方针、改革部署和目标任务在成都银行得到坚决贯彻落实。

（三）推进银行清廉金融文化建设，从思想、组织、监督上促进落实

一是校地联动整治立规创优，建设清廉银行。成都银行始终将廉洁文化融入经营管理工作中，抓牢政治责任，开展作风专项整治，深

入开展岗位廉洁风险防控排查。① 联合市纪委、成华区纪委和西南财经大学在成都银行成华支行建设"廉洁教育基地",创新打造"成清廉华·持守方圆"廉洁品牌,坚守红线制度和高压态势营造清正廉洁环境。二是建立专职党建工作队伍,提升服务质效。坚持"金融人才是金融业发展第一资源、忠诚干净担当是国企干部第一素质"理念,不断健全完善党管干部原则下的选贤任能机制。全力推行"责任制+清单制+督查制",将党建考核评价结果纳入 KPI 考核。着力打造成都银行以"金融先锋"为总品牌,以"党旗铸魂·匠心成德""汇融社区·根植院落"等为子品牌的文化品牌体系。② 三是不断完善内控监督机制,规范权力运行。党组织融入公司治理会通过影响风险承担的收益、成本、企业风险偏好的确定及决策程序等途径抑制企业过度的风险承担。③ 成都银行秉持着将党组织活动与经营风险防控紧密融合的理念,整合内外监督资源,建立起一套相互衔接、紧密结合、管控有力的内控监督机制。

三、党组织嵌入增强成都银行"三大能力"

(一)金融竞争力增强,业务经营指标持续改善

成都银行于 2017 年实施党建纳入公司章程,通过加强公司党建工作,使得党组织切实融入公司治理。党组织重在谋全局、议大事、抓重点,这使得公司业务发展得到显著提升,自 2018 年 1 月上市以来,

---

① 陈艾婧编:《党建引领同舟共行——成都银行党建引领与中小企业双促共赢》,2021 年 6 月 8 日,见 https://www.scdjw.com.cn/article/74728。
② 金台资讯:《成都银行:党建引领为金融国企改革发展"强筋健骨"》,2020 年 5 月 25 日,见 https://baijiahao.baidu.com/s?id=1667649484756632481&wfr=spider&for=pc。
③ 李明辉、程海艳:《党组织参与治理对上市公司风险承担的影响》,《经济评论》2020 年第 5 期。

企业在效率、效益、市场占有率等方面都有显著提升，综合竞争实力持续增强。具体体现在以下三个方面：一是盈利能力持续攀升。根据成都银行披露的 2022 年年报，2022 年全年营收 202.4 亿元，同比增 13.1％，实现归母净利润 100.4 亿元，同比增 28.2％。年化加权平均净资产收益率为 19.48％，较上年同期上升 1.88％。二是资产质量持续提高。2022 年末，公司不良资产率为 0.78％，较年初下降 0.2％，不良资产率处近 7 年来历史最低位。三是投资价值持续凸显。由于信息不对称和代理问题的存在，非效率投资现象广泛存在于内外部治理机制尚不完善的我国国有企业中。党组织融入公司治理所伴随的激励与约束机制能够强化监督体系和抑制管理层机会主义行为，在制度保证的前提下理论上可以起到抑制企业的非效率投资倾向，这也使得成都银行的投资水平不断得以优化。成都银行对传统制度进行混合修改且新制度实施初见成效。通过增资扩股、引入战略投资者等多种方式，成都银行市混改取得了初步成效，市场化程度进一步提高、融资渠道进一步拓宽、企业效益进一步提升。

（二）抗风险能力提升，企业风控体系逐步完善

由社会身份认同理论内生出的组织身份认同理论可知，党组织成员在身份认同驱动下，能够提升企业风险防控意识，有助于提升企业风险管理水平。[1]党组织嵌入成都银行治理结构，提高了成都银行的风险管理水平，使得成都银行风险体系逐步完善。[2]多年来化解风险成效显著，主要体现在以下两个方面：一是形成一套行之有效的信贷风控体系。在党组织的领

---

[1]　付景涛等：《党组织治理、身份认同与企业"脱虚返实"》，《中南财经政法大学学报》2022 年第 6 期。

[2]　金玥瑶：《〈金融会客厅〉对成都银行副行长李金明的专访》，2023 年 2 月 23 日，见 https://mp.weixin.qq.com/s/jZE20iJ8_WhqPqDFz9xSRQ。

导下，成都银行建立了科学的区域评估机制，分别从区域财力、区域债务以及区域发展潜力等纬度对合作对象进行区域评价，以评价结果为依据划分合作档次和优先顺序。在源头上优选行业主管部门定期发布的名单企业合作，在筛选上针对优质小微企业聚集的行业及领域建立 18 套财务指标评分模板，不断优化财务评价指标项和评分权重，同时将股东实力、纳税等级、核心资质、融资轮次、舆情信息等非财务因素纳入评分模板，提升风险评价的全面性和准确性。同时，以大数据技术架构搭建、内外部数据引流、数据治理为基础，加强风险预警管理，提高风险的前瞻性管理能力，构建了智能风控体系，形成了有效的风险预警机制。二是传承企业内生的风险文化。"风险文化"是成都银行高质量发展的坚实基础，已在全行内部达成充分共识，并内化为每位员工的行为自觉。在企业文化的滋养下，全行各条线凝聚力、战斗力持续提升，员工幸福感不断增强。制度是钢，是"他律"；文化是水，是"自律"。

据统计，四川省银行不良贷款率从 2014—2018 年持续抬升，不良贷款率从 2014 年的 1.73％上升至 2018 年的 2.61％。2018 年不良贷款率达到顶峰，并出现转折点，至此不良贷款率开始持续下降，2021 年不良贷款率为近五年来最低水平。而成都银行的不良贷款率从 2014 年的 1.19％上升至 2015 年的 2.35％，且 2014—2021 年这期间成都银行的不良贷款率均低于四川省年银行的不良贷款率，且较早出现峰值，不良贷款率更快得以控制。究其原因，成都银行在党组织的领导下，建立有效的风控预警体系，较早着手风险出清工作，前瞻压降高风险领域，加大基建、按揭等优质信贷投放，为化解风险争取了主动权，率先在本地银行中走出上一轮不良上升周期。[1]四川省银行与成都银行不良贷款率详见图 4-8。

---

[1] 《2022 年成都银行研究报告成都银行可持续发展的原因分析》，2022 年 9 月 9 日，见 https://xueqiu.com/6351082895/230471067。

图 4-8　四川省银行与成都银行不良贷款率对比

（三）社会影响力扩大，实体经济服务愈发全面

党组织嵌入过程中充分发挥党建"红色引擎"功能，服务生产经营不偏离，坚决贯彻落实各级党委和政府的决策部署，积极发挥党建引领作用，坚守"服务地方经济，服务小微企业，服务城乡居民"市场定位，承担起地方法人金融机构的政治使命和责任担当。省会成都对四川经济增长的引领带动作用增强，其中成都银行作为四川首家登陆资本市场的法人银行业机构，充分发挥"鲶鱼效应"，助力四川经济总量迈上新台阶，这实现了"党建强、发展强"双赢目标，同时体现国有经济在服务国家战略、发挥战略支撑作用及承担社会责任、满足人民美好生活需要过程中所产生的积极影响和效果。具体表现在以下三个方面：一是做服务城市发展的金融"主力军"。成都银行围绕成渝地区双城经济圈、成德眉资同城化建设、公园城市示范区建设等重大战略，全力为推动城市发展能级提升做好资金要素保障。围绕成渝地区双城经济圈建设，主动对接相关政府、企业，提供针对性、个性化金融服务，持续加大信贷支持。2019—2021 年，分别向成渝地区双城经济圈覆盖的四川省内其他城市

（不含成德眉资区域）新增信贷投放 99.43 亿元、116.72 亿元、171.34 亿元，累计新增近 390 亿元，为成渝地区双城经济圈建设提供了有效金融支撑。截至 2021 年底，成都银行在重大基础设施、重大民生工程等重点项目上提供资金支持超过 2000 亿元。截至 2022 年三季度末，成都银行通过城市更新积极助力成都市提升宜居品质，累计为城市更新项目授信金额超 360 亿元。二是做服务现代产业体系构建的"排头兵"。2019—2021 年，成都银行围绕"5+5+1"现代产业体系①，新增信贷投放近 830 亿元，占新增产业信贷之比约 83％。截至 2021 年年末，成都银行为全市 32％的高新技术企业，超过 40％的规模以上企业以及成都市 80％以上的上市公司提供了金融服务；专精特新方面，为成都市 107 户获批的国家级专精特新"小巨人"企业中的 82 户企业提供了金融服务。三是做实普惠金融惠企纾困的"及时雨"。成都银行始终保持发展小微业务的战略定力，创新金融产品，构建白名单客户库，通过单列额度、专属产品、精简流程、限时办结、降低利率、减免费用等六大举措，用足用好人民银行再贴现、再贷款政策。2020 年全行普惠型小微贷款余额较年初增长 64.73％，高出全行贷款平均增速 42.11％。成都银行在总行和分支机构均设立了中小微业务专营部门，组建中小微业务专营队伍，建立完善考核制度和尽职免责体系，打造敢贷、愿贷的小微业务长效机制。同时，针对不同小微企业融资需求，逐步形成政银类、场景类、供应链类三大产品体系，包括蓉易贷、壮大贷、惠药贷、惠抵贷、惠链通等各类产品，并持续加大线上服务力度和完善功能板块，提升中小微企业信贷资金可获得性、便捷性、时效性。2019—2021 年，在教育、医疗等社会民生领域累计新增信贷投放超 140 亿元，新增余额超 87 亿元，2021 年末余额近 130 亿元，余额复

---

① "5+5+1"是指五大重点产业：电子信息、装备制造、医药健康、新型材料和绿色食品；五大重点领域：会展经济、金融服务业、现代物流业、文旅产业和生活服务业；一个产业体系：发展经济培育新动能。

合增速达 45.10%，高于全行各项信贷余额复合增速 17.23 个百分点，有力支持成都地区社会民生相关产业发展。

四、高质量党建引领成都银行未来战略规划支撑"双城经济圈"建设

成都银行党委将坚持从党的百年奋斗历史中汲取前进力量，把学习宣传贯彻党的二十大精神作为党建工作的重中之重，以实施新一轮战略规划和做好市委巡察反馈问题整改为契机，持续向中心聚焦、向大局聚力，推动党建引领力、组织力、品牌力、融合力、创新力全面提升，在"规模迈入万亿级、管理进入一梯队"三年冲锋战中发挥党建红色引擎功能，以高质量党建引领和推动高质量发展更上新台阶。

（一）党建融入战略规划，推动"二化一售"转型发展

成都银行始终坚持以常态化政治建设机制确保正确发展方向，建立起管理层专题调研联系点制度，以及重点工作重大项目的责任分工、考核评价和监督检查制度，以制度建设锚稳高质量发展的战略方向、创新高质量发展的战略思维、践行高质量发展的战略担当。同时，该行坚持将党建与经营管理工作同筹划、同部署、同落实，双考双评。成都银行展开了新一轮战略发展规划，积极推进"精细化、大零售、数字化"三大转型，并将此定义为是未来十年该行实现脱胎换骨和长治久安的关键，是保持长期稳健可持续发展的根本。以此为引领，成都银行坚持以深化改革谋发展，以强化管理求效益，全面提升经营发展动能，不断加快改革转型步伐。在战略转型、提质增效中，成都银行新兴业务发展不断取得新突破，一条差异化发展、特色化发展的路子逐渐清晰。

（二）党建夯实基层堡垒，构建"双品牌"并进新格局

成都银行党委持续加强各基层党组织建设，夯实党建品牌基础，筑牢战斗堡垒，构建起"主品牌引领、子品牌支撑"的党建品牌建设格局。以"金融匠人·幸福长顺"党建品牌为出发点，通过深化构建"匠魂、匠艺、匠心"党建工作体系，走出了一条服务城市发展战略与自身经营发展高度契合的特色发展路径。成都银行以创新作答，通过做深宣传教育、做实组织建设、做精双向融合，充分发挥党建引领力、增强内部凝聚力、提高企业生产力，以"三做三力"强根铸魂。

（三）党建铸造担当之魂，助力双城经济圈金融深度融合

成都银行党委始终坚持"服务地方经济、服务小微企业"的市场定位，提出"党旗铸魂明方向、业务党建双提升、银企合作双促进"的工作思路，不断探索创新党建工作与助力地方发展深度融合的方法和路径，铸造担当之魂。该行切实担当起地方法人金融机构的政治使命，牢牢把握成渝地区双城经济圈建设重大发展机遇，与渝农商理财有限责任公司成功发行全国首款成渝地区双城经济圈主题理财产品，资金将全部用于支持成渝地区实体经济发展。[①]

第五节　案例启示

国有企业的战略地位决定了国有企业的核心价值观的特征。作为市场

---

① 严磊编：《凝心聚力促发展成都银行擦亮"金融先锋"特色党建品牌》，2021 年 7 月 1 日，见 https://cbgc.scol.com.cn/news/1617256。

竞争主体，国有企业有其经济属性，但不论如何改革发展，都不能忘记"姓党"本分。党建工作历来是我国国有企业工作的重要部分，也是国有企业增强自身竞争力的保证，正是将党的领导始终贯穿于企业生命周期，充分发挥党组织政治引领、思想引领、价值引领作用，随着党的领导融入公司治理不断优化，党的领导弱化、党的建设虚化等状况明显改观，对增强国有经济"五力"起到了积极的作用。通过对上述四个国有企业的典型党建案例分析，本书主要得到以下四个方面的启示。

一、把准政治方向，确保国有企业"五力"发展航向

党组织融入国有企业公司治理的第一个作用在于"把方向"，从上述案例可以看出，党组织治理效能提升的逻辑基点在于党组织要把准政治方向。因此，国有企业党组织要用党的创新理论最新成果武装头脑，指引国有企业沿着既定航向奋勇前行，同时把坚持正确政治方向切实贯彻到企业的战略方向、工作方向中去，清醒明辨行为是非、精准识别现象本质、科学把握形势变化，紧紧抓住企业治理体系的薄弱环节，固根基、扬优势、补短板、强弱项，守好政治原则、把准增强国有企业"五力"的发展航向。

一是服务政治大局，为推进国有企业治理能力现代化提供坚实基础。要牢牢抓住坚持党的领导和建立现代企业制度这两个关系。实践证明，国有企业在坚持党的领导和建立现代企业制度之间存在着辩证的统一。从"产权清晰"的发展要求来讲，坚持党的领导能够更好地使国有企业向产权所有者——国家与人民，承担责任；从"权责明确"的发展原则来看，要明确党组织决策，执行，监督各个环节的权力与职责，支持董事会，监事会，经理层依法办事；从"政企分开，管理科学"发展逻辑来说，党对企业的领导就是要把方向，管大局，促落实，这样不仅有利于把握全局和

方向，而且可以强化监督，保证工作的实施。通过厘清党委会与董事会、总经理办公会的权责边界，建立党委决策前置程序。形成各司其职、各负其责、协调运转、有效制衡的法人治理结构，确保党组织的政治考量和决策部署切实地融入到企业战略规划的制订实施中。二是强化政治建设，为推进国有企业治理能力现代化提供组织保证。新时代加强国有企业党的政治建设，需要结合中国式现代化继承和发展马克思主义党建理论，重视领导班子思想政治建设，坚定理想信念，凝聚思想共识。严肃党内政治生活，稳步提升基层党组织的组织力。三是担当政治责任，为推进国有企业治理能力现代化贡献国企力量。坚持在大局下行动，加强集体领导、推进科学决策，推动国有企业全面履行政治责任，国有企业党组织要从讲政治的高度认识自身肩负的职责使命，增强落实国家战略、践行国家意志的自觉性和坚定性。国有企业党员干部需要以人民为中心的发展思想，坚定共同富裕的发展理念，自觉担当、主动作为。把对人的管理从物的"成本中心"控制转向发挥人的主观能动性上来，把职工作为企业生产经营活动的主体，安排在最能发挥其作用、工作最富活力的地方，进而开发职工的聪明和才智，调动职工的积极性和创造性，人尽其才，才尽其用，充分依靠全体职工的智慧和力量，实现企业经济效益与社会效益的最大化。

二、引领人才培养，管好国有企业"五力"责任大局

习近平总书记强调，要坚持党对人才工作的全面领导[①]。从上述案例可以看出，党组织治理效能提升的重要保障在于党组织要加强人才的政治引领，健全党管人才领导体制和工作格局，创新党管人才方式方法，牢牢把握人才引领战略地位，以更高站位、更大力度深入实施新时代人才强企

---

① 《习近平著作选读》第二卷，人民出版社 2023 年版，第 517 页。

战略，不断做强做优做大国有资本和国有企业，为增强国有企业"五力"，贡献德才兼备、忠诚干净担当的高素质专业化人才队伍。

一是推进和完善经理层市场化选拔和激励机制。核心是要坚持党管干部原则，充分发挥党组织领导和把关作用，特别是要在确定标准、规范程序、参与考察、推荐人选等方面把好关，按照习近平总书记提出的"对党忠诚、勇于创新、兴企有为、治企有方、清正廉洁"[①]20字标准选拔国有企业领导干部尤其是一把手，配好建强国有企业领导班子。深化选人用人机制改革，建立企业培育和市场化选聘相结合的职业经理人制度，形成以外部聘用为主、内部岗位轮换为辅、内部晋升为补充的国有企业经理人产生格局，畅通市场化退出通道。根据企业分类管理的原则，差别化对待，制定相应薪酬激励制度，强化国企高管薪酬要与承担的责任轻重、面临的风险大小、所取得的业绩好坏、对企业贡献高低等之间的联系，允许并鼓励国有企业中市场化选任的总经理薪酬高于组织任命的总经理薪酬，但必须承担相应的职业风险。构建良好的容错纠错机制，充分调动领导干部改革积极性，激发企业经营主体活力。二是大力培养党建和业务双融合的复合型人才。人才队伍建设，是提升中国特色国有企业现代化公司治理水平的关键环节。中国式现代化国有企业要打造高素质的干部人才队伍必须坚持两方面的原则：坚持党管干部原则；聚拢优秀人才，特别是"红色人才"。要做到党管干部就必须严格按照中国式的现代化国有企业领导人员标准办事。要坚持党管干部的原则，确保党在企业干部人事工作中的领导地位和重要干部管理权力，确保候选人政治上合格，作风上优良，清廉上公正，建设一支忠诚干净负责任的高素质干部队伍至关重要，要着力构建和完善培养，选拔，管理和使用好干部的工作制度。注重聚集爱企奉献人

---

① 姜洁、兰红光:《习近平在全国国有企业党的建设工作会议上强调　坚持党对国有企业的领导不动摇　开创国有企业党的建设新局面》,《人民日报》2016年10月12日。

才。三是建立党管人才的系统性工作机制。抓系统强调的是党管人才不是对人才工作细枝末节的管理，而是在全面了解人才工作要求基础上，基于对整体人才队伍现状的全面盘点、对人才成长规律的深刻把握，在党委统一领导下，从企业总部到基层单位全面参与推进人才工作。同时，完善人才评价和激励机制，着力留住经济领域骨干和承担着经营管理国有资产和保值增值重要职责的优秀人才，国有企业党委领导不仅要从严管理而且要重在关怀，建立正向激励鲜明导向，使其放手干事。

三、坚持深度融合，促进国有企业"五力"增强落实

习近平总书记指出，坚持党建工作和业务工作一起谋划、一起部署、一起落实、一起检查①。从前文四个优秀企业党建案例可以看出，要提升党组织融入公司治理的效能，必须以系统思维统筹推进党建工作与业务工作深度融合，实现党建工作与业务工作的同向聚力、深度融合。前文的四家案例公司分处于完全不同的行业，其经营业务特点截然不同，但是都树立了"围绕中心抓党建，抓好党建促发展"的理念，在国有企业治理结构中嵌入党组织的治理、在企业内部开展党建工作，归根到底就是为了促进国有企业的发展。综合四个案例企业的做法经验，在国有企业实践中加强党建和业务工作的"深度融合"可以通过聚焦以下"三个融合"实现。

一是聚焦党建文化和公司文化的融合。企业文化和党建同是思想引领工作，企业文化是企业在长期的经营实践过程中凝练、沉淀下来的一种文化氛围，是被全体员工普遍认可并付诸行动的纲领和规矩。利用企业文化建设助推党建文化在企业的落地生根，可以使党建文化更具有针对性、指导性和亲和力。二是聚焦党建工作与制度机制的融合。为防止把"深度融

---

① 习近平：《在中央和国家机关党的建设工作会议上的讲话》，《求是》2019 年第 21 期。

合"当口号喊，必须建立起刚性可操作的制度机制保证。着眼推动真融实合，建立企业党建工作联席会议制度，确立主体责任清单，建立起全员参与党建、层层推进落实的党建业务协同治理大格局。三是党建考核和业务考核的融合。考核引领导向，考核融合是调动广大党员干部工作积极性的重要抓手，党建考核的指挥棒作用对"往哪融、怎么融"有着至关重要的功能。建立与业务工作深度融合的大党建考评体系，优化评价指标，形成覆盖业务岗位的绩效考核制度体系，同时应该强化过程监管，抓住关键环节，体现事前预防的作用。只有这样，国有企业内部的政治优势才能充分转化为竞争优势，才能推动国有企业"五力"的全面提升和发展。

四、扎牢监督体系，促进国有企业"五力"持续发展

习近平总书记强调，推动高质量发展，必须坚持和加强党的全面领导、坚定不移全面从严治党①。党要管好国有企业，就要"刀刃向内"，努力破解自身问题，形成清正廉洁政治生态环境。从前文四个优秀企业党建案例可以看出，提升党组织治理效能，必须切实履行好全面从严治党主体责任和监督责任，加强监督检查成果的运用，强化整改力度，形成监督管理闭环并提高监督效能，以更好地推动国有企业改革发展。科学建立健全国有企业党内监督体系，强化权力运行监督制约，切实预防和化解各类风险挑战，是新阶段推动国有企业完善现代企业制度的必要一环。综合四个案例企业的做法经验，在国有企业实践中扎牢党建和业务工作的"深度融合"可以通过聚焦在以下"三个下功夫"实现。

一是在健全监督制度上下功夫。把监督融进岗位职责、制度规范、业

---

① 黄敬文:《习近平在参加江苏代表团审议时强调　牢牢把握高质量发展这个首要任务》,《人民日报》2023年3月6日。

务流程，能够及时发现公司在党务和业务工作中出现的问题与不足，及时进行整改，提升企业的治理效能。通过把各类监督制度设计放在企业制度体系大框架中，形成目标明确，责权分明，突出重点的监管体系，为监管提供基础依据，以提高监督效力和效果。二是在加强监督覆盖上下功夫。监督工作的全面性意味着补牢监督的漏洞，解决监督的"短板"和"弱项"问题。通过制定监督检查清单，增强监督的全面性，实现监督对象和监督内容的全覆盖；通过日常和专项监督方法结合，实现对重大现实和潜在问题的精准监督；通过"事前、事中、事后"等多种监督方式，实现对经营全过程"贴身式"监督，充分发挥出监督的预防性作用。三是在增强监督效果上下功夫。运用监督整改工具可以增强监督治理之功效。从"问责"到"问效"强化监督计划的刚性，做到监督结果与单位综合业绩考核体系挂钩、考核结果与绩效薪酬奖惩挂钩，加大考核问责力度，确保国有企业全面从严治党责任落到实处。同时，强化示范引领和警示教育，以正面典型为标杆、以反面典型为镜鉴，做到问责一个、警示一批、教育一片。只有这样，党对国有企业的领导才能保证国有企业"五力"提升行稳致远。

第 五 章

国有企业党组织治理功能解构
与调查问卷分析：以四川为例

　　将党组织内嵌到公司的治理结构中，充分发挥党组织"把方向、管大局、促落实"的重要作用，把党组织的领导融入到公司治理的各个环节是推进上市公司治理水平整体稳步提升，实现上市公司治理能力和治理体系现代化，保障上市公司健康发展的基石。党的十八大以来，以习近平同志为核心的党中央高度重视上市公司发展和党的建设。在党中央和国家的支持和帮助下，国有企业的党建工作已取得了突破性的进展，但党组织融入公司治理的具体实践情况，鲜有文献或新闻报道进行系统性的总结和分析。而问卷调研是获得国有企业党组织建设情况一手资料的重要途径，只有通过实践，才能了解目前国有企业党组织融入公司治理的"痛点"和"难点"，才能更加提出系统性、针对性的建议。因此，本章将通过分析四川省122家国有和民营上市公司的问卷调研结果，以民营企业为对照组，对国有企业党组织嵌入公司治理结构、融入公司治理的情况进行评估，为设计国有企业党组织融入公司治理的新路径以及党组织治理功能提升的保障机制提供实践支撑。

第一节　四川省国有企业的基本情况

自党的十八大以来，四川省的国有企业在党中央和省委的部署和要求下，深入贯彻落实习近平总书记关于国有企业党组织建设的重要论述，积极推进党组织的建设，开展主题党日红色活动，充分发挥党组织的政治功能和组织功能，在推动四川省地区经济发展、维护地区社会稳定以及带动地区生态文明建设上起到了"排头兵""领头羊""火车头"的重要作用。

10 年来，全省国有企业突出高质量发展要求，从过去偏重规模和速度的粗放型增长加快向更加注重质量和效率的集约型增长转变，国有经济实现了快速发展，综合实力显著增强。根据 2022 年 1—10 月四川省地方国有企业经济运行情况简报，全省地方国有企业资产总额 10 年迈上 12 万亿元台阶。全省地方国企资产总额、营业总收入、利润总额分别达 12.76 万亿元、1.61 万亿元、1144 亿元，较 2012 年分别增长了 3.8 倍、2.7 倍、1.6 倍，跃居全国第 4、8、7 位。生产规模上千亿元的企业、营业收入上百亿元的企业由 2012 年的 3 户、10 户，增长到 2021 年的 22 户、26 户。蜀道集团、成都兴城集团首次进入世界 500 强，实现了历史性突破。9 户地方国企进入"中国企业 500 强"，五粮液、四川航空等 5 个地方国企品牌入选"中国 500 最具价值品牌"，43 户四川省属子企业认定为国家级高新技术企业，建成创新创业平台 76 个，研发费用年均增长 20% 以上。华海清科成为四川地方国有控股第一家科创板上市公司。全省地方国有控股上市公司达 42 家，市值超 2 万亿元。布局结构更加优化。以重大项目为抓手，天府国际机场实现通航，成渝客专、成贵客专、成达万高铁、川藏铁路等出川大通道，白鹤滩水电站、金沙水电站等重大项目相继建成或加快推进，东方电气全球首台百万水电机组投入使用，富润公司世界首套万吨级池窑连续玄武岩纤维产品投产，九洲导航研制的三维激光扫描雷达打破国外垄断，长虹首条"5G+工业互联网"生产线投产。出台"国资10条"，助力国企实现高质量发展。特别是2022年面临经济下行、高温限电、疫情、汛情地灾、地震等多重压力，仍实现了逆势增长。根据2022年四川省属监管企业生产经营及财务状况简报，1—9月四川省属企业资产总额预计达2.3万亿元、同比增长16.9%，预计实现营业总收入4130亿元、同比增长14.4%，剔除受疫情特殊影响的川航集团、机场集团外的其他省属企业利润总额预计177亿元，同比增长22.2%。1—8月成都航空枢纽累计完成运输架次20.6万架次、运送旅客2313.7万人次，居全国第一。

在社会责任履行方面，四川省国有企业第一时间全面打响"救援保障、运输保障、民生保障"三大战役，率先制定出台"国资十条"等硬核举措，发起设立全国首只10亿元省级防疫专项投资基金，省属企业免收房租、高速公路通行费等减费让利近80亿元。打赢精准脱贫攻坚战。举全省国有企业之力，在"四大片区"累计投入资金52.5亿元，助力彝区、藏区65个贫困县摘帽、799个贫困村退出、55.4万名贫困人口脱贫。为全省顺利实现全面建成小康社会目标、推动治蜀兴川再上新台阶作出了积极贡献。凉山昭觉县"悬崖村"，是习近平总书记最为关心的地方之一。响应"国企入凉""国企康巴行动"号召，东方电气累计直接投入帮扶资金超过1.1亿元，帮助引进无偿帮扶资金152万元，实施扶贫项目240余项，帮助超过14万名贫困人口实现脱贫。四川电信、四川移动在"悬崖村"先后开通2400户宽带，建成11个无线基站、8个4G基站及1000兆宽带电视，让悬崖村民享受到了与大城市同步的信息资讯。四川发展国源农投建立特色水果种植基地5.2万余亩，带动5万余户16万余人增收。国有企业共开设扶贫产品销售专店5个、专区专柜145个。61户国企累计以购代捐、定向采购贫困地区农特产品1655场（次），金额3.5亿元，帮助

235

销售2万余次，金额1.1亿元。打赢应急抢险救援战。历次大灾大难大考，国有企业闻令而动冲锋在前、不计成本不惜代价，全力抢险救人、全力抢通保畅、全力供水保电，发挥"敢死队"和"守护神"作用，始终彰显国企姓党报国为民的责任担当。2022年"9·5"泸定地震，蜀道集团四川路桥抢险突击队第一时间抢通S217应急通道。83户中央企业捐款12.91亿元。19户省属监管企业克服疫情等多重不利因素影响，踊跃向灾区捐款1.015亿元。

在党的建设上，四川省国有企业全面建立学习贯彻习近平总书记重要指示批示"第一议题"制度，扎实开展"两学一做""不忘初心、牢记使命""党史学习教育"等主题教育，切实做到拥护"两个确立"、落实"两个维护"。党的领导融入公司治理有效落实，省属企业"党建入章"、党组织覆盖、党建考核、董事会应建尽建完成率、集团层面外部董事配备"全覆盖"和子企业董事会"外大于内"比例均达100%。省属企业集团层面及重要子企业党委书记董事长全面落实"一肩挑"。党建基层基础更加坚实。实施国企党建"强基固本提升工程"，国企基层党组织实现应建尽建。四川电力"连心桥共产党员服务队"获中央表彰，"蜀道红"、川投"五彩党建""华西绿"项目党建、川航"红色先锋"等一批党建品牌脱颖而出。国企精神力量更加凝聚。创办四川省国资委党校，深挖"两路"精神、三线精神红色资源，形成系列四川国企精神。成功打造中铁二局"先锋文化"、川航"美丽文化"、华西"善建文化"等优秀企业文化。国企政治生态更加清明。注重发挥四川首家省级国企廉洁教育展示点"清风堂"平台作用，开展常态化现场式廉政教育，覆盖500多家单位、600余批次、2万余人。深刻吸取严重违法违纪案件教训，深入开展系列以案促改工作。加大国企反腐力度，立案查处省属国企案件866件，党纪政务处分796人，挽回经济损失3.1亿元。

第二节　四川省上市公司基本情况调查

一、全省上市公司总体分布

本章运用从 CSMAR 数据库获得的数据，从中商情报网、巨潮资讯网等网站收集的数据，以及通过问卷调研整理的四川省上市公司相关信息，系统分析了当前四川省上市公司数量、股东性质、行业分布、地区分布以及优势上市公司情况、各行业市值贡献率等，以了解把握四川省上市公司的总体发展状况。

截至 2021 年 3 月 31 日，四川共有 139 家上市公司。从上市公司各板块来看，有 55 家深主板上市公司，45 家沪主板上市公司，33 家创业板上市公司，6 家科创板上市公司，上市公司各板块分布比例如图 5-1 所示。按企业控股股东性质划分，非国有企业共 89 家，所占比例高达 64.0%；国有企业共有 50 家，占比 36.0%，如图 5-2 所示。2010 年以来，每年新增非国有企业数量显著高于新增国有企业数量，具体的逐年分布情况如图 5-3 所示。

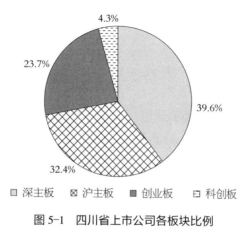

图 5-1　四川省上市公司各板块比例

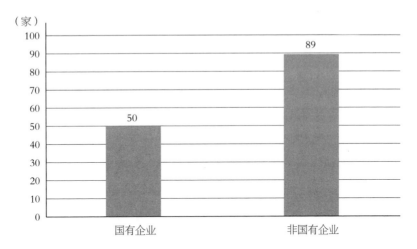

图 5-2 按产权性质划分的各类型企业数量

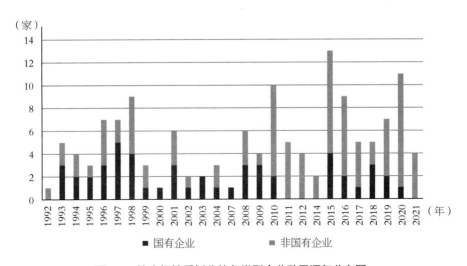

图 5-3 按产权性质划分的各类型企业数量逐年分布图

再进一步对四川省上市公司进行分类。根据证监会行业分类指引，四川省的 139 家上市公司分布在 15 个行业大类中，其中制造业公司数量最多，共 87 家，占四川省上市公司总量的 62.6%（如图 5-4 所示），制造业公司数量多的原因可能是四川省拥有丰富的自然资源，包括煤炭、天然气、水能等能源资源，以及农产品、畜禽养殖等资源，这些资源为制造业提供了原材料和能源支持，此外，四川省有庞大的劳动力人口，其中包括熟练工人和技术人才。这为制造业提供了丰富的人力资源。四川省的 139 家上市公司分布在 17 个地市州（如图 5-5、图 5-6 所示），上市公司数量由多到少依次为成都市（91 家），绵阳市（9 家），乐山市（6 家），德阳市（5 家），遂宁市（5 家），宜宾市（4 家），眉山市（3 家），泸州市（3 家），自贡市（3 家），南充市（2 家），攀枝花市（2 家），广安市（1 家），雅安市（1 家），内江市（1 家），阿坝州（1 家），达州市（1 家），凉山州（1 家）。可以看到，成都市上市公司数量是其他地市州上市公司数量的十倍以上，这可能是因为成都市是四川省的省会城市，作为西南地区的中心城市，它拥有良好的地理位置和交通网络，能够吸引更多的企业和资本。其次，成都市经济发达，产业结构多元化，包括电子信息、现代制造、金融、医疗健康等多个行业，这也为上市公司的发展提供了良好的环境和机会。此外，成都市政府也积极引导和支持企业上市，提供了一系列的政策和措施，鼓励企业扩大规模、提高竞争力，并进一步推动上市公司数量的增长。因此，这些因素综合作用使得四川省中成都市的上市公司数量最多。

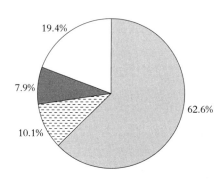

图 5-4　四川省上市公司行业分布

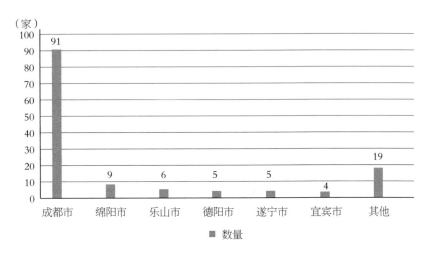

图 5-5　四川省上市公司注册地分布

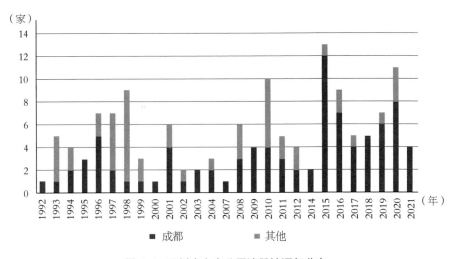

图 5-6　四川省上市公司注册地逐年分布

同时，依据对 CSMAR 数据库的数据进行统计的结果显示，截至 2021 年 3 月 31 日，四川上市公司总市值接近 3 万亿元。其中，市值排名前 50 的上市公司市值累计 2.57 万亿元，约占总市值 88%。其中，有 45 家上市公司市值超 100 亿，6 家上市公司市值超 500 亿，3 家上市公司市值超 1000 亿。依据各行业市值贡献率分析发现（如图 5-7

所示），酒、饮料和精制茶制造业（C15）的贡献率高达49.1％，这可能是因为四川省位于中国西南地区，拥有丰富的农产品资源和独特的地理环境，适宜于酿酒、饮料和茶叶的种植和生产。同时，四川省有悠久的酿酒和茶叶生产历史，拥有丰富的酿酒和茶文化传统，这为当地酒、饮料和茶叶产业的发展奠定了坚实的基础。并且四川省对酒、饮料和茶叶产业给予了一系列的政策支持，包括财政、税收、土地等多方面的扶持措施，鼓励企业扩大生产规模、提高产品质量，促进行业发展。此外，四川省拥有一些有名的酒、饮料和茶叶品牌，如五粮液、剑南春、苏打绿等，这些品牌的知名度和口碑带动了整个产业的发展，使得市值贡献率较高。其他行业市值贡献率分别是农副食品加工业（C13）占比8.1％、化学原料及化学制品制造业（C26）占比4.5％、医药制造业（C27）占比3.9％、计算机、通信和其他电子设备制造业（C39）占比3.9％、有色金属冶炼及压延加工业（C32）占比3.2％、电力、热力生产和供应业（D44）占比2.9％、食品制造业（C14）占比2.4％、软件和信息技术服务业（I65）占比2.2％、其他行业占比19.3％。进一步地，本章从全部的四川省上市公司中提取市值排名前50名公司的数据，作为优势上市公司样本，分析其行业分布特征。分析发现，2021年四川市值前50的上市公司所属行业主要分布于制造业与电力、热力、燃气及水的生产和供应业两大类，其中制造业占比62％，电力、热力、燃气及水的生产和供应业占比8％，金融业占比6％、科学研究和技术服务业占比为6％，其他行业占比18％（如图5-8所示）。

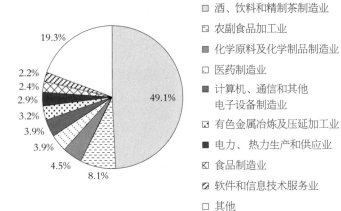

图 5-7　四川省上市公司各行业市值贡献率

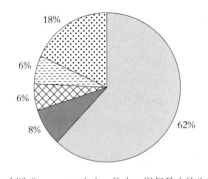

图 5-8　四川省优势上市公司行业分布

二、问卷调查选样标准过程

（一）样本选取过程

为分析四川省上市公司党组织融入公司治理情况，本章通过向全省 139 家上市公司发放了新时代四川省上市公司党组织融入公司治理情况调查问卷，最终收回 125 份，其中有两家公司重复填写，一家公司数据异常（在一些询问"是"和"否"的问题上填写了无关的数字）。剔除无效问卷后，最终获得有效样本122家。有效样本筛选过程情况如表5-1所示。本章中四川省上市公司的党建治理相关数据来自问卷调查结果，其他财务和治理数据均为2020年报告数据，来自国泰安数据库（CSMAR）。

表5-1　问卷有效样本筛选过程

操作	样本数量（份）
发放问卷	139
收回问卷	125
剔除重复样本	123
剔除数据异常样本	122
最终有效样本	122

（二）信度、结构效度检验

为保证问卷具有较高的可靠性和有效性，借助SPSS对问卷进行信度与效度检验。因有跳题逻辑，所以对问卷进行检验之前，先剔除了数据缺失的样本。最终从122家样本中进一步地筛选出了有效样本100家，用于此部分的检验。

1. 信度检验

信度即可靠性，它是指采取同样的方法对同一对象重复进行测量时，其所得结果相一致的程度，用于测量样本是否真实作答量表类题项。常用的信度系数有克隆巴赫系数、折半系数、重测信度等，本章选择了社会研究中最常用的克隆巴赫系数进行信度分析，克隆巴赫系数计算公式（5-1）如下：

$$\alpha = \frac{k}{k-1}\left(1 - \frac{\sum S_i^2}{S_x^2}\right) \qquad （5-1）$$

其中，α 为信度系数，k 为测验题目数，S_i^2 表示所有被试在第 i 题上的分数变异，S_x^2 为所有被试所得总分的方差。信度检验结果如表 5-2 所示。样本数据基于标准化项的克隆巴赫系数为 0.934。

表 5-2　信度检验结果

可靠性统计		
克隆巴赫 Alpha	基于标准化项的克隆巴赫 Alpha	项数
0.923	0.934	11

一般来说，克隆巴赫系数愈高，即信度愈高。克隆巴赫系数的取值为 0—1，在基础研究中，信度至少应达到 0.80 才可接受，在探索性研究中，信度只要达到 0.70 就可接受，介于 0.70—0.98 均属高信度，而低于 0.35 则为低信度，必须予以拒绝。除此之外，在项总计统计结果中，删除项后的克隆巴赫系数均介于 0.70—0.98，说明问卷收集的量表数据具有较高的可信度与接受度（如表 5-3 所示）。

表 5-3　项总计统计结果

涉及问卷问题	删除项后的克隆巴赫 Alpha
1. 公司发展战略对国家基本路线和方针政策的贯彻程度	0.920
2. 公司经营决策与新发展理念的契合程度如何	0.919
3. 公司党组织融入公司治理情景下所遵循的发展理念对公司高质量发展的带动程度	0.915
4. 公司改革措施对国有资本保值增值的影响程度	0.932
5. 公司党委（党组、党总支）围绕经营事项开展工作，对上级决策的执行程度	0.914
6. 公司纪委（纪检小组、纪律委员）对决策落实情况的监督程度	0.908

涉及问卷问题	删除项后的克隆巴赫 Alpha
7. 公司纪委（纪检小组、纪律委员）进行监督的独立程度	0.907
8. 公司纪委（纪检小组、纪律委员）对治理效能的评估完善程度	0.912
9. 公司为促进公司内部监督的完善设立信访举报等监督途径的完善程度	0.909
10. 公司党组织对公司有效决策的保障程度	0.914
11. 公司对党组织融入公司治理信息的披露程度	0.926

2.结构效度检验

效度即有效性，它是指测量工具或手段能够准确测出所需测量的事物的程度，用于测量题项设计是否合理。效度可分为内容效度、结构效度和效标效度三种类型，其中结构效度是指一个测验实际测到所要测量的理论结构和特质的程度，能够验证实验与理论之间的一致性，是调查问卷中最常用的量表结构检验方式。

结构效度检验所采用的因子分析法分为利用数据探索测量变量框架的探索性因子分析与利用数据评估理论观点或概念架构计量模型是否合适的验证性因子分析。本章借助 SPSS 进行了探索性因子分析，通过 KMO 系数与巴特利特球形检验的显著性来衡量量表的效度，该检验是对原始变量之间的简相关系数和偏相关系数的相对大小进行检验，KMO 系数计算公式（5-2）如下：

$$KMO = \frac{\sum\sum_{i \neq j} r_{ij}^2}{\sum\sum_{i \neq j} r_{ij}^2 r_{ij \cdot 1,2\cdots k}^2} \tag{5-2}$$

KMO 系数越接近于 1，表明变量间的共同因素越多，变量间的净相关系数越低，越适合进行因子分析，并且当显著性小于 0.05 时，可认为问卷具有良好的结构效度。检验结果如表 5-4 所示，样本数据的 KMO 系数为 0.886，同时巴特利特球形度检验的显著性，四舍五入保留三位小数后为 0.000，远小于 0.05，说明本书采用的问卷量表数据不仅具有较高的信度，也具有较强的效度，可用于后续进一步的数据分析。

表 5-4　效度检验结果

KMO 和巴特利特检验		
KMO 取样适切性量数		0.886
巴特利特球形度检验	近似卡方	979.365
	自由度	55
	显著性	0.000

三、样本公司经营成效分析

根据中国证监会发布的《上市公司行业分类指引》（2012 年修订）对四川上市公司按行业进行分类，发现 122 家上市公司共处于 15 类行业中（如表 5-5 所示）。由于不同行业的四川省上市公司所处环境不同，因此以下关于四川省上市公司偿债能力、经营能力、盈利能力以及发展能力的分析都将以行业为基础，以探究目前四川省上市公司的整体治理、经营成效。选用的财务衡量指标如表 5-6 所示。

表 5-5　四川省上市公司行业分布

行业代码	类别名称	公司数量（家）
A	农、林、牧、渔业	1
B	采矿业	1
C	制造业	75
D	电力、热力、燃气及水生产和供应业	10
E	建筑业	4

行业代码	类别名称	公司数量（家）
F	批发和零售业	5
G	交通运输、仓储和邮政业	2
I	信息传输、软件和信息技术服务业	12
J	金融业	2
K	房地产业	1
L	租赁和商务服务业	1
M	科学研究和技术服务业	3
N	水利、环境和公共设施管理业	1
R	文化、体育和娱乐业	2
S	综合	1

表 5-6　所用财务指标及其内涵

类别	指标	计算公式	内涵
偿债能力	流动比率	流动资产／流动负债	衡量企业流动资产变现用于偿还负债的能力，一般在 1.5—2.0
	速动比率	（流动资产—存货）／流动负债	衡量企业流动资产中可以立即变现用于偿还流动负债的能力，一般认为该值应在 1 左右
	资产负债率	负债合计／资产总计	表示公司总资产中有多少通过负债筹集，一般在 0.4—0.6
经营能力	应收账款周转率	营业收入／应收账款平均占用额	应收账款周转率高表明收账迅速
	存货周转率	营业成本／存货平均占用额	存货周转速度越快，存货的占用水平越低，流动性越强

类别	指标	计算公式	内涵
经营能力	应付账款周转率	营业成本／应付账款平均占用额	反映企业应付账款流动程度。合理值来自同行业对比和公司历史水平
	流动资产周转率	营业收入／流动资产平均占用额	评价企业资产利用率
	固定资产周转率	营业收入／固定资产平均净额	每1元固定资产支持的营业收入
	总资产周转率	营业收入／平均资产总额	是衡量资产投资规模与销售水平之间配比情况的指标
盈利能力	资产报酬率	（利润总额＋财务费用）／平均资产总额	该指标越高，表明资产利用效率越高，说明企业在增收、节约资金等方面取得了良好的效果
	净资产收益率	净利润／股东权益平均余额	用以衡量公司运用自有资本的效率。指标值越高，说明投资带来的收益越高
	营业成本率	营业成本／营业收入	反映企业的营业成本状况
	营业利润率	营业利润／营业收入	反映企业的营业效率
发展能力	总资产增长率	（资产总计本期期末值—资产总计本期期初值）／（资产总计本期期初值）	评价企业资本积累和发展能力
	营业收入增长率	（营业收入本年本期金额—营业收入上年同期金额）／（营业收入上年同期金额）	评价企业成长状况和发展能力

（一）四川省各上市公司偿债能力情况

整体来看，四川省各行业上市公司短期偿债能力明显存在差距，而长期偿债能力持平向好。

　　依据四川省2020年各行业企业的偿债能力指标（如图5-9所示）可知，整体上看，四川省各行业上市公司间的流动比率和速动比率存在较大差异，而资产负债率存在较小范围波动，也即各个上市公司短期偿债能力各不相同，而长期偿债能力较好且差异较小。短期偿债能力在各行业间存在较大差异的原因可能是各行业的发展周期不同。不同行业的运营模式和资金需求不同，因此其短期偿债能力也会有所差异。例如，一些资金密集型行业，如房地产开发、基础设施建设等，通常需要大量的资金投入，在短期内偿还债务的能力可能相对弱。而长期偿债能力的差异较小可能是由于四川省的各行业发展相对平衡，没有出现明显的主导产业或行业集中度过高的情况。这种情况下，各行业的长期偿债能力相对接近，差异较小。还可能是因为四川省对各行业实施了一定的政策和监管，包括资本金要求、杠杆比例限制、债务管理等措施，以确保企业的长期偿债能力和稳定性，从而使得各行业的长期偿债能力差异较小。具体而言，从流动比率和速动比率方面看，采矿业（B）、科学研究和技术服务业（M）与水利、环境和公共设施管理业（N）企业的相关指标相对于其他行业处于较高水平，表明其短期偿债能力较强，这可能是因为四川省的采矿业（B）主要从事煤炭、天然气等资源的开采，这些资源在市场上具有较高的需求和价值。因此，这些企业在短期内通常能够获得稳定的现金流入，增强了其偿债能力。此外，科学研究和技术服务业（M）通常是以创新和高技术为基础的行业。四川省在科研和技术方面拥有一定的优势，如大数据、人工智能、生物医药等领域。这些企业通常能够提供高附加值的服务，并能够吸引到稳定的客户群体，因此短期偿债能力较强。而水利、环境和公共设施管理业（N）通常需要大量的资金和政府支持来进行项目建设和运营。四川省政府在这些领域重视投资和管理，并提供一定的财政支持和政策支持。这些企业通常能够获得稳定的资金来源，并且有利于短期偿债能力的提升。电力、热力、燃气及

水的生产和供应业（D）、交通运输、仓储和邮政业（G）与金融业（J）
企业的相关指标较低，则表明其短期偿债能力较弱，这可能是由于这些
行业的企业通常面临着较高的市场竞争和变动性。例如，电力、热力、
燃气及水的生产和供应业（D）可能面临政府监管和价格调整等不确定
因素，交通运输、仓储和邮政业（G）可能受到季节性需求和市场波动
的影响，金融业（J）可能面临市场风险和利率风险等。这些因素增加了
这些行业的经营风险，从而导致短期偿债能力较弱；从资产负债率方面
看，建筑业（E）、金融业（J）及房地产业（K）企业的相关指标较高，
但这些行业的资产负债率高与行业特征和业务结构特点相关，并不意味
着其长期偿债能力一定较弱，而采矿业（B）、租赁和商务服务业（L）
与科学研究和技术服务业（M）企业的相关指标较低，表明其长期偿债
能力相对较强。

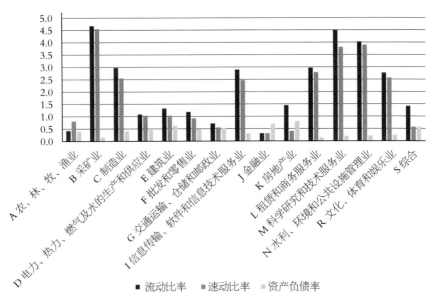

图 5-9　2020 年四川省上市公司各行业平均偿债能力

　　为确保四川省上市公司进一步实现高质量发展，上述各行业中的相关

公司，尤其是短期偿债能力较低的上市公司，在稳定长期偿债能力的基础上，仍需进一步加强公司短期偿债能力。具体实现途径包括以下三个方面，一是优化资本结构，通过调整资本结构，降低负债比例，增加股权比例，减少债务负担。利用内部融资手段来增加资本。例如，利用内部储蓄、盈余留存等方式来增加公司的自有资金，从而提高短期偿债能力。二是选择合适的举债方式，例如，公司可以通过融资租赁方式获得所需的资产或设备。这种方式允许公司在租赁期结束时购买资产，或者选择终止租赁合同。三是提升资产变现能力及使用效率，公司可以评估和优化资产配置，确保资金投入到最有利可图的项目中。通过合理分配资源，提高资产的使用效率，从而增加现金流入。综上，通过优化资本结构、选择合适的举债方式、提升资产变现能力及使用效率等增加上市公司偿债保障，从而推动公司高质量发展。

（二）四川省各上市公司经营能力情况

四川省上市公司总体经营能力较好，但盈利能力较差，各行业间仍存在显著差异。

为去除极端值对数据分析过程的影响，本章针对四川省各行业平均经营能力的相关指标进行处理，通过相关数据加 1 再取自然对数作为经营能力的衡量指标。在上市公司所属行业中，金融业（J）交易双方的关系本身是借贷关系和委托代理关系，且交易对象不是普通商品，而是货币资金及其衍生物。因此，基于金融业的特殊性，行业内企业应收账款周转率和应付账款周转率都处于较高水平，且存货与固定资产较少。在此基础上，对四川上市公司经营能力进行分析时，剔除金融行业，对其他行业进行进一步分析。

依据四川省 2020 年各行业企业的经营能力指标（如图 5-10 所示）可知，各行业间的相关指标虽存在明显差异，但除了科学研究和技术服务业（M）外，企业的应付账款周转率均低于应收账款周转率。由此可见，四川上市公司平均经营能力均较强，但科学研究和技术服务业（M）的经营能力较低，仍有发展空间。进一步分析可以发现，信息传输、软件和信息技术服务业（I）、采矿业（B）与批发和零售业（F）应收账款周转率较高，这可能是因为这些行业的产品或服务具有较高的流动性，能够快速转化为现金。例如，信息传输、软件和信息技术服务业的产品可以通过在线销售或订阅模式迅速实现收入。此外，四川省地处中国西南地区，拥有丰富的矿产资源，包括煤炭、天然气、铁矿石、稀土等。因此，采矿企业通常面临着较高的市场需求，能够快速销售产品，从而加快应收账款的回笼；建筑业（E）、交通运输、仓储和邮政业（G）、信息传输、软件和信息技术服务业（I）企业的存货周转率较高，四川省的交通运输、仓储和邮政业存货周转率高可能是由于四川省是中国西南地区的重要交通枢纽，交通运输、仓储和邮政业在该地区发展迅速。由于地理位置的优势和经济发展的需求，这些行业面临着大量的物流需求，存货周转率因此较高；建筑业（E）、金融业（J）与综合（S）行业中企业的固定资产周转率较高，原因可能是建筑业和金融业的资产通常具有较高的流动性。在建筑业中，固定资产如土地、建筑物等可以通过项目的买卖和租赁来实现快速的流转。而金融业的资产如贷款、证券等也可以通过交易来实现快速的流动。金融业主要提供各种金融服务，如贷款、投资、保险等。这些服务往往是无形的，不需要大量的固定资产投入。相比于其他行业，金融业的固定资产规模相对较小，但能够通过高效的运营和服务来实现较高的固定资产周转率。这均表明上述行业的相关企业相较于其他行业拥有较高水平的经营能力。

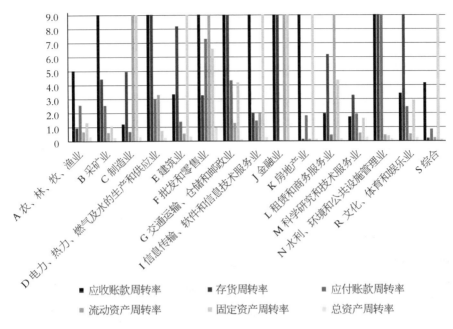

图 5-10　2020 年四川省上市公司各行业平均经营能力

从促进公司高质量发展角度出发，公司应制定相关战略来提升公司的应收账款周转率、存货周转率、流动资产周转率、固定资产周转率以及总资产周转率，降低应付账款周转率，提高各项资产的利用程度，进一步增强公司收账能力，使公司获取充足的营运资金，以增强公司的经营能力。

依据四川省 2020 年各行业公司的盈利能力指标（如图 5-11 所示）可知，整体上看，四川各行业上市公司间的资产报酬率与净资产收益率都处于较低水平，而营业成本率均较高，营业利润率存在明显差异，也即各个上市公司盈利能力存在一定的差异。具体而言，从四川省近三年来各行业公司的盈利能力指标（如图 5-11 所示）来看，采矿业（B）的资产报酬率、净资产收益率与营业利润率相对于其他行业均处于较高水平，而营业成本率较低，由此可以看出，在所有行业中，采矿业的公司盈利能力强，这可以归因于几个因素。首先，四川省地处中国西南地区，拥有丰富的矿产资源，这些资源的丰富度为采矿业提供了良好的基础。其次，四川省采矿业公司在技术和管理方面取得了显著进展。他们在矿产勘探、开采、加工和利用方面积累了丰富的经验和专业知识。通过引进先进的技术和设备，提高了生产效率和产品质量，从而增加了盈利能力。此外，四川省采矿业公司也受益于国家政策的支持和鼓励。我国政府一直致力于推动矿产资源的合理开发和利用，为采矿业提供了良好的政策环境和市场机遇。这些政策措施包括减税优惠、资金支持、市场准入等，有助于提升公司的盈利能力；相反，建筑业（E）、批发和零售业（F）与水利、环境和公共设施管理业（N）的资产报酬率、净资产收益率与营业利润率较低，甚至部分行业出现负值，而营业成本率都较高，表明建筑业、批发和零售业与水利、环境和公共设施管理业拥有较低的盈利能力。这可能是因为建筑业是一个竞争激烈的行业，市场上存在大量的建筑公司和承包商。这导致了价格竞争的加剧，利润空间相对较小。同时，建筑业的成本较高，包括人力资源、材料和设备等方面，这也对盈利能力产生了一定的压力。对于批发和零售业来说，这个行业通常面临着激烈的市场竞争和价格压力。随着电子商务的发展，线上销售渠道的崛起，传统的实体店面面临着转型和调整的挑战。此外，消费者需求的变化和购物习惯的转变也对批发和零售业的盈利能力造成了影响。而水利、环境和公共设施管理业通常是由政府或公共机构负责运营和管理的领域。这些行业的盈利能力受到政府政策和资金投入的影响较大。由于其公益性质和社会责任，盈利能力相对较低是为了保障公共利益和提供基本服务。

为推动上市公司实现高质量发展，公司应进一步提高盈利能力，为高质量发展提供有力保障。具体而言，公司应寻找新的利润增长点，打造适合自己的盈利模式；除此之外，公司应不断创新发展，研发具有核心竞争力的产品与服务，提高产业的利润水平，加强对产品成本、费用及资金的控制，以提升公司的盈利能力。

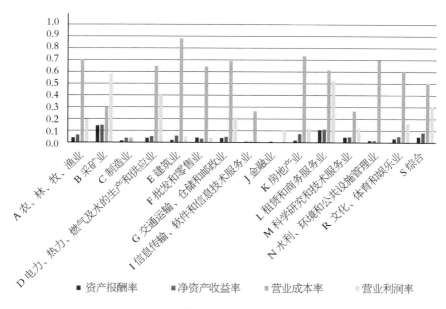

图 5-11 2020 年四川省上市公司各行业平均盈利能力

（三）四川省各上市公司发展能力情况

四川省上市公司总体发展能力较差，部分行业经营状况与市场占有能力较弱。

通过分析四川省 2020 年各行业公司的发展能力指标（如图 5-12 所示）可以发现，从整体上看，目前四川省各行业上市公司间的总资产增长率处于较低水平，而 73.33％ 的行业营业收入增长率为负，即目前四川省上市公司发展能力整体情况较差，公司经营状况有待提升。具体而言，农、林、牧、渔业（A）与批发和零售业（F）的总资产增长率相对较高，而除了农、林、牧、渔业（A）、采矿业（B）、金融业（J）与水利、环境和公共设施管理业（N），其余行业的营业收入增长率均为负。目前上市公司中，只有农、林、牧、渔业（A）与采矿业（B）的总资产增长率与营业收入增长率均为正且相对于公司行业处于较高水平，由此可见，在所有行业中，农、林、牧、渔业（A）与采矿业（B）发展能力相对较强。其中农、林、牧、渔业的发展能力较强，主要有以下几个原因：在地理条件方面，四川省地处中国西南地区，拥有丰富的自然资源和多样的地理环境，包括平原、丘陵、山地和高原等。这种多样性为农、林、牧、渔业提供了广阔的发展空间。在气候条件方面，四川省气候温和湿润，四季分明，有利于农作物的生长和养殖业的发展。同时，四川省还拥有丰富的水资源，为渔业提供了良好的发展条件。在农业经验方面，四川省有着悠久的农业历史和丰富的农业经验，农民们对农业技术和管理有着较高的造诣。这种传统和经验为农、林、牧、渔业的发展提供了坚实的基础。

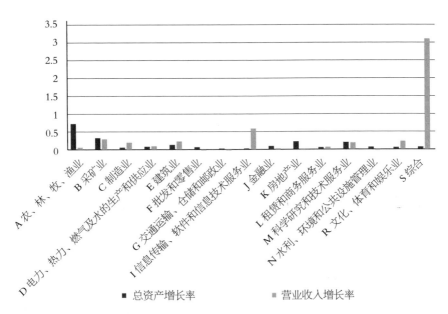

图 5-12 2020 年四川省上市公司各行业平均发展能力

目前四川上市公司发展能力处于较低水平，公司应强化发展能力扎实推动公司高质量发展。首先，公司应选择具有优势的战略方向，调整变革经营模式，提升公司经营效率；其次，公司应不断提升自主创新能力，建立完善的技术创新体系，充分调动人才的积极性；最后，公司应充分利用公司文化，推动公司员工凝聚力，以增强公司可持续发展能力。

第三节　党组织融入公司治理情况分析

一、党组织融入公司治理的总体情况

（一）四川省上市公司党组织融入公司治理建设总体情况

四川省上市公司党组织融入公司治理总体较为规范，多数企业按照规定设置党委和纪委，但是上市企业对纪委工作的重视程度稍逊于对党委工作的重视程度。

从下表可以看出，四川省122家上市公司中，多数企业同时设置党委和纪委，设置党委企业占80%左右，设置纪委的企业为78%，说明部分企业仅设置党委，缺乏纪委的监督；超过80%的企业议事规则明确，其中设置党委议事规则的企业超纪委议事章程约三成，这表明企业对纪委监督工作的重视程度较低；半数以上的企业设置专职党委副书记，半数以上企业在公司章程中对党建工作进行了明确规定。

据数据结果显示（如表5-7所示），国有企业融入党组织治理比非国有企业更加规范，国有企业中设置党委和纪委的企业在80%以上，而非国有企业仅为75.00%左右；国有企业中设置专职党委副书记的比例为54.05%，高于非国有企业49.21%比例，说明国有企业党组织的组织结构较为完善；在设置党建工作规定方面，相较于非国有企业46.03%的比例，设置党建工作规定的国有企业占67.57%，表明国有企业党建工作的制度规范较为健全。通过国有企业与非国有企业的对比更能直观地看出，大多数国有企业对党组织融入公司治理的重视程度较高。

表 5-7　党组织融入公司治理的总体情况

总体情况	观察值（家）	总体比例（%）	国有企业观察值（家）	国有企业比例（%）	非国有企业观察值（家）	非国有企业比例（%）
设置党委	97（122）	79.51	37（40）	92.50	60（82）	73.17
设置纪委	79（101）	78.22	31（38）	81.58	48（63）	76.19
设置党委议事规则	85（102）	84.00	30（37）	81.08	54（63）	85.71
设置纪委议事规则	54（102）	54.00	19（37）	51.35	35（63）	55.56
设置专职党委副书记	52（102）	51.00	20（37）	54.05	31（63）	49.21
设置党建工作规定	55（102）	54.00	24（37）	67.57	29（63）	46.03

（二）四川省上市公司党组织融入公司治理保障总体情况

四川省上市公司党组织的党建工作经费得到可靠的保障，但是人员保障以及场地保障的都存在不足。

根据问卷调查结果，对四川省上市公司党建工作保障情况进行评价，如表 5-8 所示。

表 5-8　党建工作保障情况

总体情况	具体情况	观察值（家）	总体比例（%）	国有企业观察值（家）	国有企业比例（%）	非国有企业观察值（家）	非国有企业比例（%）
经费保障	经费来源明确	69（92）	75.00	25（35）	71.43	44（57）	77.19
	专款专用	74（92）	80.43	29（35）	82.86	45（57）	78.95
	规范经费拨付	57（92）	61.96	25（35）	71.43	32（57）	56.14
	划定经费用途	70（92）	76.09	27（35）	77.14	42（57）	73.68

总体情况	具体情况	观察值（家）	总体比例（％）	国有企业观察值（家）	国有企业比例（％）	非国有企业观察值（家）	非国有企业比例（％）
经费保障	强化经费监督	70（92）	76.09	30（35）	85.71	39（57）	68.42
人员保障	招揽人才	61（94）	64.89	27（36）	75.00	34（58）	58.62
	培训人才	92（94）	97.87	26（36）	100.00	56（58）	96.55
	激励人才	68（94）	72.34	28（36）	77.78	40（58）	68.97
场地保障	硬件设施	88（93）	94.62	33（34）	97.06	55（59）	93.22
	互联网平台	72（93）	77.42	24（34）	70.59	48（59）	81.36
	地区资源	59（93）	63.44	21（34）	61.76	38（59）	64.41

在经费保障方面，75.00％的公司具有明确的经费来源，进一步调查其经费来源为党费或工资划入，80.43％的公司党建经费专款专用，即经费仅用于党建工作，半数以上的公司规范经费拨付方式，划定经费用途，同时强化经费监督。整体上国有企业对党建经费的管理非国有企业更为规范。

在人员保障方面，经调查，多数上市公司会设置负责党建工作的人员，但很少是专职人员，多数公司的党建工作人员是兼职。97.87％的上市公司组织党建工作人员定期学习，并对党建工作的业务能力进行培训，但公司在人才招揽和激励方面力度不够。国有企业中通过网络招聘、内部推荐、现场招聘等多途径招揽党建工作优秀人员的比例为75.00％，组织党建人员定期进行党学学习，并对党建工作的业务能力进行培训的占比为100.00％，建立良好的激励制度的比例为77.78％，说明国有企业较为注重对党建人员的业务培训，而在招聘党建工作人才及建立人才激励制度方面还有提升的空间。整体而言，国有企业招揽、培训、激励人才的规章制度更为完善，特别在培训党建人才方面，国有企业的占比达到了100％。

在场地保障方面，四川省上市公司的党建场地仅本公司内部使用，未发现一家上市公司与外部公司共用。就目前的调查结果，上市公司依旧着眼于基础硬件设施的提档升级，对互联网和地区资源的整合利用目前比较欠缺。国有企业与非国有企业对党建活动的开展都有充分的硬件设施保障，占比均在90％以上，但非国有企业在智慧党建及地区联合党建上略胜一筹，占比分别为81.36％及64.41％。

二、党组织融入公司治理的基本情况

党组织融入公司治理的基本情况主要体现为党组织与管理层的融合，包括党委与高管的兼任、党委与董事会成员的兼任，纪委与监事会成员的兼任等等，其中，国有企业中党委书记兼任董事长的企业占比为48.65％，党委副书记兼任总经理的企业占比为38.71％，纪委书记或委员兼任监事会主席的企业占比为16.22％，非国有企业中党委书记兼任董事长的企业占比为35.48％，党委副书记兼任总经理的企业占比为29.27％，纪委书记或委员兼任监事会主席的企业占比为9.68％，可以看出国有企业这三项指标的比例均高于非国有企业，通过对比可以发现国有企业中党组织融入程度比非国有企业高。但不论是国有企业还是非国有企业，纪委书记或委员兼任监事会主席的比例都较低，这也与公司的监事会制度不完善有关。调查结果如表5-9所示。

表5-9　党委成员交叉任职情况

兼任情况	观察值（家）	总体比例（％）	国有企业观察值（家）	国有企业比例（％）	非国有企业观察值（家）	非国有企业比例（％）
党委书记兼任董事长	40（99）	40.40	18（37）	48.65	22（62）	35.48
党委副书记兼任总经理	24（72）	33.33	12（31）	38.71	12（41）	29.27
纪委书记或委员兼任监事会主席	12（99）	12.12	6（37）	16.22	6（62）	9.68

更多的调研数据显示，四川省上市公司党委与董事会成员存在重合的比例为56%，其中重合人数达到2人及以上的比例为74%；党委成员与高级管理人员存在重合的比例为69.6%，其中重合人数达到3人及以上的比例为54%；纪委成员与监事会成员存在重合的比例为32%。

因此，四川省上市公司党组织融入公司治理的整体情况较好。其中党委融入董事会的质量较好，但存在重合的公司总数较少，需要加强公司对于党委融入董事会的意识；党委融入高级管理人员的公司数量较多，但融入质量仍然不足，需要提高党委成员在高级管理人员中的比例；而纪委成员融入监事会的整体融入情况较差，需要从融入数量和质量两方面进行提升。

三、党组织融入公司治理的把关情况

党组织融入公司治理的把关情况主要体现在公司党组织实行"三重一大"制度的规范程度。"三重一大"是指重大事项决策、重要干部任免、重要项目安排、大额资金的使用，必须经集体讨论做出决定。党组织融入公司治理与"三重一大"事项联系紧密，而"三重一大"事项关系着整个公司的运营和发展，所以公司实行"三重一大"起到把关决策的作用。

根据调查结果，四川省上市公司党组织参与公司"三重一大"事项执行的比例较高，为56.8%，党组织就非"三重一大"事项的建议权较高，为57.6%，这表明四川省上市公司党组织融入公司治理的把关情况良好，但仍然有较大的发展空间。统计数据显示，国有企业的"三重一大"执行程度高于非国有企业，如表5-10所示。国有企业的"三重一大"事项较为完善，其中重大事项决策经过集体讨论作出决定的比例达到100%，而非国有企业中这一比例为92.69%，这充分体现了国有企业贯彻民主集中制，加强领导班子监督的决心。

表 5-10 "三重一大"事项执行情况

"三重一大"事项	观察值（家）	比例（%）	国有企业观察值（家）	国有企业比例（%）	非国有企业观察值（家）	非国有企业比例（%）
重大事项决策	67（70）	95.71	29（29）	100.00	38（41）	92.68
重要干部任免	64（70）	91.43	28（29）	96.55	36（41）	87.80
重要项目安排	64（70）	91.43	27（29）	93.10	37（41）	90.24
大额资金使用	59（70）	84.29	26（29）	89.66	33（41）	80.49

四、党组织融入公司治理的定向情况

党组织融入公司治理的定向情况主要体现在企业制定政策是否与国家基本路线相符合，包括对国家战略的贯彻和契合，以及国家战略对公司发展的带动这两个方面。

本次调研按照李克特量表规则，分别对相关选项进行赋值，数值越高代表程度越高（下同）。根据问卷调查结果，对各企业定向情况进行赋值，结果表明四川省上市公司在积极贯彻和落实国家战略，且与国家战略契合程度较高，国家战略也在极大程度上带动了公司发展，它与公司发展质量呈正相关。将样本进行分类后，国有企业的发展战略对国家基本路线和方针政策的贯彻程度值为 39.00，经营决策与新发展理念的契合程度值为 36.00，党组织融入公司治理情景下所遵循的发展理念对公司高质量发展的带动程度值为 35.00。而非国有企业的发展战略对国家基本路线和方针政策的贯彻程度值为 25.46，经营决策与新发展理念的契合程度值为 24.66，党组织融入公司治理情景下所遵循的发展理念对公司高质量发展的带动程度值为 19.84（如图 5-13 所示）。通过对比，可以发现国有企业中党组织融入公司治理的定向程度约为非国有企业的 1.5 倍，国有企业中，企业制定的政策普遍会对国有资本会产生影响，由于国有企业的特殊性质，其制定的政策也倾向于契合国家战略和新发展理念。

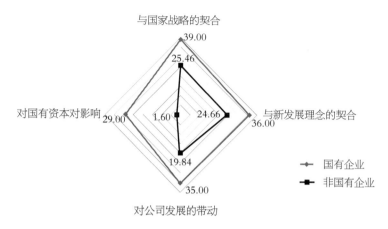

图 5-13　党组织融入公司治理的定向情况

五、党组织融入公司治理的落实情况

党组织融入公司治理的落实情况主要体现在党委对上级决策的执行与落实的程度，以及纪委的监督成本。根据问卷调查结果，对各企业落实情况进行赋值，结果表明四川省上市公司党委对上级决策的执行程度和对决策落实情况的监督程度都较高，且进行监督的独立程度较高，但存在监督途径不够完善的问题，部分企业认为企业内部不论是纪委对治理效能的评估完善程度，还是监督途径的完善程度，目前都较低。

将样本进行分类后，国有企业党委（党组、党总支）围绕经营事项开展工作，对上级决策的执行程度值为 39.00，纪委（纪检小组、纪律委员）对决策落实情况的监督程度值为 37.00，纪委（纪检小组、纪律委员）进行监督的独立程度值为 48.00，纪委（纪检小组、纪律委员）对治理效能的评估完善程度值为 29.00，为促进企业内部监督的完善设立信访举报等监督途径的完善程度值为 38.00。非国有企业党委（党组、党总支）围绕经营事项开展工作，对上级决策的执行程度值为 23.59，纪委（纪检小组、纪律委员）对决策落实情况的监督程度值为 17.42，纪委（纪检小组、

263

纪律委员）进行监督的独立程度值为 13.40，纪委（纪检小组、纪律委员）对治理效能的评估完善程度值为 14.21，为促进企业内部监督的完善设立信访举报等监督途径的完善程度值为 17.96，如图 5-14 所示。从统计结果中，可以看出国有企业纪委进行独立监督的工作完成度较高，纪委（纪检小组、纪律委员）对治理效能的评估完善程度还有提升的空间。非国有企业上级决策的执行程度较好，而纪委进行独立监督的工作还有待强化。对比发现，国有企业中党组织融入公司治理的落实程度高于非国有企业，国有企业纪委参与公司治理的各项指标均显著高于非国有企业，其中纪委监督的独立程度最明显。

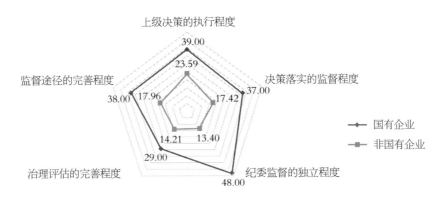

图 5-14　党组织融入公司治理的落实情况

六、党组织融入公司治理的其他情况

党组织融入公司治理的其他情况主要包括以下三项：党组织成员变动情况，党组织保障企业决策情况，党组织融入公司治理的信息披露情况。

第一，党组织成员变动情况。经调查，不含换届的情况下，企业更换党组织成员的频率低，且党组织成员变动的原因多为提拔或上级任命。

第二，党组织治理保障企业决策情况。绝大多数公司认为党组织把关能够保障企业有效决策。调研对象中只有极少数公司出现过决策失误，究其原因均为经营战略失误，而且这些公司普遍存在党组织参与公司决策程度不高的情况。

第三，党组织融入公司治理的信息披露情况。占比超过 90％的企业选择披露党组织融入公司治理的信息，但是其披露的方式在信息质量要求方面存在一定缺陷，部分企业披露信息不完整、不及时，还需进一步加强对于信息披露的监督。

第四节　调研结论与启示

一、调研结论

本章基于前期问卷调查结果，对四川省 122 家上市公司党组织融入公司治理进行研究，得出以下主要结论：第一，党组织融入公司治理建设方面，四川省上市公司党组织融入公司治理总体较为规范，其中，国有企业基本上均按规定设置党委和纪委，而非国有企业仍有部分企业未在企业中设置党委和纪委，总体来说，四川省上市公司对纪委工作的重视程度稍逊于对党委工作的重视程度。党组织融入公司治理保障方面，相比于非国有企业，四川省上市公司中国有企业在党建工作经费保障上做得更好，有更明确的经费专款专用和监督措施，但在人员、场地的保障上国有企业、非国有企业均存在不足。第二，党组织融入公司治理基本情况方面，国有企业中党组织融入管理层的情况比非国有企业好，虽然总体上四川省上市公司党组织与管理层融合情况良好，但融入质量有待提升，尤其是纪委成员融入监事会的情况。第三，党组织融入公司治理把关方面，四川省上市公司党组织参与公司"三重一大"事项把关决策的比例较高，执行程度上国有企业高于非国有企业，但仍有提升空间。第四，党组织融入公司治理定向方面，四川省上市公司总体情况良好，在对接国家战略和地方发展目标上，国有企业倾向程度和契合程度更高，能够据此更好地带动公司高质量发展。第五，党组织融入公司治理落实方面，四川省上市公司在党委对上级决策的执行程度和对决策落实情况的监督程度上国有企业高于非国有企业，在纪委监督的独立程度上国有企业更是明显高于非国有企业，但总体而言监督途径均需拓展完善。第六，党组织融入公司治理其他方面，四川省上市公司党组织融入公司治理的信息披露质量不高，需加强对信息披露的监督。

二、调研启示

党的十八大以来，以习近平同志为核心的党中央高度重视上市公司发展和党的建设。本章通过问卷调研，了解了四川省的 122 家上市公司党组织融入公司治理的情况，结合上述党组织融入公司治理情况来看，四川省上市公司想要做好党建工作，更好地将党组织融入到企业的公司治理当中去，第一，要将党建工作写入公司章程当中去，这是企业党建的基础，只有将党建工作写入党章，才能为企业党建扫除制度障碍，确保党建工作能够顺利开展，为企业筑牢党建根基；第二，要坚持"双向进入、交叉任职"的领导机制以及"三重一大"事项的议事机制，什么事情应该由什么人来管，要做到各司其职、运行有序；第三，要加强企业党员干部和人才的培养，提高干部积极性的同时要积极发展党员，为企业党建注入新鲜血液；最后要完善企业监察机制，推动全面从严治党纵深发展，防止企业内部腐败问题出现，只有杜绝腐败，企业党建才能更加健康地发展；第四，在智能化的时代，四川省上市公司应积极运用互联网、大数据等新兴技术，创新党组织活动内容方式，推进"智慧党建"。

三、研究展望

本书通过问卷的方式对四川省上市公司党组织融入公司治理情况进行了研究，发现了许多党组织融入公司治理中存在的问题，并针对问题提出了相应的建议。立足于当下的上市公司党组织融入公司治理的建设情况，这在一定程度上对上市公司党组织融入公司治理中不足的方面提供了解决方案。但是仍存在一些不足之处，首先是研究基础上，仅通过问卷的方式来了解党组织融入公司治理的情况略显单薄，未来继续深入研究的话，在允许的情况下会增加实地调研的方式，如与不同层级的员工进行谈话等可以更好地了解上市公司党组织融入公司治理的情况。然后是研究方法上，在对问卷结果的分析上，总体上是按照传统的研究方法对上市公司的偿债、经营、发展能力进行了研究，但仅根据一些财务指标对上市公司的总体情况来进行判断肯定是不周到的，上市公司的人力资源以及承担的社会责任情况与党组织融入治理之间存在的关系也是未来值得研究的方向。

第 六 章

国有企业党组织治理功能
提升实现路径：以"五力"为考察视角

结合我国独特的社会制度，前面章节从文献理论与案例实践的视角，增强了党组织融入国有企业公司治理结构的认知，厘清国有企业党组织融入公司治理的思路，本章将从国有经济"五力"的视角探讨国有企业党组织治理功能提升的实现路径，并基于激励约束观、资源依赖观和政府干预观进行理论解释，为理解国有企业治理效果及其演化提供新认知，为解决国有企业公司治理实践问题提出新方案，为国有企业公司治理提供新视角。

第一节　党组织治理影响国有企业
"五力"的理论框架

一、国有企业的"五力"概述

国有企业"五力"是对新时代国有经济改革发展目标的完整表述，体现了我国经济发展进入新阶段对国有经济改革发展的新要求①。

---

① 李政：《新时代增强国有经济"五力"理论逻辑与基本路径》，《上海经济研究》2022年第1期。

（一）国有企业"五力"提出的历史演进

由于国有企业改革、发展实践历程与基本经济制度理论变迁历程具有一致性，国有企业成为了中国特色社会主义经济实践的中流砥柱，自改革

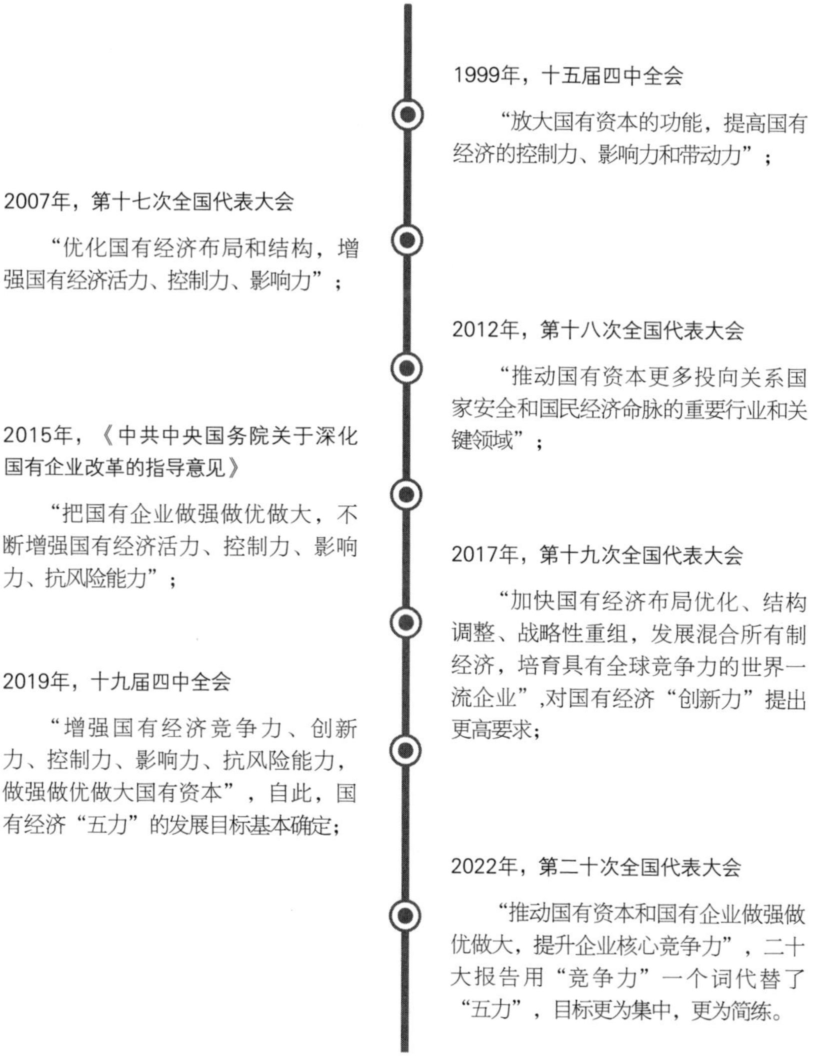

1999年，十五届四中全会
"放大国有资本的功能，提高国有经济的控制力、影响力和带动力"；

2007年，第十七次全国代表大会
"优化国有经济布局和结构，增强国有经济活力、控制力、影响力"；

2012年，第十八次全国代表大会
"推动国有资本更多投向关系国家安全和国民经济命脉的重要行业和关键领域"；

2015年，《中共中央国务院关于深化国有企业改革的指导意见》
"把国有企业做强做优做大，不断增强国有经济活力、控制力、影响力、抗风险能力"；

2017年，第十九次全国代表大会
"加快国有经济布局优化、结构调整、战略性重组，发展混合所有制经济，培育具有全球竞争力的世界一流企业"，对国有经济"创新力"提出更高要求；

2019年，十九届四中全会
"增强国有经济竞争力、创新力、控制力、影响力、抗风险能力，做强做优做大国有资本"，自此，国有经济"五力"的发展目标基本确定；

2022年，第二十次全国代表大会
"推动国有资本和国有企业做强做优做大，提升企业核心竞争力"，二十大报告用"竞争力"一个词代替了"五力"，目标更为集中，更为简练。

图 6-1　国有经济"五力"演进图

开放以来，在经济高速发展过程中国有经济发挥了主导作用①②③④⑤⑥。国有经济"五力"演进历程见图 6-1。

2018 年，中国证监会发布修订后的《上市公司治理准则》（以下简称《新准则》），在总则第三条提出"上市公司应该贯彻落实创新、协调、绿色、开放、共享的发展理念，弘扬优秀企业家精神，积极履行社会责任，形成良好公司治理实践"⑦，将党的十八届五中全会强调的新发展理念落实到上市公司治理。同时，《新准则》在总则第五条根据《公司法》精神，补充了党建要求，指出"在上市公司中，根据《公司法》的规定，设立中国共产党的组织，开展党的活动。上市公司应当为党组织的活动提供必要条件。国有控股上市公司根据《公司法》和有关规定，结合企业股权结构、经营管理等实际，把党建工作有关要求写入公司章程"。可以看到，党组织治理对于国有企业而言具有重要意义，而增强国有经济"五力"就是在这样一个背景下提出的。

（二）国有企业"五力"的时代内涵

1978 年，四川率先开展"扩大企业自主权"试点。国务院 1979 年颁

---

① 《中共中央关于国有企业改革和发展若干重大问题的决定》，人民出版社 1999 年版，第 2—3 页。

② 胡锦涛：《高举中国特色社会主义伟大旗帜　为夺取全面建设小康社会新胜利而奋斗——在中国共产党第十七次全国代表大会上的报告》，《人民日报》2007 年 10 月 25 日。

③ 胡锦涛：《坚定不移沿着中国特色社会主义道路前进　为全面建成小康社会而奋斗——在中国共产党第十八次全国代表大会上的报告》，人民出版社 2012 年版，第 20—21 页。

④ 《中共中央国务院关于深化国有企业改革的指导意见》，人民出版社 2015 年版，第 2—3 页。

⑤ 习近平：《决胜全面建成小康社会　夺取新时代中国特色社会主义伟大胜利——在中国共产党第十九次全国代表大会上的报告》，人民出版社 2017 年版，第 33—34 页。

⑥ 《中共中央关于坚持和完善中国特色社会主义制度、推进国家治理体系和治理能力现代化若干重大问题的决定》，人民出版社 2019 年版，第 19 页。

⑦ 《上市公司治理准则（2018 修订）》，中国证券监督管理委员会公告〔2018〕29 号，2018 年 9 月 30 日。

发的《关于扩大国营工业企业经营管理自主权的若干规定》，奠定了国有企业改革总体上是按逐步扩大企业经营管理自主权这一模式开展的基础；1992年党的十二届三中全会根据所有权和经营权相分离的原则，提出国有企业改革，并开始实行"以国家对企业的管理应逐步转向以间接管理为主"的改革模式。1993年，党的十四届三中全会进一步明确提出了国有企业改革目标是建立"产权清晰、权责明确、政企分开、管理科学"的现代企业制度。2003年，党的十六届三中全会通过的《关于完善社会主义市场经济体制若干问题的决定》提出我国社会主义市场经济体制初步建立，这意味着国有企业改革步入现代化制度的完善与创新期；2016年召开的全国国有企业党的建设工作会议上，习近平总书记提出"两个一以贯之"[①]，并明确要求构建中国特色现代国有企业制度。

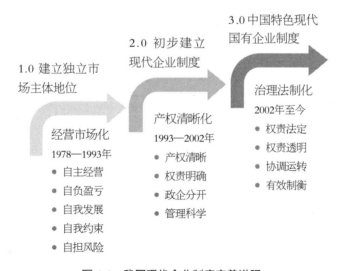

图6-2 我国现代企业制度完善进程

中国特色现代企业制度，是要充分汲取中国国有企业的特色要求和长

---

① 姜洁、兰红光：《习近平在全国国有企业党的建设工作会议上强调　坚持党对国有企业的领导不动摇　开创国有企业党的建设新局面》，《人民日报》2016年10月12日。

期治理实践经验，在当前现代企业治理的基础上形成一套真正可以为中国国有企业长期竞争力提升而设计实施的基本制度体系。习近平新时代中国特色社会主义思想，标志着国有企业中对党的建设与发展进入一个全新的历史新时期。新时代，国有企业党建工作要在传统工作理念及模式的基础上，探索改进体制机制，推进完成党建工作"五力工程"，赋予党建工作新内涵，将党性光辉融入国有企业发展，为做大做强国有企业提供强力保证和动力支持。

首先，国有经济"五力"是新时期背景下中国经济社会发展新目标新要求的反映。目前，中国经济高速增长阶段向高质量发展阶段的过渡，一方面亟须从关注"内生"要素活力向考虑"内生"要素与"外在"竞争实力转变；另一方面要从强调全局范围内"数量"的控制力，转向强调重点领域中"质量"的控制力。其次，国有经济"五力"体现了新时代背景下国有企业改革和发展的新动力。创新力是国有经济发展的长效动力机制，唯有创新，才能让国有经济获得持续的动力来源，在竞争市场上大放异彩。一直以来，国有企业作为我国关键核心技术领域取得创新突破的主力军，在中国科技创新体系当中扮演着举足轻重的角色。促进国有经济布局优化与结构调整，进一步落实创新驱动发展战略要求国有企业必须全面提高创新能力。再次，国有经济"五力"表明了要拓展着眼全球化竞争的新视野。当前，经济全球化已成为时代主流，"地球村"时代离我们越来越近，唯有立足全球化竞争，在国际舞台上拥有一席之地，才能有长久的竞争力，才不会被时代抛弃。在此情形下，不论是竞争力还是控制力和影响力都要建立在全球化竞争的大背景下，以建成世界一流企业作为国有企业建设发展的标杆模范。要有能体现国有企业在参与全球化市场竞争中具备的综合实力的竞争力，并逐步融入提升国有企业对全球产业链和价值链新内涵的控制力以及在国际化经营中享有知名度的影响力。最后，国有企业"五力"表明国有企业要有适应内外部变化的新能力。抗风险能力是提高国有企业综合竞争力和培育世界一流企业的关键所在，国有企业基于国内外世界一流企业的风险管理实践，推动建立覆盖企业战略、规划、投融资、市场运行等各领域的全面风险管理体系，增强企业抗风险能力的目标任务、推进措施、保障条件等落实。

二、党组织治理影响国有企业"五力"的理论分析

（一）国有企业党组织治理效能发挥的基本思路

国有企业的党组织治理效能发挥的核心体现在"把方向、管大局、促落实"上，其增强国有企业"五力"的基本思路如图6-3所示。首先，增强国有企业的竞争力是这"五力"的最终落脚点和最后归宿，是国有企业的核心责任，也就是国有企业党组织领导的"方向"所在，党组织需要深入研究的内容、深度嵌入的结构都围绕这一方向展开。在此基础上，国有企业党组织要切实做好在此大方向下的"管大局"的职责。利用党组织独特的政治优势、组织优势，督促、监督经营管理各项计划的顺利落实落地，引导国有企业对标同行业世界一流企业，提升自主创新能力、完善创新激励机制和体系，突破关键领域"卡脖子"技术和行业共性技术，提升创新力。创新力的提升是国有企业控制力提升的源头，自主创新能力提高了国有企业产品质量，从而不断增强对关键领域及重要资源的控制力，最终表现为国有企业的示范、引领、带动与导向作用及能力，即影响力的提升。同时，通过准确把握党的理论和路线方针政策，一方面，把准国有企业的产业布局方向，优化国有经济对国防安全、能源安全、基本公共服务及粮食安全的控制力；另一方面，发挥国有企业在服务和支撑国家战略、实现中国式现代化过程中所产生的带动与引领功能，进而提高国有企业的影响力。在这个过程中，党组织治理通过坚持统筹发展和安全，增强国有企业解决其生产经营过程中所遭遇的各类风险、协助其他市场主体与国家

对抗外部风险等方面的功能和能力，构筑风险防火墙，做好应对重大危机事件（如重大卫生事件、重大政治风险和自然灾害等）的准备，加强国有企业可持续发展能力，提升国有企业的抗风险能力，这为推进国有企业控制力、影响力、创新力和竞争力提供更强劲、更持久的后方保障机制。

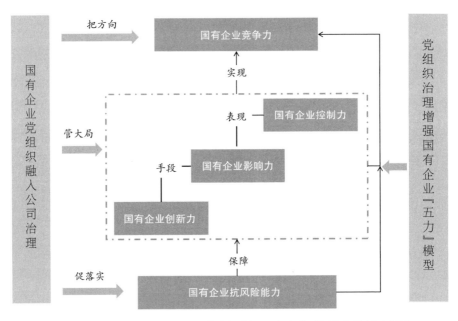

图 6-3 国有企业党组织治理效能发挥增强国有企业"五力"的基本模型

无论是增强国有经济"五力"中的哪一力，加强党的领导都是必要的前提。通过充分发挥党组织的作用，使国有企业成为党和国家最可信赖的支柱力量和国家战略的支撑力量，为中国式现代化建设提供坚实的基础和可靠保障。本书认为，在新阶段推进中国式国有企业治理现代化，最重要的是把加强党的领导和完善公司治理统一起来，基本思路是：明确党组织在企业决策、执行、监督各环节的权责和工作方式以及与其他治理主体的关系；解决好党组织领导与企业经营管理的融合问题，将"围绕企业生产经营开展工作"的要求落到实处；完善纪委对党组织的专责监督权力，落实使党组织发挥领导核心作用和政治核心作用组织化、制度化、具体化，不断增强国有企业的"五力"。

一方面，西方的现代公司治理结构中主要形成了"三会一高"的治理结构，这是一个基于产权明确基础，在委托代理关系下形成的稳定治理结构。通过持续的改革实践和理论探索，中国特色现代公司治理的主体架构基本清晰，中国特色现代企业制度的核心是把握"两个一以贯之"，在原有四大治理主体的基础上融入了党组织的治理，从而形成更先进的中国特色现代企业制度。在这样的场景下去设计国有企业的治理体系，首要的工作任务是正确定位党组织、董事会、经理层等各个治理主体的权力和责任19。根据中央全面深化改革委员会第十七次会议审议通过《关于中央企业党的领导融入公司治理的若干意见（试行）》，将国有企业中党委（党组）的作用明确为"把方向、管大局、促落实"，意在以党组织前置决策清单为基础的法制化、程序化工具，推动党的领导更好融入公司治理体系。股东大会是公司最高权力机构，决定公司董事会、监事会人选，决定公司重大方针政策。董事会是企业经营决策的主体，发挥"定战略、做决策、防风险"的作用。当前，国有企业已基本实现董事会"应建尽建"和外部董事占多数的效果，使董事会更好发挥经营决策主体作用。高级管理层成员通过任期制和契约化管理行权履职，发挥"谋经营、抓落实、强管理"的作用。对国有企业来说，监事会是必要的，只有不断加强对国有企业监事会的制度完善，使之切实起到监督作用，才能缓解国有企业所有者缺失这一根本原因性难题①。政治中心、权力中心、决策中心、执行中心及监督中心这"五大中心"各司其职，各负其责，确保决策权、执行权、监督权相互制约、协调运转，构建成一个权责法定、权责透明、运转高效的国有企业治理结构。党组织嵌入治理结构是对西方公司治理构架的突破和创新，可以为克服传统公司治理的缺陷，如内部控制和风险管理失效、薪酬

---

① 朱珊珊：《国有企业监督制度的困局与策略》，《经济体制改革》2020年第1期。

制度错位、董事会的责任和运作不足、股东权利缺失等等，提供一个良好的解决方案。党组织的嵌入是从整体上保证国有企业的运行轨迹是符合政策要求的，国有企业的发展是与符合国有经济"五力"增强同向发力的。因此，厘清党组织与其他治理主体的权责边界是党组织治理效能发挥的关键之一。

另一方面，要使国有企业的党组织治理效能体现在"五力"的提升上，就必须要把国有企业的党建和经营深度融合在一起。这为推动国有企业党建工作和业务工作的深度融合指明了方向、提供了根本遵循。破解"两张皮"的基础问题，是要从思想上正本清源，消除"不需抓"的认识误区，形成"必须抓"的认识自觉。党建工作要想避免"虚化""弱化"，以系统思维统筹推进党建工作与业务工作深度融合，就要通盘考虑各方面情况，统筹兼顾、一体推进。找准党建和业务融合的切入点，融合不是简单、机械的叠加，必须结合经营业务的工作特点、自身专长、业务优势，深挖影响二者深度融合的主要问题，寻找与党建融合的最佳契合点和切入点，将党建工作与业务工作紧密结合。把党建工作与业务工作有机结合起来，是指党建与业务工作各项措施在部署时互相配合，落实时互相促进，紧紧围绕中心抓好党建、抓党建促经营，才能有效实现党的组织资源向发展资源的转变，把党的组织优势转化为"五力"发展优势。因此，推动党建工作和业务工作深度融合发展是党组织治理效能发挥的另一个关键所在。

（二）党组织治理影响国有企业"五力"的具体路径

1. 竞争力

激励约束观认为，党组织嵌入国有企业治理能够使党组织直接参与国有企业治理，使党组织在国有企业经营决策、投资等决策方面发挥重要作用，既能帮助企业制定一定措施激励管理层基于股东利益最大化行事，也能对管理层权力进行有效约束，防止管理层的私利行为给企业带来危害。

在激励约束观下，党的领导和完善公司治理能够有机统一，进而有利于国有企业健全完善中国特色现代企业制度，规范董事会运作，建立灵活高效的市场化经营机制，持续激发企业活力。在此基础上，党组织融入公司治理能够进一步深化市场化改革，全面弘扬企业家精神，营造鼓励创新和宽容失败的企业文化，让企业家群体更加担当作为，强化领导干部激励和监督，充分调动人才能干事、干成事的积极性，深入推进国有企业高质量发展。

资源依赖理论认为，企业必须积极采取战略措施来提升企业对外界稀缺资源的控制力，减少对外界资源的依赖，使自身置于竞争的有利地位。党组织治理能够帮助企业获得相关部门的认同，一方面有利于国有企业在某些方面获得优于行业其他企业的资源；另一方面，党组织治理也能在一定程度上成为具有较强可信度的"背书"，有利于国有企业提高自身竞争能力，更快更好走上国际舞台。

政治干预观认为，国有企业嵌入党组织治理，能够使党组织更为直接的对企业施加影响，帮助提高国有企业的董事会效率。此时，党组织在国有企业的发展中能够更精准的找到着力点，围绕主责主业做好运营工作，努力提高国有企业的运营质量与效益，继续强化国有经济的质量优势，加速培育"产品卓越、品牌卓著、创新领先、治理现代"的世界一流企业，在国际舞台上提高竞争力。

2. 创新力

激励约束观认为，党组织融入国有企业治理有利于党强化国有经济监督、参与国有企业重大决策。基于此，党组织可引导国有企业牢牢把握核心技术自主创新的思路，加快调整重构科研组织体系，建立适应新兴科学和技术发展的管理架构，用创新的动力坚实推进高质量发展，力求在新一轮科技竞争中赢得优势。

资源依赖观认为，为了进一步缓解外部环境的不确定性，企业会倾向于追求更多的资源来支持自身的发展以应对环境冲击，但组织获取资源的能力是有限的，因而企业降低对外部环境的依赖变得尤为重要。党组织治理虽然能够帮助国有企业获得优于行业其他企业的资源，但其资源终归是有限的，因而国有企业在优化利用资源的同时，要坚持把创新作为发展的第一要素，利用有限的资源创造出更多的价值，帮助国有资产保值增值，担当起国有经济成为国之重器的使命。

3. 控制力

激励约束观认为，党组织嵌入国有企业治理结构，有利于党组织通过对管理层权力的激励和约束，参与国有企业的经营。在此基础上充分发挥国有资本投资、运营公司的作用，推动国有资本更多投资于关系国家安全、国民经济命脉的重要行业、关键领域，让国有资本投资运营更好地服务国家战略目标。同时注重国有资本长期回报、履行出资人收益权、调动投资者投资积极性等措施可以扩大国有经济规模并以此为基础助力国家对重要行业、关键领域国有经济发挥调控作用。

就政治干预观来看，企业党组织存在于企业内部，成为国有企业组织结构中不可缺少的部门有利于其发挥政治核心职能，更为直接地对企业施加影响。在控制活动方面，党组织融入国有企业治理主要表现为重大决策的参与，重大人事的决策。在参与重大决策中，党组织行使建议权、监督权等权力，确保企业对重大事项的决策与党和国家的方针、政策、法规及公司章程相一致，增强了重大决策民主性、科学性。就重大人事决定而言，党组织在政治上把好企业主要负责人选任关，能及时地把不胜任，不合格领导人员调好，有利于预防和纠正选人用人上的不正之风。党组织融入国有企业公司治理，有利于党组织提高国有经济控制力，提升国有企业在建设现代化经济体系过程中的作用发挥。

4. 影响力

资源依赖观认为，资源配置是企业之间竞争的关键所在，企业会从资源中寻找自己的竞争优势，尤其是难以复制和模仿的资源是形成核心竞争优势的重要来源。党组织参与国有企业治理后，发挥有关重点领域国有资本投资和运营公司资本运作平台作用，对成长性强的非国有企业进行股权投资，对资源进行优势整合和高效配置，有助于国有资源发挥更大效用，助力国有企业做大做强。同时，提升国有经济在国外影响力，关键在于引导国有企业积极参与落实"一带一路"建设，加速推动项目落地，加快打造国际品牌。

5.抗风险能力

根据资源依赖理论，把企业党组织内嵌到公司治理结构之中，有助于国有企业进一步得到政府部门的支持，在资源获取方面占有一定优势。而资源是一个企业赖以生存的基础，对资源的优质配置和合理利用有利于企业获得竞争优势。因而对资源的关注和重视能够在一定程度上培养组织的资源储备意识和管理能力，进而在某种程度上提高组织抵御风险的能力。

政治干预观认为，企业党组织治理能够使政府对企业的影响从宏观层面转到微观层面，更加直接的作用于企业的投资和经营决策。在风险评估方面，国有企业党组织通过履行主体责任，可以充分评估影响内部控制目标实现的各种风险。将党组织融入国有企业公司治理结构，有助于明确其作为公司法人治理结构的法定地位，并通过制度和工作规范的保障，确保党组织在引领方向、管控全局、保障落实方面发挥引领作用。当前我国国有企业在推进"三去一降一补"过程中面临着一些问题和挑战，如资产流失严重、投资效率低下等。因此，党组织得以更加敏锐地察觉国有资产流失的风险点，加强对国有资本运营动态的监管，加强对国有资本重大运营事项的控制，推动国有企业在资本市场上依法处理国有资产的公允价格，以确保国有资本的保值增值和持续壮大。加大国有资产监管力度，强化责任追究以及重点领域风险防控，有助于提高国有企业的抗风险能力，进一步守好人民的共同财富。

三、党组织治理影响国有企业"五力"的假设提出

(一)激励约束观

随着企业所有权与经营权的分离,股东与管理层形成了委托代理关系,股东主要依据管理层为公司带来的利润为其提供报酬。在这种情况下,管理层可能会通过构建"个人帝国"等方式稳固自身地位,以便追求自身利益最大化[①],随着其权力增长,管理层寻租能力越强[②],越会倾向利用盈余操纵获取绩效薪酬[③]。我国现代企业制度的建立起步晚,外部市场建设不发达,当内部治理与外部市场机制均无法对经理人员形成有效的激励与约束时,行政监督仍是国有企业经理人员滥用权力的一种重要方式[④]。但如何运用有效的激励与约束手段促使代理人制定与股东利益相一致的决策与行为也是一个亟待解决的重要课题。

在高管权力论看来,高管薪酬会受到高管权力的影响,薪酬契约会造成一部分代理问题[⑤],而管理层激励能够抑制管理层为了获得较高私人利益而选择的机会主义行为[⑥]。最优契约论表明,一个有效的薪酬契约能够激励高管以股东利益最大化为目标采取行动[⑦],弱化高管同股东间的利益冲突。

---

① 谭庆美等:《管理层权力、外部治理机制与过度投资》,《管理科学》2015 年第 4 期。

② L. A. Bebchuk, et al., "Managerial Power and Rent Extraction in the Design of Executive Compensation", *University of Chicago Law Review*, No. 69(2002), pp. 751−846.

③ 权小锋等:《管理层权力、私有收益与薪酬操纵》,《经济研究》2010 年第 11 期。

④ Y. Y. Qian, "Government Control in Corporate Governance as a Transitional Institution: Lessons from China", *in Rethinking the Ease Asian Miracle*, J. E. Stiglitz & S. Yusuf(eds.), Oxford: Oxford Univ. Press, 2001, pp.295−321.

⑤ L. A. Bebchuk, et al., "Managerial Power and Rent Extraction in the Design of Executive Compensation", *University of Chicago Law Review*, No. 69(2002), pp. 751−846.

⑥ Wu X., Wang Z., "Equity Financing in a Myers Majluf Framework with Private Benefits of Control", *Journal of Corporate Finance*, Vol. 11, No. 5(2005), pp. 915−945.

⑦ 陈伟等:《现代产权理论与国有企业改革》,《经济体制改革》2002 年第 4 期。

国有企业改革作为中国经济体制改革中心环节，其中一个关键内容是当企业逐步从计划经济体制过渡到市场经济体制时，构建一套符合企业外部环境，具有竞争力、科学合理的高管人员薪酬激励体系①。1993年颁布的《公司法》以及2005年新修订的《公司法》规定，公司的经营决策依法接受党的监督，同时党组织也拥有参与其中的权力②。党组织治理有利于削弱管理层通过非效率投资增加私人利益的动机③，降低公司高管的绝对薪酬，对管理层进行有效监督和约束，抑制高管攫取超额薪酬的私利行为④。

国有企业党组织融入公司治理，有助于企业制定合理的薪酬体系来达到激励管理层的目的，并在一定程度上约束管理层的机会主义行为，有效降低管理层自利行为给企业带来损失的风险，提升公司的抗风险能力。同时，管理层"双向进入、交叉任职"参与公司治理的方式，能够进一步缩小高管与普通员工间的薪酬差距⑤，帮助稳定企业员工的人心向背，培养普通员工的忠诚度，激励普通员工为公司带来持续利益，为企业注入公平向上的企业文化氛围，从上到下提升企业的竞争力。综上，国有企业党组织融入公司治理，能够成为公司治理中较为有效的激励和约束机制，国有资本得以做强做优做大。综上，本书提出假设1。

假设1：国有企业党组织治理能够通过提升公司治理的激励和约束力量增强国有企业"五力"。

---

① 代彬等：《高管权力、薪酬契约与国企改革——来自国有上市公司的实证研究》，《当代经济科学》2011年第4期。

② S. Tenev, et al., "Corporate Governance and Enterprise Reform in China: Building the Institutions of Modern Markets", *World Bank Publications*, Vol. 16, No. 2（2002）, pp. 118−148.

③ 刘怀珍、欧阳令南：《经理私人利益与过度投资》，《系统工程理论与实践》2004年第10期。

④ 马连福等：《国有企业党组织治理、冗余雇员与高管薪酬契约》，《管理世界》2013年第5期。

⑤ 陈红等：《党组织参与公司治理、管理者权力与薪酬差距》，《山西财经大学学报》2018年第2期。

（二）资源依赖观

资源依赖理论隶属于组织理论中的一个重要的理论流派，它是研究组织变迁活动并在 20 世纪 40 年代萌芽期出现的一种重要理论。大多数组织把组织资源视为其发展与长期存续的关键基础。由于外部环境存在不确定性，以及企业无法获得其发展所需的全部资源，因此企业往往为了支持其发展和降低外部不确定因素的影响而寻求更多的资源①。资源依赖理论注重研究外部环境的不确定性对企业的影响②，揭示出企业和外部环境间的相互关系，认为企业是靠自身努力改变自我，适应外界环境，并降低对外部环境依赖程度③。

资源配置的竞争是企业间竞争的核心。④ 资源依赖理论认为，企业在资源方面将寻求其竞争优势，若其资源不易被复制与模仿，则能构成独特的竞争优势⑤⑥。一个企业的持续竞争优势来源于有价值的、稀缺的、不可完全模仿的以及不可完全替代的资源禀赋⑦，正是资源的这些特性导致了企业之间的盈利能力和长期差异。政府对上市公司保持一定的权威性，

---

① J. Pfeffer, G. R. Salancik, "The External Control of Organizations: A Resource Dependence Perspective", *The Economic Journal*, Vol. 89, No.356（1979）, pp. 969−970.

② 李维安等：《公司治理研究 40 年：脉络与展望》，《外国经济与管理》2019 年第 12 期。

③ J. R. Hendry, "Stakeholder Influence Strategies: An Empirical Exploration", *Journal of Business Ethic*, Vol. 61, No. 1（2005）, pp. 79−99.

④ P. G. Klein, et al., "Resources, Capabilities, and Routines in Public Organizations", *College of Business*, University of Illinois Working Papers, 2011.

⑤ W. Berger, "A Resource−based View of Firm", *Strategic Management Journal*, Vol. 5, No. 2（1984）, pp. 171−180.

⑥ F. W. Aldona, S. Karolina, "Resource based View and Resource Dependence Theory in Decision Making Process of Public Organization Research Findings", *Management*, Vol. 16, No. 2（2012）, pp.16−29.

⑦ B. B. Jay, "Firm Resources and Sustained Competitive Advantage", *Journal of Management*, Vol. 17, No. 1（1991）, pp. 99−120.

政府可以通过贷款、土地等重要资源的配置影响公司决策[1][2]，有政治关联的企业也能获得更多的银行贷款和更长的贷款期限[3]。

资源依赖理论认为，企业要想在竞争激烈的市场中占据理想位置，必须采取积极的战略措施，增强对外部稀缺资源的控制力，以应对因外界环境变化而产生的风险和不确定性。对于那些党组织融入到公司治理结构的国有企业，其在政府资源获取上更具有优势，更容易得到相关部门的支持，从而有利于企业决策的开展和公司发展，企业对外部关键资源的依赖也能够部分转嫁到政府部门上，进而有助于企业在基本经济制度的基础上，遵循社会主义市场经济改革的方向，抓住关键，补齐短板，强弱项目。综上，本书提出假设2。

假设2：国有企业党组织治理能够通过提升公司资源获取优势增强国有企业"五力"。

（三）政治干预观

长期以来，国有企业承担着诸如扩大就业、维护稳定等政策性目标[4]。由于政府或其官员认为干预国有企业的成本低于干预私有企业的成本，因此国有企业更容易受到行政干预，从而追求超越社会福利最大化以外的目标[5][6]。

---

[1]　C. C. Eric, "Sonia M. L. W. Political Control and Performance in China's Listed Firms", *Journal of Comparative Economics*, Vol. 32, No. 4（2004），pp. 617-636.

[2]　马连福等：《中国国有企业党组织治理效应研究——基于"内部人控制"的视角》，《中国工业经济》2012年第8期。

[3]　余明桂、潘红波：《政治关系、制度环境与民营企业银行贷款》，《管理世界》2008年第8期。

[4]　林毅夫、李志赟：《政策性负担、道德风险与预算软约束》，《经济研究》2004年第2期。

[5]　D. Sappington, J. Stiglitz, "Privatization, Information and Incentives", *Journal of Policy Analysis and Management*, Vol. 6, No. 4（1987），pp. 567-585.

[6]　M. Boycko, et al., "A Theory of Privatization", *Economic Journal*, Vol. 106, No. 435（1996），pp. 309-319.

因此，在经济转轨时期，政府干预国有企业成为一种普遍趋势。国有企业受到政府干预时，常常表现为人员冗余、政府官员投资而非消费者获益的项目，以及由于定价方案的倾斜而导致的分配扭曲等问题①。国有企业政治核心——党组织可以成为政府部门干预的途径，政府部门由此进而影响公司决策②。

在我国，党和政府一直保留着国有企业经理人员的任免权③，党组织部门的权力一直被认为属于政治体制改革的范畴，没有受经济改革的冲击，在一定程度上党组织任免经理人员的权利作为制衡经理人员权利的重要力量。党组织对企业的首要作用是对企业经理人员进行监督制衡，把握企业发展方向④。政府干预使得政府对企业的影响从宏观转至微观，政府干预下的公司更易实现多元化经营⑤，有利于提高并购溢价⑥，防止国有资产流失⑦，约束国有企业高管隐性腐败⑧，促进董事会非正式等级平等化⑨，

---

① A. Shleifer, R. W. Vishny, "Politicians and Firms", *The Quarterly Journal of Economics*, Vol. 109, No. 4（1994）, pp. 995−1025.

② O. Sonja, et al., "Party Power, Market and Private Power: Chinese Communist Party Persistence in China's Listed Companies", *Research in Social Stratification and Mobility*, No. 19（2002）, pp. 105−138.

③ P. H. Joseph, et al., "Politically Connected CEOs, Corporate Governance, and Post−IPO Performance of China's Newly Partially Privatized Firms", *Journal of Financial Economics*, Vol. 84, No. 2（2006）, pp. 330−357.

④ 于娟:《深化国资国企改革 加快完善中国特色现代企业制度》,《中国经贸导刊》2021 年第 15 期。

⑤ 陈信元、黄俊:《政府干预、多元化经营与公司业绩》,《管理世界》2007 年第 1 期。

⑥ 陈仕华、卢昌崇:《国有企业党组织的治理参与能够有效抑制并购中的"国有资产流失"吗?》,《管理世界》2014 年第 5 期。

⑦ 陈仕华等:《国有企业纪委的治理参与能否抑制高管私有收益?》,《经济研究》2014 年第 10 期。

⑧ 严若森、吏林山:《党组织参与公司治理对国企高管隐性腐败的影响》,《南开学报（哲学社会科学版）》2019 年第 1 期。

⑨ 黄文锋:《国有企业董事会党组织治理、董事会非正式等级与公司绩效》,《经济管理》2017 年第 3 期。

提高公司治理水平与董事会效率[①]。

融入国有企业治理结构的党组织，直接作用于企业内部，发挥政治核心职能，因而对企业具有更为直接的影响。政治干预的目标从影响宏观经济运行向影响企业微观行为转变，企业基层党组织通过融入公司治理，可以对企业的经营管理和投资融资等重大决策进行把关，约束管理层的机会主义行为的空间，更有利于国有企业提升"五力"，大力发展混合所有制经济，培育建成世界一流企业。综上，本书提出假设3。

假设3：国有企业党组织治理能够通过发挥政治核心职能增强国有企业"五力"。

第二节　国有企业"五力"的测度指标与评价体系设计

一、国有企业"五力"的测度指标

（一）创新力

内涵：创新力主要指国有企业和国有资本在技术、制度和管理方面的创新，从而提供多样化的新产品和服务，尤其是在技术研发投入、专利产出以及自主创新和关键核心技术突破等方面表现出综合实力。

测度指标：国有企业创新力主要包括创新的投入和产出[②]。创新投入包括研发人员数量占全部员工数量比例和研发支出占营业收入的比例等因素。创新产出包括专利申请数量、发明专利数量占专利申请数量的比例、专利获得数量、发明专利获得数量占专利获得数量的比例等因素。具体变

---

① 郝健等：《国有企业党委书记和董事长"二职合一"能否实现"双责并履"？——基于倾向得分匹配的双重差分模型》，《管理世界》2021年第12期。

② 欧阳耀福、李鹏：《论国有经济创新力的核心地位》，《经济学家》2021年第3期。

量定义见表 6-5。

（二）竞争力

内涵：竞争力是指在市场中与其他企业相比，通过提高生产效率和产品质量，占有更多市场份额。国有企业和国有资本在国际国内市场的竞争中的表现是决定国有经济竞争力的重要因素，如参与市场活动争夺资源和获得利润收益的能力，特别是在效率、效益、品牌影响力等方面的高低或大小。

测度指标：国有企业竞争力体现在规模、增长、效率三个方面[1]。具体来说，在规模方面，本章采用营业收入和净利润衡量；在增长方面，本章采用总资产增长率、营业收入增长率和净利润增长率衡量；在效率方面，采用净资产报酬率、总资产报酬率和员工生产效率衡量。

（三）抗风险能力

内涵：抗风险能力指具体包括国有企业在应对经济与金融危机、自然灾害、政治事件及产业链不稳定、国际局势不稳定时所具有的韧性与抵抗能力。

测度指标：国有经济抗风险能力包括财务风险、经营风险和综合风险，上述风险低表示国有经济抗风险能力越强。具体来说，本章采用速动比率、利息保障倍数、经营活动现金流测量国有企业的财务风险，原因在于前两者可以衡量企业的偿债能力，而后者是企业长期具有偿债能力的保证。上述指标值越大，表明国有企业财务风险越小，国有企业抗风险能力越强。著名的 Z-score 模型广泛被用于预测企业因经营不善发生破产的可能性。因此，本章借鉴阿特曼（Altman）（1968）[2] 模型中的变量衡量企业

---

① 金碚：《企业竞争力测评的理论与方法》，《中国工业经济》2003 年第 3 期。

② E. I. Altman, "The Prediction of Corporate Bankruptcy: A Discriminant Analysis", *Journal of Finance*, Vol. 23, No. 4（1968）, pp. 589-609.

经营风险，具体包括总资产息税前净利率、留存收益占比、总资产周转率和营运资金比率。

由于财务数据主要反映历史信息，具有一定的滞后性，而企业的股票市场表现蕴含了市场交易者对公司未来经营发展状况的预测，具有前瞻性，因此，本章采用国有企业市场表现测度公司综合风险。具体来说，本章采用个股股票回报率和个股股价波动性衡量企业综合风险。一方面，短期市场价值可以体现投资者对公司抗风险能力的综合评价[1]；另一方面，个股股价波动性反映了股票价格的起伏变化程度，体现了市场投资者对公司未来经营状况的分歧，表明公司未来经营状况存在较高不确定性，因此，它是企业综合风险的一个直观测量。

（四）控制力

内涵：控制力是指国有企业能够掌控国民经济的重要行业以及重要资源。这种控制力包括对其他所有制企业和资本的支配能力。

测度指标：国有企业控制力体现在其对同行业的控制力和供应链上下游企业的控制力。在同行业控制力方面，实现和增强国有企业控制力不仅需要保持国有资本的必要数量，更需要提高国有资本的质量。从生产函数的要素投入和产出角度看，投入一定的资本劳动所得到的产出越多，则控制力越强[2]。投入方面，本章采用国有企业员工人数在同行业中的比重表示国有企业所投入的劳动，用年末实收资本在同行业中的比重表示国有企业所投入的资本。国家所能控制的实际可用于生产的固定资产净值越多，表明国有企业控制力越强。因此，本章也采用生产经营用固定资产净值在同行业中的比重测量国有企业的资本投入。产出方面，本章采用国有企业

---

[1] X.F.Zhang, "Information Uncertainty and Analyst Forecast Behavior", *Contemporary Accounting Research*, Vol. 23, No. 2（2006）, pp. 565-590.

[2] 喻新强：《论科学判断国资流失问题》，《求索》2006 年第 6 期。

营业收入在同行业中的比重和总资产净利率与行业平均总资产净利率的比值进行测量，比值越大，表明国有企业质量越高，行业控制力越强。在供应链上下游企业的控制力方面，本章采用预收账款比重和应收账款周转率测量国有企业对客户的控制力，更高的预收账款比重和应收账款周转率表明国有企业现款销售比重高，企业对下游客户的话语权更强；本章采用应付账款比重和应付账款周转率测度国有企业对供应商的控制力，较高的应付账款比重、较低的应付账款周转率表明国有企业可以长期占用供应商的货款，信誉良好，市场地位较强，因此对供应商控制力较强。

（五）影响力

内涵：国有经济的影响力主要在于国有资本和国有企业的示范、引领、带动和导向作用，这体现为国有企业在服务国家战略和承担社会责任所带来的积极影响。

测度指标：加强国有经济的影响力，要求国有企业自身率先贯彻新发展理念，积极参与乡村振兴、发展低碳经济、发展数字经济。国有企业应当树立诚信守法、遵守相关规则、尊重相关文化、保护生态环境、积极参与公益活动的良好形象，以展现其对社会责任的高度认识和责任感。本章采用扶贫及乡村振兴投入资金、社会捐赠金额衡量国有企业影响力，因为它们反映国有企业主动承担社会责任的情况，具有良好的示范效应和积极社会影响。此外，鉴于发展数字经济和实现碳达峰碳中和已经上升为国家战略，而且国有经济应该在服务国家战略中发挥示范、引领、带动与导向作用，本章还采用绿色专利数量、数字化转型测量国有企业影响力。

国有企业"五力"测度指标体系以国有经济"五力"核心内涵为基础，结合微观企业特征和数据可得性情况，自上而下构建三级指标体系。具体包括一级指标5个、二级指标14个、三级指标36个。上述测度指标的具体计算方式如表6-1所示。

表 6-1 国有企业"五力"测度指标体系

一级指标	二级指标	三级指标	指标属性
创新力	创新投入	研发人员数量占全部员工数量的比例	正向
		研发支出占营业收入的比例	正向
	创新产出	专利申请数量的自然对数	正向
		发明专利数量占专利申请数量的比例	正向
		专利获得数量的自然对数	正向
		发明专利获得数量占专利获得数量的比例	正向
竞争力	规模因素	营业收入的自然对数	正向
		净利润的自然对数	正向
	增长因素	总资产增长率	正向
		营业收入增长率	正向
		净利润增长率	正向
	效率因素	净利润 / 年末净资产总额	正向
		净利润 / 年末资产总额	正向
		营业收入 / 员工总数	正向
抗风险能力	财务风险	速动资产 / 流动负债	正向
		息税前利润总额 / 利息费用	正向
		经营活动现金流流量金额 / 资产总额	正向
	经营风险	息税前利润 / 年末资产总额	正向
		（盈余公积＋未分配利润）/ 年末资产总额	正向
		营业收入 / 年末资产总额	正向
		（流动资产—流动负债）/ 年末资产总额	正向
	综合风险	个股股票回报率	正向
		个股股价波动性	负向

续表

一级指标	二级指标	三级指标	指标属性
控制力	行业控制力	年末员工人数在同行业中的比重	正向
		年末实收资本在同行业中的比重	正向
		年末固定资产净值在同行业中的比重	正向
		营业收入在同行业中的比重	正向
		总资产净利率／行业平均总资产净利率	正向
	供应链控制力	预收账款／年末资产总额	正向
		营业收入／应收账款	正向
		应付账款／年末资产总额	正向
		营业成本／应付账款	负向
影响力	乡村振兴	精准扶贫及乡村振兴投入金额加1的自然对数	正向
	慈善捐赠	社会捐赠金额加1的自然对数	正向
	绿色转型	企业当年绿色专利申请数量加1的自然对数	正向
	数字经济	"大数据""海量数据""数据中心""信息资产""数据化"等与数字化转型相关的关键词在公司年报中出现的次数加1的自然对数	正向

二、国有企业"五力"的评价指标

(一)数据来源及评价方法选择

国有企业"五力"的测度指标中,创新力、竞争力、抗风险能力、控制力和影响力下的三级指标数据均来自于国泰安研究服务中心的 CSMAR 数据库。

构建国有企业"五力"的评价指标需要确定合适的评价方法。目前,对综合指标的评价方法包括两种:主观赋权法(包括专家调查法、层次分析法等)和客观赋权法(包括熵值法、主成分分析法等)。尽管两种方法在实际运用中各有优缺点,但由于主观赋权法存在主观和随意性,而且操作起来较为困难,结果的科学性难以保证,本文选择客观赋权法进行评价。而由于熵值法不够智能,没有考虑指标与指标之间的相关性、层级关系等,本文最终选择采用主成分分析法来构建国有企业"五力"评价指标。

(二)主成分分析法

1.数据标准化处理

本章各个三级评价指标的原始数据度量单位不同,而且差异较大。为了保证主成分分析结果的可靠性,本章先对三级指标的原始数据进行标准化处理。考虑到本章的评价指标既有正向指标也有负向指标,本章采用区分正向指标和负向指标的 min–max 标准化方法,其具体的计算公式如下:

$$正向指标:\quad X_{ij}^{-} = \frac{X_{ij} - \min(X_{ij})}{\max(X_{ij}) - \min(X_{ij})} \qquad (6\text{-}1)$$

$$负向指标:\quad X_{ij}^{-} = \frac{\max(X_{ij}) - X_{ij}}{\max(X_{ij}) - \min(X_{ij})} \qquad (6\text{-}2)$$

其中,X_{ij}^{-} 表示指标的标准化后数值,X_{ij} 为指标的原始数值,而 $\min(X_{ij})$ 为所有年份指标的原始数值的最小值,$\max(X_{ij})$ 为所有年份指标的原始数值的最大值。利用公式(6-1)和公式(6-2),本章对国有企业"五力"测度指标体系中的三级指标进行标准化处理。

2.KMO 和 Bartlett 检验

在进行主成分分析方法之前,需要对所选取变量是否适合主成分分析法进行有效性检验,如 KMO 和 Bartlett 检验。KMO 检验统计量用于判断变量之间的相关性,KMO 值越接近于 1,越适合用主成分分析法;Bartlett 检验则用于判断各变量之间的独立性,独立性越弱,越适合用主成分分析法。如表 6-2 所示,KMO 的值为 0.75,大于临界值 0.5,Bartlett 球形度检验的 P 值为 0.000,小于 0.05。因此,本章选取的国有企业"五力"的评价指标可以进行主成分分析。

表 6-2　KMO 和 Bartlett 检验

KMO 取样适切性量数	0.75	
Bartlett 球型度检验	近似卡方值　38904.78	
	显著性　0.00	

3. 根据特征值提取主成分

表 6-3 是总方差解释表，可以看出，特征值大于 1 的成分为前 11 个，而且这前 11 个主成分的累计方差贡献率达到 70.79%，表明可以提取 11 个主成分。图 3-1 是碎石图，可以看到，从第四个主成分开始，折线趋于平缓，也说明应选取前 4 个主成分。

表 6-3　总方差解释表

成分	特征值	方差贡献率（%）	累积方差贡献率（%）
1	4.844	13.460	13.460
2	4.228	11.750	25.200
3	3.514	9.760	34.960
4	2.730	7.580	42.550
5	2.463	6.840	49.390
6	1.853	5.150	54.530
7	1.327	3.690	58.220
8	1.281	3.560	61.780
9	1.174	3.260	65.040
10	1.050	2.920	67.960
11	1.018	2.830	70.790
12	0.972	2.700	73.480
13	0.883	2.450	75.940

续表

成分	特征值	方差贡献率（％）	累积方差贡献率（％）
14	0.834	2.320	78.250
15	0.765	2.130	80.380
16	0.689	1.920	82.300
17	0.659	1.830	84.130
18	0.633	1.760	85.890
19	0.604	1.680	87.560
20	0.573	1.590	89.160
21	0.488	1.360	90.510
22	0.480	1.330	91.850
23	0.468	1.300	93.150
24	0.381	1.060	94.200
25	0.358	0.990	95.200
26	0.292	0.810	96.010
27	0.252	0.700	96.710
28	0.226	0.630	97.340
29	0.216	0.600	97.940
30	0.202	0.560	98.500
31	0.185	0.510	99.010
32	0.153	0.430	99.440
33	0.090	0.250	99.690
34	0.080	0.220	99.910
35	0.018	0.050	99.960
36	0.015	0.040	100.000

4.计算主成分得分权重和国有企业"五力"综合评价指标

用 11 个主成分对应的方差贡献率除以总的累积方差贡献率可以计算

出各自的权重，结果见表 6-4。

表 6-4　主成分的权重系数

主成分	F1	F2	F3	F4	F5	F6	F7	F8	F9	F10	F11
权重	0.190	0.166	0.138	0.107	0.097	0.073	0.052	0.050	0.046	0.041	0.039

根据表 6-4 的权重计算出国有企业"五力"综合评价指标，公式为
F=0.190×F1+0.166×F2+0.138×F3+0.107×F4+0.097×F5+0.073×F6+
0.052×F7+0.050×F8+0.046×F9+0.041×F10+0.039×F11。

第三节　党组织治理影响国有企业
"五力"的实证检验

一、变量定义

（一）党组织治理

对于如何衡量党组织治理，目前的文献主要采用以下三种方法：第一，根据党委会成员在公司董事会、监事会和高级管理人员中的重合情况，分别设置"双向进入"指标和"交叉任职"指标[1]。"双向进入"指标为连续变量，等于党组织成员与公司董事会、监事会和高级管理人员的重合比例；"交叉任职"指标为虚拟变量，等于党委书记或党委副书记与公司董事长、监事会主席、总经理是否重合；第二，陈仕华和卢昌崇（2014）[2]认为

---

[1]　马连福等：《中国国有企业党组织治理效应研究——基于"内部人控制"的视角》，《中国工业经济》2012 年第 8 期。

[2]　陈仕华、卢昌崇：《国有企业党组织的治理参与能够有效抑制并购中的"国有资产流失"吗？》，《管理世界》2014 年第 5 期。

不能严格按照马连福等（2012）[1]采用的测量方法，因为在全部样本中，大量样本的党组织未融入治理。第三，在陈仕华和卢昌崇（2014）[2]的方法基础上设置党组织成员兼任董事或副总经理、兼任监事会主席或监事长的虚拟变量[3]。

　　借鉴已有文献，考虑到党组织融入治理主要是通过"双向进入、交叉任职"的领导体制影响企业决策，从而发挥治理作用，本章参考马连福等（2012）[4]的研究，采用"双向进入"指标和"交叉任职"指标衡量党组织治理。由于国有企业纪委参与公司治理可以降低高管私有收益发挥治理作用，因此，本章也将纪委参与治理考虑在内。具体来说，对于"双向进入"指标，本章采用以下方式进行测量：党组织融入治理变量（Party1），等于党组织成员兼任董事会、监事会和高管层成员人数占董事会、监事会和高管层全体成员人数的比例；为了深入研究的需要，本章将党组织是否融入治理（Party1）进一步细分为以下 2 个指标：党委参与治理变量（Party2），等于党委成员兼任董事会、监事会和高管层成员人数占董事会、监事会和高管层全体成员人数的比例；纪委参与治理变量（Party3），等于纪委成员（包括纪委书记、纪检书记、纪委副书记等）兼任董事会、监事会和高管层成员人数占董事会、监事会和高管层全体成员人数的比例。对于"交叉任职"指标，当企业党委书记和董事长由同一人担任时，交叉任职变量（Party4）取值为 1，否则为 0。在稳健性检验部分，本章也采用虚拟变量形式测度党组织治理。

① 　马连福等：《中国国有企业党组织治理效应研究——基于"内部人控制"的视角》，《中国工业经济》2012 年第 8 期。

② 　陈仕华、卢昌崇：《国有企业党组织的治理参与能够有效抑制并购中的"国有资产流失"吗?》，《管理世界》2014 年第 5 期。

③ 　程博、王菁：《法律环境、政治治理与审计收费》，《经济管理》2014 年第 2 期。

④ 　马连福等：《中国国有企业党组织治理效应研究——基于"内部人控制"的视角》，《中国工业经济》2012 年第 8 期。

（二）国有企业"五力"

本章采用"第二节国有企业'五力'的测度指标与评价体系"部分构建的国有企业"五力"综合指数对国有企业"五力"进行测量。

二、模型设定

为了检验党组织治理如何影响国有企业"五力"，本章构建回归模型（6-1），并在模型中同时控制了行业（Indcd）和年度（Year）固定效应，以缓解行业特征和时间趋势对估计结论的影响。本章构建的回归模型（6-1）如下：

$$Power_{i,t+1} = \beta_0 + \beta_1 Party_{i,t} + \sum \beta_i Controls_{i,t} + \sum Indcd + \sum Year + \varepsilon_{i,t} \quad (6-1)$$

其中，Power 用于度量国有企业"五力"，通过对国有企业创新力、竞争力、抗风险能力、控制力和影响力进行主成分分析得到，值越大，表示国有企业"五力"越强。Party 为核心解释变量党组织治理，它具体包括党组织融入治理变量（Party1）、党委参与治理变量（Party2）、纪委参与治理变量（Party3）、交叉任职变量（Party4）。

Controls 表示一系列控制变量，模型（1）控制公司规模、财务杠杆等企业财务特征变量和股权制衡度、董事会独立性等公司治理特征变量。此外，模型（6-1）还加入地区 GDP 总量、地区 GDP 增长率以控制当地经济发展水平和速度对本章结论的影响，变量具体定义见表 6-5。根据前文理论分析，本章预期，β_1 系数显著为正，即党组织融入治理可以增强国有企业"五力"。

表 6-5 变量定义

变量性质	变量符号	变量定义说明
被解释变量	Power	国有企业"五力"，通过对国有企业创新力、竞争力、抗风险能力、控制力和影响力进行主成分分析后得到的综合指标，具体定义方法见本章"第二节 国有企业'五力'的测度指标与评价体系"
解释变量	Party1	党组织融入治理，等于党组织成员兼任董事会、监事会和高管层成员人数占董事会、监事会和高管层全体成员人数的比例
	Party2	党委参与治理，等于党委成员兼任董事会、监事会和高管层成员人数占董事会、监事会和高管层全体成员人数的比例
	Party3	纪委参与治理，等于纪委成员（包括纪委书记、纪检书记、纪委副书记等）兼任董事会、监事会和高管层成员人数占董事会、监事会和高管层全体成员人数的比例
	Party4	交叉任职，当企业党委书记和董事长由同一人担任时，交叉任职变量取值为 1，否则为 0
控制变量	Size	公司规模，等于公司年末总市值的自然对数
	Lev	财务杠杆，等于公司的资产负债率
	Top1_25	股权集中度，等于第一大股东持股数量除以第二大股东至第五大股东持股数量之和
	Board	董事会规模，等于董事会总人数的自然对数
	Indep	董事会独立性，等于独立董事人数除以董事会总人数
	Turnover	股票流动性，等于年内个股日换手率的平均值
	Dual	两职合一，如果公司董事长兼任总经理取值为 1，否则为 0
	Analyst	分析师跟踪数量，等于跟踪上市公司的分析师数量加 1 的自然对数
	Other	大股东占款，等于其他应收款除以年末资产总额
	G_growth	地区经济增速，等于（地区当年 GDP—地区上年 GDP）/ 地区上年 GDP
	GDP	地区经济发展水平，等于年度地区生产总值的自然对数
	P_GDP	人均国内生产总值，等于地区生产总值除以年末地区总人口

三、样本选择和数据来源

本章选择在上海证券交易所和深圳证券交易所 2012—2020 年国有企业财务数据作为初始研究样本，由于模型（6-1）被解释变量为未来一期国有企业"五力"，因此，最终参与实证分析样本的期间为 2013—2020 年。

在获取党组织参与公司治理的数据时，本章采用了两个步骤：首先，通过查询国泰安研究服务中心的 CSMAR 数据库，获取董事、监事和高管人员的基本信息，以确定他们是否同时担任党组织成员；在国有独资公司中，"党组织参与重大事项决策"已成为一个重要内容。在考虑到董事、监事和高管人员是否兼任党组织成员属于非强制披露信息的情况下，对于第一步中未查到党组织成员兼任董事、监事和高管人员的样本，我们将进一步利用百度搜索公司官网或新闻网页，以核实董事、监事和高管成员与党组织成员是否存在重叠信息。

在搜集整理相关数据以后，本章对研究样本进行以下筛选：（1）剔除金融行业样本；（2）剔除 ST 等异常公司样本；（3）删除资产负债率大于 1 的公司样本；（4）删除关键变量或控制变量缺失的样本。此外，为减少异常值影响，对连续变量的极端值进行 1% 缩尾（Winsorize）处理。进行上述处理后，本章最终得到 5757 个"公司—年度"观测值。本章研究采用的财务数据、治理数据以及地区宏观经济数据均来自于国泰安研究服务中心的 CSMAR 数据库。

四、描述性统计

表 6-6 列示了主要变量的描述性统计结果。由表 6-6 可知，国有企业"五力"Power 的均值和标准差分别为 0.005 和 0.517，表明不同国有企业的"五力"的差异较大；同时，国有企业"五力"Power 的最大值和最小

值分别为 1.730 和−1.480，也表明各个国有企业的"五力"存在较大差异。党组织融入治理变量 Party1 均值为 0.088，表明样本公司董事会、监事会和高管层中党组织成员占比达到 8.8%；党委参与治理变量 Party2 均值为 0.084，表明样本公司董事会、监事会和高管层中党委成员占比达到 8.4%；纪委参与治理变量 Party3 均值为 0.026，表明样本公司董事会、监事会和高管层中纪委成员占比达到 2.6%。交叉任职变量 Party4 均值 0.235，表明样本公司党委书记兼任董事长的比例高达 23.5%。G_growth 的均值和中位数为 0.080 和 0.078，表明样本期间各省市经济发展速度较快。其他控制变量的描述性统计结果与已有文献类似，不再赘述。

表 6-6　描述性统计表

变量符号	观测值	均值	标准差	最小值	中位数	最大值
Power	5757	0.005	0.517	−1.480	−0.052	1.730
Party1	5757	0.088	0.114	0.000	0.048	0.500
Party2	5757	0.084	0.113	0.000	0.048	0.500
Party3	5757	0.014	0.026	0.000	0.000	0.105
Party4	5757	0.235	0.424	0.000	0.000	1.000
Size	5757	23.388	1.169	21.300	23.200	27.000
Lev	5757	0.493	0.198	0.083	0.500	0.887
Top1_25	5757	6.386	8.505	0.480	3.230	50.200
Board	5757	9.200	1.815	5.000	9.000	15.000
Indep	5757	0.371	0.056	0.333	0.333	0.600
Turnover	5757	2.019	1.978	0.140	1.420	12.600
Dual	5757	0.105	0.306	0.000	0.000	1.000
Analyst	5757	2.004	1.049	0.000	1.950	4.090
Other	5757	0.016	0.023	0.000	0.007	0.135
G_growth	5757	0.080	0.017	0.036	0.078	0.129
GDP	5757	10.266	0.668	8.060	10.200	11.500
P_GDP	5757	11.077	0.453	10.200	11.100	11.900

五、实证分析

（一）相关性分析

表 6-7 为模型（6-1）主要变量的相关性分析结果。可以发现，党组织融入治理 Party1 与国有企业"五力"Power 显著正相关，相关系数为 0.074，且在 1% 统计水平上显著；党委参与治理 Party2 与国有企业"五力"Power 显著正相关，相关系数为 0.089，且在 1% 统计水平上显著；纪委参与治理 Party2 与国有企业"五力"Power 正相关，相关系数为 0.016，但并未通过统计检验；交叉任职变量 Party4 与国有企业"五力"显著正相关，相关系数为 0.042，且在 1% 统计水平上显著。上述结论表明，整体而言，党组织治理与国有企业"五力"显著正相关，有利于增强国有企业"五力"。在控制变量方面，除了股权制衡度 Top1_25 之外，其他变量均与国有企业"五力"Power 显著相关，而且，各控制变量的符号基本符合预期。同时，各控制变量之间的相关系数大多在 0.3 以下，表明模型（6-1）不存在严重的多重共线性问题。为了缓解其他因素对两者关系的影响，仍然需要进一步的多元回归分析。

表 6-7　各变量相关系数表

	Power	Party1	Party2	Party3	Party4	Size	Lev	Top1_25	Board	Indep	Turnover	Dual	Analyst	Other	G_growth	GDP	P_GDP
Power	1	0.051***	0.064***	0.001	0.039***	0.356***	0.066***	0.026**	0.026**	0.057***	−0.134***	−0.027**	0.400***	0.126***	−0.082***	0.073***	0.191***
Party1	0.074***	1	0.978***	0.608***	0.517***	0.048***	0.047***	0.058***	0.044***	0.02	−0.079***	−0.031**	−0.034**	0.059***	−0.095***	0.022*	0.070***
Party2	0.089***	0.974***	1	0.472***	0.539***	0.056***	0.047***	0.059***	0.031**	0.026**	−0.083***	−0.034*	−0.025*	0.065***	−0.099***	0.028**	0.088***
Party3	0.016	0.574***	0.411***	1	0.215***	−0.019	0.028**	0.030**	0.022*	−0.009	−0.021	0.001	−0.051***	0.044***	−0.047***	0.008	0
Party4	0.042***	0.466***	0.484***	0.202***	1	0.022*	0.031**	−0.030*	−0.022	0.049***	−0.074***	0	−0.017	0.084***	−0.061***	0.043***	0.015
Size	0.408***	0.067***	0.092***	−0.037***	0.029**	1	0.366***	−0.036***	0.161***	0.136***	−0.235***	−0.042***	0.510***	0.053***	−0.197***	0.012	0.176***

续表

	Power	Party1	Party2	Party3	Party4	Size	Lev	Top1_25	Board	Indep	Turnover	Dual	Analyst	Other	G_growth	GDP	P_GDP
Lev	0.075***	0.024*	0.033**	0.016	0.034***	0.366***	1	0.012	0.045***	0.061***	-0.084***	0.004	0.011	0.248***	0.017	-0.075***	-0.015
Top1_25	-0.016	0.036***	0.034***	0.017	-0.029**	-0.044***	0.039***	1	-0.119***	0.047***	-0.003	-0.024*	-0.065***	-0.025**	0.030***	-0.099***	0.005
Board	0.028**	0.014	0.005	0.006	-0.008	0.176***	0.060***	-0.073***	1	-0.338***	-0.098***	-0.092***	0.144***	-0.072***	0.083***	-0.050***	-0.102***
Indep	0.095***	0.036***	0.053***	-0.006	0.067***	0.161***	0.075***	0.049***	-0.354***	1	-0.076***	0.055***	0.040**	0.068***	-0.031**	-0.029**	0.027**
Turnover	-0.084***	-0.066***	-0.072***	-0.027**	-0.063***	-0.170***	-0.107***	-0.032***	-0.077***	-0.064***	1	0.036***	-0.170***	0.025**	0.101***	-0.026**	-0.128***
Dual	-0.034***	-0.027**	-0.030***	0.005	0	-0.041***	0.003	-0.047***	-0.084***	0.052***	0.041***	1	-0.005	0.001	-0.018	0.048***	0.033**
Analyst	0.397***	-0.040***	-0.024*	-0.056***	-0.015	0.507***	0.002	-0.124***	0.154***	0.051***	-0.166***	-0.004	1	-0.033**	0.028**	0.017	0.023*
Other	0.065***	0.052***	0.064***	0.015	0.065***	0.077***	0.229***	0.013	-0.051***	0.065***	-0.004	0.004	-0.062***	1	-0.037***	-0.016	0.085***
G_growth	-0.063***	-0.075***	-0.075***	-0.034***	-0.050***	-0.195***	0.024*	0.033**	0.066***	-0.035**	0.002	-0.030**	0.036***	-0.032**	1	-0.188***	-0.560***
GDP	0.089***	0.038***	0.038***	0.021	0.041***	0.011	-0.058***	-0.087*	-0.037***	-0.031**	-0.023	0.048***	0.039***	-0.019	-0.227***	1	0.375***
P_GDP	0.197***	0.067***	0.079***	0.005	0.019	0.203***	-0.017	-0.023*	-0.089***	0.042***	-0.068***	0.033**	0.025*	0.062***	-0.489***	0.404***	1

注：下半部分报告了 Pearson 相关系数，上半部分报告了 Spearman 相关系数，*** p<0.01，** p<0.05，* p<0.1。

（二）党组织治理与国有企业"五力"：多元回归分析

表 6-8 报告了党组织治理与国有企业"五力"的多元回归分析结果。在列（1）—（4）中，被解释变量是国有企业"五力"（Power），解释变量分别是党组织融入治理（Party1）、党委参与治理（Party2）、纪委参与治理（Party3）以及交叉任职（Party4）。在控制了年度和行业固定效应以后，由列（1）—（4）可以发现，Party1、Party2、Party3、Party4 的系数均至少在 10% 统计水平上显著为正，初步表明党组织治理可以增强国有企业"五力"，而且无论是党委参与治理还是纪委参与治理，均能对国有企业"五力"产生较为积极的影响；值得注意的是，党委书记兼任董事长并未带来权力过度集中，反而可以发挥治理作用，增强国有企业"五力"，

这与郝健等（2021）[①] 发现党委书记和董事长"二职合一"能够显著降低国有企业腐败风险的结论一致。列（5）—（8）进一步控制了公司财务特征变量、公司治理特征变量以及地区经济发展特征变量，仍然可以发现党组织治理对国有企业"五力"具有显著正向影响。

表 6-8 的结论表明，整体上看，党组织融入治理有利于国有企业按照党的十九届六中全会通过的《中共中央关于党的百年奋斗重大成就和历史经验的决议》（以下简称《决议》）要求，建立中国特色现代企业制度，增强国有经济竞争力、创新力、控制力、影响力、抗风险能力。

表 6-8　党组织治理与国有企业"五力"实证结果表

	（1）Power	（2）Power	（3）Power	（4）Power	（5）Power	（6）Power	（7）Power	（8）Power
Party1	0.275***				0.187***			
	（4.80）				（3.89）			
Party2		0.350***				0.202***		
		（6.05）				（4.17）		
Party3			0.068*				0.476**	
			（1.77）				（2.28）	
Party4				0.057***				0.054***
				（3.50）				（3.79）
Size					0.188***	0.188***	0.190***	0.133***
					（27.39）	（27.30）	（27.69）	（18.59）
Lev					−0.225***	−0.224***	−0.229***	−0.128***
					（−6.83）	（−6.81）	（−6.97）	（−3.74）
Top1_25					0.002***	0.002***	0.002***	0.001**
					（3.14）	（3.14）	（3.27）	（2.08）
Board					−0.012***	−0.012***	−0.012***	−0.013***

[①] 郝健等：《国有企业党委书记和董事长"二职合一"能否实现"双责并履"？——基于倾向得分匹配的双重差分模型》，《管理世界》2021 年第 12 期。

续表

	（1）Power	（2）Power	（3）Power	（4）Power	（5）Power	（6）Power	（7）Power	（8）Power
Board					（−3.59）	（−3.56）	（−3.52）	（−3.48）
Indep					−0.064	−0.068	−0.051	0.131
					（−0.60）	（−0.64）	（−0.48）	（1.11）
Turnover					−0.003	−0.003	−0.004	0.008**
					（−1.14）	（−1.14）	（−1.20）	（2.32）
Dual					−0.031*	−0.031*	−0.033*	−0.052***
					（−1.80）	（−1.78）	（−1.87）	（−2.66）
Analyst					0.097***	0.097***	0.097***	0.122***
					（14.81）	（14.80）	（14.68）	（17.32）
Other					0.038	0.029	0.066	1.274***
					（0.15）	（0.12）	（0.27）	（4.82）
G_growth					0.786*	0.765*	0.839*	0.802*
					（1.84）	（1.79）	（1.96）	（1.68）
GDP					0.043***	0.043***	0.043***	0.031***
					（4.78）	（4.79）	（4.78）	（3.15）
P_GDP					0.050***	0.050***	0.050***	0.166***
					（3.24）	（3.21）	（3.24）	（10.13）
Constant	1.407***	1.403***	1.418***	−0.120***	−3.830***	−3.815***	−3.873***	−5.663***
	（6.50）	（6.49）	（6.54）	（−4.58）	（−13.38）	（−13.32）	（−13.52）	（−23.80）
Indcd	Yes	Yes	Yes	Yes	Yes	Yes	Yes	Yes
Year	Yes	Yes	Yes	Yes	Yes	Yes	Yes	Yes
N	5757	5757	5757	5757	5757	5757	5757	5757
R2	0.15	0.15	0.14	0.01	0.41	0.41	0.41	0.26

注：（1）括号中报告值是 T 统计量；（2）"*""**"和"***"分别表示 10%、5%和 1%显著性水平。

（三）党组织融入治理类型与国有企业"五力"

为了深入理解党组织治理对国有企业"五力"影响的内在逻辑，本章进一步考察党组织融入治理的不同类型对国有企业"五力"影响的差异。具体来说，进一步将党组织治理、党委治理、纪委治理细分为对董事会、监事会、高管层的参与程度，测量方法如下：党组织参与董事会治理（Party1_d），等于党组织成员兼任董事会成员人数占董事会总人数的比例；党组织参与监事会治理（Party1_s），等于党组织成员兼任监事会成员人数占监事会总人数的比例；党组织参与高管层治理（Party1_m），等于党组织成员兼任高管层成员人数占高管层总人数的比例。党委参与董事会治理（Party2_d），等于党委成员兼任董事会成员人数占董事会总人数的比例；党委参与监事会治理（Party2_s），等于党委成员兼任监事会成员人数占监事会总人数的比例；党委参与高管层治理（Party2_m），等于党委成员兼任高管层成员人数占高管层总人数的比例。纪委参与董事会治理（Party3_d），等于纪委成员兼任董事会成员人数占董事会总人数的比例；纪委参与监事会治理（Party3_s），等于纪委成员兼任监事会成员人数占监事会总人数的比例；纪委参与高管层治理（Party3_m），等于纪委成员兼任高管层成员人数占高管层总人数的比例。

表 6-9 报告了党组织融入治理类型与国有企业"五力"之间的回归分析结果。由表 6-9 列（1）—（3）可以发现，Party1_d 和 Party1_m 的回归系数分别为 0.151 和 0.104，且均在 1% 统计水平上显著为正，而 Party1_s 的回归系数为 0.031，但并未通过显著性检验。结合表 6-8 的结论，这些结果说明虽然党组织融入治理整体上可以增强国有企业"五力"，但是只有在党组织参与董事会治理和党组织参与高管层治理时才能对国有企业"五力"产生积极影响，党组织参与监事会治理作用不明显。这一发掘符合中国监事会制度的现行实施情况。由于监事会成员缺乏广泛的经验和全面的能力，他们在公司中的实际影响力和控制力相对于董事会成员，甚至高管人员而言较弱，因此监事会的监督职责实际上并未得到有效发挥[①]。

---

① 高雷、宋顺林：《公司治理与公司透明度》，《金融研究》2007 年第 11 期。

由表 6-9 列（4）—（6）可以发现，Party2_d 和 Party2_m 的回归系数分别为 0.167 和 0.105，且均在 1% 统计水平上显著为正，而 Party2_s 的回归系数为 0.045，但并未通过显著性检验。结合表 6-7 的结论，这些结果也说明虽然党委治理整体上有利于增强国有企业"五力"，但是党委参与监事会治理并未对国有企业"五力"产生积极影响，而党委参与董事会治理和党委参与高管层治理可以增强国有企业"五力"。由表 6-9 列（7）—（9）可以发现，Party3_m 的回归系数为 0.433，且在 5% 统计水平上显著为正，而 Party3_d 和 Party3_s 的回归系数分别为 0.115 和 0.049，但并未通过显著性检验。结合表 6-8 的结论，这些结果同样说明，整体上看，纪委参与治理的程度越高，越有利于增强国有企业"五力"，但上述发现主要是纪委参与高管层治理的程度驱动的，纪委参与董事会治理的程度和纪委参与监事会治理的程度并未对国有企业"五力"产生显著影响。

表 6-9　党组织融入治理类型与国有企业"五力"实证结果表

	（1）Power	（2）Power	（3）Power	（4）Power	（5）Power	（6）Power	（7）Power	（8）Power	（9）Power
Party1_d	0.151*** （3.37）								
Party1_s		0.031 （1.09）							
Party1_m			0.104 *** （4.04）						
Party2_d				0.167 *** （3.46）					
Party2_s					0.045 （0.96）				

续表

	（1）Power	（2）Power	（3）Power	（4）Power	（5）Power	（6）Power	（7）Power	（8）Power	（9）Power
Party2_m						0.105***			
						（3.86）			
Party3_d							0.115		
							（0.44）		
Party3_s								0.049	
								（0.99）	
Party3_m									0.433**
									（2.53）
Size	0.188***	0.190***	0.188***	0.188***	0.190***	0.188***	0.190***	0.190***	0.190***
	（27.35）	（27.69）	（27.32）	（27.33）	（27.69）	（27.29）	（27.66）	（27.68）	（27.73）
Lev	−0.225***	−0.228***	−0.223***	−0.225***	−0.228***	−0.223***	−0.227***	−0.229***	−0.227***
	（−6.84）	（−6.94）	（−6.79）	（−6.85）	（−6.93）	（−6.79）	（−6.91）	（−6.96）	（−6.91）
Top1_25	0.002***	0.002***	0.002***	0.002***	0.002***	0.002***	0.002***	0.002***	0.002***
	（3.16）	（3.32）	（3.13）	（3.20）	（3.31）	（3.13）	（3.28）	（3.32）	（3.32）
Board	−0.011***	−0.012***	−0.012***	−0.011***	−0.012***	−0.012***	−0.012***	−0.012***	−0.012***
	（−3.40）	（−3.48）	（−3.74）	（−3.37）	（−3.47）	（−3.72）	（−3.48）	（−3.49）	（−3.56）
Indep	−0.069	−0.052	−0.062	−0.072	−0.051	−0.063	−0.049	−0.052	−0.047
	（−0.65）	（−0.49）	（−0.58）	（−0.68）	（−0.48）	（−0.59）	（−0.46）	（−0.49）	（−0.44）

续表

	（1）Power	（2）Power	（3）Power	（4）Power	（5）Power	（6）Power	（7）Power	（8）Power	（9）Power
Turnover	−0.004	−0.004	−0.004	−0.004	−0.004	−0.004	−0.004	−0.004	−0.004
	（−1.20）	（−1.22）	（−1.21）	（−1.18）	（−1.24）	（−1.20）	（−1.29）	（−1.24）	（−1.30）
Dual	−0.031*	−0.032*	−0.033*	−0.030*	−0.032*	−0.033*	−0.033*	−0.032*	−0.033*
	（−1.77）	（−1.84）	（−1.87）	（−1.73）	（−1.84）	（−1.87）	（−1.87）	（−1.84）	（−1.87）
Analyst	0.097***	0.096***	0.097***	0.097***	0.096***	0.097***	0.096***	0.096***	0.096***
	（14.75）	（14.61）	（14.78）	（14.75）	（14.59）	（14.78）	（14.59）	（14.61）	（14.63）
Other	0.035	0.065	0.055	0.032	0.064	0.055	0.070	0.069	0.065
	（0.14）	（0.26）	（0.22）	（0.13）	（0.26）	（0.22）	（0.28）	（0.28）	（0.26）
G_growth	0.801*	0.809*	0.762*	0.790*	0.802*	0.757*	0.817*	0.816*	0.822*
	（1.87）	（1.89）	（1.78）	（1.85）	（1.87）	（1.77）	（1.91）	（1.91）	（1.92）
GDP	0.042***	0.043***	0.043***	0.042***	0.043***	0.043***	0.043***	0.043***	0.043***
	（4.71）	（4.84）	（4.86）	（4.75）	（4.83）	（4.87）	（4.77）	（4.84）	（4.77）
P_GDP	0.050***	0.049***	0.049***	0.050***	0.049***	0.049***	0.050***	0.050***	0.049***
	（3.26）	（3.19）	（3.19）	（3.23）	（3.17）	（3.20）	（3.21）	（3.21）	（3.15）
Constant	−3.713***	−3.760***	−3.697***	−3.708***	−3.757***	−3.697***	−3.757***	−3.762***	−3.749***
	（−12.97）	（−13.13）	（−12.91）	（−12.95）	（−13.12）	（−12.91）	（−13.12）	（−13.14）	（−13.10）
Indcd	Yes	Yes	Yes	Yes	Yes	Yes	Yes	Yes	Yes
Year	Yes	Yes	Yes	Yes	Yes	Yes	Yes	Yes	Yes
N	5757	5757	5757	5757	5757	5757	5757	5757	5757
R2	0.41	0.41	0.41	0.41	0.41	0.41	0.41	0.41	0.41

注：（1）括号中报告值是 T 统计量；（2）"*""**"和"***"分别表示 10%、5% 和 1% 显著性水平。

（四）党组织治理与国有企业"五力"：稳健性检验

1.改变党组织治理测量方式

为了尽量使数据符合正态分布的数据属性，本章也采取虚拟变量指标测量，具体测量方法如下：党组织是否融入治理（Party1_dum），党组织成员兼任董事会、监事会或高管层成员，Party1_dum 取值为 1，否为 0；党组织是否参与董事会治理（Party1_ddum），党组织成员兼任董事会成员，Party1_ddum 取值为 1，否则为 0；党组织是否参与监事会治理（Party1_sdum），党组织成员兼任监事会成员，Party1_sdum 取值为 1，否则为 0；党组织是否参与高管层治理（Party1_mdum），党组织成员兼任高管层成员，Party1_mdum 取值为 1，否则为 0。党委是否参与治理（Party2_dum），党委成员兼任董事会、监事会或高管层成员，Party2_dum 取值为 1，否为 0；党委是否参与董事会治理（Party2_ddum），党委成员兼任董事会成员，Party2_ddum 取值为 1，否则为 0；党委是否参与监事会治理（Party2_sdum），党委成员兼任监事会成员，Party2_sdum 取值为 1，否则为 0；党委是否参与高管层治理（Party2_mdum），党委成员兼任高管层成员，Party2_mdum 取值为 1，否则为 0。纪委是否参与治理（Party3_dum），纪委成员兼任董事会、监事会或高管层成员，Party3_dum 取值为 1，否为 0；纪委是否参与董事会治理（Party3_ddum），纪委成员兼任董事会成员，Party3_ddum 取值为 1，否则为 0；纪委是否参与监事会治理（Party3_sdum），纪委成员兼任监事会成员，Party3_sdum 取值为 1，否则为 0；纪委是否参与高管层治理（Party3_mdum），纪委成员兼任高管层成员，Party3_mdum 取值为 1，否则为 0。

表 6-10 报告了采用虚拟变量指标测量方法下党组织治理与国有企业"五力"之间的回归分析结果。由表 6-10 列（1）—（4）可以发现，Party1_dum 的回归系数为 0.015，但并未通过显著性检验；Party1_ddum 和

Party1_mdum 的回归系数分别为 0.029 和 0.051，且至少在 5％统计水平上显著；Party1_sdum 的回归系数为 0.006，同样未通过显著性检验。结合表 6-8 和表 6-9 的结果可以发现，对增强国有企业"五力"而言，党组织是否融入治理总体上并未产生多大作用，重要的是党组织融入治理的程度；而党组织是否参与董事会治理和高管层治理、党组织参与董事会治理和高管层治理的程度均对增强国有企业"五力"有显著影响；但是党组织是否参与监事会治理以及参与程度均未对国有企业"五力"产生正向作用。

由表 6-10 列（5）—（8）可以发现，Party2_dum、Party2_ddum 和 Party2_mdum 的回归系数分别为 0.023、0.031、0.049，且至少在 5％统计水平上显著；Party2_sdum 的回归系数为 0.005，未通过显著性检验。这些结果说明，对增强国有企业"五力"而言，党委治理是否参与治理及参与治理程度均会产生积极影响，而这一发现主要是党组织参与董事会治理和高管层治理带来的，党委参与监事会治理并不能对国有企业"五力"产生显著影响。上述发现与表 6-8 和表 6-9 的结果较为一致。

由表 6-10 列（9）—（12）可以发现，Party3_dum、Party3_mdum 的回归系数分别为 0.037、0.083，且在 1％统计水平上显著为正，而 Party3_d 和 Party3_s 的回归系数分别为 0.016 和 0.006，但并未通过显著性检验。结合表 6-8 和表 6-9 的结论，这些结果表明纪委参与治理整体上有利于增强国有企业"五力"，但这主要是由纪委参与高管层治理驱动的，纪委是否参与董事会治理和纪委是否参与监事会治理并未对国有企业"五力"产生显著影响。

总的来说，表 6-10 的结论与表 6-8 和表 6-9 的结论基本保持一致，都支持党组织治理有利于增强国有企业"五力"的结论。其中，党委可以同时通过参与董事会治理和高管层治理增强国有企业"五力"，而纪委仅能通过参与高管层治理发挥积极作用；党委和纪委均无法通过参与监事会治理增强国有企业"五力"。

表 6-10　党组织治理与国有企业"五力"：改变党组织治理测量方式

	（1） Power	（2） Power	（3） Power	（4） Power	（5） Power	（6） Power	（7） Power	（8） Power	（9） Power	（10） Power	（11） Power	（12） Power
Party1_ dum	0.015 （1.25）											
Party1_ ddum		0.029** （2.41）										
Party1_ sdum			0.006 （0.47）									
Party1_ mdum				0.051 *** （4.53）								
Party2_ dum					0.023 ** （2.09）							
Party2_ ddum						0.031 ** （2.53）						
Party2_ sdum							0.005 （0.40）					
Party2_ mdum								0.049 *** （4.38）				
Party3_ dum									0.037 *** （2.69）			
Party3_ ddum										0.016 （0.59）		
Party3_ sdum											0.006 （0.42）	
Party3_ mdum												0.083 *** （3.27）

续表

	（1）Power	（2）Power	（3）Power	（4）Power	（5）Power	（6）Power	（7）Power	（8）Power	（9）Power	（10）Power	（11）Power	（12）Power
Size	0.134***	0.133***	0.190***	0.188***	0.190***	0.133***	0.190***	0.189***	0.134***	0.190***	0.190***	0.190***
	（18.58）	（18.53）	（27.65）	（27.49）	（27.69）	（18.52）	（27.65）	（27.50）	（18.61）	（27.64）	（27.64）	（27.72）
Lev	−0.127***	−0.127***	−0.228***	−0.225***	−0.229***	−0.127***	−0.228***	−0.225***	−0.129***	−0.227***	−0.228***	−0.228***
	（−3.72）	（−3.70）	（−6.93）	（−6.85）	（−6.96）	（−3.71）	（−6.92）	（−6.85）	（−3.77）	（−6.90）	（−6.93）	（−6.94）
Top1_25	0.001**	0.001**	0.002***	0.002***	0.002***	0.001**	0.002***	0.002***	0.001**	0.002***	0.002***	0.002***
	（2.00）	（1.98）	（3.31）	（3.10）	（3.29）	（1.98）	（3.30）	（3.11）	（1.98）	（3.25）	（3.31）	（3.30）
Board	−0.013***	−0.013***	−0.012***	−0.013***	−0.012***	−0.013***	−0.012***	−0.013***	−0.013***	−0.012***	−0.012***	−0.012***
	（−3.51）	（−3.61）	（−3.49）	（−3.86）	（−3.64）	（−3.62）	（−3.48）	（−3.85）	（−3.57）	（−3.51）	（−3.49）	（−3.65）
Indep	0.152	0.144	−0.053	−0.062	−0.058	0.143	−0.051	−0.063	0.154	−0.050	−0.052	−0.047
	（1.29）	（1.22）	（−0.49）	（−0.58）	（−0.55）	（1.22）	（−0.48）	（−0.59）	（1.30）	（−0.47）	（−0.49）	（−0.45）
Turnover	0.007**	0.007**	−0.004	−0.004	−0.004	0.007**	−0.004	−0.004	0.008**	−0.004	−0.004	−0.004
	（2.23）	（2.23）	（−1.27）	（−1.16）	（−1.18）	（2.23）	（−1.28）	（−1.15）	（2.27）	（−1.30）	（−1.28）	（−1.30）
Dual	−0.051***	−0.051***	−0.033*	−0.033*	−0.032*	−0.051***	−0.033*	−0.033*	−0.052***	−0.033*	−0.033*	−0.033*
	（−2.63）	（−2.62）	（−1.86）	（−1.91）	（−1.80）	（−2.61）	（−1.86）	（−1.90）	（−2.66）	（−1.89）	（−1.87）	（−1.92）
Analyst	0.122***	0.123***	0.096***	0.096***	0.096***	0.123***	0.096***	0.096***	0.123***	0.096***	0.096***	0.096***
	（17.28）	（17.34）	（14.58）	（14.68）	（14.58）	（17.35）	（14.58）	（14.67）	（17.35）	（14.58）	（14.58）	（14.62）
Other	1.313***	1.292***	0.066	0.025	0.050	1.290***	0.067	0.029	1.315***	0.068	0.068	0.065
	（4.97）	（4.89）	（0.27）	（0.10）	（0.20）	（4.88）	（0.27）	（0.12）	（4.98）	（0.27）	（0.28）	（0.26）
G_growth	0.838*	0.828*	0.808*	0.815*	0.813*	0.826*	0.809*	0.814*	0.882*	0.823*	0.814*	0.828*
	（1.75）	（1.73）	（1.89）	（1.91）	（1.90）	（1.73）	（1.89）	（1.90）	（1.84）	（1.92）	（1.90）	（1.93）
GDP	0.032***	0.032***	0.043***	0.044***	0.043***	0.032***	0.043***	0.044***	0.032***	0.043***	0.043***	0.043***
	（3.28）	（3.27）	（4.86）	（4.91）	（4.87）	（3.27）	（4.86）	（4.91）	（3.24）	（4.79）	（4.86）	（4.78）
P_GDP	0.163***	0.163***	0.050***	0.047***	0.049***	0.162***	0.049***	0.047***	0.165***	0.050***	0.050***	0.049***
	（9.97）	（9.92）	（3.21）	（3.07）	（3.17）	（9.92）	（3.21）	（3.07）	（10.06）	（3.24）	（3.22）	（3.15）

续表

	（1）Power	（2）Power	（3）Power	（4）Power	（5）Power	（6）Power	（7）Power	（8）Power	（9）Power	（10）Power	（11）Power	（12）Power
Constant	−5.650***	−5.630***	−3.867***	−3.809***	−3.861***	−5.628***	−3.868***	−3.811***	−5.666***	−3.867***	−3.869***	−3.855***
	（−23.72）	（−23.64）	（−13.49）	（−13.30）	（−13.48）	（−23.63）	（−13.49）	（−13.30）	（−23.79）	（−13.49）	（−13.50）	（−13.46）
Indcd	Yes	Yes	Yes	Yes	Yes	Yes	Yes	Yes	Yes	Yes	Yes	Yes
Year	Yes	Yes	Yes	Yes	Yes	Yes	Yes	Yes	Yes	Yes	Yes	Yes
N	5757	5757	5757	5757	5757	5757	5757	5757	5757	5757	5757	5757
R2	0.26	0.26	0.41	0.41	0.41	0.26	0.41	0.41	0.26	0.41	0.41	0.41

注：（1）括号中报告值是 T 统计量；（2）"*""**"和"***"分别表示 10%、5% 和 1% 显著性水平。

2. 倾向得分匹配法

为了避免前面发现的结论是由截面公司内在特征差异而非党组织治理带来的，我们采用倾向得分匹配法（PSM）构造配对样本重新进行回归分析。具体来说，党组织融入治理的公司和党组织未融入治理的公司可能具有不同的内在特征，从而影响前述结论的可信性。为了缓解公司特征差异对前述结论的干扰，借鉴德丰等（DeFond, et al., 2015）[①]的研究，根据以下几个步骤进行倾向得分匹配检验：第一步，估计 Logit 模型以获得党组织是否融入治理的倾向性得分。其中，Logit 模型的被解释变量分别为 Party1_dum、Party2_dum、Party3_dum、Party4，控制变量同模型（6-1）中的控制变量，以此确保所有可能影响国有企业"五力"的因素在党组织融入治理组和党组织未参与治理组之间没有显著差异；第二步，根据第一步计算出的倾向性得分，采用最邻近且无放回的方法对党组织融入治理的公司和党组织未融入治理的公司进行 1∶1 匹配，从而得到最终的配对样本；第三步，根据第二步获得的配对样本，按照模型（1）

---

① M. L. Defond, et al., "Does Mandatory IFRS Adoption Affect Crash Risk ？", *Accounting Review*, Vol. 90, No. 1（2015）, pp. 265−299.

重复表 6-8 中的所有回归，回归结果见表 6-11 列（1）—（4）。可以发现，Party1、Party2、Party3、Party4 的回归系数分别为 0.186、0.202、0.524、0.044，且至少在 5% 统计水平上显著，与表 6-8 的回归结果保持一致，表明党组织融入治理程度越高，国有企业"五力"越强。PSM 样本的回归结果进一步印证了党组织治理有利于增强国有企业"五力"。

表 6-11　党组织治理与国有企业"五力"：倾向得分匹配法和 Heckman 两阶段法

	（1）Power	（2）Power	（3）Power	（4）Power	（5）Power	（6）Power	（7）Power	（8）Power
Party1	0.186***				0.185***			
	（3.17）				（3.85）			
Party2		0.202***				0.202***		
		（3.42）				（4.16）		
Party3			0.524**				0.775***	
			（2.06）				（3.34）	
Party4				0.044***				0.030**
				（2.59）				（2.14）
Size	0.183***	0.183***	0.185***	0.132***	0.190***	0.190***	0.140***	0.137***
	（21.85）	（21.79）	（22.07）	（15.22）	（25.98）	（25.15）	（19.45）	（19.25）
Lev	−0.222***	−0.222***	−0.229***	−0.135***	−0.231***	−0.233***	−0.167***	−0.166***
	（−5.59）	（−5.57）	（−5.76）	（−3.27）	（−6.60）	（−6.62）	（−4.76）	（−4.89）
Top1_25	0.002**	0.002**	0.002**	0.001*	0.002***	0.002***	0.001**	0.002***
	（2.25）	（2.24）	（2.34）	（1.67）	（3.05）	（3.00）	（2.02）	（3.16）

续表

	（1） Power	（2） Power	（3） Power	（4） Power	（5） Power	（6） Power	（7） Power	（8） Power
Board	−0.012 ***	−0.012 ***	−0.012 ***	−0.010 **	−0.015 ***	−0.017 **	−0.017 ***	−0.017 ***
	（−2.80）	（−2.76）	（−2.83）	（−2.22）	（−2.68）	（−2.56）	（−4.56）	（−4.72）
Indep	0.050	0.047	0.061	0.264*	−0.090	−0.118	0.140	−0.207*
	（0.40）	（0.37）	（0.49）	（1.93）	（−0.77）	（−0.95）	（1.19）	（−1.70）
Turnover	−0.005	−0.005	−0.005	0.005	−0.002	−0.000	0.010 ***	0.015 ***
	（−1.02）	（−1.01）	（−0.96）	（1.07）	（−0.42）	（−0.03）	（3.02）	（4.40）
Dual	−0.045 **	−0.044 **	−0.045 **	−0.060 ***	−0.027	−0.021	−0.050 ***	−0.051 ***
	（−2.14）	（−2.12）	（−2.14）	（−2.60）	（−1.46）	（−1.00）	（−2.58）	（−2.66）
Analyst	0.103 ***	0.103 ***	0.102 ***	0.124 ***	0.098 ***	0.097 ***	0.125 ***	0.125 ***
	（13.24）	（13.24）	（13.17）	（14.96）	（14.81）	（14.79）	（17.63）	（17.81）
Other	0.528	0.524	0.540	2.017 ***	−0.043	−0.117	1.250 ***	0.624**
	（1.54）	（1.53）	（1.57）	（5.54）	（−0.15）	（−0.39）	（4.76）	（2.31）
G_growth	0.884*	0.862*	0.942*	0.923*	0.795*	0.786*	1.224**	0.310
	（1.75）	（1.71）	（1.87）	（1.66）	（1.86）	（1.84）	（2.53）	（0.65）
GDP	0.041 ***	0.041 ***	0.041 ***	0.035 ***	0.043 ***	0.044 ***	0.030 ***	0.019*
	（3.88）	（3.90）	（3.82）	（3.00）	（4.77）	（4.82）	（3.08）	（1.91）
P_GDP	0.053 ***	0.052 ***	0.053 ***	0.165 ***	0.048 ***	0.044 ***	0.165 ***	0.194 ***
	（2.87）	（2.85）	（2.87）	（8.54）	（3.04）	（2.66）	（10.10）	（11.72）
IMR					−0.043	−0.075	−0.058 ***	−0.156 ***
					（−0.60）	（−0.83）	（−3.53）	（−9.26）

续表

	（1）Power	（2）Power	（3）Power	（4）Power	（5）Power	（6）Power	（7）Power	（8）Power
Constant	−6.042 ***	−6.031 ***	−6.057 ***	−5.631 ***	−4.522 ***	−4.437 ***	−5.684 ***	−5.538 ***
	（−20.46）	（−20.42）	（−20.49）	（−19.90）	（−17.53）	（−15.58）	（−23.99）	（−23.50）
Indcd	Yes	Yes	Yes	Yes	Yes	Yes	Yes	Yes
Year	Yes	Yes	Yes	Yes	Yes	Yes	Yes	Yes
N	4231	4231	4231	4231	5746	5746	5746	5746
R2	0.40	0.40	0.40	0.26	0.41	0.41	0.26	0.27

注：（1）括号中报告值是 T 统计量；（2）"*""**"和"***"分别表示 10%、5% 和 1% 显著性水平。

3.（赫克曼）Heckman 两阶段法

由于国有企业的党委是否参与公司治理可能是企业自身选择的结果并非外生的，这有可能带来样本的选择性偏差问题，本章采用 Heckman 两阶段回归法，将样本选择的调整项引入模型（6-1），以缓解样本自选择偏差对结论的干扰。在 Heckman 两阶段法第一阶段的 Logit 选择模型中，我们分别以 Party1_dum、Party2_dum、Party3_dum、Party4 为被解释变量，以模型（6-1）中的控制变量为协变量。然后，将第一阶段 Logit 选择模型计算出的 Inverse Mills Ratio（简记为 IMR）引入回归模型（6-1）（即 Heckman 第二阶段回归模型），重新估计党组织治理对国有企业"五力"的影响，回归结果见表 6-11 列（5）—（8）。可以发现，Party1、Party2、Party3、Party4 的回归系数分别为 0.185、0.202、0.775、0.030，且至少在 5% 统计水平上显著，表明在控制了 IMR 变量影响后，党组织融入治理的各类变量符号方向和显著性水平与表 6-8 的回归结果相比未发生根本性变化；同时，IMR 变量的回归系数仅在列（7）—（8）中通过了显著性检验，表明回归所用样本并不存在特别严重的自选择偏差问题。

4. 工具变量法

虽然倾向得分匹配法和 Heckman 两阶段法可以缓解由遗漏变量、样本选择偏差带来的内生性问题，但是却无法解决反向因果导致的内生性问题。也就是说，尽管本章发现党组织融入治理有利于增强国有企业"五力"，但是也可能存在一种情况："五力"较强的国有企业的党委更可能参与公司治理，从而导致反向因果的内生性问题。为了进一步缓解反向因果带来的内生性问题，本章借助工具变量法进行稳健性检验。具体来说，本章采用同行业其他国有企业党组织治理参与的均值和同省份其他国有企业党组织治理参与的均值作为党组织治理的工具变量进行两阶段最小二乘回归。由于同行业和同地区的国有企业会相互学习同群企业的行为，因此，国有企业自身的党组织治理参与会受到同行业和同地区的国有企业的党组织治理状况的影响（符合工具变量的相关性要求）；同时，同行业和同地区的党组织治理状况主要受国家政策或地方政府的影响，受单个国有企业发展状况的影响较小（符合工具变量的外生性要求）。具体来说，本章分别计算同行业、同省份其他国有企业的党组织融入治理 Party1 的均值 Party1_Ind、Party1_Prv 作为 Party1 的工具变量；采用同样的方法可以得到 Party2 的工具变量 Party2_Ind 和 Party2_Prv、Party3 的工具变量 Party3_Ind 和 Party3_Prv、Party4 的工具变量 Party4_Ind 和 Party4_Prv。

表 6-12 报告了工具变量法的两阶段回归结果。由表 6-12 列（1）—（4）可知，工具变量 Party1_Prv、Party1_Ind 与 Party1 在 1% 统计水平上显著正相关；工具变量 Party2_Prv、Party2_Ind 与 Party2 在 1% 统计水平上显著正相关；工具变量 Party3_Prv、Party3_Ind 与 Party3 在 1% 统计水平上显著正相关；Party4_Prv、Party4_Ind 与 Party4 至少在 5% 统计水平上显著正相关。而且，在列（1）—（4）中弱工具变量检验 F 值均远远大于 10，根据拉克尔和斯蒂克斯（Larcker，Rusticus，

2010）[1] 的观点，这表明选取的工具变量满足工具变量法的相关性要求。在表 6-12 列（5）—（8）的第二阶段回归中，Hansen's J 检验的 P 值均大于 0.1，这表明至少在 10% 的统计水平上无法拒绝工具变量与模型的随机扰动项不相干的原假设，表明选取的工具变量符合外生性要求。同时，在列（5）—（8）中，Party1、Party2、Party3、Party4 的回归系数分别为 3.399、3.453、15.540、1.098，且在 1% 的统计水平上显著为正，与表 6-8 主回归结果保持一致。表 6-12 的回归结果表明，即使考虑内生性问题，本章的研究结论依然不变，即党组织治理可以增强国有企业"五力"。

表 6-12　党组织治理与国有企业"五力"：工具变量法

	（1）Party1	（2）Party2	（3）Party3	（4）Party4	（5）Power	（6）Power	（7）Power	（8）Power
Party1_Prv	0.247***							
	（4.84）							
Party1_Ind	0.351***							
	（6.09）							
Party2_Prv		0.140***						
		（2.61）						
Party2_Ind		0.374***						
		（6.64）						
Party3_Prv			0.266***					
			（4.79）					

---

[1]　D. F. Larcker, T. O. Rusticus, "On the Use of Instrumental Variables in Accounting Research", *Journal of Accounting and Economics*, Vol. 49, No. 3（2010）, pp. 186−205.

续表

	（1）Party1	（2）Party2	（3）Party3	（4）Party4	（5）Power	（6）Power	（7）Power	（8）Power
Party3_Ind			0.207***					
			（3.05）					
Party4_Prv				0.134**				
				（2.39）				
Party4_Ind				0.466***				
				（8.19）				
Party1					3.399***			
					（3.33）			
Party2						3.453***		
						（3.06）		
Party3							15.540***	
							（2.66）	
Party4								1.098***
								（4.24）
Size	0.008***	0.010***	−0.001*	−0.000	0.113***	0.106***	0.152***	0.140***
	（4.39）	（5.44）	（−1.95）	（−0.00）	（6.35）	（5.70）	（9.18）	（8.66）
Lev	−0.012	−0.015*	0.003	0.031	−0.111*	−0.108	−0.193***	−0.194***
	（−1.46）	（−1.73）	（1.64）	（0.99）	（−1.65）	（−1.60）	（−3.02）	（−2.93）

续表

	（1） Party1	（2） Party2	（3） Party3	（4） Party4	（5） Power	（6） Power	（7） Power	（8） Power
Top1_25	0.001***	0.001***	0.000	−0.001	−0.000	−0.000	0.001	0.003**
	（3.23）	（3.14）	（1.13）	（−1.55）	（−0.29）	（−0.26）	（0.76）	（2.08）
Board	0.002*	0.001	0.000	0.005	−0.021***	−0.018**	−0.018**	−0.019***
	（1.79）	（1.30）	（1.08）	（1.43）	（−2.78）	（−2.56）	（−2.47）	（−2.75）
Indep	0.056*	0.077***	0.001	0.506***	−0.045	−0.105	0.125	−0.385
	（1.92）	（2.63）	（0.11）	（4.63）	（−0.20）	（−0.44）	（0.57）	（−1.57）
Turnover	−0.002***	−0.002***	−0.001***	−0.009***	0.015***	0.015***	0.015***	0.017***
	（−2.93）	（−2.77）	（−2.71）	（−2.90）	（3.08）	（2.93）	（2.96）	（3.42）
Dual	−0.006	−0.008	0.001	0.002	−0.026	−0.022	−0.055**	−0.050**
	（−1.18）	（−1.56）	（0.51）	（0.13）	（−1.08）	（−0.86）	（−2.27）	（−2.09）
Analyst	−0.008***	−0.007***	−0.001**	−0.003	0.146***	0.144***	0.135***	0.124***
	（−4.32）	（−3.79）	（−2.57）	（−0.53）	（9.74）	（10.13）	（9.17）	（10.24）
Other	0.181***	0.222***	0.008	0.841***	0.644	0.485	1.135**	0.223
	（2.76）	（3.41）	（0.53）	（3.43）	（1.36）	（0.97）	（2.58）	（0.47）
G_growth	0.121	0.209*	−0.052*	0.603	0.494	0.184	1.919**	0.285
	（1.02）	（1.77）	（−1.89）	（1.36）	（0.69）	（0.25）	（2.37）	（0.41）
GDP	0.003	0.002	0.001	0.015*	0.025	0.028	0.021	0.015
	（1.07）	（0.82）	（1.18）	（1.65）	（1.37）	（1.52）	（1.06）	（0.84）
P_GDP	−0.002	0.001	−0.001	−0.042***	0.148***	0.140***	0.172***	0.196***
	（−0.45）	（0.16）	（−0.93）	（−2.76）	（4.82）	（4.50）	（5.18）	（6.03）

续表

	（1）Party1	（2）Party2	（3）Party3	（4）Party4	（5）Power	（6）Power	（7）Power	（8）Power
Constant	−0.183 ***	−0.254 ***	0.033 **	0.127	−4.956 ***	−4.679 ***	−6.196 ***	−5.786 ***
	（−3.09）	（−4.33）	（2.40）	（0.57）	（−10.24）	（−9.01）	（−12.03）	（−12.49）
Year	Yes	Yes	Yes	Yes	Yes	Yes	Yes	Yes
弱工具变量检验F值	21.43	17.67	17.16	32.48				
Hansen's J 检验P值					0.16	0.77	0.15	0.73
N	5742	5742	5742	5742	5742	5742	5742	5742
R2	0.05	0.05	0.01	0.05	0.27	0.27	0.27	0.27

注：（1）括号中报告值是 T 统计量；（2）"*""**"和"***"分别表示 10%、5%和 1%显著性水平。

5. 其他稳健性检验

我国政府在不同地区、不同行业可能实施不同的政策，从而对国有企业"五力"和党组织治理产生影响。为进一步控制地区层面、行业层面随时间变化的固定效应，模型（6-1）分别加入行业所在地区与时间趋势的交互项、企业所在地区与时间趋势的交互项，回归结果见表6-13。由表6-13列（1）—（4）可以发现，在控制行业层面随时间变化的固定效应以后，Party1、Party2、Party3、Party4 的回归系数分别为 0.186、0.202、0.478、0.022，且至少在 10%统计水平上显著；由表6-13列（5）—（8）可以发现，在控制地区层面随时间变化的固定效应以后，Party1、Party2、Party3、Party4 的回归系数分别为 0.183、0.200、0.464、0.024，且至少在 10%统计水平上显著。这些发现表明，即使控制行业或地区随时间变化的固定效应，前述结论也并未发生实质变化，证明本章结论的稳健性。

表 6-13　党组织治理与国有企业"五力"：随时间变化的行业和地区固定效应

	（1）Power	（2）Power	（3）Power	（4）Power	（5）Power	（6）Power	（7）Power	（8）Power
Party1	0.186***				0.183***			
	（3.90）				（3.82）			
Party2		0.202***				0.200***		
		（4.20）				（4.13）		
Party3			0.478**				0.464**	
			（2.31）				（2.22）	
Party4				0.022*				0.024*
				（1.71）				（1.87）
Size	0.190***	0.189***	0.192***	0.191***	0.189***	0.188***	0.191***	0.190***
	（27.77）	（27.68）	（28.07）	（28.05）	（27.49）	（27.40）	（27.78）	（27.75）
Lev	−0.224***	−0.223***	−0.228***	−0.227***	−0.220***	−0.219***	−0.224***	−0.223***
	（−6.84）	（−6.82）	（−6.98）	（−6.95）	（−6.69）	（−6.66）	（−6.82）	（−6.79）
Top1_25	0.002***	0.002***	0.002***	0.002***	0.002***	0.002***	0.002***	0.002***
	（3.17）	（3.17）	（3.30）	（3.39）	（3.07）	（3.07）	（3.20）	（3.28）
Board	−0.012***	−0.012***	−0.012***	−0.012***	−0.012***	−0.012***	−0.012***	−0.012***
	（−3.67）	（−3.65）	（−3.60）	（−3.58）	（−3.60）	（−3.57）	（−3.53）	（−3.52）
Indep	−0.057	−0.061	−0.044	−0.055	−0.061	−0.066	−0.048	−0.060
	（−0.54）	（−0.58）	（−0.41）	（−0.52）	（−0.58）	（−0.62）	（−0.46）	（−0.57）
Turnover	−0.005	−0.005	−0.005*	−0.005*	−0.003	−0.003	−0.003	−0.003
	（−1.62）	（−1.62）	（−1.68）	（−1.70）	（−1.05）	（−1.04）	（−1.11）	（−1.11）
Dual	−0.024	−0.024	−0.026	−0.026	−0.030*	−0.030*	−0.032*	−0.031*
	（−1.40）	（−1.38）	（−1.47）	（−1.47）	（−1.73）	（−1.71）	（−1.81）	（−1.79）

续表

	（1）Power	（2）Power	（3）Power	（4）Power	（5）Power	（6）Power	（7）Power	（8）Power
Analyst	0.095***	0.095***	0.094***	0.094***	0.097***	0.097***	0.096***	0.095***
	（14.54）	（14.54）	（14.42）	（14.33）	（14.73）	（14.72）	（14.60）	（14.52）
Other	0.122	0.113	0.150	0.141	0.011	0.001	0.038	0.027
	（0.50）	（0.46）	（0.61）	（0.57）	（0.04）	（0.01）	（0.15）	（0.11）
G_growth	0.940**	0.919**	0.993**	0.947**	1.083**	1.067**	1.133***	1.103**
	（2.21）	（2.16）	（2.33）	（2.22）	（2.48）	（2.45）	（2.59）	（2.53）
GDP	0.043***	0.043***	0.043***	0.043***	0.042***	0.042***	0.041***	0.042***
	（4.90）	（4.91）	（4.90）	（4.91）	（4.65）	（4.66）	（4.64）	（4.66）
P_GDP	0.052***	0.052***	0.052***	0.053***	0.058***	0.057***	0.059***	0.058***
	（3.40）	（3.37）	（3.40）	（3.44）	（3.42）	（3.38）	（3.45）	（3.42）
Constant	17.383***	17.492***	17.524***	17.814***	−5.277***	−5.258***	−5.320***	−5.309***
	（7.68）	（7.69）	（7.68）	（7.65）	（−21.34）	（−21.25）	（−21.48）	（−21.44）
Indcd	Yes	Yes	Yes	Yes	Yes	Yes	Yes	Yes
Year	Yes	Yes	Yes	Yes	Yes	Yes	Yes	Yes
Indcd×Year	Yes	Yes	Yes	Yes	No	No	No	No
prov	No	No	No	No	Yes	Yes	Yes	Yes
prov×Year	No	No	No	No	Yes	Yes	Yes	Yes
N	5757	5757	5757	5757	5757	5757	5757	5757
R2	0.42	0.42	0.42	0.42	0.41	0.41	0.41	0.41
Adj.R2	0.41	0.42	0.41	0.41	0.41	0.41	0.41	0.41

注：（1）括号中报告值是 T 统计量；（2）"*""**"和"***"分别表示 10%、5%和 1%显著性水平。

（五）党组织治理与国有企业"五力"：异质性分析

1. 党组织治理与国有企业"五力"：基于大股东掏空的视角

我国上市公司股权结构的突出特点是"一股独大"，即大股东持股比例较高。较高的股权集中度造成的大股东与中小股东之间的利益冲突是我国上市公司的主要代理问题[1]。大股东通过金字塔结构控制大量子公司，从而导致现金流权和控制权分离的现象。两权分离使得大股东可以以较少代价取得较大私人收益。因此，两权分离度越高，大股东越有动机利用其控制权侵害中小股东的利益，从而最大化自身的利益，国有企业也不例外。

国有企业大股东掏空动机主要包括两个方面：第一，国有上市公司在上市之前接受了母公司大量优质资产从而得以上市成功，于情于理要反哺母公司，否则母公司便难以为继[2]。由此，集团母公司具有掏空上市公司动机，经济利益由上市公司流向母公司；第二，母公司的股东与管理层之间的代理问题也会导致母公司对国有上市公司的掏空。即使集团母公司没有掏空国有上市公司的意愿，但是集团母公司管理为了完成个人业绩或其他私人收益，有动机和国有上市公司进行不公允的关联交易，从而掏空上市公司。

在大股东掏空程度不同的国有企业，党组织治理对国有企业"五力"的影响可能是不同的。在大股东掏空程度较高的企业，一方面，由于大股东不仅可以控制上市公司董事会和管理层，而且大股东党组织还可以影响上市公司党组织的决策，从而使得上市国有企业党组织难以通过"双向进入，交叉任职"的方式发挥治理作用，对国有企业"五力"的作用被削弱；另一方面，党组织以宣传其文化、精神为手段，对董监高（董事会、监事

---

① 余明桂、夏新平：《控股股东、代理问题与关联交易：对中国上市公司的实证研究》，《南开管理评论》2004 年第 6 期。

② 徐虹：《新形势下企业党建工作创新》，《现代企业》2011 年第 10 期。

会、管理层）成员进行教育和引导，以确保其做出符合党的精神的决策，间接发挥治理作用，从而更能抑制大股东掏空，增强国有企业"五力"。

本章从大股东掏空动机和掏空能力两个维度考察大股东掏空如何影响党组织治理与国有企业"五力"之间的关系。在大股东掏空动机方面，两权分离度越高，大股东掏空成本越低，越可能利用控制权侵害中小股东的利益，掏空动机越强，因此，本章采用两权分离度测度大股东掏空动机（High_Motive）。为检验大股东掏空动机如何影响党组织治理与国有企业"五力"之间的关系，本章将两权分离度位于年度中位数以上的企业定义为大股东掏空动机强的企业（High_Motive=1），其他企业定义为掏空动机弱的企业（High_Motive=0）。其中，两权分离度等于实际控制人拥有的上市公司控制权比例减去其拥有的上市公司所有权比例。表 6-14 报告了大股东掏空动机如何影响党组织治理对国有企业"五力"的作用。由列（1）—（4）回归分析结果可以发现，在大股东掏空动机较强的样本中，Party1、Party2、Party3、Party4 的回归系数虽然为正但并未通过显著性检验；由列（5）—（8）回归分析结果可以发现，在大股东掏空动机较弱的样本中，Party1、Party2、Party3、Party4 的回归系数分别为 0.216、0.246、0.476、0.030，且至少在 10％统计水平上显著。这些结果说明党组织仅在大股东掏空动机弱的国有企业中发挥增强国有企业"五力"的作用，在大股东掏空动机较强的企业，党组织的治理作用会被削弱。

表 6-14　党组织治理与国有企业"五力"：基于大股东掏空动机的视角

	（1）	（2）	（3）	（4）	（5）	（6）	（7）	（8）
	High_Motive=1				High_Motive=0			
	Power	Power	Power	Power	Power	Power	Power	Power
Party1	0.065				0.216 ***			
	（0.70）				（3.85）			

续表

	（1）	（2）	（3）	（4）	（5）	（6）	（7）	（8）
	High_Motive=1				High_Motive=0			
	Power	Power	Power	Power	Power	Power	Power	Power
Party2		0.025				0.246***		
		（0.26）				（4.36）		
Party3			0.452				0.476*	
			（1.23）				（1.89）	
Party4				−0.020				0.030**
				（−0.82）				（1.99）
Size	0.131***	0.132***	0.132***	0.131***	0.204***	0.203***	0.206***	0.206***
	（9.97）	（9.98）	（9.99）	（9.96）	（25.09）	（24.97）	（25.42）	（25.39）
Lev	−0.071	−0.071	−0.077	−0.067	−0.291***	−0.291***	−0.294***	−0.294***
	（−1.17）	（−1.17）	（−1.26）	（−1.11）	（−7.41）	（−7.41）	（−7.48）	（−7.47）
Top1_25	0.002*	0.002*	0.002*	0.002*	0.001*	0.001*	0.002**	0.002**
	（1.84）	（1.86）	（1.84）	（1.85）	（1.84）	（1.82）	（2.01）	（2.09）
Board	−0.010*	−0.010*	−0.010*	−0.010*	−0.010**	−0.010**	−0.009**	−0.009**
	（−1.78）	（−1.76）	（−1.77）	（−1.73）	（−2.36）	（−2.33）	（−2.27）	（−2.26）
Indep	−0.109	−0.113	−0.103	−0.111	−0.021	−0.027	−0.002	−0.016
	（−0.52）	（−0.54）	（−0.49）	（−0.53）	（−0.17）	（−0.22）	（−0.02）	（−0.13）
Turnover	−0.004	−0.004	−0.004	−0.004	−0.004	−0.004	−0.004	−0.004
	（−0.64）	（−0.65）	（−0.66）	（−0.69）	（−1.15）	（−1.14）	（−1.23）	（−1.25）
Dual	0.044	0.044	0.044	0.045	−0.061***	−0.060***	−0.063***	−0.062***
	（1.49）	（1.49）	（1.48）	（1.52）	（−2.85）	（−2.82）	（−2.94）	（−2.91）

续表

	（1）	（2）	（3）	（4）	（5）	（6）	（7）	（8）
	High_Motive=1				High_Motive=0			
	Power	Power	Power	Power	Power	Power	Power	Power
Analyst	0.134 ***	0.134 ***	0.134 ***	0.134 ***	0.079 ***	0.079 ***	0.078 ***	0.077 ***
	（11.83）	（11.80）	（11.85）	（11.81）	（9.71）	（9.71）	（9.60）	（9.54）
Other	−0.049	−0.027	−0.039	−0.002	0.139	0.132	0.149	0.131
	（−0.10）	（−0.05）	（−0.08）	（−0.00）	（0.49）	（0.46）	（0.52）	（0.46）
G_growth	0.597	0.607	0.599	0.616	0.864*	0.828	0.933*	0.856*
	（0.77）	（0.78）	（0.77）	（0.79）	（1.68）	（1.61）	（1.81）	（1.66）
GDP	0.051 ***	0.051 ***	0.052 ***	0.052 ***	0.038 ***	0.038 ***	0.037 ***	0.038 ***
	（3.36）	（3.37）	（3.42）	（3.40）	（3.40）	（3.43）	（3.35）	（3.40）
P_GDP	0.089 ***	0.089 ***	0.088 ***	0.088 ***	0.033*	0.033*	0.033*	0.034*
	（3.02）	（3.03）	（2.99）	（2.98）	（1.83）	（1.81）	（1.81）	（1.84）
Constant	−3.348 ***	−3.354 ***	−3.347 ***	−3.343 ***	−6.351 ***	−6.332 ***	−6.382 ***	−6.385 ***
	（−5.78）	（−5.79）	（−5.78）	（−5.77）	（−21.67）	（−21.61）	（−21.75）	（−21.75）
Indcd	Yes	Yes	Yes	Yes	Yes	Yes	Yes	Yes
Year	Yes	Yes	Yes	Yes	Yes	Yes	Yes	Yes
N	1753	1753	1753	1753	3967	3967	3967	3967
R2	0.37	0.37	0.37	0.37	0.44	0.44	0.44	0.44

注：（1）括号中报告值是 T 统计量；（2）"*""**"和"***"分别表示 10%、5% 和 1% 显著性水平。

在大股东掏空能力方面，由于持股比例较高，大股东有权向上市公司委派高管[①]，增强对企业经营决策的控制，提高其掏空上市公司能

---

① S. Claessens, et al., "Disentangling the Incentive and Entrenchment Effects of Large Shareholdings", *The Journal of Finance*, Vol. 57, No. 6（2002）, pp. 2741−2771.

力[①]。因此，掏空能力也将影响党组织治理作用的发挥，最终影响国有企业"五力"。现有研究表明除第一大股东之外，其他大股东的存在可以发挥治理作用，抑制控股股东通过关联交易和资金占用等方式谋取控制权私利的行为[②]。因此，大股东的掏空能力取决于其在企业中的相对话语权。

本章采用股权集中度衡量大股东掏空能力（High_Capacity）。为了检验大股东掏空能力如何影响党组织治理与国有企业"五力"之间的关系，本章将股权集中度位于年度中位数以上的企业定义为大股东掏空能力强的企业（High_Capacity=1），其他企业定义为掏空能力弱的企业（High_Capacity=0）。其中，股权集中度等于第一大股东持股比例除以第二至五大股东持股比例之和。表 6-15 报告了大股东掏空能力如何影响党组织治理对国有企业"五力"的作用。由列（1）—（4）回归分析结果可以发现，在大股东掏空能力较强的样本中，Party1、Party2、Party3、Party4 的回归系数均未通过显著性检验；由列（5）—（8）回归分析结果可以发现，在大股东掏空能力较弱的样本中，Party1、Party2、Party3、Party4 的回归系数分别为 0.327、0.347、0.821、0.034，且至少在 5% 统计水平上显著。这些结果说明，较高的大股东掏空能力会抑制党组织治理功能的发挥，党组织治理仅能在大股东掏空能力较弱的国有企业发挥增强国有企业"五力"的作用。

股权结构是公司治理的基础。表 6-14 和表 6-15 从掏空动机和掏空能力的角度证明，党组织治理主要是一种内部治理机制，其治理功能的发挥依赖于设计良好的股权结构。

[①]　D. K. Denis, J. J. McConnell, "International Corporate Governance", *Journal of Financial and Quantitative Analysis*, Vol. 38, No. 1（2003）, pp. 1−36.

[②]　B. Maury, A. Pajuste, "Multiple Large Shareholders and Firm Value", *Journal of Banking and Finance*, Vol. 29, No. 7（2005）, pp. 1813−1834.

表 6-15 异质性分析：基于大股东掏空能力的视角

	（1）	（2）	（3）	（4）	（5）	（6）	（7）	（8）
	High_Capacity=1				High_Capacity=0			
	Power	Power	Power	Power	Power	Power	Power	Power
Party1	0.006				0.327***			
	（0.08）				（5.00）			
Party2		0.024				0.347***		
		（0.33）				（5.26）		
Party3			−0.125				0.821***	
			（−0.38）				（3.03）	
Party4				0.011				0.034**
				（0.53）				（2.11）
Size	0.214***	0.214***	0.214***	0.215***	0.171***	0.171***	0.175***	0.175***
	（18.84）	（18.80）	（18.85）	（18.87）	（19.80）	（19.74）	（20.31）	（20.28）
Lev	−0.206***	−0.206***	−0.205***	−0.207***	−0.247***	−0.246***	−0.258***	−0.254***
	（−3.76）	（−3.76）	（−3.75）	（−3.78）	（−6.02）	（−5.99）	（−6.26）	（−6.17）
Top1_25	−0.000	−0.000	−0.000	−0.000	0.027***	0.027***	0.028***	0.029***
	（−0.29）	（−0.28）	（−0.30）	（−0.28）	（4.61）	（4.65）	（4.75）	（4.91）
Board	−0.012**	−0.012**	−0.012**	−0.012**	−0.009**	−0.009**	−0.009**	−0.009**
	（−2.20）	（−2.21）	（−2.20）	（−2.19）	（−2.18）	（−2.12）	（−2.10）	（−2.07）
Indep	−0.135	−0.138	−0.135	−0.141	0.034	0.032	0.037	0.029
	（−0.78）	（−0.80）	（−0.79）	（−0.82）	（0.25）	（0.23）	（0.27）	（0.22）
Turnover	−0.002	−0.002	−0.002	−0.002	−0.004	−0.003	−0.004	−0.004
	（−0.34）	（−0.35）	（−0.35）	（−0.34）	（−1.00）	（−0.97）	（−1.19）	（−1.21）

续表

	（1）	（2）	（3）	（4）	（5）	（6）	（7）	（8）
	High_Capacity=1				High_Capacity=0			
	Power	Power	Power	Power	Power	Power	Power	Power
Dual	−0.038	−0.038	−0.039	−0.039	−0.024	−0.023	−0.027	−0.025
	（−1.27）	（−1.27）	（−1.28）	（−1.30）	（−1.15）	（−1.10）	（−1.26）	（−1.15）
Analyst	0.083 ***	0.083 ***	0.083 ***	0.083 ***	0.104 ***	0.104 ***	0.103 ***	0.102 ***
	（7.46）	（7.47）	（7.45）	（7.47）	（12.82）	（12.77）	（12.64）	（12.47）
Other	0.085	0.078	0.089	0.080	0.260	0.250	0.273	0.259
	（0.22）	（0.20）	（0.23）	（0.20）	（0.81）	（0.78）	（0.85）	（0.81）
G_growth	1.250*	1.250*	1.233*	1.245*	0.144	0.116	0.252	0.188
	（1.84）	（1.84）	（1.81）	（1.83）	（0.26）	（0.21）	（0.46）	（0.34）
GDP	0.034 **	0.034 **	0.034 **	0.034 **	0.055 ***	0.055 ***	0.053 ***	0.052 ***
	（2.35）	（2.34）	（2.39）	（2.34）	（4.84）	（4.87）	（4.66）	（4.60）
P_GDP	0.066 ***	0.066 ***	0.066 ***	0.067 ***	0.038*	0.037*	0.038*	0.038*
	（2.70）	（2.70）	（2.69）	（2.73）	（1.89）	（1.86）	（1.90）	（1.88）
Constant	−6.790 ***	−6.784 ***	−6.789 ***	−6.806 ***	−5.746 ***	−5.732 ***	−5.790 ***	−5.641 ***
	（−16.18）	（−16.15）	（−16.18）	（−16.19）	（−18.73）	（−18.69）	（−18.83）	（−18.49）
Indcd	Yes	Yes	Yes	Yes	Yes	Yes	Yes	Yes
Year	Yes	Yes	Yes	Yes	Yes	Yes	Yes	Yes
N	2251	2251	2251	2251	3506	3506	3506	3506
R2	0.42	0.42	0.42	0.42	0.43	0.43	0.43	0.43

注：（1）括号中报告值是 T 统计量；（2）"*""**"和"***"分别表示 10%、5% 和 1% 显著性水平。

2. 党组织治理与国有企业"五力"：基于内部治理机制的视角

由于道德风险和逆向选择普遍存在，再加上不可避免的信息不对称问题，股东与管理层之间天然存在委托代理问题。具体来说，管理层可能并不会完全按照股东利益最大化的目标进行经营决策，而是会按照自身效用最大化进行决策。詹森和马克林（Jensen，Meckling，1976）[①] 认为管理层持股是一种内在激励机制，可以使管理者和股东的利益趋同，缓解股东与管理层之间的代理问题，提高公司业绩。因此，在管理层持股比例较高时，代理成本较低，党组织治理对国有企业"五力"的作用会被削弱。

然而，管理层持股并非一定会削弱党组织治理作用。一方面，管理层持股可能会强化党组织融入治理的积极作用，因为此时的管理层既面临党组织的监督，又受到股权的激励，可能更加尽职尽责，从而提高国有企业"五力"；另一方面，虽然党组织的"双向进入，交叉任职"可以发挥治理作用，但是党组织本身也面临代理问题，他们也可能怠于履职或谋取个人私利，即存在治理动机不足的问题，此时较高的持股比例也可以激励兼任管理层成员的党组织成员努力工作，从而使得党组织积极发挥治理作用。因此，管理层持股也可能增强党组织治理与国有企业"五力"之间的正相关关系。

由于前文表明党组织治理作用的发挥主要通过党组织参与董事会治理和高管层治理实现，本章从董事会持股和高管层持股两个方面考察管理层持股如何影响党组织治理与国有企业"五力"之间的关系。具体来说，本章将董事会持股（高管层持股）比例位于年度中位数以上的企业定义为董事会持股（高管层持股）比例高的企业，即 High_Bshare=1（High_Mshare=1），其他企业定义为董事会持股（高管层持股）比例低的企业，即 High_Bshare=0（High_Mshare=0）。其中，董事会持股（高管层持股）等于董事会成员（高管层成员）持股数量之和除以年末公司总股数。

表 6-16 报告了董事会持股如何影响党组织治理对国有企业"五力"的作用。由列（1）—（4）回归分析结果可以发现，在董事会持股比例较

[①] M. C. Jensen, W. H. Meckling, " Theory of the Firm: Managerial Behavior, Agency Costs and Capital Structure", *Journal of Financial Economics*, Vol. 3, No. 4（1976）, pp. 305−360.

高的样本中，Party1、Party2、Party3、Party4 的回归系数分别为 0.249、0.274、1.074、0.062，且均在 1% 统计水平上显著；由列（5）—（8）回归分析结果可以发现，在董事会持股比例较低的样本中，Party1、Party2、Party3、Party4 的回归系数均未通过显著性检验；这些结果说明，较高的董事会持股比例强化了党组织治理对国有企业"五力"的促进作用。

表 6-16　异质性分析：基于董事会持股的视角

	（1）	（2）	（3）	（4）	（5）	（6）	（7）	（8）
	High_Bshare=1				High_Bshare=0			
	Power	Power	Power	Power	Power	Power	Power	Power
Party1	0.249***				0.154			
	（3.50）				（1.62）			
Party2		0.274***				0.150		
		（3.80）				（1.50）		
Party3			1.074***				0.645	
			（3.23）				（1.61）	
Party4				0.062***				0.028
				（3.02）				（1.12）
Size	0.181***	0.180***	0.126***	0.126***	0.189***	0.174***	0.175***	0.188***
	（17.71）	（17.62）	（11.48）	（11.50）	（9.32）	（8.51）	（8.62）	（9.02）
Lev	−0.288***	−0.289***	−0.130**	−0.135**	−0.148*	−0.108	−0.115	−0.148*
	（−5.73）	（−5.74）	（−2.42）	（−2.51）	（−1.87）	（−1.41）	（−1.50）	（−1.91）
Top1_25	0.003***	0.003***	0.002*	0.003**	0.001	0.001	0.001	0.001
	（2.59）	（2.63）	（1.78）	（2.10）	（1.03）	（1.12）	（1.16）	（0.98）

	（1）	（2）	（3）	（4）	（5）	（6）	（7）	（8）
	High_Bshare=1				High_Bshare=0			
	Power	Power	Power	Power	Power	Power	Power	Power
Board	−0.010**	−0.010**	−0.011**	−0.010*	−0.005	−0.003	−0.003	−0.005
	（−2.16）	（−2.12）	（−2.01）	（−1.89）	（−0.62）	（−0.42）	（−0.37）	（−0.66）
Indep	−0.034	−0.039	0.145	0.134	−0.003	0.048	0.066	0.007
	（−0.23）	（−0.26）	（0.85）	（0.78）	（−0.02）	（0.23）	（0.32）	（0.03）
Turnover	−0.009*	−0.008*	0.001	0.001	−0.001	−0.006	−0.006	−0.000
	（−1.87）	（−1.87）	（0.16）	（0.21）	（−0.24）	（−1.31）	（−1.34）	（−0.08）
Dual	−0.054**	−0.053**	−0.083***	−0.080***	0.010	0.009	0.009	0.004
	（−2.33）	（−2.30）	（−3.15）	（−3.03）	（0.29）	（0.27）	（0.25）	（0.10）
Analyst	0.104***	0.104***	0.140***	0.138***	0.079***	0.093***	0.092***	0.084***
	（11.28）	（11.29）	（13.66）	（13.50）	（4.98）	（6.11）	（6.11）	（5.36）
Other	0.474	0.451	1.471***	1.424***	−0.657	−0.551	−0.543	−0.530
	（1.32）	（1.26）	（3.76）	（3.63）	（−1.42）	（−1.12）	（−1.10）	（−1.09）
G_growth	0.895	0.869	0.658	0.465	−0.510	1.688**	1.692**	0.712
	（1.39）	（1.35）	（0.90）	（0.63）	（−0.64）	（2.50）	（2.48）	（0.86）
GDP	0.075***	0.074***	0.037**	0.037**	0.066	0.022	0.022	0.025
	（5.47）	（5.46）	（2.43）	（2.43）	（0.25）	（1.15）	（1.14）	（1.28）
P_GDP	0.057**	0.056**	0.190***	0.190***	−0.567**	0.051	0.051	0.048
	（2.50）	（2.44）	（7.68）	（7.69）	（−1.96）	（1.44）	（1.45）	（1.36）
Constant	−3.816***	−3.781***	−5.613***	−5.596***	−0.189	−5.985***	−6.016***	−6.317***
	（−10.08）	（−9.98）	（−15.61）	（−15.57）	（−0.11）	（−9.38）	（−9.44）	（−9.89）
Indcd	Yes	Yes	No	No	Yes	Yes	Yes	Yes

续表

	（1）	（2）	（3）	（4）	（5）	（6）	（7）	（8）
	High_Bshare=1				High_Bshare=0			
	Power	Power	Power	Power	Power	Power	Power	Power
Year	Yes	Yes	Yes	Yes	Yes	No	No	Yes
N	2584	2584	2584	2584	2832	2832	2832	2832
R2	0.47	0.47	0.30	0.30	0.39	0.35	0.35	0.36
Adj.R2	0.46	0.46	0.29	0.29	0.37	0.34	0.34	0.35

注：（1）括号中报告值是 T 统计量；（2）"*""**"和"***"分别表示 10%、5% 和 1% 显著性水平。

表 6-17 报告了高管层持股如何影响党组织治理对国有企业"五力"的作用。由列（1）—（4）回归分析结果可以发现，在高管层持股比例较高的样本中，Party1、Party2、Party3、Party4 的回归系数分别为 0.265、0.293、1.013、0.059，且均在 1% 统计水平上显著；由列（5）—（8）回归分析结果可以发现，在高管层持股比例较低的样本中，Party1、Party2、Party3、Party4 的回归系数均未通过显著性检验；这些结果说明，较高的高管层持股比例强化了党组织治理与国有企业"五力"之间的正相关关系。

表 6-16 和表 6-17 的结果表明，管理层持股可以激励党组织更好地发挥治理作用，从而增强国有企业"五力"，而非削弱党组织参与的治理作用。

表 6-17　异质性分析：基于高管层持股的视角

	（1）	（2）	（3）	（4）	（5）	（6）	（7）	（8）
	High_Mshare=1				High_Mshare=0			
	Power	Power	Power	Power	Power	Power	Power	Power
Party1	0.265 ***				0.140			
	（3.76）				（1.38）			

333

	（1）	（2）	（3）	（4）	（5）	（6）	（7）	（8）
	High_Mshare=1				High_Mshare=0			
	Power	Power	Power	Power	Power	Power	Power	Power
Party2		0.293***				0.140		
		（4.09）				（1.36）		
Party3			1.013***				0.673	
			（3.15）				（1.64）	
Party4				0.059***				0.024
				（2.96）				（0.91）
Size	0.184***	0.183***	0.135***	0.135***	0.191***	0.191***	0.192***	0.191***
	（17.88）	（17.77）	（12.34）	（12.34）	（9.05）	（9.04）	（9.15）	（9.13）
Lev	−0.245***	−0.245***	−0.087*	−0.090*	−0.188**	−0.187**	−0.193**	−0.191**
	（−5.22）	（−5.22）	（−1.74）	（−1.80）	（−2.26）	（−2.24）	（−2.32）	（−2.30）
Top1_25	0.002**	0.002**	0.002	0.002*	0.001	0.001	0.001	0.001
	（2.25）	（2.27）	（1.47）	（1.71）	（0.88）	（0.88）	（0.92）	（0.93）
Board	−0.012**	−0.012**	−0.009*	−0.008	−0.006	−0.006	−0.005	−0.005
	（−2.49）	（−2.45）	（−1.65）	（−1.58）	（−0.81）	（−0.79）	（−0.76）	（−0.74）
Indep	0.085	0.080	0.242	0.229	−0.166	−0.169	−0.153	−0.172
	（0.57）	（0.54）	（1.46）	（1.38）	（−0.78）	（−0.80）	（−0.72）	（−0.81）
Turnover	−0.006	−0.006	0.000	0.001	−0.003	−0.003	−0.003	−0.003
	（−1.41）	（−1.40）	（0.10）	（0.13）	（−0.67）	（−0.67）	（−0.62）	（−0.66）
Dual	−0.059***	−0.059***	−0.081***	−0.079***	0.007	0.007	0.006	0.006
	（−2.61）	（−2.59）	（−3.17）	（−3.08）	（0.20）	（0.20）	（0.17）	（0.17）
Analyst	0.103***	0.103***	0.132***	0.130***	0.087***	0.086***	0.087***	0.086***
	（11.35）	（11.37）	（13.29）	（13.15）	（5.24）	（5.23）	（5.27）	（5.25）

续表

	（1）	（2）	（3）	（4）	（5）	（6）	（7）	（8）
	High_Mshare=1				High_Mshare=0			
	Power	Power	Power	Power	Power	Power	Power	Power
Other	0.213	0.188	1.079 ***	1.027 ***	−0.220	−0.220	−0.223	−0.223
	（0.61）	（0.53）	（2.87）	（2.73）	（−0.46）	（−0.46）	（−0.46）	（−0.46）
G_growth	0.592	0.559	0.430	0.228	0.969	0.956	1.028	0.994
	（0.92）	（0.87）	（0.59）	（0.32）	（1.17）	（1.15）	（1.22）	（1.19）
GDP	0.070 ***	0.070 ***	0.045 ***	0.045 ***	0.025	0.025	0.024	0.025
	（5.42）	（5.41）	（3.16）	（3.11）	（1.29）	（1.30）	（1.25）	（1.28）
P_GDP	0.033	0.032	0.151 ***	0.152 ***	0.070*	0.070*	0.070*	0.071*
	（1.49）	（1.45）	（6.31）	（6.32）	（1.87）	（1.87）	（1.88）	（1.91）
Constant	−3.685 ***	−3.648 ***	−5.607 ***	−5.581 ***	−4.895 ***	−4.886 ***	−4.914 ***	−4.896 ***
	（−9.57）	（−9.47）	（−15.41）	（−15.35）	（−7.82）	（−7.80）	（−7.84）	（−7.85）
Indcd	Yes	Yes	Yes	Yes	Yes	Yes	Yes	Yes
Year	Yes	Yes	Yes	Yes	Yes	Yes	Yes	Yes
N	2721	2721	2721	2721	2726	2726	2726	2726
R2	0.45	0.45	0.29	0.29	0.39	0.39	0.39	0.38

注：（1）括号中报告值是 T 统计量；（2）"*""**"和"***"分别表示 10%、5% 和 1% 显著性水平。

董事会的核心职能可以总结为监督控制、战略决策与资源供应[1]，董事会的独立性是董事会发挥有效治理机制的必要条件。具体而言，第一，较强的董事会独立性有助于提升企业内部监督力度。降低高级管理人员联合侵害公司和股东利益的可能性，减少第一类代理成本，同时也为广大中小股东提供了一种对抗控股股东掏空公司的途径，减少第二类代理

---

[1] J. Johnson, et al., "Boards of Directors: A Review and Research Agenda", *Journal of Management*, Vol. 22, No. 3（1996）, pp.409−438.

成本①。第二，拥有丰富的知识和经验的独立董事可以为董事会制定决策提供有价值的咨询与建议②。第三，拥有良好声誉的独立董事在公司任职，可以向资本市场传递企业业绩较好的信号，帮助企业获得更多的关键资源③。综上所述，独立董事的治理效应在一定程度上与党组织的作用有所重合，可能会使党组织参与治理的作用空间减小。

然而，董事会独立性并非一定会削弱党组织治理作用。有学者指出董事会独立性不是直接而是通过与其他治理机制的交互影响而间接发挥治理作用的④。一方面，党组织存在于公司内部，比外部董事更了解公司的经营发展情况和董事高管的经营行为，党组织成员是公司内部人员但同时处于监管者的特殊地位，能够提出适当合理的建议，协助独立董事的工作。另一方面，党组织能够通过集体研究讨论企业重大事项，通过领导地位支持董事会依法科学高效决策，共同保证决策事项的科学性、决策程序的合法性。为董事会独立性的发挥提供保障。

基于此，本章从董事会独立性方面考察董事会中的独立董事比例如何影响党组织治理与国有企业"五力"之间的关系。具体来说，本章将独立董事比例位于年度中位数以上的企业定义为董事会独立性强的企业，即 High_Ind=1，其他企业定义为董事会独立性弱的企业，即 High_Ind=0。其中，独立董事比例等于独立董事总数除以董事会成员总数。表 6-18 报

---

① H. Uzun, et al., "Board Composition and Corporate Fraud", *Financial Analysts Journal*, Vol. 60, No.1（2004）, pp.33-43.

② J. I. Siliciano, "The Relationship of Board Member Diversity to Organizational Performance", *Journal of Business Ethics*, Vol. 15, No.12（1996）, pp. 1313-1320.

③ G. Manu, F Paige," Board Independence and Corporate Governance Evidence from Director Resignations", *Journal of Business Finance and Accounting*, Vol. 36, No.1-2（2009）, pp. 161-184.

④ 郑志刚、吕秀华:《董事会独立性的交互效应和中国资本市场独立董事制度政策效果的评估》,《管理世界》2009 年第 7 期。

告了董事会独立性如何影响党组织治理对国有企业"五力"的作用。由列（1）—（4）回归分析结果可以发现，在董事会独立性较高的样本中，Party1、Party2、Party3、Party4 的回归系数分别 0.255、0.269、1.047、0.066，且均在 1% 统计水平上显著；由列（5）—（8）回归分析结果可以发现，在董事会持股比例较低的样本中，Party1、Party2、Party3、Party4 的回归系数均未通过显著性检验；这些结果说明，较强的董事会独立性强化了党组织治理对国有企业"五力"的促进作用。

表 6-18 异质性分析：基于董事会独立性的视角

	（1）	（2）	（3）	（4）	（5）	（6）	（7）	（8）
	High_Ind=1				High_Ind=0			
	Power	Power	Power	Power	Power	Power	Power	Power
Party1	0.255***				0.060			
	（3.79）				（0.58）			
Party2		0.269***				0.059		
		（3.98）				（0.56）		
Party3			1.047***				0.151	
			（3.13）				（0.34）	
Party4				0.066***				0.018
				（3.28）				（0.68）
Size	0.204***	0.204***	0.156***	0.156***	0.174***	0.159***	0.160***	0.172***
	（21.43）	（21.35）	（15.42）	（15.44）	（10.07）	（9.53）	（9.55）	（9.68）
Lev	−0.395***	−0.393***	−0.276***	−0.273***	−0.077	−0.064	−0.065	−0.093
	（−8.21）	（−8.18）	（−5.55）	（−5.50）	（−1.11）	（−0.92）	（−0.94）	（−1.34）

续表

	（1）	（2）	（3）	（4）	（5）	（6）	（7）	（8）
	High_Ind=1				High_Ind=0			
	Power	Power	Power	Power	Power	Power	Power	Power
Top1_25	0.002 **	0.002 **	0.002*	0.002 **	0.002	0.002*	0.002*	0.002
	（2.46）	（2.44）	（1.95）	（2.00）	（1.19）	（1.71）	（1.70）	（1.46）
Board	−0.017 ***	−0.017 ***	−0.016 ***	−0.015 ***	−0.000	0.002	0.002	0.000
	（−3.72）	（−3.70）	（−3.12）	（−3.08）	（−0.04）	（0.21）	（0.22）	（0.05）
Indep	0.083	0.073	0.383 **	0.348 **	0.000	0.000	0.000	0.000
	（0.53）	（0.46）	（2.18）	（1.98）	（.）	（.）	（.）	（.）
Turnover	0.005	0.005	0.018 ***	0.019 ***	−0.008*	−0.009 **	−0.009 **	−0.008*
	（1.07）	（1.08）	（3.26）	（3.38）	（−1.83）	（−2.27）	（−2.31）	（−1.81）
Dual	−0.055 **	−0.055 **	−0.080 ***	−0.077 ***	0.004	0.008	0.008	0.001
	（−2.32）	（−2.29）	（−2.96）	（−2.86）	（0.14）	（0.27）	（0.26）	（0.02）
Analyst	0.106 ***	0.105 ***	0.129 ***	0.127 ***	0.087 ***	0.098 ***	0.097 ***	0.088 ***
	（11.03）	（11.00）	（12.37）	（12.14）	（6.96）	（7.93）	（7.84）	（6.89）
Other	0.059	0.054	1.465 ***	1.401 ***	0.075	0.156	0.172	0.214
	（0.18）	（0.16）	（4.06）	（3.88）	（0.13）	（0.27）	（0.30）	（0.38）
G_growth	0.049	0.026	0.070	−0.055	−0.100	2.915 ***	2.909 ***	1.620*
	（0.08）	（0.04）	（0.10）	（−0.08）	（−0.12）	（4.22）	（4.22）	（1.96）
GDP	0.053 ***	0.053 ***	0.053 ***	0.051 ***	0.717*	0.031	0.031	0.038*
	（4.26）	（4.25）	（3.75）	（3.66）	（1.89）	（1.53）	（1.52）	（1.88）
P_GDP	−0.005	−0.006	0.108 ***	0.106 ***	−0.866 **	0.086 ***	0.086 ***	0.085 **
	（−0.21）	（−0.25）	（4.51）	（4.43）	（−2.09）	（2.62）	（2.61）	（2.55）

续表

	（1）	（2）	（3）	（4）	（5）	（6）	（7）	（8）
	High_Ind=1				High_Ind=0			
	Power	Power	Power	Power	Power	Power	Power	Power
Constant	−5.934 ***	−5.903 ***	−5.684 ***	−5.630 ***	−2.111	−5.989 ***	−5.986 ***	−6.372 ***
	（−15.53）	（−15.42）	（−16.62）	（−16.46）	（−1.01）	（−11.13）	（−11.11）	（−11.48）
Indcd	Yes	Yes	Yes	Yes	Yes	Yes	Yes	Yes
Year	Yes	Yes	Yes	Yes	Yes	Yes	Yes	Yes
N	2782	2782	2782	2782	2975	2975	2975	2975
R2	0.46	0.46	0.30	0.30	0.39	0.36	0.36	0.37

注：（1）括号中报告值是 T 统计量；（2）"*""**"和"***"分别表示 10%、5%和 1%显著性水平。

3.党组织治理与国有企业"五力"：基于外部治理机制的视角

前文分析发现党组织治理对国有企业"五力"的作用可能受到股权结构和管理层激励的影响，那么党组织治理的积极作用是否也会受到企业外部治理机制的影响呢？本章预期，外部治理机制的约束效应较弱时，党组织治理对国有企业"五力"的影响更加显著。本章主要关注三类重要的外部治理机制：机构投资者、分析师和媒体关注。

与一般投资者相比，机构投资者具有资金和信息优势，因而它们可以充分利用自身的影响力和专业化知识有效参与到上市公司治理中，不仅可以提高信息透明度，而且可以监督大股东和管理层，缓解代理问题，是一种重要的外部治理机制[1]。机构投资者因持有企业较多股份而具有强烈动机抑制国有企业管理层经营决策中的代理问题，进而提高公司业绩[2]。因此，如果机构投资者持有更多的股份，国有企业所面临的代理问题可以得

① A. Edmans, "Blockholder Trading, Market Efficiency, and Managerial Myopia", *The Journal of Finance*, Vol. 64, No. 6（2009）, pp. 2481−2513.

② M. A. Ferreira, M. P. Matos, "Shareholders at the Gate? Institutional Investors and Cross−Border Mergers and Acquisitions", *The Review of Financial Studies*, Vol. 23, No. 2（2010）, pp. 601−644.

到一定程度的缓解，那么党组织治理对国有企业"五力"的作用将会受到削弱。

表 6-19 报告了机构投资者持股如何影响党组织治理对国有企业"五力"的作用。本章将机构投资者持股比例位于年度中位数以上的企业定义机构持股多的企业（High_Insshare=1），其他企业定义为机构持股少的企业（High_Insshare=0）。其中，机构投资者持股等于机构投资者持股数量除以年末公司总股数。由列（1）—（4）回归分析结果可以发现，在机构投资者比例较高的样本中，Party1、Party2、Party3、Party4 的回归系数均未通过显著性检验；由列（5）—（8）回归分析结果可以发现，在机构投资者比例较低的样本中，Party1、Party2 的回归系数分别为 0.177、0.196，且均在 1% 统计水平上显著，但 Party3、Party4 的回归系数均仍未通过显著性检验。这些结果说明，在机构投资组持股比例较低的企业，党组织治理可以发挥积极作用，增强国有企业"五力"，但主要是由党委治理驱动的。

表 6-19　异质性分析：基于机构投资者持股的视角

	（1）	（2）	（3）	（4）	（5）	（6）	（7）	（8）
	High_Insshare=1				High_Insshare=0			
	Power	Power	Power	Power	Power	Power	Power	Power
Party1	0.123				0.177 **			
	（1.15）				（2.54）			
Party2		0.135				0.196 ***		
		（1.29）				（2.76）		
Party3			0.480				0.424	
			（1.05）				（1.52）	
Party4				0.033				0.002
				（1.24）				（0.09）

续表

	（1）	（2）	（3）	（4）	（5）	（6）	（7）	（8）
	High_Insshare=1				High_Insshare=0			
	Power	Power	Power	Power	Power	Power	Power	Power
Size	0.212 ***	0.211 ***	0.213 ***	0.213 ***	0.134 ***	0.134 ***	0.134 ***	0.134 ***
	（11.24）	（11.18）	（11.46）	（11.38）	（11.66）	（11.64）	（11.69）	（11.67）
Lev	−0.256 ***	−0.255 ***	−0.261 ***	−0.258 ***	−0.180 ***	−0.180 ***	−0.183 ***	−0.182 ***
	（−2.89）	（−2.88）	（−2.93）	（−2.91）	（−4.08）	（−4.07）	（−4.13）	（−4.10）
Top1_25	0.003 **	0.003 **	0.003 **	0.003 **	0.001	0.001	0.001	0.001
	（2.22）	（2.22）	（2.24）	（2.32）	（1.09）	（1.08）	（1.18）	（1.21）
Board	−0.011	−0.011	−0.011	−0.011	−0.009*	−0.009*	−0.008*	−0.008*
	（−1.58）	（−1.56）	（−1.59）	（−1.64）	（−1.84）	（−1.85）	（−1.73）	（−1.68）
Indep	−0.170	−0.176	−0.156	−0.189	−0.102	−0.101	−0.102	−0.102
	（−0.73）	（−0.75）	（−0.67）	（−0.81）	（−0.67）	（−0.66）	（−0.66）	（−0.66）
Turnover	−0.002	−0.002	−0.002	−0.002	−0.001	−0.001	−0.000	−0.001
	（−0.43）	（−0.43）	（−0.47）	（−0.47）	（−0.15）	（−0.15）	（−0.09）	（−0.13）
Dual	−0.026	−0.026	−0.028	−0.026	−0.020	−0.020	−0.021	−0.022
	（−0.74）	（−0.72）	（−0.78）	（−0.73）	（−0.88）	（−0.89）	（−0.91）	（−0.95）
Analyst	0.102 ***	0.102 ***	0.102 ***	0.102 ***	0.090 ***	0.090 ***	0.089 ***	0.088 ***
	（6.99）	（6.99）	（6.99）	（6.99）	（9.48）	（9.47）	（9.41）	（9.33）
Other	0.781	0.778	0.793	0.747	−0.478	−0.488	−0.450	−0.442
	（1.60）	（1.60）	（1.62）	（1.54）	（−1.45）	（−1.48）	（−1.36）	（−1.34）
G_growth	0.785	0.767	0.864	0.788	0.807	0.796	0.802	0.779
	（0.95）	（0.93）	（1.05）	（0.95）	（1.35）	（1.33）	（1.34）	（1.30）
GDP	0.028	0.028	0.027	0.027	0.058 ***	0.058 ***	0.059 ***	0.058 ***
	（1.32）	（1.33）	（1.28）	（1.27）	（4.71）	（4.70）	（4.78）	（4.75）
P_GDP	0.030	0.029	0.031	0.031	0.037	0.037*	0.036	0.036
	（0.84）	（0.83）	（0.87）	（0.87）	（1.64）	（1.65）	（1.60）	（1.60）

续表

	（1）	（2）	（3）	（4）	（5）	（6）	（7）	（8）
	High_Insshare=1				High_Insshare=0			
	Power	Power	Power	Power	Power	Power	Power	Power
Constant	−5.603 ***	−5.587 ***	−5.645 ***	−5.625 ***	−2.612 ***	−2.610 ***	−2.620 ***	−2.619 ***
	（−10.47）	（−10.40）	（−10.67）	（−10.58）	（−6.23）	（−6.22）	（−6.24）	（−6.22）
Indcd	Yes	Yes	Yes	Yes	Yes	Yes	Yes	Yes
Year	Yes	Yes	Yes	Yes	Yes	Yes	Yes	Yes
N	2878	2878	2878	2878	2876	2876	2876	2876
R2	0.50	0.50	0.50	0.50	0.26	0.26	0.26	0.26

注：（1）括号中报告值是 T 统计量；（2）"*""**"和"***"分别表示 10%、5%和 1%显著性水平。

法马（Fama，1980）[1] 认为管理层的监督职责应该由对公司具有剩余索取权的股东和银行等债权人履行，其代理人——分析师和审计师更是责无旁贷。分析师之所以可以发挥监督作用，是因为作为资本市场重要的信息中介，分析师跟踪上市公司并利用专业知识解读公司经营业务的相关信息，向市场发布盈余预测报告或估值报告，从而引导投资者的投资决策。分析师在信息搜集和传播方面发挥着至关重要的作用，分析师的研究报告观点往往代表或影响市场对企业状况的看法。分析师主要基于其掌握的公开信息和私有信息进行预测，跟踪上市公司的分析师越多，发布的研究报告越多，外界对企业经营状况的了解越多，企业面临的信息不对称程度越低[2]，这有利于降低外部利益相关者的信息搜集成本和监督成本，从而完善公司治理机制的安排，提高外部治理水平。

---

[1] E. F. Fama, "Banking in the Theory of Finance", *Journal of Monetary Economics*, Vol. 6, No. 1（1980）, pp. 39−57.

[2] M. Lang, et al., "Transparency, Liquidity, and Valuation: International Evidence on When Transparency Matters Most", *Journal of Accounting Research*, Vol. 50, No. 3（2012）, pp. 729−774.

总体来看，分析师的外部治理作用主要包括两个层面：第一，直接治理。通过定期跟踪上市公司年报、实地访问调研、与高管私下交流等多种方式，分析师可以直接对企业经营活动和高管决策进行监督。例如，戴克等（Dyck, et al., 2010）[①]发现美国分析师在多起会计丑闻曝光前就已经向市场发出预警。第二，间接治理。鉴于分析师在资本市场中的重要作用，分析师发布的研究报告受到各类投资者、新闻媒体和监管机构的关注，从而提高上市公司控股股东或高管谋取私利行为的法律风险和声誉成本。比如米勒（Miller, 2006）[②]发现分析师研究报告信息占曝光上市公司财务舞弊新闻信息的29.4%。因此，跟踪上市公司的分析师越多，上市公司的外部治理机制越完善。可以预期，在分析师跟踪较多的国有企业，党组织的治理作用发挥空间较小，因此，党组织治理对国有企业"五力"的作用主要存在于分析师跟踪较少的国有企业。

表6-10报告了分析师跟踪如何影响党组织治理对国有企业"五力"的作用。本章将分析师跟踪人数位于年度中位数以上的企业定义分析师跟踪多的企业（High_Analyst=1），其他企业定义为分析师跟踪少的企业（High_Analyst=0）。其中，分析师跟踪人数等于跟踪上市公司并发布研究报告的分析师团队的数量之和。由列（1）—（4）回归分析结果可以发现，在分析师跟踪人数较多的样本中，Party1、Party2、Party3、Party4的回归系数均未通过显著性检验；由列（5）—（8）回归分析结果可以发现，在分析师跟踪人数较少的样本中，Party1、Party2、Party3、Party4的回归系数分别为0.235、0.259、0.470、0.037，且至少在10%统计水平上显著。这些结果说明，在分析师跟踪人数较少的企业，党组织治理可以发挥增强国

---

①　A. Dyck, et al., "Who Blows the Whistle on Corporate Fraud?", *Journal of Finance*, Vol. 65, No. 6（2010）, pp. 2213-2253.

②　D. R. Miller, "From Concordance to Text: Appraising 'giving' in Alma Mater Donation Requests", *System and Corpus: Exploring Connections*, No. 12（2006）, pp. 248-268.

有企业"五力"的积极作用。

表6-20 异质性分析：基于分析师跟踪的视角

	（1）	（2）	（3）	（4）	（5）	（6）	（7）	（8）
	High_Insshare=1				High_Insshare=0			
	Power	Power	Power	Power	Power	Power	Power	Power
Party1	0.067				0.235 ***			
	（0.62）				（3.53）			
Party2		0.080				0.259 ***		
		（0.78）				（3.80）		
Party3			0.164				0.470*	
			（0.34）				（1.65）	
Party4				−0.000				0.037 **
				（−0.02）				（2.05）
Size	0.224 ***	0.224 ***	0.224 ***	0.225 ***	0.142 ***	0.141 ***	0.143 ***	0.143 ***
	（12.92）	（12.88）	（13.06）	（13.07）	（13.14）	（13.08）	（13.25）	（13.22）
Lev	−0.359 ***	−0.359 ***	−0.361 ***	−0.361 ***	−0.091 **	−0.089*	−0.094 **	−0.094 **
	（−4.42）	（−4.41）	（−4.45）	（−4.46）	（−1.98）	（−1.95）	（−2.04）	（−2.03）
Top1_25	0.002	0.002	0.002	0.002	0.002 **	0.002 **	0.002 **	0.002 **
	（0.79）	（0.79）	（0.80）	（0.81）	（2.34）	（2.32）	（2.47）	（2.55）
Board	−0.013 **	−0.013 **	−0.013 **	−0.013 **	−0.009*	−0.009*	−0.008	−0.008
	（−2.01）	（−1.99）	（−2.01）	（−2.01）	（−1.79）	（−1.78）	（−1.62）	（−1.61）
Indep	0.005	0.002	0.008	0.010	−0.149	−0.153	−0.125	−0.137
	（0.02）	（0.01）	（0.04）	（0.05）	（−0.91）	（−0.94）	（−0.77）	（−0.84）
Turnover	−0.004	−0.003	−0.004	−0.004	0.000	0.000	0.000	0.000
	（−0.59）	（−0.58）	（−0.62）	（−0.63）	（0.09）	（0.09）	（0.12）	（0.09）

续表

	（1）	（2）	（3）	（4）	（5）	（6）	（7）	（8）
	High_Insshare=1				High_Insshare=0			
	Power	Power	Power	Power	Power	Power	Power	Power
Dual	−0.060*	−0.059*	−0.061*	−0.060*	−0.010	−0.011	−0.010	−0.012
	（−1.80）	（−1.79）	（−1.84）	（−1.82）	（−0.40）	（−0.43）	（−0.40）	（−0.50）
Analyst	0.133 ***	0.133 ***	0.133 ***	0.133 ***	0.089 ***	0.090 ***	0.087 ***	0.087 ***
	（6.15）	（6.14）	（6.15）	（6.13）	（5.60）	（5.65）	（5.45）	（5.47）
Other	1.150 **	1.146 **	1.154 **	1.154 **	−0.365	−0.379	−0.320	−0.301
	（2.21）	（2.21）	（2.22）	（2.21）	（−1.10）	（−1.14）	（−0.96）	（−0.90）
G_growth	0.162	0.154	0.170	0.151	0.952*	0.923	1.038*	1.010*
	（0.16）	（0.15）	（0.17）	（0.15）	（1.67）	（1.62）	（1.82）	（1.77）
GDP	0.037	0.037	0.036	0.036	0.049 ***	0.050 ***	0.051 ***	0.051 ***
	（1.62）	（1.61）	（1.60）	（1.59）	（4.02）	（4.03）	（4.10）	（4.12）
P_GDP	0.024	0.024	0.024	0.023	0.054**	0.054**	0.054**	0.057 ***
	（0.66）	（0.65）	（0.65）	（0.63）	（2.49）	（2.49）	（2.50）	（2.63）
Constant	−6.550 ***	−6.544 ***	−6.549 ***	−6.538 ***	−5.093 ***	−5.078 ***	−5.146 ***	−5.170 ***
	（−11.35）	（−11.34）	（−11.31）	（−11.32）	（−13.88）	（−13.84）	（−14.02）	（−14.09）
Indcd	Yes	Yes	Yes	Yes	Yes	Yes	Yes	Yes
Year	Yes	Yes	Yes	Yes	Yes	Yes	Yes	Yes
N	2637	2637	2637	2637	2965	2965	2965	2965
R2	0.48	0.48	0.48	0.48	0.26	0.26	0.26	0.26

注：（1）括号中报告值是 T 统计量；（2）"*""**"和"***"分别表示 10%、5%和 1%显著性水平。

媒体关注是以披露事实真相为目的，监督公司行为、保障社会健康发展的一种监督活动，是公司治理社会监督的重要组成部分。不仅能为投资者带来更多的公司特质信息，降低信息不对称，还有助于约束公司行为，规范公司经营[1]，进而保障国有企业"五力"的提升。其治理作用可归纳为以下几个方面：第一，发挥信息中介功能以降低信息不对称。新闻媒体作为信息的传播者，能曝光企业的负面事件和短视行为，形成舆论压力以更好地规范公司行为。同时，媒体对公司治理过程的问题曝光，能够引发监管部门介入，进而发挥治理作用[2]。第二，发挥声誉治理功能以约束高管行为。国有企业经理人往往兼有一定的政治身份，具有的政治晋升诉求[3]。媒体能够通过带有情绪倾向的新闻报道影响高管声誉[4]，正面报道能够增强国企高管的声誉。因此，国企高管为了获得长期的声誉收益，可能放弃短期机会主义利己行为，着眼于企业长期发展，以促进国有企业"五力"的提升。综上所述，上市公司所受到的媒体关注越多，上市公司的外部治理机制越完善。可以预期，在媒体关注度较高的国有企业，党组织的治理作用发挥空间较小，因此，党组织治理对国有企业"五力"的作用主要存在于媒体关注度较低的国有企业中。

基于此，本章考察了媒体关注如何影响党组织治理与国有企业"五力"之间的关系。具体来说，本章将新闻报道数量的自然对数位于年度中位数以上的企业定义为媒体关注度较高的企业，即 High_Attention=1，其他企业定义为媒体关注度较低的企业，即 High_Attention=0。其中，媒体关注等于新闻报道数量的自然对数。表 6-21 报告了媒体关注如何影响党组织治理对国有企业"五力"的作用。由列（1）—（4）回归分析结果可以发现，在媒体关注度较高的样本中，Party1、Party2、Party3、Party4 的

---

[1] 李培功、沈艺峰：《媒体的公司治理作用：中国的经验证据》，《经济研究》2010 年第 4 期。

[2] 于忠泊等：《媒体关注的公司治理机制——基于盈余管理视角的考察》，《管理世界》2011 年第 9 期。

[3] A. Dyck, et al., "The Corporate Governance Role of the Media: Evidence from Russia", *Journal of Finance*, Vol. 63, No. 3（2008）, pp. 1093-1135.

[4] 张琦、郑瑶：《媒体报道能影响政府决算披露质量吗？》，《会计研究》2018 年第 1 期。

回归系数均未通过显著性检验。由列（5）—（8）回归分析结果可以发现，在媒体关注度较低的样本中，Party1、Party2、Party3、Party4 的回归系数分别为 0.253、0.263、0.730、0.019，Party1、Party2 和 Party3 的回归系数均在 1% 统计水平上显著，Party4 的回归系数不显著。这些结果说明，较强的董事会独立性强化了党组织治理对国有企业"五力"的促进作用。在媒体关注度较低的企业中，党组织治理可以发挥增强国有企业"五力"的积极作用。

表 6-19、表 6-20 和表 6-21 的结果表明，党组织治理作用的发挥受公司外部治理特征的影响，当外部治理机制不完善时，党组织治理可以发挥更大的作用，党组织治理与外部治理机制存在相互替代的关系。

表 6-21　异质性分析：基于媒体关注的视角

	（1）	（2）	（3）	（4）	（5）	（6）	（7）	（8）
	High_Attention=1				High_Attention=0			
	Power	Power	Power	Power	Power	Power	Power	Power
Party1	0.065				0.253 ***			
	（0.97）				（3.69）			
Party2		0.085				0.263 ***		
		（1.29）				（3.72）		
Party3			0.156				0.730 ***	
			（0.51）				（2.59）	
Party4				0.004				0.019
				（0.19）				（0.96）
Size	0.235 ***	0.235 ***	0.236 ***	0.236 ***	0.111 ***	0.111 ***	0.110 ***	0.039 ***
	（25.18）	（25.11）	（25.41）	（25.38）	（9.17）	（9.17）	（9.11）	（3.33）

续表

	（1）	（2）	（3）	（4）	（5）	（6）	（7）	（8）
	High_Attention=1				High_Attention=0			
	Power	Power	Power	Power	Power	Power	Power	Power
Lev	−0.447***	−0.447***	−0.450***	−0.450***	0.011	0.012	0.008	0.158***
	（−9.15）	（−9.14）	（−9.21）	（−9.22）	（0.24）	（0.28）	（0.17）	（3.32）
Top1_25	0.004***	0.004***	0.004***	0.004***	0.001	0.001	0.001	0.001
	（4.11）	（4.10）	（4.16）	（4.18）	（0.98）	（0.96）	（1.11）	（0.78）
Board	−0.019***	−0.019***	−0.019***	−0.019***	0.000	0.000	0.001	0.009
	（−4.44）	（−4.43）	（−4.44）	（−4.42）	（0.06）	（0.08）	（0.22）	（1.62）
Indep	−0.032	−0.036	−0.028	−0.030	−0.219	−0.218	−0.194	−0.112
	（−0.23）	（−0.26）	（−0.20）	（−0.22）	（−1.35）	（−1.34）	（−1.19）	（−0.62）
Turnover	−0.008*	−0.008*	−0.008*	−0.008*	0.004	0.004	0.004	0.013***
	（−1.78）	（−1.78）	（−1.78）	（−1.78）	（1.00）	（0.99）	（0.94）	（3.05）
Dual	−0.050**	−0.049**	−0.050**	−0.050**	−0.024	−0.024	−0.024	−0.050*
	（−2.02）	（−2.00）	（−2.06）	（−2.04）	（−0.96）	（−0.97）	（−0.99）	（−1.82）
Analyst	0.089***	0.089***	0.089***	0.089***	0.102***	0.102***	0.101***	0.120***
	（9.49）	（9.51）	（9.46）	（9.45）	（10.89）	（10.87）	（10.81）	（12.01）
Other	−0.066	−0.072	−0.055	−0.055	0.082	0.071	0.090	0.782*
	（−0.20）	（−0.22）	（−0.17）	（−0.17）	（0.21）	（0.18）	（0.23）	（1.85）
G_growth	0.616	0.600	0.647	0.631	1.030*	1.016*	1.037*	1.007*
	（1.00）	（0.98）	（1.05）	（1.03）	（1.76）	（1.74）	（1.77）	（1.76）
GDP	0.064***	0.064***	0.064***	0.065***	0.024*	0.024*	0.023*	0.007
	（5.09）	（5.09）	（5.11）	（5.13）	（1.90）	（1.90）	（1.84）	（0.50）

续表

	（1）	（2）	（3）	（4）	（5）	（6）	（7）	（8）
	High_Attention=1				High_Attention=0			
	Power	Power	Power	Power	Power	Power	Power	Power
P_GDP	0.005	0.005	0.005	0.004	0.068 ***	0.069 ***	0.070 ***	0.198 ***
	（0.22）	（0.21）	（0.21）	（0.19）	（3.14）	（3.16）	（3.20）	（8.70）
Constant	−5.437 ***	−5.423 ***	−5.457 ***	−5.449 ***	−2.185 ***	−2.187 ***	−2.196 ***	−3.706 ***
	（−15.19）	（−15.14）	（−15.23）	（−15.22）	（−5.46）	（−5.47）	（−5.48）	（−9.84）
Indcd	Yes	Yes	Yes	Yes	Yes	Yes	Yes	Yes
Year	Yes	Yes	Yes	Yes	Yes	Yes	Yes	Yes
N	2900	2900	2900	2900	2819	2819	2819	2819
R2	0.47	0.47	0.47	0.47	0.32	0.32	0.32	0.12

注：（1）括号中报告值是 T 统计量；（2）"*""**"和"***"分别表示 10%、5% 和 1% 显著性水平。

4. 党组织治理与国有企业"五力"：基于经营环境的视角

企业的发展都离不开一定的经营环境，尤其是制度环境和竞争环境。由于市场化程度反映了各地区制度环境的优劣，本章主要从市场化程度角度探讨制度环境的影响。中国幅员辽阔，各地区市场化程度的差异悬殊①。市场化通过建立正式制度（法律制度、产权制度、市场监管制度）来保障市场主体之间交易的公平性和合法性②。各地区市场化程度的差异往往映了制度效率和地方政府管理水平的差异。市场化程度高的地区，各种法律法规的健全和透明，政府在管制中的职能规范化，金融市场发展水平高，产权明晰，不仅能激励市场主体合法经营、公平竞争，而且可以为企业发展提供所需资金。正如拉波塔等（La Porta, et

---

① 樊纲等：《中国市场化指数——各地区市场化相对进程报告》，经济科学出版社 2011 年版，第 4 页。

② 金智等：《儒家文化与公司风险承担》，《世界经济》2017 年第 11 期。

al.，1998）[1] 所指出的那样，较高的市场成熟度和完善的法律制度可以更有效地对上市公司的管理者进行事前威慑和事后惩罚，企业高管或控股股东谋取个人私利的行为可以得到约束，从而改善企业的公司治理。此外，在市场化程度高的地区，媒体、机构投资者、分析师和审计师等利益相关者群体庞大，也可以对公司管理层行为进行监督，提高公司治理水平，从而也有利于增强国有企业"五力"。党组织参与不仅可以发挥治理作用，而且还具有资源效应，从而为增强国有企业"五力"保驾护航。然而，在市场化程度较高的情况下，党组织参与的治理作用和资源效应对国有企业"五力"的影响空间有限。因此，可以预期，在市场化程度较低的情况下，金融市场不发达，外部治理力量缺乏，党组织融入治理更能发挥增强国有企业"五力"的作用。

表 6-22 报告了市场化程度如何影响党组织治理对国有企业"五力"的作用。本章将企业注册地市场化程度位于年度中位数以上的地区定义市场化程度较高的地区（High_Market=1），其他地区定义为市场化程度较低的地区（High_Market=0）。其中，市场化程度采用王小鲁等（2019）[2] 的市场化总指数衡量。由列（1）—（4）回归分析结果可以发现，在市场化程度较高的地区中，Party1、Party2、Party3、Party4 的回归系数均未通过显著性检验；由列（5）—（8）回归分析结果可以发现，在市场化程度较低的地区中，Party1、Party2、Party3、Party4 的回归系数分别为 0.236、0.238、0.694、0.039，且至少在 5% 统计水平上显著。这些结果说明，在市场化程度较低的地区，党组织治理发挥作用的空间更大，更能增强国有企业"五力"。

---

[1] R. L. Porta, et al.，"Law and Finance"，*The journal of Political Economy*, Vol. 106, No. 6（1998），pp. 1113-1155.

[2] 王小鲁等：《中国分省份市场化指数报告（2018）》，社会科学文献出版社 2019 年版，第 3 页。

表 6–22 异质性分析：基于市场化程度的视角

	（1）	（2）	（3）	（4）	（5）	（6）	（7）	（8）
	High_Market=1				High_Market=0			
	Power	Power	Power	Power	Power	Power	Power	Power
Party1	0.066				0.236 ***			
	（0.97）				（3.56）			
Party2		0.087				0.238 ***		
		（1.26）				（3.56）		
Party3			0.164				0.694 **	
			（0.58）				（2.33）	
Party4				0.006				0.039 **
				（0.33）				（2.08）
Size	0.227 ***	0.226 ***	0.227 ***	0.227 ***	0.118 ***	0.118 ***	0.121 ***	0.095 ***
	（24.99）	（24.93）	（25.09）	（25.08）	（11.15）	（11.15）	（11.44）	（9.20）
Lev	−0.055	−0.055	−0.055	−0.055	−0.370 ***	−0.369 ***	−0.382 ***	−0.374 ***
	（−1.20）	（−1.20）	（−1.20）	（−1.19）	（−8.00）	（−7.99）	（−8.27）	（−8.21）
Top1_25	0.003 ***	0.003 ***	0.003 ***	0.004 ***	0.001	0.001	0.001	0.002 **
	（3.85）	（3.84）	（3.87）	（3.90）	（1.38）	（1.38）	（1.48）	（2.05）
Board	−0.022 ***	−0.022 ***	−0.022 ***	−0.022 ***	0.004	0.004	0.005	0.003
	（−4.64）	（−4.63）	（−4.63）	（−4.62）	（0.95）	（0.98）	（1.08）	（0.58）
Indep	−0.298 **	−0.303 **	−0.289*	−0.293*	0.057	0.055	0.050	0.192
	（−1.96）	（−1.99）	（−1.91）	（−1.93）	（0.39）	（0.38）	（0.34）	（1.25）
Turnover	0.004	0.004	0.004	0.004	−0.007	−0.007	−0.007	0.001
	（0.99）	（1.00）	（0.97）	（0.97）	（−1.60）	（−1.60）	（−1.63）	（0.23）

	（1）	（2）	（3）	（4）	（5）	（6）	（7）	（8）
	High_Market=1				High_Market=0			
	Power	Power	Power	Power	Power	Power	Power	Power
Dual	−0.043*	−0.043*	−0.043*	−0.043*	−0.014	−0.014	−0.016	−0.022
	（−1.83）	（−1.82）	（−1.85）	（−1.84）	（−0.56）	（−0.55）	（−0.64）	（−0.81）
Analyst	0.074 ***	0.074 ***	0.074 ***	0.074 ***	0.123 ***	0.123 ***	0.122 ***	0.126 ***
	（8.12）	（8.14）	（8.09）	（8.07）	（13.32）	（13.30）	（13.22）	（13.54）
Other	0.544*	0.534	0.559*	0.554*	−0.543	−0.537	−0.525	0.710 **
	（1.65）	（1.62）	（1.70）	（1.68）	（−1.49）	（−1.48）	（−1.44）	（1.97）
G_growth	0.458	0.456	0.458	0.443	1.093*	1.074*	1.206 **	1.630 ***
	（0.60）	（0.60）	（0.60）	（0.58）	（1.96）	（1.92）	（2.16）	（2.78）
GDP	0.001	0.001	0.001	0.002	0.053 ***	0.053 ***	0.052 ***	0.056 ***
	（0.04）	（0.03）	（0.06）	（0.07）	（3.85）	（3.86）	（3.76）	（3.84）
P_GDP	−0.096*	−0.097*	−0.095*	−0.094*	0.013	0.013	0.017	0.049
	（−1.72）	（−1.73）	（−1.71）	（−1.69）	（0.36）	（0.33）	（0.46）	（1.25）
Constant	−5.045 ***	−5.030 ***	−5.074 ***	−5.086 ***	−2.853 ***	−2.853 ***	−2.928 ***	−3.753 ***
	（−5.91）	（−5.89）	（−5.95）	（−5.96）	（−5.91）	（−5.91）	（−6.05）	（−8.38）
Indcd	Yes	Yes	Yes	Yes	Yes	Yes	Yes	Yes
Year	Yes	Yes	Yes	Yes	Yes	Yes	Yes	Yes
N	2999	2999	2999	2999	2758	2758	2758	2758
R2	0.49	0.49	0.49	0.49	0.31	0.31	0.31	0.21

注：（1）括号中报告值是 T 统计量；（2）"*""**"和"***"分别表示 10%、5%和 1%显著性水平。

除了外部的制度环境，企业经营所处行业的竞争环境对企业发展同样十分重要。前者为企业发展提供了制度保障，后者则影响企业公司战略、经营策略甚至生死存亡。随着所有权与经营权的分离，管理层负责公司的日常经营，拥有绝对的信息优势，信息不对称的存在使得股东难以对具有私人信息的管理层进行全面监督，因此，作为代理人的管理层会追求自身私有收益的最大化，甚至损害所有者的利益，如获得额外津贴和打造个人帝国等①。中国国有企业并不存在真正意义上的"股东"，这使得国有企业代理问题更为严重。然而，在竞争激烈的市场环境中，企业必须具备适应市场变化的能力，并在权衡自身优势和劣势的基础上，不断调整和创新运营策略，以适应新的运营环境和发展要求，从而确保运营的成功。同时，企业运营战略还依赖于战略实施过程中的企业运营资源的优化及根据外部环境和内部条件的变化调整运营战略的能力。为了提升企业的核心竞争优势，必须在不断变化的市场环境中，制定具有创新性的运营策略，积极探索新技术和新产品，以满足市场不断增长的需求。但是代理问题的存在不仅使管理层怠于主动积极适应市场变化，而且使得管理层过度消耗或转移企业有限资源，无法保障公司战略的有效实施。同时，为了完成利润目标、追逐短期利益，管理层没有动力投入资金开发新技术和新产品②，甚至会走上违规的道路③，从而使得国有企业难以在激烈的市场竞争中获胜。由于党组织治理参与不仅可以降低管理层代理问题，而且可以为企业发展获取资源，因此，有利于国有企业在激烈的市场竞争中适应市场的变化，积极研发新技术和新产品，从而增强国有企业"五力"。因此，可以预期，党组织治理对国有企业"五力"的积极作用在产品市场竞争程度较高的行业更显著。

表 6-23 报告了竞争环境如何影响党组织治理对国有企业"五力"的作用。本章将企业所属行业的产品市场竞争程度位于年度中位数以上的行业定义为竞争程度高的行业（High_Competition=1），其他行业定义为竞

---

① M. C. Jensen, W. H. Meckling, "Theory of the Firm: Managerial Behavior, Agency Costs and Capital Structure", *Social Science Electronic Publishing*, Vol. 3, No. 4（1976）, pp. 305–360.

② 田轩、孟清扬：《股权激励计划能促进企业创新吗》，《南开管理评论》2018 年期 3 期。

③ 滕飞等：《产品市场竞争与上市公司违规》，《会计研究》2016 年第 9 期。

争程度低的行业（High_Competition=0）。产品市场竞争程度等于 1-HHI（行业的赫芬达尔指数），行业 j 的 HHI 计算公式如下：

$$HHI_j = \sum_{i-1}^{N} S_{ij}^2 \qquad (6\text{-}2)$$

其中，S_{ij} 是企业 i 的销售收入占行业 j 营业收入总和的比例。由列（1）—（4）回归分析结果可以发现，在竞争程度较高的行业中，Party1、Party2、Party3、Party4 的回归系数分别为 0.252、0.265、0.656、0.035，且至少在 10% 统计水平上显著；由列（5）—（8）回归分析结果可以发现，在竞争程度较低的行业中，Party1、Party2、Party3、Party4 的回归系数均未通过显著性检验。这些结果说明，在竞争程度较高的行业，党组织治理更能发挥对国有企业"五力"的增强作用。

表 6-22 和表 6-23 的结果表明，党组织治理作用的发挥受公司外部经营环境的影响，当外部经营环境不利时，党组织治理更可以发挥把握全局，引领国有企业发展的政治方向的作用，做大做强主业，增强国有企业"五力"。

表 6-23　异质性分析：基于竞争环境的视角

	（1）	（2）	（3）	（4）	（5）	（6）	（7）	（8）
	High_Competition=1				High_Competition=0			
	Power	Power	Power	Power	Power	Power	Power	Power
Party1	0.252 ***				0.139			
	（3.63）				（1.31）			
Party2		0.265 ***				0.101		
		（3.71）				（1.01）		
Party3			0.656 **				0.433	
			（2.29）				（0.86）	

续表

	（1）	（2）	（3）	（4）	（5）	（6）	（7）	（8）
	High_Competition=1				High_Competition=0			
	Power	Power	Power	Power	Power	Power	Power	Power
Party4				0.035*				0.028
				（1.85）				（1.09）
Size	0.136 ***	0.136 ***	0.129 ***	0.130 ***	0.222 ***	0.202 ***	0.204 ***	0.223 ***
	（13.49）	（13.45）	（12.89）	（12.90）	（11.09）	（10.11）	（10.34）	（11.26）
Lev	−0.326 ***	−0.325 ***	−0.309 ***	−0.308 ***	−0.054	−0.008	−0.013	−0.059
	（−7.52）	（−7.49）	（−7.14）	（−7.12）	（−0.64）	（−0.10）	（−0.15）	（−0.69）
Top1_25	0.002 **	0.002 **	0.002 **	0.002 **	0.003	0.004 **	0.004 **	0.003*
	（2.09）	（2.12）	（2.30）	（2.41）	（1.62）	（2.15）	（2.19）	（1.69）
Board	−0.013 **	−0.012 **	−0.015 ***	−0.015 ***	−0.009	−0.006	−0.006	−0.008
	（−2.55）	（−2.54）	（−2.99）	（−2.98）	（−1.18）	（−0.85）	（−0.84）	（−1.13）
Indep	−0.266*	−0.270*	−0.277*	−0.301**	0.234	0.238	0.249	0.239
	（−1.83）	（−1.86）	（−1.89）	（−2.05）	（0.96）	（0.96）	（1.00）	（0.97）
Turnover	−0.007	−0.006	−0.006	−0.006	−0.004	−0.008*	−0.008*	−0.004
	（−1.50）	（−1.45）	（−1.42）	（−1.40）	（−0.83）	（−1.74）	（−1.76）	（−0.84）
Dual	0.015	0.015	0.016	0.018	−0.053	−0.058*	−0.058*	−0.055*
	（0.63）	（0.66）	（0.66）	（0.77）	（−1.58）	（−1.68）	（−1.69）	（−1.65）
Analyst	0.123 ***	0.123 ***	0.126 ***	0.125 ***	0.076 ***	0.096 ***	0.096 ***	0.075 ***
	（14.15）	（14.16）	（14.39）	（14.29）	（4.58）	（6.07）	（6.06）	（4.56）
Other	0.830*	0.828*	1.247 ***	1.259 ***	−0.313	−0.377	−0.350	−0.313
	（1.95）	（1.94）	（2.91）	（2.94）	（−0.68）	（−0.81）	（−0.75）	（−0.68）
G_growth	0.865	0.855	1.119*	1.088*	0.759	3.078 ***	3.079 ***	0.731
	（1.41）	（1.40）	（1.81）	（1.76）	（0.84）	（3.94）	（3.95）	（0.80）

	（1）	（2）	（3）	（4）	（5）	（6）	（7）	（8）
	High_Competition=1				High_Competition=0			
	Power	Power	Power	Power	Power	Power	Power	Power
GDP	0.066 ***	0.065 ***	0.062 ***	0.060 ***	0.021	0.005	0.004	0.021
	（5.25）	（5.23）	（4.87）	（4.71）	（1.00）	（0.23）	（0.20）	（1.04）
P_GDP	0.017	0.017	0.048 **	0.050 **	0.070*	0.071*	0.072*	0.071*
	（0.79）	（0.79）	（2.27）	（2.34）	（1.73）	（1.77）	（1.79）	（1.74）
Constant	−4.137 ***	−4.125 ***	−4.342 ***	−4.330 ***	−4.819 ***	−4.278 ***	−4.317 ***	−4.856 ***
	（−13.11）	（−13.07）	（−13.80）	（−13.76）	（−8.03）	（−7.04）	（−7.15）	（−8.13）
Indcd	Yes	Yes	Yes	Yes	Yes	Yes	Yes	Yes
Year	Yes	Yes	Yes	Yes	Yes	Yes	Yes	Yes
N	2861	2861	2861	2861	2896	2896	2896	2896
R2	0.30	0.30	0.28	0.28	0.50	0.49	0.49	0.50

注：（1）括号中报告值是 T 统计量；（2）"*""**"和"***"分别表示 10%、5% 和 1% 显著性水平。

企业面临的外部环境除制度环境与竞争环境外，还面临着更宏观的经济政策不确定性环境。具体而言，经济政策不确定性是指企业难以预估政府何时以及如何会通过颁行政策以改变当前的经济轨道[①]。近年来，受国际金融市场萎靡、贸易保护主义盛行以及区域冲突日益加深等外部事件的影响，各国经济政策不确定性的日益攀升已成为常态。然而，经济政策作为政府调节国家经济发展"看得见的手"，通过对资源的优化配置，引导企业经营决策并最终实现经济的良性发展。在企业的实际决策中，除了考虑自身经营状况、市场竞争情况及制度情况

---

① H. Gulen, M. Ion., "Policy Uncertainty and Corporate Investment", *The Review of Financial Studies*, Vol. 29, No.3（2016）, pp.523−564.

等因素外，政府的政策引导同样是企业决策时需纳入考量的重中之重。经济政策不确定性的增加，无疑增加了企业获取政府正确引导的成本，加剧了市场失灵的负面影响。有研究发现，经济政策不确定性的提升会抑制企业投资①，降低投资效率②。为了降低经济政策不确定性带来的市场风险，企业会采取持有更多的现金流、增加金融资产投资或进行海外扩张等③④。然而，上述策略更多的是为降低经济政策不确定性负面影响的"缓兵之计"，难以从根本上提升企业在经济政策不确定性环境下的经营与决策能力。而党组织治理能够发挥信息优势与资源优势，有效降低国有企业在经济政策不确定性环境中的额外成本。首先，经济政策不确定性加剧了国有企业内外部的信息不对称程度导致代理成本增加⑤，而党组织治理能够通过加强党委纪委治理、监督高管的机会主义行为，有效降低代理成本。同时，经济政策不确定性会加剧企业的融资约束、抑制企业健康发展⑥，而党组织参与治理能够提升外部利益相关者与企业的信任关系，进而获得更多的外部资源以助力企业发展。因此，可以预期，在经济政策不确定性较高的情况下，党组织融入治理更能发挥信息优势与资源优势，进而强化对国有企业"五力"的积极影响。

　　表 6-24 报告了经济政策不确定性程度如何影响党组织治理对国有企

---

① 李凤羽、杨墨竹：《经济政策不确定性会抑制企业投资吗？——基于中国经济政策不确定指数的实证研究》，《金融研究》2015 年第 4 期。

② 饶品贵等：《经济政策不确定性与企业投资行为研究》，《世界经济》2017 年第 2 期。

③ A. Bonaime, et al., "Does Policy Uncertainty Affect Mergers and Acquisitions?", *Journal of Financial Economics*, Vol. 129, No. 3（2018），pp.531−558.

④ 刘贯春等：《经济政策不确定性与中国上市公司的资产组合配置——兼论实体企业的"金融化"趋势》，《经济学（季刊）》2020 年第 5 期。

⑤ 李增福等：《货币政策改革创新是否有利于抑制企业"脱实向虚"？——基于中期借贷便利政策的证据》，《金融研究》2022 年第 12 期。

⑥ 蒋腾等：《经济政策不确定性与企业债务融资》，《管理评论》2018 年第 3 期。

业"五力"的作用。本文采用贝克等（Baker, et al., 2016）[1]基于新闻报道内容构建的中国经济政策不确定性指数，并计算月度数据的算术平均值用以衡量年度经济政策不确定性。进而根据经济政策不确定性的中位数进行分组，将经济政策不确定性程度位于中位数以上的年份定义为 High_EPU=1，其余年份定义为 High_EPU=0。由列（1）—（4）回归分析结果可以发现，在经济政策不确定性程度较高的年份中，Party1、Party2、Party3、Party4 的回归系数分别为 0.208、0.221、0.357、0.056，除 Party3 外，其余系数均至少在 10% 统计水平上显著；由列（5）—（8）回归分析结果可以发现，在经济政策不确定性程度较低的年份中，Party1、Party2、Party3、Party4 的回归系数均未通过显著性检验。这些结果说明，在经济政策不确定性程度较高的年份，党组织治理能发挥信息优势与资源优势，更能增强国有企业"五力"。

表 6-24　异质性分析：基于经济政策不确定性的视角

	（1）	（2）	（3）	（4）	（5）	（6）	（7）	（8）
	High_EPU=1				High_EPU=0			
	Power	Power	Power	Power	Power	Power	Power	Power
Party1	0.208***				0.140			
	（3.70）				（1.54）			
Party2		0.221***				0.155		
		（3.90）				（1.33）		
Party3			0.357				1.039	
			（1.31）				（1.24）	

① S. R. Baker, et al., "Measuring Economic Policy Uncertainty ", *The Quarterly Journal of Economics*, Vol. 131, No. 4（2016）, pp.1593-1636.

续表

	（1）	（2）	（3）	（4）	（5）	（6）	（7）	（8）
	High_EPU=1				High_EPU=0			
	Power	Power	Power	Power	Power	Power	Power	Power
Party4				0.056 ***				0.020
				（3.29）				（0.86）
Size	0.180 ***	0.179 ***	0.182 ***	0.127 ***	0.206 ***	0.206 ***	0.135 ***	0.207 ***
	（21.03）	（20.94）	（19.38）	（14.24）	（17.97）	（10.79）	（6.73）	（18.09）
Lev	−0.232 ***	−0.231 ***	−0.237 ***	−0.133 ***	−0.238 ***	−0.238 ***	−0.090	−0.241 ***
	（−5.57）	（−5.54）	（−5.31）	（−3.07）	（−4.47）	（−3.26）	（−1.12）	（−4.53）
Top1_25	0.002 **	0.002 **	0.002 **	0.002*	0.002*	0.002	0.001	0.002**
	（2.46）	（2.48）	（2.53）	（1.86）	（1.91）	（1.29）	（0.91）	（1.98）
Board	−0.011 **	−0.011 **	−0.010 **	−0.012 **	−0.016 ***	−0.016 **	−0.014*	−0.015 ***
	（−2.55）	（−2.52）	（−2.56）	（−2.51）	（−2.88）	（−2.32）	（−1.69）	（−2.81）
Indep	−0.033	−0.038	−0.012	0.129	−0.117	−0.119	0.177	−0.120
	（−0.25）	（−0.29）	（−0.09）	（0.89）	（−0.65）	（−0.50）	（0.62）	（−0.67）
Turnover	−0.004	−0.004	−0.005	0.006	−0.005	−0.005	0.002	−0.006
	（−1.11）	（−1.10）	（−1.34）	（1.57）	（−1.05）	（−0.97）	（0.32）	（−1.06）
Dual	−0.046 **	−0.046 **	−0.048 **	−0.069 ***	−0.006	−0.006	−0.026	−0.008
	（−2.09）	（−2.08）	（−2.27）	（−2.80）	（−0.22）	（−0.17）	（−0.71）	（−0.27）
Analyst	0.098 ***	0.098 ***	0.097 ***	0.121 ***	0.092 ***	0.092 ***	0.130 ***	0.091 ***
	（11.84）	（11.82）	（11.58）	（13.73）	（8.52）	（6.33）	（8.11）	（8.43）
Other	0.141	0.127	0.184	1.164 ***	−0.022	−0.022	1.530 **	−0.002
	（0.47）	（0.42）	（0.56）	（3.62）	（−0.05）	（−0.04）	（2.42）	（−0.00）

续表

	（1）	（2）	（3）	（4）	（5）	（6）	（7）	（8）
	High_EPU=1				High_EPU=0			
	Power	Power	Power	Power	Power	Power	Power	Power
G_growth	−0.057	−0.072	−0.007	0.108	2.420***	2.396**	3.427***	2.396***
	（−0.11）	（−0.13）	（−0.01）	（0.18）	（3.41）	（2.51）	（3.30）	（3.37）
GDP	0.044***	0.044***	0.044***	0.035***	0.048***	0.048**	0.027	0.047***
	（3.96）	（3.98）	（4.02）	（2.89）	（3.21）	（2.51）	（1.22）	（3.18）
P_GDP	0.014	0.013	0.013	0.130***	0.110***	0.110***	0.235***	0.111***
	（0.70）	（0.69）	（0.66）	（6.36）	（4.34）	（3.17）	（5.78）	（4.37）
Constant	−3.385***	−3.370***	−3.437***	−5.106***	−7.054***	−7.043***	−6.505***	−7.080***
	（−8.60）	（−8.56）	（−11.69）	（−17.43）	（−16.15）	（−10.36）	（−10.62）	（−16.20）
Indcd	Yes	Yes	Yes	Yes	Yes	Yes	Yes	Yes
Year	Yes	Yes	Yes	Yes	Yes	Yes	Yes	Yes
N	3557	3557	3557	3557	2200	2200	2200	2200
R2	0.40	0.40	0.40	0.25	0.43	0.43	0.26	0.43

注：（1）括号中报告值是 T 统计量；（2）"*""**"和"***"分别表示 10%、5%和 1%显著性水平。

（六）党组织治理与国有企业"五力"：作用机理分析

前文实证分析结果表明党组织可以发挥治理作用，增强国有企业"五力"。本章进一步探讨党组织治理影响国有企业"五力"的内在作用机制。根据"5.2.2 党组织治理影响国有企业'五力'的理论"部分的理论分析，国有企业党组织嵌入治理，有利于党组织成为公司经营决策的重要力量，可以在一定程度上约束高管权力，监督管理层的机会主义行为，有效降低管理层自利行为给企业带来损失。同时，党组织嵌入到国有企业的公司治理结构，使其在政府资源获取上更具有优势，更容易得到相关部门的支持，从而有利于企业决策的开展和公司发展。因此，本章主要从缓解代理问题、改善公司治理以及获取政府资源的角度探讨党组织治理增强国有企业"五力"的作用机理。

在缓解代理问题方面，本章关注党组织治理是否可以抑制高管私有收益和限制高管权力，因为追求高管私有收益最大化是管理层与股东之间的最突出的代理问题，而高管权力是高管谋求私有收益的主要途径[1]。借鉴王曾等（2014）[2]的研究，采用货币性私有收益（PB_Pay）和非货币性私有收益（PB_Perk）衡量高管私有收益。

高管货币性私有收益：参考费尔斯等（Firth, et al., 2006）[3]和权小峰等（2010）[4]的做法，使用高管实际薪酬与由企业基本面特征决定的预期高管正常薪酬之间的差额进行测量。借鉴前人研究，采用如下的模型（6-3）估计预期正常的高管薪酬：

$$\ln Pay_{i,t} = \beta_0 + \beta_1 Size_{i,t} + \beta_2 Roa_{i,t} + \beta_3 Roa_{i,t-1} + \beta_4 Avwage_{i,t} + \beta_5 Middle_{i,t} + \beta_6 West_{i,t} + \varepsilon_{i,t}$$

$$(6-3)$$

其中，lnpay 为薪酬最高的前三位高管平均薪酬的自然对数，Size 为年末公司个股总市值的自然对数；Roa 为公司总资产报酬率；Avwage 为公司所在地上市公司职工平均工资水平的自然对数；Middle 为公司注册地位于中部地区的虚拟变量；West 为公司注册地位于西部地区的虚拟变量，Indcd 为公司所处行业虚拟变量，Year 为年度虚拟变量。利用模型（6-3）对样本企业观测值进行分年度分行业回归，通过模型回归得到 lnpay 的估计值即为预期正常的高管薪酬。高管实际薪酬 lnpay 与预期正常的高管薪

---

① 方军雄：《高管权力与企业薪酬变动的非对称性》，《经济研究》2011 年第 4 期。

② 王曾等：《国有企业 CEO"政治晋升"与"在职消费"关系研究》，《管理世界》2014 年第 5 期。

③ M. Firth, et al., "Corporate Performance and CEO Compensation in China", *Journal of Corporate Finance*, Vol. 12, No. 4（2006），pp. 693-714.

④ 权小锋等：《管理层权力、私有收益与薪酬操纵》，《经济研究》2010 年第 11 期。

酬之间的差额为超额薪酬，即高管的货币性私有收益（PB_Pay）。

高管非货币性私有收益（PB_Perk）：参考权小峰等（2010）[1]的做法，采用非正常的高管在职消费测量高管非货币性私有收益，等于高管实际在职消费与由企业基本面特征决定的预期合理的高管在职消费之间的差额。预期合理的高管在职消费水平由如下的模型（6-4）进行估计：

$$Perk_{i,t} = \beta_0 + \beta_1 Antiasset_{i,t} + \beta_2 Dsale_{i,t} + \beta_3 PPE_{i,t} + \beta_4 Inventory_{i,t} +$$
$$\beta_5 Lnemployee_{i,t} + \varepsilon_{i,t} \qquad\qquad （6-4）$$

其中，Perk 为公司高管年度实际在职消费金额，数据来自于年报附注"支付的其他与经营活动有关的现金流量"项目披露的可能与企业高管人员在职消费有关的费用项目，主要分为八类：办公费、差旅费、业务招待费、通讯费、出国培训费、董事会费、小车费和会议费。这些项目容易成为高管人员获取好处的捷径，高管人员可以轻易通过这些项目报销私人支出，从而将其转嫁为公司费用[2]。Perk 等于高管的八类在职消费金额之和除以上期期末总资产；Antiasset 为上期期末总资产的倒数；Dsale 为本期主营业务收入的变动额除以上期期末总资产；PPE 为年末固定资产净值除以上期期末总资产；Inventory 为本期存货净额除以上期期末总资产；Lnemployee 为企业雇佣的员工总人数的自然对数。使用模型（6-4）对样本企业观测值进行分年度分行业回归，可以得到高管实际在职消费 Perk 的估计值，即预期合理的高管在职消费。非正常的高管在职消费等于高管实际在职消费与预期合理的高管在职消费之间的差额，即高管非货币性私有收益（PB_Perk）。

表 6-25 报告了党组织治理如何影响高管货币性私有收益和高管非货币性私有收益。由列（1）—（4）回归分析结果可以发现，Party1、Party2 的回归系数分别为-0.129、-0.110，且至少在 10％统计水平上显著，但

---

① 权小锋等：《管理层权力、私有收益与薪酬操纵》，《经济研究》2010 年第 11 期。

② 陈冬华等：《国有企业中的薪酬管制与在职消费》，《经济研究》2005 年第 2 期。

Party3、crosschai 并未通过显著性检验；由列（5）—（8）回归分析结果可以发现，Party1、Party2 的回归系数分别为-0.001、-0.001，且至少在 1% 统计水平上显著，但 Party3、Party4 未通过显著性检验。这些结果说明，从整体来看，党组织治理可以显著抑制高管货币性私有收益和高管非货币性私有收益，但是党组织治理的积极作用主要是由党委参与治理驱动的，纪委参与治理以及两职合一发挥的作用较小。

表 6-25　作用机理分析：高管私有收益的视角

	（1）	（2）	（3）	（4）	（5）	（6）	（7）	（8）
	高管货币性私有收益				高管非货币性私有收益			
	PB_Pay	PB_Pay	PB_Pay	PB_Pay	PB_Perk	PB_Perk	PB_Perk	PB_Perk
Party1	−0.129 **				−0.001 ***			
	（−2.24）				（−2.61）			
Party2		−0.110*				−0.001 ***		
		（−1.89）				（−2.64）		
Party3			−0.020				−0.002	
			（−0.08）				（−1.23）	
Party4				−0.007				−0.000
				（−0.48）				（−1.10）
Size	−0.057 ***	−0.057 ***	−0.058 ***	−0.058 ***	0.000 ***	0.000 ***	0.000 ***	0.000 ***
	（−6.87）	（−6.87）	（−7.04）	（−7.04）	（3.90）	（3.93）	（3.73）	（3.74）
Lev	−0.168 ***	−0.168 ***	−0.165 ***	−0.165 ***	−0.000	−0.000	−0.000	−0.000
	（−4.25）	（−4.25）	（−4.18）	（−4.18）	（−1.42）	（−1.43）	（−1.33）	（−1.34）
Top1_25	−0.006 ***	−0.006 ***	−0.006 ***	−0.006 ***	−0.000 **	−0.000 **	−0.000 **	−0.000 **
	（−7.45）	（−7.47）	（−7.57）	（−7.58）	（−2.41）	（−2.42）	（−2.51）	（−2.56）

续表

	（1）	（2）	（3）	（4）	（5）	（6）	（7）	（8）
	高管货币性私有收益				高管非货币性私有收益			
	PB_Pay	PB_Pay	PB_Pay	PB_Pay	PB_Perk	PB_Perk	PB_Perk	PB_Perk
Board	0.010**	0.010**	0.010**	0.010**	0.000	0.000	0.000	0.000
	（2.49）	（2.46）	（2.42）	（2.43）	（0.69）	（0.67）	（0.64）	（0.63）
Indep	−0.206	−0.206	−0.215*	−0.212*	−0.001	−0.001	−0.001	−0.001
	（−1.62）	（−1.61）	（−1.69）	（−1.66）	（−1.15）	（−1.13）	（−1.23）	（−1.16）
Turnover	0.015***	0.015***	0.015***	0.015***	0.000***	0.000***	0.000***	0.000***
	（3.40）	（3.41）	（3.43）	（3.41）	（23.55）	（23.56）	（23.59）	（23.59）
Dual	0.009	0.009	0.010	0.010	−0.000	−0.000	−0.000	−0.000
	（0.44）	（0.44）	（0.48）	（0.48）	（−0.69）	（−0.70）	（−0.65）	（−0.65）
Analyst	0.073***	0.074***	0.074***	0.074***	−0.000***	−0.000***	−0.000***	−0.000***
	（9.28）	（9.32）	（9.41）	（9.42）	（−2.88）	（−2.86）	（−2.79）	（−2.74）
Other	0.977***	0.978***	0.956***	0.961***	0.002	0.002	0.002	0.002
	（3.32）	（3.32）	（3.25）	（3.26）	（1.33）	（1.35）	（1.25）	（1.28）
G_growth	1.242**	1.249**	1.225**	1.231**	−0.006**	−0.006**	−0.006**	−0.006**
	（2.42）	（2.44）	（2.39）	（2.40）	（−2.28）	（−2.26）	（−2.36）	（−2.30）
GDP	0.097***	0.097***	0.097***	0.097***	0.000***	0.000***	0.000***	0.000***
	（9.05）	（9.04）	（9.02）	（9.03）	（3.36）	（3.35）	（3.35）	（3.35）
P_GDP	0.038**	0.039**	0.039**	0.038**	0.000	0.000	0.000	0.000
	（2.08）	（2.09）	（2.09）	（2.06）	（1.05）	（1.07）	（1.05）	（1.02）
Constant	−0.155	−0.159	−0.132	−0.130	0.010***	0.010***	0.010***	0.010***
	（−0.55）	（−0.56）	（−0.47）	（−0.46）	（5.64）	（5.61）	（5.76）	（5.90）

续表

	（1）	（2）	（3）	（4）	（5）	（6）	（7）	（8）
	高管货币性私有收益				高管非货币性私有收益			
	PB_Pay	PB_Pay	PB_Pay	PB_Pay	PB_Perk	PB_Perk	PB_Perk	PB_Perk
Indcd	Yes	Yes	Yes	Yes	Yes	Yes	Yes	Yes
Year	Yes	Yes	Yes	Yes	Yes	Yes	Yes	Yes
N	5603	5603	5603	5603	5757	5757	5757	5757
R2	0.09	0.09	0.09	0.09	0.70	0.70	0.70	0.70

注：（1）括号中报告值是 T 统计量；（2）"*""**"和"***"分别表示 10%、5% 和 1% 显著性水平。

在高管权力方面，借鉴权小锋和吴世农（2010）[1] 的做法，从组织权力、专家权力、所有制权力和声望权力四个维度测量高管权力。由于 CEO 处于企业经营决策权力顶端，对企业生产经营具有重大影响，本章主要探讨 CEO 权力。具体来说，在组织权力方面，选取 CEO 是否兼任董事长和 CEO 是否是公司的内部董事进行衡量，因为兼任董事可以赋予 CEO 更大权力控制下属和资源。在专家权力方面，选取 CEO 是否具有高级职称和 CEO 任职年限是否够长进行衡量，因为当 CEO 具有高级职称时，他在与公司相关的知识和信息上较一般董事占有优势，而较长的任职年限使得 CEO 更熟悉企业业务和了解产品领域的关键难题，从而获得专家权力。在所有制权力方面，采用 CEO 是否拥有股权和机构投资者持股水平进行衡量，因为 CEO 拥有股权可以对抗董事会的约束，而机构持股水平越低，CEO 受到的外部监督力量就越弱，从而 CEO 所有制权力越大。在声誉权力方面，CEO 声誉取决于其是否社会公认的高级管理精英人才，而学历和社会兼职则被认为是 CEO 是否优秀的一种象征，因此，选取 CEO 是否具有高学历和 CEO 是否有社会兼职进行衡量。上述四个

---

[1]　权小锋、吴世农：《CEO 权力强度、信息披露质量与公司业绩的波动性——基于深交所上市公司的实证研究》，《南开管理评论》2010 年第 4 期。

维度都反映了 CEO 权力的一个侧面，因此，本章在上述四个维度基础上生成 CEO 权力综合指标。具体来说，本章将四个维度下的八个指标的均值作为 CEO 权力的代理变量，八个指标具体定义见表 6-26。

表 6-26　CEO 权力各维度衡量指标

权力类别	指标名称	指标衡量
组织权力	两职合一	是否二值合一，是取 1，否取 0
	兼任内部董事	是否公司内部董事，是取 1，否取 0
所有制权力	公司持股	是否持有本公司股权，是取 1，否取 0
	机构投资者比例	机构投资者比例是否低于行业中位数，是取 1，否取 0
声誉权力	高学历	是否具有硕士以上学历，是取 1，否取 0
	企业外兼职	是否有企业外兼职，是取 1，否取 0
专家权力	高职称	是否具有高级职称，是取 1，否取 0
	任职时间	任职时间是否高于行业中位数，是取 1，否取 0

由于 CEO 权力是一个较为抽象的概念，上述指标仅能从侧面对 CEO 权力进行度量；而且各个维度衡量指标大多外生于党组织治理，因此，并不适合直接作为被解释变量进行回归分析。因此，本章采用分组回归的方式检验党组织治理是否有助于增强 CEO 权力较高的国有企业的"五力"，从而说明党组织治理是否可以发挥约束 CEO 权力的作用。

表 6-27 报告了在 CEO 权力不同的情况下党组织治理如何影响国有企业"五力"。本章将 CEO 权力位于年度中位数以上的企业定义为 CEO 权力高的企业（High_Power=1），其他企业定义为 CEO 权力低的企业（High_Power=0）。由列（1）—（4）回归分析结果可以发现，在 CEO 权力高的企业中，Party1、Party2、Party3、Party4 的回归系数分别为 0.206、0.225、0.588、0.037，且至少在 5% 统计水平上显著；由列（5）—（8）回归分析

结果可以发现，在 CEO 权力低的企业中，Party1、Party2、Party3、Party4 的回归系数均未通过显著性检验。这些结果显示在 CEO 权力高的企业中，党组织治理对国有企业"五力"的作用更大，说明党组织治理可以抑制 CEO 权力产生的代理问题，从而增强国有企业"五力"。

表 6-27　作用机理分析：CEO 权力的视角

	（1）	（2）	（3）	（4）	（5）	（6）	（7）	（8）
	High_Power=1				High_Power=0			
	Power	Power	Power	Power	Power	Power	Power	Power
Party1	0.206***				0.213			
	（3.32）				（1.43）			
Party2		0.225***				0.219		
		（3.61）				（1.38）		
Party3			0.588**				0.660	
			（2.02）				（1.19）	
Party4				0.037**				0.045
				（2.03）				（1.29）
Size	0.175***	0.174***	0.120***	0.120***	0.134***	0.133***	0.137***	0.137***
	（17.99）	（17.94）	（12.19）	（12.17）	（5.46）	（5.45）	（5.52）	（5.51）
Lev	−0.287***	−0.286***	−0.181***	−0.182***	−0.152	−0.153	−0.158	−0.165*
	（−6.37）	（−6.36）	（−3.95）	（−3.98）	（−1.54）	（−1.54）	（−1.60）	（−1.67）
Top1_25	0.001	0.001	−0.000	−0.000	0.005***	0.005***	0.005***	0.005***
	（0.67）	（0.67）	（−0.31）	（−0.18）	（2.76）	（2.76）	（2.80）	（2.80）
Board	−0.012***	−0.012***	−0.015***	−0.015***	−0.017*	−0.017*	−0.017*	−0.017*
	（−2.65）	（−2.61）	（−3.22）	（−3.21）	（−1.83）	（−1.82）	（−1.78）	（−1.82）

续表

	（1）	（2）	（3）	（4）	（5）	（6）	（7）	（8）
	High_Power=1				High_Power=0			
	Power	Power	Power	Power	Power	Power	Power	Power
Indep	−0.062	−0.066	0.205	0.197	−0.147	−0.151	−0.124	−0.174
	（−0.44）	（−0.47）	（1.35）	（1.30）	（−0.50）	（−0.52）	（−0.42）	（−0.59）
Turnover	−0.001	−0.001	0.007*	0.007*	−0.005	−0.005	−0.004	−0.004
	（−0.21）	（−0.19）	（1.90）	（1.89）	（−0.65）	（−0.65）	（−0.62）	（−0.55）
Dual	−0.035	−0.034	−0.049**	−0.049**	−0.153*	−0.151*	−0.152*	−0.145
	（−1.64）	（−1.61）	（−2.13）	（−2.13）	（−1.73）	（−1.71）	（−1.73）	（−1.64）
Analyst	0.091***	0.091***	0.110***	0.110***	0.143***	0.143***	0.142***	0.142***
	（10.38）	（10.38）	（12.01）	（11.97）	（7.74）	（7.72）	（7.60）	（7.57）
Other	0.292	0.281	1.411***	1.380***	−0.121	−0.120	−0.084	−0.094
	（0.91）	（0.87）	（4.21）	（4.11）	（−0.16）	（−0.16）	（−0.11）	（−0.12）
G_growth	0.370	0.346	0.518	0.421	1.971*	1.938*	2.041*	2.009*
	（0.66）	（0.61）	（0.85）	（0.69）	（1.75）	（1.72）	（1.81）	（1.79）
GDP	0.044***	0.044***	0.032**	0.031**	0.013	0.013	0.014	0.013
	（3.66）	（3.69）	（2.44）	（2.43）	（0.47）	（0.47）	（0.50）	（0.48）
P_GDP	0.036*	0.036*	0.143***	0.144***	0.036	0.036	0.039	0.039
	（1.76）	（1.76）	（6.72）	（6.78）	（0.86）	（0.85）	（0.93）	（0.94）
Constant	−4.105***	−4.092***	−4.798***	−4.791***	−4.555***	−4.528***	−4.664***	−4.614***
	（−12.80）	（−12.76）	（−15.41）	（−15.40）	（−6.11）	（−6.12）	（−6.11）	（−6.09）
Indcd	Yes	Yes	Yes	Yes	Yes	Yes	Yes	Yes
Year	Yes	Yes	Yes	Yes	Yes	Yes	Yes	Yes
N	3176	3176	3176	3176	1547	1547	1547	1547
R2	0.35	0.35	0.22	0.22	0.40	0.40	0.40	0.40

注：（1）括号中报告值是 T 统计量；（2）"*""**"和"***"分别表示 10%、5%和 1%显著性水平。

在改善公司治理方面，本章关注党组织治理是否可以提高内部控制有效性。有效的内部控制是实现权力制衡的基本措施[①]，内部控制可以通过确保财务报告可靠性，起到降低代理成本的作用。有效的内部控制还可以保证企业信息真实、提高企业决策能力，从而帮助企业获取竞争优势[②]。同时，内部控制的实施可以有效地遏制代理冲突和信息不对称所带来的创新投入不足问题，从而提升创新绩效[③]。此外，管理层的机会主义选择行为可以受到内部控制的制约，包括预防、控制和纠正三个方面[④]，降低其隐瞒坏消息引发的股价崩盘风险，提高企业抗风险能力[⑤]。

借鉴逯东等（2014）[⑥] 的研究，本章采用内部控制指数反映内部控制有效性的程度，内部控制指数采用迪博·中国上市公司内部控制指数除以100 予以标准化。表 6-28 报告了党组织治理与内部控制有效性之间的回归结果。由列（1）—（4）回归分析结果可以发现，在 CEO 权力高的企业中，Party1、Party2、Party3 的回归系数分别为 1.263、1.152、5.198，且均在 5% 统计水平上显著，说明包括党委治理和纪委治理在内的党组织治理可以提高内部控制有效性；Party4 的回归系数为正但并不显著，表明党委书记和董事长二职合一可能导致权力失去制衡，不利于内部控制有效性的提升。这些结果表明党组织治理可以提升内部控制有效性，改善国有企

---

① 杨雄胜：《内部控制理论研究新视野》，《会计研究》2005 年第 7 期。

② 朱波强、唐雪梅：《内部会计控制与企业核心竞争力的影响机理分析》，《四川大学学报（哲学社会科学版）》2010 年第 6 期。

③ 马永强、路媛媛：《企业异质性、内部控制与技术创新绩效》，《科研管理》2019 年第 5 期。

④ 林钟高、胡苏华：《大股东控股、内部控制与股价同步性》，《会计与控制评论》2015 年第 00 期。

⑤ 黄政、吴国萍：《内部控制质量与股价崩盘风险：影响效果及路径检验》，《审计研究》2017 年第 4 期。

⑥ 逯东等：《CEO 激励提高了内部控制有效性吗？——来自国有上市公司的经验证据》，《会计研究》2014 年第 6 期。

业治理，从而增强国有企业"五力"。

表6-28 作用机理分析：内部控制的视角

	（1）	（2）	（3）	（4）
	IC	IC	IC	IC
Party1	1.263 **			
	（2.22）			
Party2		1.152 **		
		（2.02）		
Party3			5.198 **	
			（2.03）	
Party4				0.057
				（0.37）
Size	0.292 ***	0.291 ***	0.304 ***	0.304 ***
	（3.43）	（3.42）	（3.59）	（3.58）
Lev	−1.300 ***	−1.299 ***	−1.336 ***	−1.322 ***
	（−3.16）	（−3.16）	（−3.26）	（−3.22）
Top1_25	−0.023 ***	−0.023 ***	−0.023 ***	−0.022 ***
	（−2.85）	（−2.83）	（−2.80）	（−2.75）
Board	0.084 **	0.085 **	0.085 **	0.087 **
	（2.00）	（2.03）	（2.03）	（2.06）
Indep	6.255 ***	6.243 ***	6.341 ***	6.314 ***
	（5.00）	（4.99）	（5.08）	（5.05）
Turnover	−0.307 ***	−0.308 ***	−0.308 ***	−0.310 ***
	（−7.08）	（−7.08）	（−7.08）	（−7.12）

	（1）	（2）	（3）	（4）
	IC	IC	IC	IC
Dual	−0.871 ***	−0.870 ***	−0.881 ***	−0.879 ***
	（−3.96）	（−3.96）	（−4.01）	（−4.00）
Analyst	0.269 ***	0.267 ***	0.266 ***	0.259 ***
	（3.37）	（3.34）	（3.34）	（3.25）
Other	−5.769 **	−5.785 **	−5.601 **	−5.583 **
	（−2.10）	（−2.11）	（−2.04）	（−2.04）
G_growth	21.252 ***	21.158 ***	21.737 ***	21.363 ***
	（3.85）	（3.83）	（3.94）	（3.87）
GDP	0.598 ***	0.599 ***	0.597 ***	0.601 ***
	（5.41）	（5.42）	（5.40）	（5.44）
P_GDP	0.189	0.186	0.193	0.189
	（0.99）	（0.97）	（1.00）	（0.98）
Constant	14.720 ***	14.784 ***	14.455 ***	14.551 ***
	（4.93）	（4.95）	（4.84）	（4.87）
Indcd	Yes	Yes	Yes	Yes
Year	Yes	Yes	Yes	Yes
N	5754	5754	5754	5754
R2	0.33	0.33	0.33	0.33

注：（1）括号中报告值是 T 统计量；（2）"*""**"和"***"分别表示 10%、5% 和 1% 显著性水平。

在获取政府资源方面，本章主要关注党组织治理是否帮助国有企业更便利获取信贷资源。由于直接融资渠道受限，银行贷款是重要的金融资源，也是中国企业最重要的融资资金来源。具体来说，本章考察党组织治理如何影响国有企业的银行贷款规模（Debtsize）和银行贷款成本（Debtcost）。银行贷款规模（Debtsize）等于短期借款、长期借款和一年内到期的长期借款之和的自然对数；银行贷款成本（Debtcost）等于财务费用除以短期借款、长期借款和一年内到期的长期借款之和。表 6-29 报告了党组织治理与银行贷款规模以及银行贷款成本之间的回归结果。由列（1）—（4）党组织治理与银行贷款规模的回归分析结果可以发现，Party1、Party2、Party3、Party4 的回归系数分别为 1.374、1.173、6.461、0.504，且均至少在 10% 统计水平上显著，说明党组织治理不仅整体上可以增加国有企业的银行贷款资金可得性，而且党委治理、纪委治理以及两职兼任均有助于国有企业获得信贷融资，即党组织治理具有资源效应。接着，本章继续考察党组织治理是否降低银行信贷资金的成本，以进一步说明党组织治理的资源效应。由列（5）—（8）党组织治理与银行贷款成本的回归分析结果可以发现，除了 Party4 变量以外，Party1、Party2、Party3 的回归系数分别为 -0.428、-0.400、-1.126，且均至少在 5% 统计水平上显著，说明包括党委和纪委在内的党组织积极参与国有企业治理可以降低国有企业的银行贷款资金成本。表 6-29 的回归结果表明，党委治理不仅可以增加国有企业银行贷款资金的可得性，而且可以使国有企业以更低成本进行借款，从而增加国有企业融资便利性，支持党组织治理具有资源效应的观点。

表 6-29　作用机理分析：信贷资源的视角

	（1）	（2）	（3）	（4）	（5）	（6）	（7）	（8）
	银行贷款规模				银行贷款成本			
	Debtsize	Debtsize	Debtsize	Debtsize	Debtcost	Debtcost	Debtcost	Debtcost
Party1	1.374 **				-0.428 ***			
	（2.14）				（-3.39）			
Party2		1.173*				-0.400 ***		
		（1.81）				（-3.15）		

续表

	（1）	（2）	（3）	（4）	（5）	（6）	（7）	（8）
	银行贷款规模				银行贷款成本			
	Debtsize	Debtsize	Debtsize	Debtsize	Debtcost	Debtcost	Debtcost	Debtcost
Party3	·		6.461 **				−1.126 **	
			（2.33）				（−2.07）	
Party4				0.504 ***				−0.021
				（2.93）				（−0.63）
Size	1.185 ***	1.185 ***	1.198 ***	1.196 ***	−0.019	−0.019	−0.018	−0.023
	（12.92）	（12.91）	（13.10）	（13.08）	（−1.09）	（−1.07）	（−1.05）	（−1.26）
Lev	15.527 ***	15.526 ***	15.484 ***	15.492 ***	1.035 ***	1.036 ***	1.048 ***	1.046 ***
	（35.44）	（35.43）	（35.35）	（35.38）	（11.53）	（11.54）	（12.37）	（11.65）
Top1_25	−0.005	−0.005	−0.004	−0.003	−0.002	−0.002	−0.001	−0.002
	（−0.56）	（−0.54）	（−0.51）	（−0.39）	（−1.04）	（−1.06）	（−0.90）	（−1.22）
Board	0.095 **	0.097 **	0.096 **	0.096 **	−0.008	−0.008	−0.005	−0.009
	（2.15）	（2.18）	（2.17）	（2.16）	（−0.88）	（−0.92）	（−0.63）	（−1.01）
Indep	5.747 ***	5.743 ***	5.839 ***	5.582 ***	0.119	0.123	−0.029	0.098
	（4.05）	（4.05）	（4.12）	（3.93）	（0.44）	（0.45）	（−0.11）	（0.36）
Turnover	−0.013	−0.013	−0.013	−0.011	0.011	0.011	−0.002	0.011
	（−0.31）	（−0.33）	（−0.31）	（−0.28）	（1.31）	（1.31）	（−0.24）	（1.37）
Dual	0.356	0.357	0.344	0.345	−0.013	−0.014	−0.005	−0.011
	（1.52）	（1.52）	（1.47）	（1.48）	（−0.29）	（−0.31）	（−0.11）	（−0.23）
Analyst	−0.214 **	−0.217 **	−0.216 **	−0.223 **	−0.046 ***	−0.045 ***	−0.050 ***	−0.042 **
	（−2.44）	（−2.48）	（−2.46）	（−2.55）	（−2.64）	（−2.59）	（−2.96）	（−2.43）

续表

	（1）	（2）	（3）	（4）	（5）	（6）	（7）	（8）
	银行贷款规模				银行贷款成本			
	Debtsize	Debtsize	Debtsize	Debtsize	Debtcost	Debtcost	Debtcost	Debtcost
Other	2.272	2.271	2.451	2.214	0.241	0.250	−0.690	0.172
	（0.69）	（0.69）	（0.75）	（0.67）	（0.38）	（0.40）	（−1.13）	（0.27）
G_growth	8.021	7.934	8.576	7.836	−0.302	−0.270	−0.439	−0.332
	（1.40）	（1.38）	（1.49）	（1.37）	（−0.27）	（−0.24）	（−0.39）	（−0.30）
GDP	−0.094	−0.093	−0.096	−0.100	−0.010	−0.010	−0.013	−0.010
	（−0.79）	（−0.78）	（−0.81）	（−0.85）	（−0.42）	（−0.44）	（−0.55）	（−0.44）
P_GDP	0.349*	0.346*	0.354*	0.377*	−0.006	−0.005	−0.072*	−0.008
	（1.70）	（1.68）	（1.72）	（1.83）	（−0.15）	（−0.13）	（−1.86）	（−0.20）
Constant	−23.084 ***	−23.057 ***	−23.440 ***	−23.539 ***	0.252	0.231	0.899	0.318
	（−6.05）	（−6.04）	（−6.14）	（−6.17）	（0.41）	（0.38）	（1.60）	（0.52）
Indcd	Yes	Yes	Yes	Yes	Yes	Yes	Yes	Yes
Year	Yes	Yes	Yes	Yes	Yes	Yes	Yes	Yes
N	5708	5708	5708	5708	5120	5120	5120	5120
R2	0.38	0.38	0.38	0.38	0.07	0.07	0.04	0.07

注：（1）括号中报告值是 t 统计量；（2）*** 和 *** 分别表示 10%、5% 和 1% 显著性水平。

（七）党组织治理与国有企业"五力"：经济后果分析

根据前文的分析，党组织嵌入国有企业治理体系有利于强化对高管的权力监督以及提升获取外部资源的能力，进而促进国企"五力"的提升，那么党组织治理所带来的"五力"的提升，是否切实加强了国有企业的市场竞争力呢？增强国有企业的市场竞争力是这"五力"的最终落脚点和最后归宿，是国有企业的核心责任，也就是国有企业党组织领导的"方向"所在，因此探究党组织嵌入治理提升国企"五力"的经济后果很有必要。本文采用巴伦和肯尼（Baron, Kenny, 1986）[①] 检验中介效应的方法考察党组织嵌入治理是否能够通过强化国企"五力"进而提升市场业绩。

中介效应检验的做法具体如下：第一步，检验党组织嵌入治理对国企市场业绩的影响，观察模型 Path a 中的回归系数 β_1；第二步，检验党组织嵌入治理对中介因子（Mediator）的影响，观察模型 Path b 中的回归系数 α_1；第三步，同时检验党组织嵌入治理与中介因子（Mediator）对国企市场业绩的影响，观察模型 Path c 中的回归系数 δ_1、δ_2。中介效应需要满足下列条件：（1）β_1 在统计上显著；（2）α_1、δ_2 在、均显著时，若 δ_1 不显著，则存在完全中介效应；若 δ_1 显著但小于 β_1，则存在部分中介效应。这里，中介因子（Mediator）为国企"五力"（Power）。

$$\text{Ret/Aj\_Ret} = \beta_0 + \beta_1 \text{Party} + \sum \beta_i \text{CVs} + \varepsilon \qquad (\text{Path a})$$

$$\text{Power} = \alpha_0 + \alpha_1 \text{Party} + \sum \alpha_i \text{CVs} + \varepsilon \qquad (\text{Path b})$$

$$\text{Ret/Aj\_Ret} = \delta_0 + \delta_1 \text{Party} + \delta_2 \text{Power} + \sum \beta_i \text{CVs} + \varepsilon \qquad (\text{Path c})$$

本书采用个股回报率（Ret）与超额个股回报率（Aj_Ret）来衡量国企的市场业绩。其中，超额个股回报率等于个股回报率减去市场回报率。表 6-30 与表 6-31 报告了中介效应模型的回归结果。以表 6-30 中的个股回报率指标 Ret 为例，回归模型（6-1）中 Party1、Party2、Party4 的回归系数均显著为正，这说明党组织嵌入治理显著提升了国有企业的市场业绩；回归模型（6-2）中 Party1、Party2、Party3、Party4 的回归系数均在 1% 的统计水平上显著为正，回归模型（6-3）中 Power 回归系数显著为正，说明国企"五力"越强，国企的市场绩效越好；同时，Party1、Party2、Party4 的回归系数仍显著为正，这说明党组织嵌入治理通过强化国有企业"五力"提升了企业的市场业绩，超额个股回报率（Aj_Ret）的检验结果

①　R. M. Baron, D. A. Kenny, "The Moderator-mediator Variable Distinction in Social Psychological Research: Conceptual, Strategic, and Statistical Considerations", *Journal of Personality and Social Psychology*, Vol. 51, No. 6（1986）, pp.1173-1182.

与此类似，不再赘述。

表 6-30　经济后果分析：个股回报率的视角

	（1）	（2）	（3）	（4）	（5）	（6）	（7）	（8）
	Ret	Ret	Ret	Ret	Ret	Ret	Ret	Ret
Party1	0.037**				0.033*			
	（2.01）				（1.81）			
Party2		0.041**				0.037**		
		（2.22）				（1.97）		
Party3			0.006				0.004	
			（0.08）				（0.05）	
Party4				0.011**				0.011**
				（2.23）				（2.13）
Power					0.037***	0.037***	0.038***	0.037***
					（6.07）	（6.04）	（6.13）	（6.05）
Size	0.026***	0.026***	0.027***	0.023***	0.019***	0.019***	0.019***	0.019***
	（9.79）	（9.74）	（9.95）	（9.20）	（6.38）	（6.35）	（6.48）	（6.50）
Lev	−0.033**	−0.032**	−0.033**	−0.015	−0.029**	−0.029**	−0.030**	−0.030**
	（−2.50）	（−2.49）	（−2.56）	（−1.31）	（−2.25）	（−2.24）	（−2.30）	（−2.32）
Top1_25	0.000*	0.000*	0.000*	0.000	0.000	0.000	0.000	0.000*
	（1.69）	（1.69）	（1.79）	（1.06）	（1.51）	（1.51）	（1.59）	（1.66）
Board	−0.004***	−0.004***	−0.004***	−0.004***	−0.004***	−0.004***	−0.004***	−0.004***
	（−3.34）	（−3.33）	（−3.29）	（−2.90）	（−2.90）	（−2.89）	（−2.85）	（−2.90）

续表

	（1）	（2）	（3）	（4）	（5）	（6）	（7）	（8）
	Ret	Ret	Ret	Ret	Ret	Ret	Ret	Ret
Indep	−0.107***	−0.108***	−0.105**	−0.090**	−0.104**	−0.105**	−0.102**	−0.107***
	（−2.61）	（−2.63）	（−2.55）	（−2.28）	（−2.53）	（−2.55）	（−2.49）	（−2.61）
Turnover	0.032***	0.032***	0.032***	0.032***	0.032***	0.032***	0.032***	0.032***
	（21.09）	（21.09）	（21.05）	（22.15）	（21.17）	（21.17）	（21.13）	（21.21）
Dual	0.012*	0.012*	0.012*	0.012*	0.014**	0.014**	0.013**	0.013**
	（1.80）	（1.81）	（1.75）	（1.80）	（2.04）	（2.05）	（1.99）	（1.99）
Analyst	0.004	0.004	0.004	0.001	0.001	0.001	0.000	0.001
	（1.52）	（1.51）	（1.39）	（0.45）	（0.30）	（0.30）	（0.18）	（0.21）
Other	0.057	0.055	0.063	0.097	0.042	0.040	0.048	0.041
	（0.59）	（0.56）	（0.65）	（1.10）	（0.43）	（0.42）	（0.49）	（0.42）
G_growth	−0.060	−0.065	−0.055	−0.078	−0.096	−0.101	−0.093	−0.101
	（−0.36）	（−0.39）	（−0.33）	（−0.48）	（−0.57）	（−0.60）	（−0.55）	（−0.60）
GDP	0.013***	0.013***	0.013***	0.015***	0.012***	0.012***	0.012***	0.012***
	（3.64）	（3.65）	（3.67）	（4.66）	（3.42）	（3.42）	（3.44）	（3.40）
P_GDP	0.003	0.003	0.003	0.011**	0.001	0.000	0.000	0.001
	（0.47）	（0.45）	（0.45）	（2.02）	（0.09）	（0.08）	（0.08）	（0.18）
Constant	−0.607***	−0.604***	−0.613***	−0.686***	−0.376***	−0.374***	−0.379***	−0.384***
	（−6.24）	（−6.20）	（−6.30）	（−8.47）	（−3.62）	（−3.59）	（−3.64）	（−3.69）
Indcd	Yes	Yes	Yes	Yes	Yes	Yes	Yes	Yes
Year	Yes	Yes	Yes	Yes	Yes	Yes	Yes	Yes
N	5182	5182	5182	5652	5182	5182	5182	5182
R2	0.70	0.70	0.70	0.69	0.70	0.70	0.70	0.70

注：（1）括号中报告值是 t 统计量；（2）*** 和 *** 分别表示 10%、5% 和 1% 显著性水平。

表6-31　经济后果分析：超额个股回报率的视角

	（1）	（2）	（3）	（4）	（5）	（6）	（7）	（8）
	Aj_Ret	Aj_Ret	Aj_Ret	Aj_Ret	Aj_Ret	Aj_Ret	Aj_Ret	Aj_Ret
Party1	0.068**				0.064*			
	（2.01）				（1.88）			
Party2		0.068**				0.063*		
		（1.99）				（1.84）		
Party3			0.072				0.068	
			（0.48）				（0.46）	
Party4				0.019**				0.018**
				（2.10）				（1.97）
Power					0.043***	0.043***	0.044***	0.043***
					（3.81）	（3.80）	（3.87）	（3.81）
Size	0.035***	0.035***	0.035***	0.035***	0.026***	0.026***	0.027***	0.027***
	（7.03）	（7.00）	（7.19）	（7.17）	（4.79）	（4.78）	（4.90）	（4.91）
Lev	−0.041*	−0.041*	−0.043*	−0.043*	−0.037	−0.037	−0.039	−0.039
	（−1.73）	（−1.72）	（−1.79）	（−1.80）	（−1.57）	（−1.56）	（−1.62）	（−1.64）
Top1_25	0.001	0.001	0.001	0.001	0.001	0.001	0.001	0.001
	（1.40）	（1.41）	（1.49）	（1.57）	（1.29）	（1.30）	（1.37）	（1.44）
Board	−0.004*	−0.004*	−0.004*	−0.004*	−0.004	−0.004	−0.003	−0.004
	（−1.80）	（−1.78）	（−1.76）	（−1.79）	（−1.52）	（−1.50）	（−1.48）	（−1.51）
Indep	−0.101	−0.102	−0.097	−0.106	−0.097	−0.098	−0.093	−0.102
	（−1.34）	（−1.36）	（−1.29）	（−1.42）	（−1.29）	（−1.31）	（−1.24）	（−1.36）
Turnover	0.031***	0.031***	0.031***	0.031***	0.031***	0.031***	0.031***	0.031***
	（11.27）	（11.27）	（11.25）	（11.31）	（11.30）	（11.29）	（11.27）	（11.33）

续表

	（1）	（2）	（3）	（4）	（5）	（6）	（7）	（8）
	Aj_Ret	Aj_Ret	Aj_Ret	Aj_Ret	Aj_Ret	Aj_Ret	Aj_Ret	Aj_Ret
Dual	0.014	0.015	0.014	0.014	0.016	0.016	0.016	0.016
	（1.17）	（1.18）	（1.12）	（1.13）	（1.32）	（1.32）	（1.28）	（1.27）
Analyst	0.017***	0.017***	0.016***	0.016***	0.013***	0.013***	0.013***	0.013***
	（3.61）	（3.59）	（3.51）	（3.51）	（2.80）	（2.78）	（2.70）	（2.70）
Other	0.174	0.172	0.185	0.173	0.157	0.155	0.167	0.156
	（0.98）	（0.97）	（1.05）	（0.98）	（0.89）	（0.88）	（0.94）	（0.88）
G_growth	−0.506	−0.513*	−0.492	−0.513*	−0.547*	−0.554*	−0.536*	−0.555*
	（−1.64）	（−1.66）	（−1.59）	（−1.66）	（−1.77）	（−1.79）	（−1.73）	（−1.80）
GDP	0.010	0.010	0.010	0.010	0.009	0.009	0.009	0.009
	（1.54）	（1.54）	（1.56）	（1.52）	（1.39）	（1.39）	（1.41）	（1.37）
P_GDP	−0.012	−0.013	−0.012	−0.011	−0.015	−0.015	−0.015	−0.014
	（−1.13）	（−1.14）	（−1.13）	（−1.04）	（−1.36）	（−1.38）	（−1.37）	（−1.28）
Constant	−0.824***	−0.819***	−0.836***	−0.838***	−0.558***	−0.555***	−0.565***	−0.572***
	（−4.63）	（−4.60）	（−4.70）	（−4.71）	（−2.92）	（−2.90）	（−2.96）	（−3.00）
Indcd	Yes	Yes	Yes	Yes	Yes	Yes	Yes	Yes
Year	Yes	Yes	Yes	Yes	Yes	Yes	Yes	Yes
N	5182	5182	5182	5182	5182	5182	5182	5182
R2	0.12	0.12	0.12	0.12	0.12	0.12	0.12	0.12

注：（1）括号中报告值是 t 统计量；（2）***和***分别表示 10%、5% 和 1% 显著性水平。

六、小结

国有企业是国民经济的支柱推进国有企业改革和发展，是构建社会主义市场经济体制的重要一环。2020 年 6 月 30 日，中央全面深化改革委员会第十四次会议审议通过的《国企改革三年行动方案（2020—2022 年）》

提出，要"增强国有经济竞争力、创新力、控制力、影响力、抗风险能力"（以下简称"五力"），体现了新时代、新情境下，国有经济改革与发展的新使命和新目标。党组织参与公司治理是中国国有企业的一大特色，其治理功能主要包含领导决策功能、思想教育功能、制度建设功能和监督功能。因此，积极探索党组织融入治理如何增强"五力"具有重要的现实意义。

利用我国沪深 A 股非金融类国有上市公司 2013—2020 年财务数据，从"双向进入"和"交叉任职"两个维度衡量党组织参与公司治理，本章考察党组织治理对国有企业"五力"的影响。研究发现，党组织"双向进入"和"交叉任职"均与国有企业"五力"呈现显著正向关系。该结果表明，党组织融入治理增强了国有企业"五力"，对国有企业发展发挥积极作用。进一步检验结果表明，党委参与董事会治理和高管治理均能对国有企业"五力"发挥正向促进作用，但是纪委主要通过参与高管治理发挥作用。党组织融入治理对国有企业"五力"的增强作用仅存在于大股东掏空程度较低、内部治理机制较好、外部治理机制薄弱、企业经营环境较差的企业。最后，党组织融入治理增强国有企业"五力"的作用机理在于党组织融入治理不仅可以缓解代理问题（表现为抑制高管私有收益和约束高管权力）和改善公司治理（表现为提高内部控制有效性），而且可以为国有企业发展带来资源效应（表现为更多的银行贷款和更低的银行贷款成本）。这一研究有助于更全面地理解党组织融入治理在国有企业中的作用，并可以从政治治理的角度丰富公司治理对国有企业"五力"影响的文献，为完善党组织参与国有企业治理的相关制度提供政策参考。

几点启示如下：

第一，要坚持深入推进"双向进入、交叉任职"的制度安排。实证结果表明党组织参与治理能够促进国有企业"五力"的提升。因此，对于国有企业而言，需要持续加强党的领导，把党的领导融入公司治理各环节，推动党的领导与生产经营深度融合、同向发力。党员担任重要职位能为党组织发挥作用提供职务保障，因而实践中应该鼓励和支持董事会成员进入党组织，而对于党组织成员进入董事会则要重点考察其业务层面的能力。通过进一步发挥党组织的治理作用，不断提升国有企业"五力"，使中国特色国有企业在对标并赶超世界一流企业进程中行稳致远。

第二，要在制度建设中提高党组织的治理效能。完善党组织发挥领导作用的制度机制，制定党组工作规则、"三重一大"决策制度实施细则等制度，完善党组前置研究讨论重大经营管理事项清单。要分类指导所属企业完善"三重一大"事项决策制度，将全局性的、影响国有企业"五力"的决议事项纳入"讨论前置"的范围，细化规范党组织前置研究程序，明确各治理主体决策事项范围。建成"三重一大"决策和运行监管系统，实施全过程实时在线监管。同时，应进一步明晰党组织与其他治理主体的职能定位和权责边界：对于"三重一大"事项的决策，由党组织在政治方面把关定向、董事会在经济方面评估决策；应该对党组织融入公司治理的具体内容和方式进行详细界定，将党组织参与决策的事项内容清单化、议事程序规范化、决策机制具体化。帮助国有上市公司厘清党组织领导核心、政治核心与经济决策之间的关系。

第三，国有企业应注重于切实提高自身的治理能力。国有企业应当立足新发展阶段，贯彻新发展理念，构建新发展格局，完善党组织参与治理的方式，加深党组织参与治理程度，通过党日活动等充分调动党员积极性，并根据企业自身实际发展情况、市场化程度以及行业竞争情况等，有针对性地开展党日活动，加强企业党的建设，基于治理目标采用差异化的治理手段，优化党组织融入治理机制，明确其在决策、执行、监督各环节的工作范畴和方式。尤其应重视每个环节的监督管理，防止新的代理隐患的发生。切实加强党的领导，通过发挥党组织的治理作用，提高国有企业"五力"，助力企业高质量发展。

第 七 章

中国特色现代国有企业
制度的完善与功能提升建议

立足党的二十大，总结新征程下国有企业党建目标、内容、方式、成效、考核五个方面的新要求，反思国有企业党组织治理发挥面临的主要问题，积极思考中国特色现代企业制度党企关系的新发展，并从完善协作对接机制、优化人员选聘机制、加强执行保证机制、创新考核评价机制、健全信息披露机制方面提出了完善中国特色现代国有企业治理的五个保障机制。

第一节　党的二十大关于国有企业
党的建设新要求

新中国成立特别是改革开放以来，国有企业发展取得了巨大成就。2021 年的《财富》世界 500 强榜单显示，我国进入世界 500 强的企业有 143 家，入围数量排名世界第一，其中 96 家是国有企业①。国有企业能否做强做优做大，关键在是否坚持党的领导。党的领导是中国特色社会主义最本质的特征和中国特色社会主义制度最大的优势。国有企业作为中国共

---

① 《2021 年〈财富〉世界 500 强排行榜》，2021 年 8 月 2 日。

产党执政兴邦的中流砥柱和核心力量，是由我们党所领导的国家治理体系的不可或缺的部分，因此国有企业坚持党的领导不容置疑。党的集中统一领导是走好中国式现代化道路的根本保证。中国式现代化其核心理念是人民逻辑而不是资本逻辑。只有加强党的集中统一领导，才能保证经济社会发展遵循科学社会主义原则，保证以人民为中心的发展思想真正贯穿于改革开放全过程[①]。不断提高党的建设质量，是加强马克思主义政党建设的本质要求，是对中国共产党近百年来历史经验的总结和升华，是新时代推进党的建设新的伟大工程、建设社会主义现代化强国的现实需要[②]。如何加强国有企业党的建设，更好地为国民经济增长和社会发展做出贡献，助推中国式现代化早日实现，党的二十大召开，对于党建的目标、内容、方式、成效和考核，提出了新的要求。

一、党建内容新要求

（一）在完善公司治理中加强党的领导

党对国有企业的领导是政治领导、思想领导、组织领导的有机统一。党的二十大报告指出，要"推进国有企业、金融企业在完善公司治理中加强党的领导"。2021 年 5 月，中共中央办公厅印发了《关于中央企业在完善公司治理中加强党的领导的意见》[③]，对中央企业如何进一步把加强党的领导和完善公司治理统一起来，加快完善中国特色现代企业制度作出新部署、提出新要求，这是推进中国特色现代企业制度建设的标志性制度成果，对

---

① 刘宗洪：《全面现代化的使命任务与党的建设新的伟大工程的内在逻辑》，《中共中央党校（国家行政学院）学报》2022 年第 6 期。

② 丁新改、田芝健：《新时代不断提高党的建设质量》，《中国特色社会主义研究》2019 年第 2 期。

③ 《中办印发〈关于中央企业在完善公司治理中加强党的领导的意见〉》，《人民日报》2021 年 5 月 31 日。

中央企业坚持和加强党的全面领导、加快建成世界一流企业，意义非凡。

坚持党的领导是国有企业治理现代化的客观要求。在完善公司治理中加强党的领导，首先，要坚持政治建设为统领，提高政治引领力。一方面，要把好政治方向，加强党的政治建设，把准政治方向，不动摇地坚持党对国有企业的全面领导这一重大政治原则，坚定不移地落实"两个一以贯之"，保持"国企为国"本色；另一方面，要认真落实"三重一大"事项决策等制度规定，坚持把党的建设作为最大政绩、把发展作为第一要务、民生作为第一目标，推动公司高质高效发展。其次，要坚持思想建设为基础，增强思想凝聚力。既要推进学习型党组织建设，深入学习习近平总书记系列重要讲话精神，全面学习党的最新理论成果，认真学习党内法规制度；更要加强精神文明建设，不断提升企业文明程度。最后，要坚持组织建设为驱动，增强执行推动力。在夯实基层基础建设，牢固树立"大抓基层"的理念，让党支部切实成为团结职工群众的核心的同时，加强日常培训教育，使党务工作者及时全面了解掌握企业生产经营知识和动态，努力打造"复合型"党务工作者队伍。

（二）在制度建设中提高治理效能

习近平总书记在 2021 年 12 月作出重要指示，"我们党历来重视党内法规制度建设，注重运用党内法规管党治党、提高党的执政能力和领导水平，党的十八大以来，党内法规制度建设取得显著成绩，积累了新的重要经验。要增强依规治党的自觉性和坚定性，把牢政治方向，提高政治站位，扛起政治责任，紧紧围绕党和国家工作大局继续推进党内法规制度建设"①。国家治理现代化以制度发展和完善为根本前提，而党的治理

① 《发挥好党内法规在维护党中央集中统一领导　保障党长期执政和国家长治久安方面的重大作用》，《人民日报》2021 年 12 月 21 日。

当然也必须以制度为轴心①。为了早日完成中国式现代化的建设，国有企业要坚持党建引领，建立现代企业治理体系，将党的领导融入公司治理环节，将党建工作要求写入章程，贯彻落实党组织在公司法人治理结构中的法定地位，明确党组织在决策、执行、监督各环节的权责和工作方式，结合公司实际制定集团公司党委前置研究讨论事项清单，印发《"三重一大"实施细则》，厘清各治理主体权责边界，切实把党的领导融入公司治理各环节，实现制度化、规范化、程序化，在制度建设中提高治理效能。

二、党建目标新要求

（一）坚持和加强党的全面领导

习近平总书记深刻指出，"坚持和加强党的全面领导，关系党和国家前途命运，我们的全部事业都建立在这个基础之上，都根植于这个最本质特征和最大优势"②。坚持和加强党的全面领导，是深刻总结世界社会主义运动与中国共产党领导的革命、建设和改革实践的必然结论。中国共产党切切实实地解决了中国在发展中遇到的问题，实实在在做到为中国人民谋幸福，为中华民族谋复兴。党之所以能够让人民群众心甘情愿地跟在自己身后，其根本原因还在于它坚持并加强了党的全面领导，在于它把党的建设这一新的伟大工程不断推向前进，在于它作为新时期党的建设的一个基本出发点。

在中国特色社会主义事业开创与发展的整个历史进程中，中国共产

---

① 张三元：《坚持自我革命：以新时代党的建设推动和引领中国式现代化》，《西南大学学报（社会科学版）》2023年第2期。

② 《习近平关于全面从严治党论述摘编（2021年版）》，中央文献出版社2021年版，第67页。

党一直扮演着总揽全局，协调各方面的重要角色。党的二十大报告列举了新时代十年所取得的历史性成就和历史性变革，并把"全面加强党的领导等"置于第二条之中。很显然，"党的领导"是习近平新时代中国特色社会主义思想重要组成部分。目前，中国特色社会主义已经步入新时代和建设社会主义现代化国家的新阶段。中国式现代化就是在中国共产党的领导下实现社会主义现代化，而坚持党的全面领导则是实现中国式现代化最根本的保证。现代化发展实践表明，一个坚强有力的领导核心是后发国家实现经济社会赶超发展的首要条件。正是遵循这一历史和实践逻辑，中国共产党建党百余年来，始终是中国现代化事业的开创者、推动者和领导者，是现代化建设的中流砥柱①。我们更需要运用党的领导这个法宝，助推经济增长、社会发展，争取早日实现中华民族伟大复兴的中国梦。

（二）坚持党要管党、全面从严治党

党始终强调，治国必先治党，治党务必从严。关于如何跳出历史周期率，毛泽东在延安窑洞里给出了第一个答案：民主与监督。如今，我们党又给出了第二个答案：自我革命。改革开放 40 多年的实践表明，打铁必须自身硬。办好中国的事情，关键在党，关键在坚持党要管党、全面从严治党。全面从严治党是新时代党的自我革命的伟大实践。只有经历全面从严治党的革命性锻造，中国共产党才能进一步密切同人民群众的血肉联系，在国际风云变幻中赢得历史主动。

坚持党要管党、全面从严治党是党永葆生机活力的关键。现实警示我们，全面从严治党依然任重道远，不能"歇歇脚""松口气"。实现中华民

---

① 刘舒杨、王浦劬：《中国共产党的领导是中国式现代化的根本特征》，《哈尔滨工业大学学报（社会科学版）》2023 年第 2 期。

族伟大复兴，千钧重担关键在党，关键在党要管党、全面从严治党。进入新时代之后，党中央从探索如何"以党内民主带动人民民主"的政治现代化道路，转向探索如何"以全面从严治党带动全面依法治国"的中国式法治现代化道路。可以说，中国式法治现代化的本质特征，就是以全面从严治党带动全面依法治国[①]。只有在全面从严治党的道路上不断加强政治自觉，不断推进新时代党的建设新的伟大工程，以从严治党的新成效赢得人民群众的信任和支持，不断夯实党长期执政的政治基础，才能真正实现中国式的法治现代化。

（三）加强党的长期执政能力建设、先进性和纯洁性建设

突出强调党的长期执政能力建设，是中国共产党对党的建设规律与共产党执政规律认识的深化，开辟了党的建设的新境界、管党治党的新境界、共产党执政的新境界。加强党长期执政能力建设必须以新时代中国特色社会主义为前提与根基。一方面，要牢记初心使命，激发内生动力。自中国共产党成立之初，便确立了为中国人民谋幸福、为中华民族谋复兴的初心和使命，这激励着代代共产党人为革命、建设和改革的事业而前赴后继。加强党的长期执政能力建设，就必须将共产党人的初心和使命放在心上、扛在肩上、变成自觉行动。另一方面，要学习群众智慧，提升执政本领。人民群众是历史发展的推动力，他们中间蕴藏着无穷无尽的智慧。中国共产党实现长期执政需要具有长期执政意识，善于在人民群众中汲取智慧，虚心求教，不断提高执政能力必须做到尊重群众、坚持人民主体地位，发挥人民首创精神，从人民群众的生动实践中提炼和学习经验又要敬畏群众，维护人民群众的切身利益。

[①]　郝铁川：《论以全面从严治党带动全面依法治国的中国式法治现代化道路》，《政治与法律》2022 年第 12 期。

三、党建方式新要求

（一）党建与生产经营深度融合

习近平总书记强调，"要坚持服务生产经营不偏离，把提高企业效益、实现国有资产保值增值作为国有企业党组织工作的出发点和落脚点，以企业改革发展成果检验党组织工作成效和战斗力"[①]。作为国有企业，必须深刻认识、准确把握党建工作与生产经营的辩证关系，以高度的政治自觉和实际行动推动党建工作与生产经营深度融合，以高质量党建引领保障企业高质量发展，为加快新时代中国特色社会主义建设贡献力量。

为全面落实党对一切工作的领导，要在推进思想观念的融合，深刻树立"企业党建的成效注重通过推动发展来验证，企业发展的问题注重通过强化党建来解决"的理念，将生产经营的难点作为党建工作的重中之重。坚持以改革为动力推动融合，不断增强党建工作的针对性和有效性，使党建工作更好地服务于企业发展大局。进一步推进责任落实，党组率先研究修订全面从严治党主体责任清单，承担全面从严治党的统筹谋划、推动落实、示范引领等责任，有力促进分管领域党建责任的落实。同时，要在监督检查上推动融合，坚持党委统一领导、纪委组织协调、部门各负其责、单位具体负责的原则，强化对权力运行全过程的制约监督，确保党内监督全覆盖。在基层建设方面，进一步推进融合，深入探究基层党建基本组织、基本队伍、基本制度建设与生产工作的有机结合，创新工作机制和措施，形成规范、建立机制、注重考核的完整闭环，有力促进基层党建和基层管理的全面融合。同时，还要在服务保障上促进

[①]　姜洁、兰红光：《习近平在全国国有企业党的建设工作会议上强调　坚持党对国有企业的领导不动摇　开创国有企业党的建设新局面》，《人民日报》2016 年 10 月 12 日。

融合，积极发挥党组织政治核心和战斗堡垒作用，着力加强对领导干部特别是主要负责人进行思想政治教育培训，确保党对企业绝对忠诚。在推进疫情防控和生产经营等工作的过程中，我们需要在实践载体上积极促进党建与生产融合的主题教育活动，同时广泛搭建"党员示范岗""党员突击队"等载体平台，引导广大党员干部成为伟大精神的传承者和践行者，从而实现融合的目标。

（二）加强党建选人用人主导

严格把好政治关、廉洁关，就要坚持把政治关作为首要之关、定性之关，要把政治素质考察放在首要位置，切实落实领导干部政治素质考察办法，运用日常了解，调研谈话，核实甄别，以事察人的有效方式方法，加强政治忠诚，政治定力，政治担当，政治能力，政治自律等方面的深入调研考察。严把素质能力关，就要认真贯彻新时代好干部标准，从新时代党和国家事业发展的"需求侧"着眼，从干部人才培养选拔使用的"供给侧"发力，切实把最优秀的干部放到最重要的岗位上。有才无德会坏事，有德无才会误事，有德有才方能干成事。只有严格把好选人用人关，才能使选出来的干部组织放心、群众满意。

（三）推动基层党组织不放松

党的基层组织是确保党的路线方针政策和决策部署贯彻落实的基础，党的二十大报告明确要求，"基层民主是全过程人民民主的重要体现"[①]。加强新时代基层党组织建设，健全由基层党组织领导的基层群众自治机制，必须更加突出政治功能，更加突出提升组织力，坚持问题导向，创新

---

① 习近平:《高举中国特色社会主义伟大旗帜　为全面建设社会主义现代化国家而团结奋斗——在中国共产党第二十次全国代表大会上的报告》，人民出版社 2022 年版，第 39 页。

方式方法，持续用力，久久为功，推动基层党建全面进步、全面过硬。党支部要切实担负好直接教育党员、管理党员、监督党员和组织群众、宣传群众、凝聚群众、服务群众的职责，引导广大党员发挥先锋模范作用。

四、党建成效新要求

（一）突出党组织在思想政治工作中的领导权

"党政军民学，东西南北中，党是领导一切的，是最高的政治领导力量。"[①] 新修改的中国共产党章程第五章"党的基层组织"第三十三条指出，国有企业党委（党组）发挥领导作用，把方向、管大局、保落实，依照规定讨论和决定企业重大事项[②]。100年来，中国共产党以实现中国人民当家作主和中华民族伟大复兴为己任，思想政治工作一直都是伴随其诞生、成长和发展的"生命线"。思想政治工作必须不打折扣地落到实处，各级党委（党组）要切实负起政治责任和领导责任，建立健全思想政治工作责任制，制定思想政治工作责任清单，明确落实措施和推进步骤。对于党的基层组织而言，也要认真贯彻党章党规要求，做好党员和群众的思想政治工作。同时，思想政治工作是全党的事情，必须坚持思想建党和制度治党相统一，把思想政治工作落实到党的各项建设之中，只有切实做到守土有责、守土负责、守土尽责，才能把思想政治工作抓细抓实抓深抓透。

（二）突出党组织在选人用人上的主导权

处理好企业生产经营等有关工作是国有企业的分内工作，同样这也是党建工作的要点，实践检验发现企业的发展离不开人才。党的二十大报告

---

① 习近平：《毫不动摇坚持和加强党的全面领导》，《求是》2021年第18期。

② 《中国共产党章程》，中国共产党第二十次全国代表大会部分修改，2022年10月22日通过。

指出，中国特色社会主义现代化建设要强化现代化建设的人才支撑，要有一支具备领导现代化建设能力的干部队伍等。企业需选派重要经营管理干部时，应经党委会和党委扩大会或者党政联席会议确定，并提出建议和提名，经会议民主充分讨论后最后确定人选。严格按干部选任程序选任，所定候选人由党组织综合考察其德才兼备、勤俭廉洁。行政层面需选拔重要经营管理干部时，可以向党组织推荐选拔人员，经本级党委开会讨论通过，并严格执行必要选拔程序。在新的形势下建立健全干部选用机制和公开竞争、公平合理的选举机制，以及民主性、公开性、公正性和考核性等严格考核工作机制、严格科学监督机制，确保并落实国有企业党组织引领企业选人用人。

（三）突出党组织在重大决策中的参与权

国有企业党组织在企业重大事项决策中发挥政治核心作用是其重要责任和根本方式，也是党章赋予国有企业党组织必须履行的责任。中央全面深化改革领导小组第十三次会议审议通过《关于在深化国有企业改革中坚持党的领导加强党的建设的若干意见》①，要求把党建工作总体要求纳入国有企业章程，明确党组织的职责权限，保障党组织真正融入公司治理。探索在现代企业制度中贯彻民主集中制，完善党组织以政治核心作用为核心的领导体制与工作机制，将党组织对企业重大问题的决策参与贯穿到决策、实施和监督全过程。并明确了参与的程序、途径、方式和内容，企业重大决策首先要由党委（党组）研究提出意见和建议；凡企业有重大事项作出决策之前，董事会应当听取和尊重党委意见，并主动向党组织请示报告，由党委（党组）进行研究和讨论，最后由董事会决定。行政层面重大

---

① 《习近平主持召开中央全面深化改革领导小组第十三次会议强调　树立改革全局观积极探索实践　发挥改革试点示范突破带动作用》，《人民日报》2015 年 6 月 6 日。

问题处理和重大决策落实情况要报告党委。党员董事、监事和经理应当严格按照党章规定，对党组织负责并接受监督。国有企业、集体企业中党的基层组织必须以企业生产经营为中心，确保对党和国家各项方针政策在企业执行情况进行监督，并参与对企业重大事项进行决策。

（四）突出党组织在权力运行中的监管权

中央国家机关肩负着保障和实现党和国家赋予的权力的政治使命，而各级领导干部手中的权力则是党的执政权的不可或缺的一部分，必须始终用于为人民谋福祉。若党内监管缺位，必将导致党的领导力量削弱、党的建设缺失、全面从严治党不力。只有强化党内监督，才能保证党的政策正确贯彻执行、国家法律法规顺利实施、社会公平正义得到维护。习近平总书记在《论坚持全面深化改革》指出，"全党要深刻认识到，党内监督是永葆党的肌体健康的生命之源，要不断增强向体内病灶开刀的自觉性，使积极开展监督、主动接受监督成为全党的自觉行动"[①]。因此，在政治监督中，加强对权力运行的监督是一项不可或缺的任务，它不仅是政治监督的切入点和重要内容，更是确保政治监督的有效性和公正性的必要手段。

（五）突出党组织在职工合法权益方面的维护权

企业工会作为群众组织，要支持企业的改革与发展工作，维护企业稳定，同时，它又要代表职工群众的利益。维护职工权益工作涉及企业的方方面面，虽然工会组织拥有绝对的会员数量，但却因为组织构成的复杂性造成维权力量的相对薄弱。党组织所代表的是最广大人民的根本利益，其先进性决定了它的地位和作用，决定了它在政治上对工会的领导。工会组织维护职能能否发挥出来，发挥得好不好，需要的是企业党组织给予高度

---

① 习近平：《论坚持全面深化改革》，中央文献出版社 2018 年版，第 294 页。

的重视和指导：以党建带工建，促进工会维权体系的形成和发展；重视工会工作，支持工会依法保障职工权益；关心工会干部成长，提高工会维护职工权益的能力和水平，进而突出党组织在职工合法权益方面的维护权。

五、党建考核新要求

（一）责任主体考准

党的二十大报告指出，"完善干部考核评价体系，引导干部树立和践行正确政绩观"[①]，要用好考核评价这个指挥棒，既报经济账、又报党建账。面对企业党建考核主体缺乏统一性，标准不一，难以形成总体性评价的困境，企业应以党组织主体责任为核心，以党组织书记第一责任为重点，以纪委监督责任为保障，以领导干部"一岗双责"为重点，着眼于落实责任的具体措施与实际成效进行工作考核，切忌单纯在党务部门具体工作维度上进行考核评价。考察具体事项时，应以"责任主体正确与否"作为基点，延伸下沉，时刻保持聚焦责任主体不偏不倚。为此，应全面总结党建责任考核的成效经验，明确党建考核的重点和要点，进一步优化实施党建工作责任制的绩效考核，特别关注党建与业务整体推进的协同作用，以推动工作取得新的卓越成果。加强对机关基层党组织书记抓好党建工作的述职评议考核制度的严格执行，突出党组织书记带头解决问题、推进争先进位的表现，并加强考核结果的实际应用。建立以党委为核心、党支部为主体的责任体系，形成党政齐抓共管的格局，推动全面从严治党向纵深发展，加强对"四不两直"工作机制的完善和运用，并加强对其监督检查工作的力度。推动支部达标和党建责任考核充分衔接，强化标杆选树。

---

① 习近平：《高举中国特色社会主义伟大旗帜　为全面建设社会主义现代化国家而团结奋斗——在中国共产党第二十次全国代表大会上的报告》，人民出版社 2022 年版，第 67 页。

（二）日常考核做实

一方面，要注重对日常工作的考核，尽量不要年底一次考核就对全年的工作"一锤定音"；另一方面，要通过日常考核，促使考核对象将标准和规范落实到日常工作中，从而起到以考核促进真抓实干的效果。在日常考核中，首先要制定好考核标准。在规划和部署年度党建工作目标的同时，要同步进行规划和部署考核工作，并在考核之初确立考核标准。其次是定准考核责任。考核部门通常是主管部门，但是管理工作并不是单纯的考核工作。为了实现日常考核，就必须将考核责任落在考核主体的头上，使考核主体勇于"扮黑脸"，寓评于管。最后要对考核情况进行记录，日常考核记录可通过采取制定工作底单，定期召开会议研究，分阶段通报等形式，形成考核档案最后年终汇总使用。

（三）考核结果用好

一是党建工作绩效考核结果与薪酬奖惩挂钩。将党建工作的绩效考核结果作为提高和改善领导干部及广大党务工作者福利待遇和工作条件的重要依据，有助于推动各级党组织的党员干部不断加强基层党建工作，促进党建工作的科学化发展。二是党建工作绩效考核结果与干部的管理任用相结合。建立完善的考核机制，将个人事业发展与党建工作绩效考核的成果直接挂钩，从而有效解决各级领导干部及广大党务工作者在抓党建工作时内在动力不足的问题，实现由外在因素驱动向内在因素主导的转变，进而更好地提升他们在党建工作中的创造性、积极性和主动性。三是根据党建工作绩效考核结果及时解决发现的问题。对党建工作绩效考核中发现的重大问题进行及时整改，以推进党建工作乃至单位整体工作的开展。为了让广大人民群众行使监督的权利，考核结果可以通过通报、会议、公示等多种形式反馈给被考核的党组织和个人。被考核的党组织和个人应根据考核组所反馈的情况，认真对照标准认真总结，并以民主生活会的形式在领导班子内部进行批评与自我批评，主动分析自身存在的不足，特别是对突出问题要认真分析其产生的原因，同时还应从中吸取经验教训，厘清整改思路，拟定整改措施并针对重大问题提出限期改正意见。

第二节 中国特色现代企业制度党企关系的新发展

不同于国外的国有企业制度，独具中国特色的现代国有企业制度，它的"特"体现在将中国共产党的领导融入公司治理的各个环节。习近平总书记强调，"坚持党对国有企业的领导是重大政治原则，必须一以贯之；建立现代企业制度是国有企业改革的方向，也必须一以贯之"①。近年来，中央企业在强化中国共产党的领导和健全公司治理两方面建立统一，在维护国家战略安全、保障和改善民生等方面更加担当作为。国有企业作为中国特色社会主义的关键物质支撑和政治基础，是中国共产党执政兴邦的中流砥柱和核心力量，完善党对国有企业的全面领导制度，必须把握我国党企关系的特点和规律，从党企关系的视角把握企业党组织的地位和功能，从理论维度探讨党组织建设相关工作为什么要融进企业生产经营环节，从实践维度探索党组织与公司治理有效融合的制度和机制，进而构建中国特色党企关系的制度体系，这对于坚持党对国有企业的全面领导、健全具有中国特色的现代企业制度、提高国有企业治理效能，发挥国有企业"六个力量"的作用，推进国有经济布局升级优化和结构整合，推动中国共产党

---

① 姜洁、兰红光：《习近平在全国国有企业党的建设工作会议上强调　坚持党对国有企业的领导不动摇　开创国有企业党的建设新局面》，《人民日报》2016 年 10 月 12 日。

领导的社会主义现代化，增强国有经济竞争力、创新力、控制力、影响力和抗风险能力都具有深远的意义。

一、党企关系理论新发展

（一）以加强党对国有企业的全面领导为重要内容

强化党对国有企业全方面的领导是健全中国特色现代企业制度的关键举措，坚持党的领导，加强党的建设，是我国国有企业的优良传统，是国有企业的"根"和"魂"，是我国国有企业的突出优势。党的二十大报告指出："中国式现代化，是中国共产党领导的社会主义现代化，既有各国现代化的共同特征，更有基于自己国情的中国特色"①，党的领导是人民的选择、历史的选择。中国特色社会主义制度的最大优势在于党的领导。中国共产党能够成为国家在现代化征程中不可或缺的政治力量、领导核心的关键原因，在于党的路线方针政策能很好地回答中国之问、时代之问、人民之问和世界之问，党的领导能与革命、建设和改革不同历史时期最广大人民的内在需求高度契合。党的领导之所以能契合广大人民的利益诉求，关键在于党有科学的理论指引、强大的组织保障和人民至上的价值理念以及坚守从实际出发、实事求是的工作作风，这些构成了党的领导所具有的显著优势的支撑性条件。

（二）以坚持全面从严治党为核心任务

全面从严治党，是以习近平同志为核心的党中央在抓住新时代发展方向的背景下，凭借历史自觉意识与主动出击的精神，在兼顾国内外发

① 习近平：《高举中国特色社会主义伟大旗帜　为全面建设社会主义现代化国家而团结奋斗——在中国共产党第二十次全国代表大会上的报告》，人民出版社2022年版，第22页。

展格局的基础上，总揽"四个伟大"作出的战略性决策，是将马克思主义建党学说与中国共产党建设实际相结合起来，在理论和实际上取得的重大成就，其所具备的时代和历史意义十分重要。坚持全面从严治党是新时期国有企业党建工作的主题和国有企业各级党组织肩负的重大政治责任。党和人民对国有资产移交国有企业经营管理给予了极大信任。履行好这份职责和使命，首先要把全面从严治党的责任扛在肩上、落在实处，以更高的标准、更严的要求加强自身建设，坚持和加强党的领导，决不能让党的领导游离于公司法人治理之外，决不允许党的领导虚置弱化，决不允许党在国有企业的政治基础和组织基础发生动摇。坚持全面从严治党，必须强化和落实企业党组织对企业改革发展各项权力，从制度机制上全面从严加强党对各方面工作的领导。必须将思想建党与制度治党有机结合起来，以强化国有企业党建为应尽之责与分内之事，以党性教育，宗旨教育，警示教育为抓手，引导广大党员干部严格遵守党的政治纪律，在全面从严治党中形成政治上、思想上、行动上的自觉意识，不断提高国有企业各级党组织凝聚力战斗力，发挥了党建工作在推动企业改革发展中的作用。

（三）以强化国有企业党组织的政治功能为内在动力

加强国有企业党组织的政治功能是促进国有企业实现高质量发展的内在力量源泉，而政治方向又是影响国有企业兴衰存亡的关键，决不能出现差错。要始终秉持以习近平新时代中国特色社会主义思想武装头脑、指导实践，尤其要注意从习近平总书记的国有企业改革思想中寻找解决问题的答案。唯有紧紧抓住政治方向，才能在重大政治原则和对错问题上坚定不移，才能确保深入落实国家战略等重大经营管理事项不存在偏离正确轨道的情况。要充分发挥企业党委（党组）把方向、管大局、保落实的领导作用，将党和国家重大方针政策、重大决策部署贯穿企业改革创新发展的顶层设计、战略定位、管理模式、机构职能的全过程，实现政治领导、思想领导、组织领导的有机统一，为国有企业建功立业提供强有力的政治保障。

（四）以健全国有企业党的组织体系为重要支撑

国有企业党组织，是党的组织体系的重要组成部分，直接关系党在经济领域的执政能力，是国有企业党的全部工作和战斗力的基础。健全国有企业党的组织体系是提升国有企业组织力和战斗力的重要支撑，必须保证党的工作机构健全、党务工作者队伍稳定、党组织和党员作用有效发挥，实现体制对接、机制对接、制度对接、工作对接。国有企业基层党组织处在改革发展稳定的第一线，生产经营管理的最前沿，要以夯实基层基础为长远目标和根本之策，不断提升基层党组织的政治职能和组织能力，推动基层党支部成为凝聚群众力量的核心、教育党员的学校、攻坚克难的堡垒，在企业生产经营管理中扮演至关重要的角色。国有企业领导人员是党在经济领域的重要执政力量，要注重从党务干部中培养选拔企业经营管理干部，打造政治合格、作风过硬、清正廉洁的高素质干部人才队伍，为国有经济"五力"增长提供扎实的人员基础。

二、党企关系实践新探索

（一）把党的领导融入公司运行各环节

第一，将党的领导融入生产经营环节。企业的生产经营活动是企业各项工作的有机整体，是确保企业能够存续的重中之重。党的领导要有机融入生产经营环节，首先，要有制度的保障，要建立健全企业党建工作机制，完善党建工作平台，致力于让党建工作与时俱进、不断创新。党建工作在企业日常生产经营管理活动中占据重要地位，党建工作做得好不仅能够提高员工的团结度和凝聚力，还能增强企业的竞争力。国有企业要把学习宣传贯彻习近平新时代中国特色社会主义思想作为第一政治要务，认真推行意识形态工作责任制，切实推进精神文明和企业文化建设。其次，要构建"党建＋顶层设计"机制，加强人员配置。这需要强化思想建设，将学习习近平新时代中国特色社会主义思想和党的二十大精神作为思想建设的头等大事，加强对思想政治工作的宣传引导，突出主题，弘扬正气。同时要加强党的领导人和党的建设，企业内部应通晓党的建设以及该如何正确管理党并实现其长期发展。除此之外，还需规范和完善议事流程，党组织书记应认真落实党建工作，督促班子成员严格履行"一岗双责"制度，形成一套科学的决策体系，制定一套系统化的决策流程，并明确决策内容，把决策的内容和责任划分清楚，以保证执行的效果。最后，要构建同步谋划的决策机制和同步明责的部署机制。为了充分发挥国有企业党组织的独特优势，完善"三重一大"事项决策机制，必须将党建工作与国有企业改革同步谋划，以确保决策的科学性和有效性。"三重一大"事项决策，既要避免事前形式主义，又要杜绝党委越过董事会、经理层直接发号施令，为此，必须建立一个"会前酝酿、会中研讨、会后落实"的决策机制。同时，国有企业党组织将党建工作与业务工作一同安排部署，要对党员干部的职责进行进一步的划分和明确。健全一岗双责机制，实现生产经营与党建工作两手抓，还将生产经营联系点同时设立为党建联系点。唯有如此才能真正落实把党建引领企业发展的要求，助力国有企业实现高质量发展。第二，将党的领导融入公司治理环节。做好新时代国有企业党建工作，必须深入学习领悟习近平总书记的重要讲话精神，认真贯彻落实《中国共产党国有企业基层组织工作条例（试行）》（以下简称《条例》）①，寻找将党建工作与企

---

① 《中国共产党国有企业基层组织工作条例（试行）》，人民出版社2020年版，第15页。

业生产经营有机结合的关键点和着力点，以高质量的党建推动国有企业实现高质量发展，增强国有经济"五力"。同时，《条例》规定"坚持加强党的领导和完善公司治理相统一，把党的领导融入公司治理各环节"，可见党的领导融入公司治理环节是国有企业发展中的重要一环。党的十八大之后，党中央采用了以组织嵌入、责任落实与制度融合为核心的嵌入式领导机制，进一步将党的领导融入国有企业企治理体系当中，使党组织成为领导企业决策、执行与监督的治理主体，推动了党建工作的顺利进行。[①] 具体来说，在组织机制上，将党组织内嵌公司治理结构，进一步构建了党委会、董事会、监事会与经理层"四层一会"的治理体系，其中党组织在企业重大决策事项的制定方面扮演了重要角色，并对企业经营管理事项进行严格的事前把关，以及对党员干部和国有资产实施监督和审查。在责任机制上，切实从主体、目标、制度三个层面推动国企责任机制的落实，明确党组织书记为"第一责任人"，为党建和反腐倡廉建设负首要责任；党组织还需以革新与发展为导向，承担对企业发展把关的目标任务；完善党建责任制度体系，是国有企业党务工作高效运行和实施的内在要求。在制度层面，将党的领导机制与现代企业制度有机结合，利于实现制度融合的协同整合，利于制度效能充分发挥。制度融合体现在党建入章程、深化国有企业干部人事制度改革、促进党内民主和监督制度与国有企业管理制度有机结合。在此基础上，党的领导能够通过"润物无声"的形式，促使国有企业全面贯彻新发展理念和供给侧结构性改革要求，为加快建设现代化经济体系贡献应有力量，推动国有经济更好走上国际舞台。

---

① 彭斌、庞欣:《嵌入式领导:新时代党的领导融入国企治理体系的机制分析——以组织、责任与制度为分析视角》,《云南社会科学》2022 年第 2 期。

（二）把党组织融入到公司治理结构中

第一，健全"双向进入，交叉任职"的成员融入。党组织通过"双向进入、交叉任职"分别嵌入董事会、监事会和经理层，形成了三个维度的嵌入，即决策嵌入、监督嵌入和执行嵌入。三个维度上的嵌入正是习近平总书记提出的"明确党组织在决策、执行、监督各环节的权责和工作方式"的具体体现。在现有制度背景下，国有企业党委（党组）书记、董事长和法定代表人均为一人，也即"三职合一"，这促进了企业"一把手"的存在，使得内部权力的高度集中，能够提高企业的决策效率。然而当企业内部权力过于集中，会导致"三职合一"手中的权力在内外部没有与之监督制衡的力量，则会滋生机会主义行为对企业发展造成危害，另外，同一人身兼多职时，在履行职责时会存在职位转换的问题，如若无法调动平衡好各个职位监督、决策和执行三个职责则会存在职能混淆不清的情况。因此，如何有效地监督"三职合一"干部的权力，实现既能有效地发挥干部的职能，又能及时防止干部的机会主义行为，是一个亟待解决的问题。因此，为了确保党组织融入国有企业治理结构的科学有效，需要党组织要将党的政治建设摆在首位，在国有企业管理层的党员中要深入贯彻民主集中制原则，要对作出贡献的党务工作人员加大激励幅度，加大监督进入国有企业管理层的党员的力度，拓宽群众监督渠道，从源头推进国有经济布局优化和结构调整。第二，完善"先党内、后提交"的制度嵌入。党组织在公司治理结构中具有法定地位，因此明确党组织研究讨论作为董事会、经理层决策重大问题的前置程序，具有至关重要的意义。做好这项工作，既要推出并完善前置研究讨论清单以界定事项范围，又要优化前置研究讨论机制与流程，并以规范的方式强化分类指导，提升决策效率。在具体操作中，要切实发挥企业党组织在前置研讨中的否决权和提议权，聚焦"三重一大"等问题进行提议，明确党委（党组）和其他治理主体的权责界定。党组织和董事会之间是合作互助、对利益相关者共同负责的双向交流关系，而非党组织对董事会的单向领导与被领导关系。对重大问题开展前置讨论其实是党组织在董事会进行决策之前的提前把关。前置研讨流程在很大程度上可以被视为董事会和高管团队就重大决策事项所做的可实施性分析及尽职调查，而不是他们的豁免机制。党组织讨论前置制度的引入和实践，重构了国有企业决策机制并将党组织在重大决策上的地位由参与变为主导，拓展了党组织在国有企业决策上的权力边界。总的来说，党组织应该进行综合研究和审查的基础上，发表审议意见，再由董事会和经理层等相关治理主体根据法规准则进行决策，遵循成本效率原则，将党的优势内化为企业的优势，并制定与之相符合的策略、机制和方法。唯有如此，党组织嵌入国有企业，才能够不断催生国有经济发展新动力，推动国有经济增长，促进国有经济"五力"的提升。第三，进一步准确把握融入程度。在国有企业治理中，有限参与是党组织必须遵循的基本原则，这要求党组织在企业中必须保持恰当的权力边界和参与度，既不能出现缺位，也不能越界。党组织作为国有企业的领头兵，要发挥领头示范作用，但是切勿垄断专行，而是该负责的负责到底，该放权的则要放权，不能扰乱国有企业正常经营的领导体制与流程。只有这样，才能发挥党的领头示范作用，确保党组织嵌入国有企业治理的正规化，提高国有资本资源配置效率。市场经济和社会主义并不冲突，坚持两个"一以贯之"是新时代国有企业改革深入发展的必然要求。要建立中国特色的现代国企制度，必须要把公有制的独特性和市场的普遍性作为先决条件，依靠并坚持党的领导所发挥的政治优势和核心作用增强国有企业的国际竞争力，从而在各经济体的激烈竞争中为人民谋福利。党组织嵌入国有企业治理结构正是新时代国有企业公有制与市场化相结合的产物，是我国当代国有企业不断保持旺盛活力的动力源泉。在这种结构下，在我国国有企业管理者中普遍存在着"一把手"说了算的现象，在国有企业进行重大人事任免之前，必须与党组织进行充分沟通并听取各方意见，这体现了党管干部的基本原则，让高管们始终牢记自己的政治责任，积极主动地参与到国有企业发展的全过程中去。同时，由于公益类国有企业和商业类国有企业中自身主要目标有所不同，党组织也应当在两类国有企业中承担起有所区别的决策职责。

（三）落实党组织法人治理的法定地位

第一，将党建工作纳入公司章程。公司章程是企业内部的"根本大法"，是公司运行的基本制度依据和行为准则，将党建工作写入公司章程作为开展党建工作的首要任务。党委建制企业的公司章程内容特别要提出"三个明确"[①]，党组织作为党总支和党支部的企业，必须在章程中详细规定党组织设置形式、地位作用、职责权限、党务工作机构、人员配备以及经费保障等方面的要求和内容。同时也要明白，就党建工作纳入公司章程方面，中央只能作基本大框架的规定，但要想在实际操作中真正实现，仍然存在着很多问题，具体的规定需要与企业的具体特征相结合，诸如有的需要在实践中进一步明晰，有的则需根据改革发展情况进行不断创新改进。从更深的层面上讲，国有企业要联系构筑党企关系的一些热门和疑难问题进行研讨，找出解决这些问题的方法，进一步强化国有企业的党建工作，提升国有企业党建的质量，持续提升企业的竞争力、创新力、控制力、影响力和抗风险能力。第二，建立适应现代企业制度要求的选人用人机制。在用人机制上，党组织按照党管干部、党管人才原则选人用人，组织下管一级，干部对上级组织负责；企业以市场为导

---

① "三个明确"即明确党委发挥领导核心和政治核心作用，党委把方向、管大局、保落实，明确党组织的机构设置和基础保障；明确董事会决定公司重大问题，应当事先听取公司党委的意见；明确党委设置及主要职责。

向，对经营者和各类人才进行选用，对所有者（出资者）而言，企业中的所有员工都属于"经济性"的资源，并根据成本效益原理进行最优分配。另外，根据一般的市场规则，企业选人用人全部都是企业内部的事情，是所有者（出资者）要考虑的事，不涉及企业外部，但是党管干部和党管人才不可避免的会把人事权拓展到企业外的更高层次的组织，尤其是企业的高层管理人员，按照组织"下管一级"的原则，只能由上级组织进行选用和任免。这实际上是所有者（出资者）的职权被党组织的职权所替代，也就造成了在某些企业的选拔和任用机制中，存在着"双轨制"（即市场和行政双重作用），这样极易出现责权不匹配和责任、权、利不对称的问题。改革企业选人用人机制关键是抓好选拔人才的综合素质。具体来看，一是坚持党管干部原则，严格按照党的原则标准选拔任用干部，要求选聘人才具有良好的政治素质，能够以习近平新时代中国特色社会主义思想为指导，严格遵守党的政治纪律和政治规矩。二是坚持共聘共管原则，在选聘人才过程中，市委组织部、市国资委和市属企业党委（党组织）参与到干部的选拔、管理和监督中来，保证党对干部人事工作的领导权和管理权。三是坚持与市场机制相结合原则，要求选聘人才必须具有强烈的创新意识和创新自信和治企能力，掌握与岗位职责所匹配的专业知识、会管理、善决策，注重团结协作，更要具有正确的业绩观，能够坚决贯彻执行董事会决议，正确处理当期效益与长远发展的关系，职业操守和个人品行过硬，遵纪守法，谨慎用权，廉洁从业等等。把党管干部和市场机制紧密结合起来，保证选聘人才的高质量、高素质。第三，党建工作坚持服务企业中心工作不偏离。首先要认真组织开展效能监察。一方面要对企业改制、资产重组、股权转让、闲置资产处置等过程中执行政策规定情况的监察，重点监察有无违反政策，损害国家企业利益，侵犯职工群众合法权益的问题；另一方面，要加强财务管理环节的监察和基本建设项目管理环节，主要监察各单位财务管理和审批是否符合要求，是否存在违反相关规定动用大额资金、在账面上弄虚作假、做账外账等问题，对在建项目的管理是否符合规范等。其次，要从严从实抓创新，党建工作"三个结合"。一是坚持党建工作与生产经营相结合。把生产经营的重点、安全环保的弱点、技术攻关的难点、挖潜增效的焦点作为各项主题活动的重点，全方位服务于公司不同时期的工作需要。二是坚持党建工作与企业内部管理相结合。从理顺体制、建章立制、规范流程等方面重塑管理体系。三是坚持党建工作与企业改革发展相结合。把公司改革发展中的难点、重点、关键点，作为党建工作的结合点，与企业改革发展工作同谋划、同推进。中国特色现代企业制度，是要汲取中国国有企业的特色要求和长期治理实践，形成一套真正可以为中国国有企业长期竞争力提升而设计实施的基本制度体系。习近平总书记强调，国有企业党组织要发挥"把方向、管大局、保落实"领导作用[1]。构建良好的党企关系，要将始终坚持把党的领导融入公司治理的各环节，把党的建设内嵌到企业改革发展中，坚持以正确的政治方向指引企业发展航向，推进完成党建工作"五力工程"，赋予党建工作新内涵，将党性光辉融入国有企业改革发展，为增强国有经济"五力"赋能，做大做强国有企业，早日实现中国式现代化提供强力保证和动力支持。

第三节　国有企业党组织治理效能提升的保障机制

国有企业提升党组织的治理效能，充分发挥其对增强国有企业"五

---

① 姜洁、兰红光：《习近平在全国国有企业党的建设工作会议上强调　坚持党对国有企业的领导不动摇　开创国有企业党的建设新局面》，《人民日报》2016 年 10 月 12 日。

力"的正向作用，完善中国特色的现代国有企业治理制度，在把握国有企业党建工作基本要求，厘清党的领导融入国有企业的基本思路，明确党组织治理与国有企业"五力"提升关系基础上，需要解决国有企业党组织治理功能发挥的保障机制问题。借鉴赫维茨（Hurwicz，1973）[①] 提出的机制设计理论，基于前文的案例分析和实证结果，针对国有企业党组织治理发挥的"症结"，构建覆盖融入、运行与考核等关键环节的保障机制：（1）协作对接机制，厘清党委会与"新三会"职责及功能边界；（2）优化人员选聘机制，通过对人的领导，使党组织在国有企业的各项管理中发挥作用；（3）强化执行保证机制，确保内部控制有效；（4）创新"双维"考评机制，融合干部评价与经济评价，激励和约束"一岗双责"人员。

一、完善协作对接机制

为了实现国有企业党建工作与日常经营管理的良性互动，必须将党组织有机融入国有企业治理结构，绝非代替传统治理结构行使其决策和监督的职能。这需要党组织与股东大会、董事会、监事会与经理层之间的合作对接、紧密配合、协同运作，充分编制并梳理出各个治理主体权责清单，规范党组织前置讨论的决策程序，并充分发挥党组织总揽全局、领导各方的作用。

（一）规范党建纳入国有企业公司章程，确立法定地位

将党建工作纳入公司章程，是支持国有企业和资本做强做优做大、

---

① L. Hurwicz, "The Design of Mechanisms for Resource Allocation", *American Economic Review*, Vol. 63, No. 2（1977）, pp. 1–30.

增强国有经济"五力"的重要保障。若在国有企业章程中没有党组织设置等内容，党组织成员在公司重大决策、选人用人、党风廉政建设等方面说话没分量、办事没底气，党组织的治理作用难以发挥到位。将党建工作写入公司的内部"宪法"是从根本上保证了党组织在国有企业的领导实权，推动企业党建工作提档升级，能够真正起作用。当然，规范党建纳入国有企业公司章程不是仅仅停留在完成党建工作相关文字内容表述的纸面上，核心在于让党建工作真正融入国有企业经营中心，渗透到国有企业工作的各个环节、各个方面，比如规定党组织在决策、监督各个环节的责权与工作模式，党组织研究与讨论作为企业"三重一大"事项的前置程序以及党组织领导干部人事的权力等等，具体的党建入章程示例可见表 7-1 所示。为了确保党建进章程落到实处，国有企业要制定更细致，操作性更强的指引文件如《国有企业党委工作规范》《国有企业党委（党组）议事规则》，以确保公司章程党建相关条款能够落到实处。党建入章必须毫不动摇联系实际，根据国有企业本身行业特征、层级分布、资本结构及管理模式多样化等特点，需要各级国有企业根据股权结构和经营管理实际，依据国有独资，全资及国有资本绝对控股公司及国有资本与非国有内资等值控股合资公司的不同条件"因地制宜"确定党建进章程内容。通过将党建工作要求写进章程中，国有企业党组织法定地位更明晰，同其他治理主体权责边界更明确。党建工作要求进章程要坚定不移，也要结合实际，针对国有企业控制层级和行业属性多样、党建基础不平衡等特点，需要各级国有企业根据股权结构和经营管理实际，依据国有独资，全资及国有资本绝对控股公司及国有资本与非国有内资等值控股合资公司的不同条件"因地制宜"确定党建进章程内容。

表7-1 国有独资公司党建工作入章程的范例①

"总则"中增加设立党组织的相关内容，举例如下： 总则（增加内容） 根据《中国共产党章程》规定，设立中国共产党的组织，党委（党组）发挥领导核心和政治核心作用，把方向、管大局、促落实。公司要建立党的工作机构，配备足够数量的党务公职人员，保障党组织的工作经费。
具体章节中增加公司党组（党委）一章，规定党组织成员及其职责等内容，举例如下： 第xx章　公司党组（党委） 第xx条　公司党委由人组成，设书记1名，副书记名，每届任期3年，期满应及时换届。公司党委书记、董事长由同一人担任，党员总经理兼任公司党委副书记，符合条件的公司党委领导班子成员可以通过法定程序进入董事会、监事会、经理层；董事会、监事会、经理层成员中符合条件的党员可以依照有关规定和程序进入公司党委。 第xx条　公司党委（党组）根据《中国共产党章程》及《中国共产党组工作条例》等党内法规履行职责。具体包括：（略）。 第xx条　公司党委负责党建工作和党风廉洁建设的主体责任，党委书记为履行主体责任的第一责任人；公司纪委领导并确保公司纪检监察机构落实监督责任，公司纪委书记为履行监督职责的第一责任人；公司党委成员应履行"一岗双责"。 第xx条　公司党委要保证监督党和国家的路线方针政策在公司的贯彻执行。按照"把方向、管大局、促落实"的原则，对公司重大问题决策提出建议或发表意见。具体包括：（略）。 第xx条　公司党委对以下属于"三重一大"的事项履行前置研究程序，提出意见或建议，具体包括：（略）。 第xx条　公司党委应按照"集体领导、民主集中、个别酝酿、会议决定"的原则，建立参与决策的工作机制，严格按议事规则议事。做到充分民主、有效集中。就公司重大事项进行前置研究时，应做好会议记录，与会党委委员应审阅会议记录并签名。 第xx条　公司党委在收到董事会、总经理办公会提请事前研究的重大议题后10日内，须召开党委会予以研究并出具意见特殊原因，不得推迟。 第xx条　公司党委与监事会协同，对权力集中、资金密集、资源富集、资产聚集等重点部门和岗位予以重点监督，监督事项包括但不限于公司党委委员和高中层管理人员在重大决策、财务管理、产品销售、物资采购、工程招标、企业重组改制、产权变更与交易等方面的行权履职情况。

---

① 根据《关于扎实推动国有企业党建工作要求写入公司章程的通知》及相关素材资料整理而得，仅供参考。

第 xx 条	公司党委对公司权限范围内的选人用人工作，发挥确定标准、规范程序、参与考察、推荐人选的把关作用。
第 xx 条	公司党委要合理设置党务工作机构。公司党务专兼职人员的总量应为职工总数的 %。党组织活动经费按公司年度工资总额 % 的比例纳入年度财务预算。公司党委履行职责时所发生的有关费用按照相关规定，由公司承担。
第 xx 条	公司各部门有义务协助公司党委、纪委的工作。

（二）明确各治理主体职能定位，完善协调机制

从整体看，中国特色现代国有企业的主要治理主体是党组织、股东大会、董事会、监事会和高级经理层。其中，党组织、董事会、经理层是基础治理主体，通过领导—决策—执行主链条发挥治理效能。党组织是国有企业的领导核心，要突出"把方向、管大局、促落实"的领导作用。董事会是国有企业的决策轴心，要强化决策作用，核心功能是"定战略、作决策、防风险"。经理层是国有企业经营指挥中心，要持续加强执行作用，不断深入"谋经营、抓落实、强管理"。从领导到决策到执行，各个治理主体之间的功能明确和区隔，以实现"权责法定、权责透明、协调运转、有效制衡"的要求，具体如图 7-1 所示。在这样的治理结构下，董事会是企业的决策机构，经理层是执行机构，通过"双向进入，交叉任职"制度以及党委书记、董事长"一肩挑"，实现一把手对党风廉政建设和反腐败工作职责与企业经营主要责任的"双责并履"[1]。党组织领导核心的融入，需要在尊重其他治理主体的职能和权利的基础上，保证党组织意图的实现。其他治理主体也需依照公司章程有关规定支持党组织的领导作用，为党组织工作开展提供必要条件，将党建工作纳入企业管理体系。

---

[1]　郝健等：《国有企业党委书记和董事长"二职合一"能否实现"双责并履"？——基于倾向得分匹配的双重差分模型》，《管理世界》2021 年第 12 期。

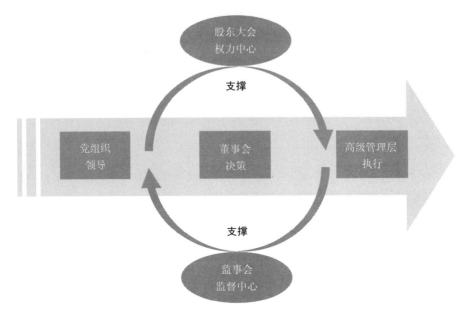

图 7-1　国有企业五大治理主体的功能定位及其关系图

根据前文的实证研究结果，国有企业外部治理环境因素不能显著调节党组织治理效能的发挥，但是内部治理因素能够产生显著影响。在设计党组织融入公司治理的相应机制时，需要同步注重保障董事会、经理层正确行使职权。从董事会层面来看，应健全制度、建优机制、建强队伍，重视外部董事的作用。2021 年国务院国资委印发《中央企业董事会工作规则（试行）》强调董事会会议应当有过半数董事且过半数外部董事出席方可举行。上述文件都对国有企业"外部董事应占多数"提出了要求。当国有企业党委（党组）和经理层在重大事项上因"内部人控制"出现决策偏差时，外部董事能够有效解决"内部人控制"问题①。另外，除了故意腐败等原因之外，党委（党组）及经理层作为"内部人"在视野和思路上必

---

① 蒋亚朋、汤桐：《外部董事制度实施对企业绩效的影响——基于代理成本的中介效应》，《会计之友》2020 年第 11 期。

然会有局限，有关决策可能会有疏漏，外部董事制度有利于扩大董事会决策的领域和空间，规避"内部人"这一技术性错误，进一步提高企业决策质量。党对国有企业进行有效领导，正是体现为党委（党组）作为"内部人"以及管理层和董事会作为"内部人加外部人"之间的制衡结构。

（三）统筹各治理主体权责清单，优化衔接机制

为确保各治理主体不缺位、不越位、不相互替代、不各自为政，关键在于明确国有企业各治理主体的权责范围。具体操作过程中，通过制定各自的"权责清单"，如党组织前置研究讨论事项清单、股东授权清单、董事会决策事项清单等，来优化企业治理结构的日常决策运营机制。各治理主体职权划分表，每张清单都既有各自范围，又相互直接关联。建议所有的各项清单要统一从总体事项流程总表中产生，这个清单就是"三重一大"事项，包括涉及到党组织、董事会、经理层等各个治理主体，同时也包括企业各内部职能单位及子企业，一个好的三重一大决策事项和流程总表，可以演化抽离出各种清单，而且相互配合，协调一致，以优化工作流程，推动党的领导与公司治理相统一，实现不同类型的清单相互之间的有效衔接。参考中共中央办公厅、国务院办公厅 2010 年 7 月 15 日印发的《关于进一步推进国有企业贯彻落实"三重一大"决策制度的意见》中的相关规定。具体事项涉及的主要范围见表 7-2。

表 7-2　国有企业"三重一大"事项的主要范围

"三重一大"事项类别	主要范围
重大决策事项	企业贯彻执行党和国家的路线方针政策、法律法规和上级重要决定的重大措施
	企业发展战略、破产、改制、兼并重组、资产调整、产权转让、对外投资、利益调配、机构调整等方面的重大决策

续表

"三重一大"事项类别	主要范围
重大决策事项	企业党的建设和安全稳定的重大决策
重要人事任免事项	企业中层以上经营管理人员和下属企业、单位领导班子成员的任免、聘用、解除聘用和后备人选的确定
	向控股和参股企业委派股东代表，推荐董事会、监事会成员和经理、财务负责人
重大项目安排事项	年度投资计划以及融资、担保项目，期权、期货等金融衍生业务
	重要设备和技术引进、采购大宗物资和购买服务，重大工程建设项目
大额资金运作事项	年度预算内大额度资金调动和使用，超预算的资金调动和使用
	对外大额捐赠、赞助

  "股东授权清单"是股东授权派出董事在清单事项范围内直接进行决策的内容，"董事会决策清单"依据《中华人民共和国公司法》确定，"经理层经营权限清单"是在《中华人民共和国公司法》规定的基础上，结合董事会授权情况和评估确定。这里重点就国有企业党组织"前置研究讨论清单"展开探讨。党组织领导作用"把方向、管大局、促落实"的九字规定，是将党组织融入公司治理的核心指导原则，也是制定党组织"前置研究讨论清单"的指导依据[1]。"把方向"的其根本定位就是要坚定不移地贯彻党的政治路线和严守政治纪律，政治规矩，与党中央在政治立场，政治方向，政治原则，政治道路等方面保持高度的一致；"管大局"要求党组织在决策时需要抓战略、掌全局，以全局把控决定局部落实，将党组织治理效能的发挥统一到增强国有企业"五力"、实现国有企业高质量发展的大局下；"促落实"的关键在于国有企业党组织要促进、推动经理层决策人任务的执行落

① 高明华等：《党组织提高国有企业内部治理效能的理论逻辑、现实约束及突破路径》，《山东大学学报（哲学社会科学版）》2023 年第 1 期。

实和完成，强化基层党组织成员责任担当，确保中央的政策制度要求在国有企业的落地实施。党组织"前置研究讨论清单"的内容应该清晰界定清单的范围和内容，该前置的绝不能遗漏，确保前置研究讨论"不留死角"，不需要前置的，尤其是须由董事会或经理层落实的具体业务问题要落实好相关治理主体责任，不违反政策要求"前置"，切实防止前置研究和讨论"事无巨细"，保证党组织更专注于谋大事和议重点。各级国有企业根据自身经营业务、控制权层级、所有权结构等特点，差异化制定每个企业的《治理主体权责清单》，准确界定业务领域、具体的权责事项及其行权主体，一企一策解决权责配置"一刀切"问题。同时，对于设党支部的企业，制定《基层党支部议事清单》，打通贯彻落实党中央决策部署的"最后一公里"。

（四）规范党组织前置讨论程序，强化沟通机制

党的十八大后，"前置讨论"确立了党组织以组织形式与董事会、高级管理层决策权分配的新模式。制度上看，"前置讨论"构建的是国有企业党委（党组）与董事会、高级管理层共享决策权的程序机制。首先要注意的是，国有企业党委（党组）的领导作用并不是由党组织直接行使最终决策，党组织的"领导作用""把关定向"的决策要义是要决定"什么不能干"，即否决权，但并不决定"干不干""怎么干"，后者仍然是董事会、管理层决策与执行的权力[①]。国有企业党组织的"讨论前置"程序以"三重一大"事项为前提，但是党组织可对非"三重一大"事项行使建议权，具体决策思路如图 7-2 所示。在参与决策的过程中，党组织要做到参与不干预、把关不包揽、建议不决定、到位不越位，推进国有企业在正确的方向上增强企业"五力"。

---

① 　强舸：《国有企业党组织如何内嵌公司治理结构？——基于"讨论前置"决策机制的实证研究》，《经济社会体制比较》2018 年第 4 期。

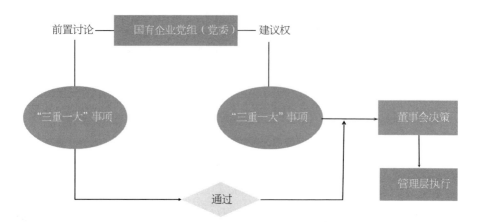

图 7-2 党组织前置讨论的决策思路图

国有企业各类治理主体决策程序应根据研讨事项不同而异，党组织前置讨论程序在企业实际运作中应必须前置于公司董事会，而且对于不同的事项，可视具体范围来确定是否前置于经理层，党委对经理层提出的执行方案或者建议有把关决策权。同时，也应该适当优化决策流程，提高治理主体决策效率，例如，对于政策要求明确，具体标准清晰的已授权事项，党组织可不再前置讨论；对于同一类型事项尽量通过综合审议、制度审议等统一把关。党组织的前置讨论具体决策流程如图 7-3 所示。

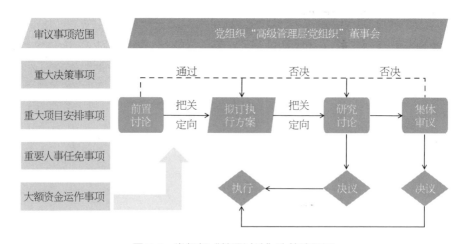

图 7-3 党组织"前置讨论"决策流程图

　　健全和完善国有企业内部运行体系和内部管理制度，界定党组织前置研究讨论的具体事项、边界范围和详细流程，企业各个部分的协作、配合和支持党组织工作是党组织治理能够落地的重要一环。党组织根据公司章程规定和"前置研究讨论重大经营管理事项清单"进行前置研究讨论，以"四个是否"①作为判断标准给出意见，党组织参与决策是高管层决策的首要程序，先在党组织会议上作原则性方向性的充分研究，形成明确共识或建议后，再提交企业董事会和经理层会议作出具体指导性意见。在"讨论前置"程序中，在党委（党组）会上被否决的事项就不能再进入董事会或者经理层会议了。董事会是决策机构，对于重大经营决策问题，应当事先经党政工联席会议研究，提出组织初步意见建议，然后由董事会集体讨论研究决策。经理层是执行机构，对于经理层关系到重大改革和发展问题的决策处理，也必须听取党组织的意见建议，并落实到企业的工作中。最后要明确党组织参与公司决策是组织行为，防止党组织书记个人代替党组织参与。

二、优化人员选聘机制

　　建立现代企业制度和国有企业坚持党管干部与治理主体依法用人是实现党对国有企业领导的根本保证，是促进增强国有企业"五力"、实现国有企业保值增值的一条重要主线。习近平总书记在党的十九大报告中指出，要坚持党管干部原则，坚持德才兼备，以德为先。党管干部是中国特色干部管理制度的精髓，也是马克思主义政党在党建实践中的一大特色和

---

① 是否符合党的理论和路线方针政策，是否贯彻党中央决策部署和落实国家发展战略，是否有利于促进企业高质量发展、增强企业竞争实力、实现国有资产保值增值，是否有利于维护社会公众利益和职工群众合法权益。在"讨论前置"程序中，在党委（党组）会上被否决的事项就不能再进入董事会或者经理层会议了。

优势①。同时，针对管理层的市场化选聘、契约化管理、差异化薪酬、市场化退出等机制是现代企业制度中的重要内容，也是激活国有企业"五力"提升的活力和动力所在。优化国有企业干部及人才的选聘制度，关键是把党的领导有机地融合、渗透到国有企业人事制度改革的过程中来，在坚持党管干部的原则下深化市场化人才选聘机制，具体见图7-4。

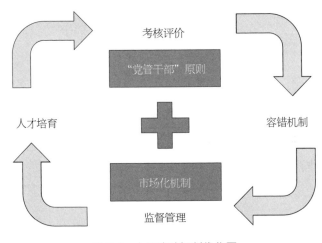

图 7-4　人员选聘机制优化图

（一）坚持党管干部原则，配强领导班子

匡正国有企业选人用人风气，强调政治标准，全面贯彻党的理论和路线方针政策，负责任地选拔各级领导班子成员。特别地，国有企业党委书记作为经济领域党的执政骨干和治国理政复合型人才重要源泉，承担着经营管理国有资产和保值增值的重要职责，要在切实履行经济责任、政治责任、社会责任上大有作为②。根据中共中央在 2019 年 3 月印发修订后的

---

① 张学娟：《建党百年视阈下党管干部的实践历程、基本经验与发展路径》，《理论导刊》2022 年第 3 期。

② 杨瑞龙：《新时代深化国有企业改革的战略取向——对习近平总书记关于国有企业改革重要论述的研究》，《改革》2022 年第 6 期。

《党政领导干部选拔任用工作条例》，在国有企业中，党组织管干部、管人才的范围和内容就应包括管领导集体的思想政治建设、管用人标准、管用人方法、管用人程序、管干部选拔培养和监督，工作的重点是努力营造各类人才发挥作用的良好环境。党对干部的管理既注重宏观、扎实、细致，又与传统治理主体的管理范畴、具体措施有所区别，二者相辅相成而非相互干扰，共同推进干部管理工作。

首先，利用"双向进入、交叉任职"的领导体制，实现党的领导和公司治理在"人"的层面融合。符合条件的国有企业应落实国有企业党委（党组）书记、董事长"一肩挑"、党员总经理兼任副书记，确保一定数量的党组织班子成员进入国有企业董事会、监事会和高级管理层，共同研究制定企业人事制度改革规划、方案，党组织负责拟定人事管理政策的督导及相关法规，指导和监督国有企业人事改革制度。在干部提名机制方面，实现国有企业党组织或上级主管单位与市场的有机融合，以达到更高效的发现效果；在选人用人制度方面，把竞争性选拔干部作为选准用好领导人才的重要措施。在提名过程中，将党组织或上级提名与中介机构推荐、公司内民主推荐，以及在公开选拔和内部竞聘中的自主报名相结合[①]。通过完善提名酝酿、民主推荐、组织考察、党委决策的方式和流程，择优配强领导班子。

其次，积极推进人事制度改革，丰富选人用人方式，如公开竞聘、民主推荐、公推直选等竞争性人才选拔方法。选拔任用方面，可以根据行业特点和岗位要求可以采取内部推选、外部选派等选拔方式，在此基础上探索其他有利于优秀人才脱颖而出的选拔方式。畅通优秀专业技术人员直接提任管理岗位领导人员渠道，对特别优秀或工作特殊需要的，可以破格提拔。在选拔任用公司各级管理人员的过程中，确保各级党委与公司的目标

---

① 黄炜:《中国特色现代国有企业制度的四个关键事项分析》，《上海市经济管理干部学院学报》2021 年第 4 期。

相一致，党委则负责确立方向、制定标准、制定规章制度，运用党管干部原则提高选人用人的公信度，提升选拔任用人才的公信力，并积极参与监督选拔工作。在遵守法规的前提下，董事会和经理层将推荐符合规定的人选，并最终由党政联席会议进行集体决策。在竞争性选拔过程中，拟定职位的候选人必须符合集团党委相关规定的基本条件和资格，而党组织则全程参与候选人的测评、考察和任用等各个环节。

最后，落实"双培养"理念，内强党员素质、增强党组织的"造血"功能，把党员培养成业务骨干，把骨干培养成党员。把党员骨干培养成中层管理人员，从而实现"双向培养强队伍"的目标。党组织着力在"发挥党员先锋模范作用"上下功夫，制定党管人才的相关制度，把党员干部、优秀党员等分配到企业的重要岗位，作为"业务骨干"培养，形成党员和骨干相互融合，相互促进、相得益彰的模式，增强党组织的凝聚力、向心力。营造国有企业人人皆可成才、人人尽展其才的良好氛围。在国有企业组织人事部门建立人才联席会议制度和党委联系专家制度，在党委和组织部门的领导下，把加强对人才的政治吸纳、政治引领以及团结引导服务落到实处，密切配合和协作形成整体合力。

（二）尊重市场化机制，聚集优秀人才

2020年1月，国务院国有企业改革领导小组办公室印发了《"双百企业"推行经理层成员任期制和契约化管理操作指引》和《"双百企业"推行职业经理人制度操作指引》（国企改办发〔2020〕2号），为全面推进职业经理人制度提供了更加权威、系统、有针对性的政策指导。推行职业经理人制度的建立，是完善中国特色现代企业制度的必然选择[①]，是国有企业改革、增强国有企业"五力"的必由之路。在国有企业子公司、非绝对

[①] 李锡元等：《国有企业推行职业经理人制度的改革路径》，《学习与实践》2018年第6期。

控股或非核心主业的国有企业中推行职业经理人制度，由董事会以市场化方式对其进行选拔和管理，适当提高市场化遴选比例，对市场化遴选职业经理人采取市场化薪酬分配机制，是活跃国有企业人才机制、造就一支适应时代发展要求的干部和人才队伍。

在选聘范围上，要充分利用市场渠道扩大职业经理人的来源和增加外部引进，选拔具有较高职业素养、专业能力和管理经验的职业经理人。在选聘程序上，要探索党管干部与保障董事会对经理层的选聘和解聘权相结合的路径和方法，形成上级党组织向董事会推荐和董事会报上级党组织研究的多种实现方式，企业党组织对本级董事会选聘职业经理人"管原则、管标准、管程序、管纪律"，董事会细化人选条件、聘期、选聘方式和程序、考核评价、薪酬、激励、约束、福利待遇、退出等内容。选聘方案由党组织审议通过后批准实施，国有企业党委会同董事会组织人选推荐、测试、考察等工作。涉及集团子公司的经理层选聘程序，应由子公司党组织征求董事会意见，制定选聘方案，报上级党组织同意后，启动选聘程序，集体研究后向董事会提出建议，由董事会决定聘任或解聘，任免前报上级党组织备案。

在激励约束机制上，职业经理人制度的核心是"选聘市场化、管理市场化、退出制度化"，对市场化选聘的职业经理人要实现契约化管理，以劳动合同的形式建立劳动关系、以聘用合同的形式明确职业身份及聘用期限、以业绩合同严格任期管理、目标考核等方式，构建与业绩考核密切相关的激励约束、引进退出机制。通过推行"以绩定薪"分配机制来促进薪酬资源配置效率的提高，建构职业经理人个人价值实现和国有企业发展目标一致的良性机制。职业经理人薪酬标准受岗位市场价值影响，其收入主要取决于经营业绩，岗位贡献和责任风险等因素，有条件的国有企业可探索建立股票期权等长期激励机制。对于市场化选聘职业经理人，党组织要加强监督机制，建立健全重大决策评估，决策事项履行职责记录，决策过错认定标准以及其他配套制度。对于职业经理人来说，聘任关系结束之后，劳动合同一起解除，就会很自然地回归人才市场。

（三）抓好"三个体系"，建强人才队伍

一是抓好业绩考核体系。要落实从严治党管党责任，把抓好党建作为最大的政绩。通过党组织定岗定责和制度化规范管理，加大对国有企业党务工作者的激励力度，使党务人员尤其是基层从"边缘性""副业化"转变成"岗位性""专业化"。为确保党务干部队伍的纯洁性和先进性，国有企业内部应建立党务工作者档案，实行动态管理，优胜劣汰，及时补充特别优秀的人员，对不再适合从事党务工作的人员提出建议，企业应及时进行调整。一方面给党务人员提供清晰的晋升渠道，另一方面要做到党组织人员专职化，不允许一人多职、随意调用等，解决兼任多项党务工作造成的工作效率偏低的问题。树立职业经理人业绩考核导向，科学制定薪酬管理与绩效考核办法，加大任期制推行力度，全面推行经理层任期制和契约化管理，与职业经理人和高管团队成员签订短期协议。建立不同行业、不同类型、不同岗位特点的多层次考核评价制度，以任期目标为依据，以日常管理为基础，注重实绩导向和社会效益，突出党建工作实效。任期和任期目标方面，提出任期目标内容的设定，应当符合国有企业实际，体现不同行业、不同功能定位国有企业特点，着眼于该企业的职能定位及中长期发展规划建立定性与定量指标，并按年度细化分解为可以对照与考察的具体内容。

二是建立创新容错体系。2018 年 5 月中共中央办公厅印发并实施《关于进一步激励广大干部新时代新担当新作为的意见》，提出建立健全容错纠错机制。国有企业党组织应该把准容错纠错机制建立的方向目的、定好适用范围，着重体现激励新时代新担当新作为。按照"抓住关键少数"要求，结合国有企业实际，明确容错纠错的人员范围，重点是公司中层管理人员及外派高管，防止对象跑偏。充分贯彻"严管和厚爱结合、激励和约

束并重"导向，并就正向履职、反向禁止划底线、亮红线，防止陷入认识和操作误区，为顶风违纪、肆意妄为、故意犯错等行为找借口、躲问责。另外，党组织在调查核实容错免责事项时，应注重甄别方法、调查程序的合理性。一方面，以辩证思想甄别错误失误，提出看问题性质、看工作依据、看主观动机、看决策过程、看履职取向、看纠错态度的"六看法"，确保甄别过程和结果客观公正、不枉不纵。另一方面，设置申请、受理、调查核实、会商审定、反馈结论"五步法"处理容错免责事项，细化办理程序，限定受理、调查时限。对认定符合容错免责的事项，据实酌情作出免予扣分、不作负面评价、不受影响、从轻减轻或免予处理或从轻减轻或免予处分，并明确纠错整改、保护澄清等措施，防止笼统对待。

三是完善人才培育体系。以提高素质为重点，抓好党员队伍建设这一基础工程。建立教育、管理、服务党员的长效机制，注重质量，优化结构，改进党员发展工作，加强思想上入党教育，加大在企业一线工人中发展党员力度。落实党员教育培训规划，建立党员轮训制度，拓宽党员受教育渠道，每年对基层党组织书记和新任党组织书记任职培训一遍。建立和落实党员"民情家访""先锋创绩"制度，大力开展党员义工、党员承诺、设岗定责、结对帮扶等活动，创新基层党员增强党性、服务群众的方式。与此同时，以党建为引领，加大高层次人才培养力度。完善首席科学家、科技带头人等制度，强化党委在科技创新等方面的授权赋能，拓宽科技人才职业发展空间。着力加强科技领军人才培养，专门制定培养计划，分专业、分层级确定培养对象，形成长效机制。各级党组织应当以对人才的热爱之情、对人才的洞察力、对人才的容纳能力、对人才的运用技巧，将人才工作的重心更多地放在提供卓越的服务上，以激发和凝聚各类人才的潜能。探索企校合作、技术研修等制度模式，加大技能培训工作室等平台建设力度，建设一支爱党报国、敬业奉献、具有突出技术创新能力、善于解决复杂问题的复合型人才队伍。

三、加强执行保证机制

在中国特色现代企业制度的框架下，国有企业高管腐败的不断发生暴露出国有企业面临更多的权力寻租风险。如果没有系统、具体而有效的内部控制与监督体系，党组织融入国有企业公司治理的作用效果将有可能难以达成。内部控制作为一项权力制衡措施，内化于企业的各个流程、各个环节和企业的各类人员相联系，其实质是一种风险控制的过程①。完善的内部控制与监督体系是实现公司治理有效的重要基础设施，有效的内部控制体系是国有企业党组织治理发挥重要作用的必要条件，通过有效内控体系的构建，在授权保证国有企业经营活力的同时，完善动态授权机制，更扎实建立国有企业党委治理效能发挥的制度基础。在我国企业内部控制制度的建设和完善过程中，借鉴了美国 COSO 委员会提出的"五要素"原则，党组织的嵌入既要维护董事会、高级管理层在企业重大问题的决策权，减少审批流程上的效率损耗，又要确保党组织意图在重大决策中得到体现，需要将党组织发挥的"把方向、管大局、促落实"嵌入到内部环境、风险评估、控制活动、信息与沟通、内部监督这五个要素中，以确保从目标制定、决策执行和结果评估全过程发挥党组织治理效能。

（一）党组织嵌入内部环境要素

内部环境要素在企业内部控制的五个要素中居于首要地位，是影响和制约企业内部控制制度设立和运作的一切内部因素，也是保证内部控制得以有效执行的土壤所在。党组织应从组织架构、发展战略、人力资源、社

---

① 李维安、戴文涛：《公司治理、内部控制、风险管理的关系框架——基于战略管理视角》，《审计与经济研究》2013 年第 4 期。

会责任和企业文化五项内容嵌入发挥作用，如图7-5所示。具体而言：（1）组织架构层面，党组织嵌入组织架构主要通过"双向进入、交叉任职"的方式实现，包括公司本身、子公司以及业务部门等各个层级，保证党组织对制度顶层设计和执行落实有充分的领导权与知情权。（2）发展战略层面，对贯彻落实党中央重大决策部署、国家重大战略等问题，增强管控要求执行力和业务监督穿透力。在经营决策事项上，充分尊重公司市场主体地位。（3）社会责任层面，国有企业党委（党组）对"关系到企业安全生产，维护稳定，职工权益和社会责任"进行前置研究讨论后，然后由董事会或经理层作出决定，减少董事会和经理层片面追求经济指标而忽略社会责任的行为。（4）人力资源层面，党组织要以"党管干部、党管人才"为指导思想，致力于将党务干部培养成为复合型人才，不断提升知识结构、能力素养和工作质量，切实提高党建工作的质量水平。（5）企业文化层面，以党的理论创新成果指导国有企业文化发展的方向，以党的理论创新成果推动企业学习文化形成，并在学习型党组织建设进程中达成了着力提升国有企业"五力"的文化共识。

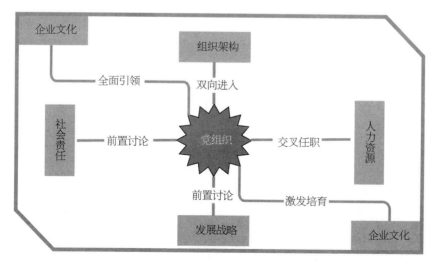

图7-5 党组织嵌入内部环境要素图示

（二）党组织嵌入风险评估要素

风险评估要素是对影响企业战略和经营目标实现的各种不确定因素进行及时识别和科学分析，并采取相应的应对策略的过程，是内部控制实施的重要组成部分和内容。抗风险能力是国有企业"五力"之一，即就属于党组织"管大局"的内容之一，通过引导国有企业围绕总体经营目标，健全全面风险管理体系，从制度制定、风险识别、风险分析、风险应对方面嵌入发挥党组织治理作用，见图7-6所示。具体而言：（1）在制度制定层面，各级国有企业风险管理指标由集团党委与董事会统一核定，重要子企业董事会制定担保、对外捐赠等重大财务事项管理制度，合理确定担保规模，由党委前置研究讨论、董事会决定，并履行相应预算追加审批程序。（2）在识别风险层面，国有企业党组织要通过"双向进入、交叉任职"领导体制使党委会成员进入到董事会、监事会、经理层，保证对重大风险的知情权，重点关注企业廉洁风险。（3）在分析风险层面，国有企业需在党组织的领导和监督下，结合风险概率和影响绘制风险坐标图。（4）在风险应对层面，指导企业建立合规管理体系，明确各级国有企业董事会、监事会、经理层的合规管理职责，设立合规委员会，指导、监督和评价合规管理工作。党组织针对重大决策、重大合同、大额资金管控和境外子企业公司治理等方面存在的合规风险制定管控责任体系，逐项落实管控措施。

（三）党组织嵌入控制活动要素

控制活动是确保企业内部控制目标得以实现的方法和手段，主要包括不相容职务分离、授权审批、会计系统、财产保护、经营分析、绩效考评等控制措施。党组织融入控制活动应区分"三重一大"事项和日常事项来发挥治理作用，如图7-7所示。具体而言，（1）对于"三重一大"事项，国有企业党组织决定和前置研究讨论事项清单、董事会决策事项清单、董事会授权决策事项清单、各治理主体职权划分表。程序上，董事会审议重大经营管理事项均先经党组织研究同意，需专委会研究的召开专委会出具专项意见；议案提请上，董事会议案均经业务部门审核、董事会秘书和董事长审定；执行上，董事会决议和董事意见及时传达落实，定期跟踪及时报告董事会决议、董事会授权决策事项落实情况。（2）对于日常事项，党组织主要采取预防性控制、授权审批控制两种手段，主要关注企业廉洁问题，通过制定企业的廉洁风险防控手册，严格管控企业原料采购、产品销售过程中的利益转移行为，针对私设小金库、董事或者经理滥用职权等行为维持高压态势。对于授权审批控制，要坚持放管结合和"法定事项不得授权"相结合，在确保决策质量的同时提高决策效率，更好适应市场变化。坚持"授权的一般不前置"，对于政策要求明确、具体标准清晰的各项授权事项，不再前置研究讨论，有效防止前置研究讨论"事无巨细"，确保党组织更加聚焦谋大事、议重点。

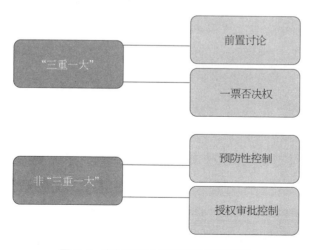

图 7-6　党组织嵌入控制活动要素图示

（四）党组织嵌入信息与沟通要素

信息与沟通要素就是要将企业经营管理过程中所涉及的各类信息及时，准确，全面地搜集起来，并使其能够以恰当的形式在企业的相关层级间得到及时的传达、有效的沟通与恰当的运用过程。党组织应从高质量信息获取与常态化沟通机制两个层面嵌入发挥作用，如图7-8所示。（1）在高质量信息获取层面，要推进智能化信息平台建设，建设覆盖全系统的制度信息化管理网，实现党组织与各级治理主体制度管理上下贯通、协同管控；建设监督追责信息系统，优化监管流程，提升监管效能；建设内控合规风险一体化信息系统，与主要业务系统嵌入融合，实时展示投资结构、投资分布、各项经营指标，实时动态监控"三会"的议题决策和执行，提升党组织对投资企业的运管效能，推动实现智能监控。通过搭建智慧党委监管信息平台，重点做好对"三重一大"决策运行、大额资金支出等动态监测，促进形成上下联动的信息化监管格局。（2）在常态化沟通机制层面，建立定期汇报机制，依法依章程发挥党组织的治理作用，定期召开经理层专题汇报会，向党组（党委）报送经营信息、"三会"决议执行情况；集团党委（党组）每月召开外部董事沟通会，及时传达上级和集团有关会议精神和部署要求。建立反舞弊机制和举报投诉及举报人保护制度，设置员工向党委会的纪律检查委员会举报投诉专线并向全体员工公告，确保子公司员工拥有向上级公司、集团公司举报投诉的途径，党组成员要及时发现董事、监事、经理、员工的舞弊线索，并及时将调查结果反馈并及时传达至全体员工，完善信息沟通、共享、反馈的工作机制。

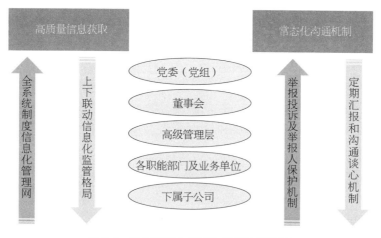

图 7-7　党组织嵌入信息与沟通要素图示

（五）党组织嵌入内部监督要素

内部监督要素指企业对自身内部控制有效性所进行的事后评价。强化党组织在内部控制评价中的领导与监督，动员内部审计与外部审计力量相互协同，不仅能体现预防为主的原则，还能及时发现问题、消除隐患、避免国有企业内部控制存在重大缺陷。党组织应从日常监督、专项监督及内部控制自我评价三个方面嵌入发挥作用，如图 7-9 所示。（1）在日常监督层面，在集团党委领导下，深化专业化、体系化、法治化监督体系建设，提高监督效能。通过"双向进入、交叉任职"，使符合任职资格的党委（党组）班子成员进入审计委员会、监事会，强化对董事会、经理层履职评价，实施内部控制建立与运行情况的持续性常规监督检查。（2）在专项监督层面，党组织与领导班子成员、二级单位及分管部门签订党风廉政建设责任书，认真履行"一岗双责"，定期开展廉洁提醒谈话，集中开展整治形式主义官僚主义、领导人员亲属和其他特定关系人所办企业与本企业业务往来等专项治理活动，扎紧腐败"口子"。（3）在内部控制自我评价层面，国有企业的党委书记、董事长应担任公司内部控制评价领导小组的组长，党委副书记、总经理担任副组长，公司各部门负责人为领导小组成员，评价工作小组由内部审计部分牵头组建，内部控制评价报告由领导小组审定。对评价过程中发现的内部控制缺陷，应该由党组（党委）牵头，成立全面整改领导小组，逐项分析整改事项、提出具体整改举措、形成全面整改清单。整改期间，党组坚决扛起主体责任，党组书记切实履行第一责任人责任，各党组成员严格落实"一岗双责"，并适时召开整改"回头看"系列专题会议，逐项检查整改事项，进一步查缺补漏，夯实整改实效。

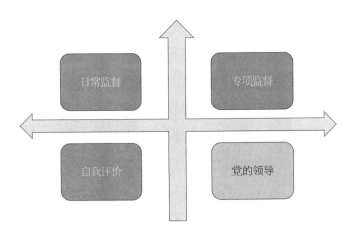

图 7-8 党组织嵌入内部监督要素图示

四、创新考核评价机制

当前，国有企业党建工作亟须将党组织的政治优势转化为企业的创新、发展和竞争优势。随着社会主义市场经济体制的建立与完善，对国有企业党建提出了更新更高的要求。在探索现代企业制度下国有企业党建工作的特点时，需要结合新的实践和理论的发展，克服国有企业党建工作的虚化、弱化、边缘化问题，紧紧抓住考核评价这一"指挥棒"，将"软指标"转化为"硬约束"，以推动国有企业党建由虚向实，充分发挥国有企业党组织在企业生产经营中的治理功能。

（一）完善顶层设计，增强党建考评的科学性

一是建强领导组织。秉持党组织引领、党员带头的原则，构建纵向贯通、横向集约的工作架构，确立"党政齐抓共管、党委书记为第一责任人、主管领导为直接责任人"的党建领导体制，严格执行党委委员挂钩党建联系点制度，开展年度述职评议和支部书记党建述职。健全完善党委班子考核评价体系，实行量化指标管理，强化目标责任追究制。以强化和改进党的领导为首要目标，体现对上级党建工作决策部署的贯彻落实，对国有企业的党建工作进行评估。在中层党员干部中开展"对职定责、对标践诺"活动，引导中层干部结合企业及各单位规划目标和岗位职责的具体要求，量化细化工作"清单"，主动背指标，积极订措施，公开亮承诺，还将反对"四风"、遵守廉洁自律规定等纳入承诺内容。致力于选拔和培养政治素养高超、专业技能精湛、善于经营、勇于承担责任、作风正派的干部，严格落实干部选拔任用责任追究和倒查机制，坚决整治选人用人不正之风，确立正确的选人用人导向。强化思想教育，提高政治素质和业务素质是做好党务工作的基础，也是加强党对国有企业全面领导的重要内容之一。企业党组织应将党务干部队伍建设视为一项系统性工程，注重选拔、培养、管理党务干部，致力于打造一支素质卓越、结构优化、能力卓越、干劲十足的多元化党务领导团队。

二是明晰主体责任。建立一套严谨的责任体系，制定主体责任清单，将实施情况纳入考核考察，并与选拔使用、薪酬分配、评先评优等方面挂钩，以实现责任清单的正向引导和严格考核的反向约束。上级党委要督促国有企业党组织把生产经营和党建工作一起抓、一起促，切实种好党建工作"责任田"，形成一级抓一级、层层抓落实的良好局面。在企业全级次、全范围落实党建和党风廉政建设工作责任。以抓关键、促中心、求实效为原则，党委、纪委重点抓住"关键少数"，提炼党建和党风廉政建设工作

中的难点、风险点，盯紧科研生产经营、深化改革等方面的"硬骨头"任务，以责任认领的形式完善组织和个人的责任清单，并交上级党组织负责人审查后生效，形成一级抓一级，层层抓落实的工作实施模式。在党组织层面：将责任清单的制定和责任制的落实作为年度考核项目，并对所属党组织责任落实的整体情况进行全方位监督、评价和考核。在党建责任人层面：针对领导干部履职尽责情况，将承诺认领项目的完成情况作为民主生活会的重要内容进行检查分析，党组织对工作完成不力的"关键少数"进行谈心谈话，督促整改落实，并如实上报上级党组织接受审查；针对党员先锋作用发挥情况，将承诺认领项目完成情况作为党员民主评议中"先锋模范作用"和"工作绩效"两个维度的重要内容。

（二）优化流程体系，增强党建考评的规范性

一是程序化推进。实行标准化、程序化考核管理，方便企业基层党组织检查工作及活动各环节、控制与评价，做到工作按计划有序开展，克服杂、乱、多、忙等缺点，具有简化、统一、协同、优化的特点，发挥简便易行、可操作、可复制、可推广的优势，既便于按部就班、循序渐进，又能保证效果、提高效率，保证各项任务落到实处，有利于破解基层党建深不下、落不实的难题，促进基层党组织整体进步。建立标准化程序化的管理模式，程序文件的制定是个关键。程序文件的制定要突出一个"实"字，要建立在调查研究、充分论证的基础上，文件的各项规定要与实际工作相吻合，对职责分工、操作步骤、执行时间、工作目标要作较详细的规定，做到责权明确、安排合理、简洁易行。文件制定完毕之后，要广泛征集基层党组织的意见，如有必要应先在小范围内试点取得经验后，再逐步推开。对程序文件的执行情况，企业的各级党组织要加大检查、监督和考核力度，确保程序文件的贯彻和实施。只有持之以恒地贯彻执行程序文件，才能体现出实施标准化程序化管理模式的良好效果。通过建立月考

核、季评价、半年初评、年终总评的考核体系，使广大党务工作者养成正确、规范、标准化的工作习惯，从而促进党建工作机制的转变和整体工作水平的提升。

二是过程化考核。对于党建工作的评价方式应该注重过程考核与目标考核相结合，通过加强事前、事中、事后的管控架构，确保国有企业党建工作考评的针对性，进一步完善公司治理体系，夯实党建工作规范开展的基础。在事前考核方面，一抓重点环节，保障重要节点不失控，特别是对领导干部在晋升、转岗、调动、退休前等重要时点进行预防性定期工作联查。坚持领导个人事项报告制度及抽查核实制度，加强信息监督管理；二抓教育引领，动态监督党员领导干部纪律和规矩意识，确保各级党组织落实党风廉政建设"两个责任"和各级领导干部"一岗双责"、各部门"一职双责"意识深入人心；三抓制度学习，建立学习长效机制，定期考核领导干部依法经营、依规治企自觉性。在事中管理方面，党组（党委）要及时发现基层党组织发生或潜在的警示事项，通过亮黄牌、红牌的方式，进

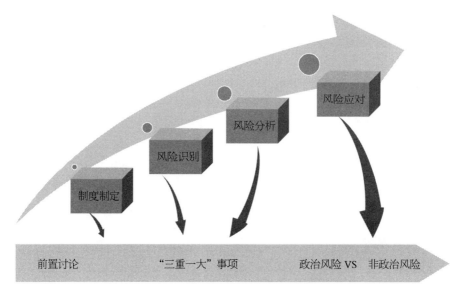

图7-9 党组织嵌入风险评估五要素图示

行提醒、警示、督促整改，达到"红红脸""出出汗"的目的，防止小问题发展为大错误、违规问题发展为违纪违法问题。建立有效的问题发现及信息反馈集成系统，畅通信息传递通道，强化过程监督，及时预警并纠偏。在事后管理方面，通过建立党组（党委）对授权项目的检查制度，要求公司对项目运营绩效进行监测和投资后评估自我总结，并结合自查和集团抽查、审计、监督，以及集团对公司的考核，实现事后有效监管和追责。

（三）科学设计指标，增强党建考评的引领性

一是科学设计考核指标。考核指标是考核体系十分重要的内容。指标设计是否科学，直接影响和决定考核效果。首先，要注意把握过程与结果关系的度，既突出结果导向，又关注工作过程，特别是对《中国共产党支部工作条例》等中央和上级党组织制度规定中明确的具体工作和任务是否认真落实完成。可以尝试对党员干部实施"1+N"的考核模式。在党建绩效考核获取基础分的层面，再增加对基层党员工作业绩的加分考核，鼓励基层党支部结合实际、围绕中心，积极主动和创造性开展工作。其中，对于基础分的考核指标设计可以参考表7-3。将考核对象按照国有企业的功能定位不同，对不同类型的党建工作融入中心业务工作进行差异化界定，明确不同类工作与中心工作深度融合。其次，要注意把握定性与定量结合的度，本着考核越到基层党组织越应当简化的原则，在保证考核过程公平公正的前提下，充分考虑考核数据和信息获得的难度，兼顾科学客观和简便易行，宜定性则定性、宜定量则定量，不片面追求量化。对能够通过信息系统客观取值和日常检查直接可见的设计为量化指标，对需要通过访谈、测评进行评价的则实行定性评价，或根据访谈、测评结果由考核部门转化为量化的分数。

表7-3　国有企业党建工作考核评价表示例

考核内容及 建议权重	具体要求	建议权重 （%）
组织建设 （30）	党的领导有效融入公司治理各层级、各环节	10
	党组织参与决策的规范设置和流程化	5
	班子成员落实"一岗双责"	5
	健全完善党建工作综合考评机制	5
	定期研究分析党建工作	5
思想学习 （20分）	坚持思想建党，理论建党，深化党的十九大、十九届历次全会精神和习近平新时代中国特色社会主义思想的学习	4
	落实意识形态工作责任，加强意识形态领域情况综合分析研判	4
	坚持以社会主义核心价值观引领企业文化建设，深化文明单位创建	4
	加强信息宣传工作	3
	开展党史学习教育到位有实效	5
制度建设 （30分）	夯实党的基本组织、基本队伍、基本制度"三基建设"	10
	推动党的组织体系与治理体系有机衔接	6
	认真开展主题党日活动，制定主题党日年度工作计划	4
	按计划完成党员发展工作，党员发展流程规范	3
	持续点亮国有企业党建品牌，有活动有载体	3
	利用信息化手段逐步实现党建数字赋能	2
	注重实践探索，创新开展党建工作	2
队伍建设 （10分）	坚持党管人才，建立健全人才工作体制机制	4
	加大人才招引力度，积极参加人才专项招引活动	3
	建立师带徒双百机制，加强年轻干部和后备力量传帮带	3
党风廉政 （10分）	落实党风廉政建设责任制	5
	落实中央八项规定和省委、市委有关规定	3
	遵纪守法	2
加、扣分项 （5分）	党建工作成效突出经国资委党委推荐，获表彰荣誉	
	党建工作有特色有亮点有成效且形成经验并可推广有借鉴作用	
	完成国资委党委交办的党建重点工作任务成效明显	
	选派优秀人才赴国资委挂职锻炼	
	存在报送材料不及时、活动参加不积极等现象	

二是及时整改和强化运用。考核结束后，对于能当场反馈的，马上当场反馈。对于需要跟踪落实整改的问题，制作问题反馈清单，督促指导被考核单位责任到人、落实整改。对个人考核的情况采取与本人面对面谈话的方式反馈。每年根据绩效提升情况和考核发现的问题，重新进行绩效计划，实事求是调整考核内容、修订考核指标、改进考核方式。鼓励基层党务工作者把工作学习化和进行研究型学习，各支部成立政研课题小组，从选题确定到论文撰写，处内党建专家全程指导小组活动。对党员先锋岗、党员责任区、党员攻关组实行动态管理，支部定期检查，处党委工作部不定期抽查，发现问题及时督促整改。党建工作绩效考评结果，应纳入党组织和领导班子的综合业绩考核，与领导班子成员绩效薪酬挂钩。对考评发现的问题与不足，及时反馈，限期整改。考评结果应同时作为评先评优、表扬立功、选树典型、选拔任用、管理监督、责任追究的重要依据。将基层党建考核结果直接应用于"一先两优"评选和其他专项评先，如无特殊原因和否决事项，不再搞层层推荐，减少评比过程中的"人情票""轮流坐庄"等现象。对考核结果为优秀的个人，除给予相应物质和精神奖励外，并与选拔任用、人才培养挂钩。

五、健全信息披露机制

规范的国有企业党组织治理信息披露体系是全面落实党的领导的重要抓手。2017 年 3 月，中共中央组织部、国务院国资委党委印发《关于扎实推动国有企业党建工作要求写入公司章程的通知》，对分层分类、因地制宜做好国有企业党建纳入公司章程工作提出明确要求。2018 年 9 月，中国证监会发布的《上市公司治理准则》（证监发〔2018〕29 号）第五条也明确规定："上市公司应当为党组织的活动提供必要条件。

国有控股上市公司把党建工作有关要求写入公司章程。"上市公司尤其是国有上市公司党建工作有了原则性要求。但实际上，国有上市公司党组织融入公司治理的信息披露制度规范体系尚未有效建立，国有上市公司党组织融入公司治理信息披露的实质内容和形式质量亟须持续改进。

（一）统一披露要求，加强党组织治理信息规范化建设

在严格遵从党的保密纪律和相关条例的原则下，明确相关信息的披露范围，制定统一的信息披露规范要求，并在一定范围内要求强制披露。一要统一披露形式，国有上市公司应在年报中设计单独板块来披露党组织融入公司治理的相关信息，确保中国特色国有企业制度体系的持续完善和治理能力的不断提升。二要分类进行披露，将党组织分为党委（党组）和纪委两部分进行信息披露，并且统一表述方式，确保党组织融入公司治理的信息披露真实、完整、准确。三要完善披露内容，国有上市公司应详细披露党组织融入公司治理的方式、具体机制以及最终成效等内容。

（二）建立标准模板，促进党组织治理信息的可读可比

一是国有上市公司应在年报中充分披露报告期内党组织融入公司治理的具体情况。披露模块包括但不限于：（1）总体情况。根据国有企业党的建设工作相关要求，披露公司党组织设置及位置、党建工作开展及其保障情况、领导统一战线工作和妇女组织等方面的党组织自身建设情况等内容。（2）融入情况。按照公司章程，在年度报告中披露党组织成员与其他治理主体成员的"双向进入、交叉任职"等情况。（3）把关情况。将党组织就"三重一大"事项进行前置讨论程序和参与决策过程等内容进行适当披露。（4）定向情况。对国有上市公司发展战略是否贯彻国家基本路线和

方针政策、经营是否符合新发展理念等内容进行披露。（5）落实情况。对党委（党组）执行上级决策、围绕经营事项开展工作进行披露；对纪委监督决策落实情况、监督体系融入治理体系情况、监督治理效能发挥情况进行披露。（6）其他情况。对党组织成员重大变动、是否存在决策失误以及党组织融入治理的后续安排等进行披露。二是支持和鼓励各类型国有上市公司积极披露党组织融入公司治理的相关信息。国有上市公司应结合自身的行业特性、股权比例、功能定位、混改模式等特点，在充分披露党组织融入治理的共性信息的基础上，鼓励富有信息含量的个性化披露。根据上述内容，设计国有上市公司党组织融入公司治理情况统计表，如表 7-4 所示。

表 7-4　国有企业党组织融入公司治理情况统计表示例

类型	指标	计量单位/方法	数量/情况（若有）	备注
总体情况	1. 是否设立党委（党组）	是／否		若是，需对党委（党组）和纪委在组织架构中的位置进行描述
	2. 是否设立纪委	是／否		
	3. 是否有党委（党组）议事规则	是／否		
	4. 是否有纪委议事规则	是／否		
	5. 是否设置专职党委副书记	是／否		
	6. 公司章程是否对党建工作进行规定	是／否		
	7. 党建工作保障情况			
	其中：7.1 党建工作是否有经费保障	是／否		若是，需对保障情况进行详细披露
	7.2 党建工作是否有人员保障	是／否		
	7.3 党建工作是否有场地保障	是／否		
	8. 是否领导统一战线等工作和妇女组织等群团组织	是／否		若是，可结合党组织自身建设情况详述

类型	指标	计量单位 / 方法	数量 / 情况（若有）	备注
融入情况	1. 党委（党组）与董事会重合情况			
	其中：1.1 党委（党组）成员与董事会成员重合度	重合人数 / 董事会人数		
	1.2 党委书记是否兼任董事长	是 / 否		若否，请补充党委书记兼任董监高具体情况
	2. 党委（党组）与经理层重合情况			
	其中：2.1 党委（党组）成员与经理层成员重合度	重合人数 / 经理层人数		
	2.2 党委副书记是否兼任总经理	是 / 否		若总经理兼任党委书记请注明情况
	3. 纪委与监事会重合情况			
	其中：3.1 纪委成员与监事会成员重合度	重合人数 / 监事会人数		
	3.2 纪委书记是否兼任监事会主席	是 / 否		
把关情况	1. 就"三重一大"事项是否通过前置讨论程序参与决策	是 / 否		
	2. 就非"三重一大"事项是否行使建议权	是 / 否		
定向情况	1. 发展战略是否贯彻国家基本路线和方针政策	是 / 否		需对参与事项进行详细披露
	2. 经营决策是否符合新发展理念	是 / 否		
	3. 改革措施是否有利于国有资本保值增值	是 / 否		

类型	指标	计量单位 / 方法	数量 / 情况 （若有）	备注
落实情况	1. 党委（党组）是否执行上级决策，围绕经营事项开展工作	是 / 否		需对工作结果进行详细披露
	2. 纪委是否对决策落实情况进行监督	是 / 否		
	3. 纪委是否对治理效能发挥情况进行监督	是 / 否		
其他情况	1. 党组织成员的重大变动	有 / 无		若有，需进行详细披露
	2. 重大决策失误	有 / 无		
	3. 其他需披露的情况	有 / 无		

（三）明确主体职责，推进相关治理主体之间业务协同

厘清党组织融入公司治理信息披露的各方主体责任：党委（党组）应支持并积极配合董事会、经理层的信息披露工作，总体把关国有上市公司党组织融入治理的信息披露内容，对于涉密信息的披露具有否决权，但应向上级党组织报备；董事会为公司信息披露的第一责任主体，应建立和完善党组织融入公司治理的信息披露体系，建立健全信息披露考评制度和责任追究制度；经理层负责执行信息披露工作，明确和落实各部门所承担的党组织融入治理的信息披露职责，畅通内部信息披露沟通机制，确保信息披露及时有效；纪委和监事会对信息披露是否符合政策要求进行过程监督和事后评价，确保信息披露的合法合规性。

第 八 章

研究结论与研究展望

国有企业作为社会主义革命与建设的产物，在实践社会主义公有制的同时，彰显了工人阶级的领导地位，是支撑中国社会主义制度基本结构的重要支柱。中国式现代化意味着需要构建高水平的社会主义市场经济体制，强化国有企业建设中国式现代化的使命担当，必然要求国有企业始终坚持党对国有企业的领导这一至关重要的政治原则，以自身高质量发展推进经济高质量发展，并致力于将加强党的领导与完善企业治理有机结合，构建加强党的领导、完善中国特色现代企业治理机制的中国式国有企业现代化治理体系。这是党对国有企业的根本要求，是国有企业面向第二个百年奋斗之路必须坚决把握的基本原则。党对国有企业的领导，既关系到党自身的领导与执政，也关系到国家制度的巩固与发展。因此，国有企业、党的领导与国家制度建设之间存在着深刻的政治逻辑。国有企业是国之公器、国之重器、国之利器。中国式现代化意味着需要强化国有企业建设中国式现代化的使命担当，必然要求国有企业始终坚持党对国有企业的领导这一至关重要的政治原则，以自身高质量发展推进经济高质量发展，并推动国有企业党建与公司治理交叉融合，以国有企业改革发展成果检验党组织战斗力。本书以中国式现代化的本质要求为观照，通过对国有企业党组织治理的紧迫性分析和理论框架构建、历史经验梳理和现代化发展新契机展望、典型案例分析和实证研究，以及提出完善中国特色现代国有企业治理的政策建议，对更加系统、全面、务实的理解和认识中国式国有企业治理现代化具有重要的学术价值和应用价值。

第一节　研究结论与启示

在国有企业的改革发展历程中，始终坚持以党的领导为核心，不断加强党的建设，这是国有企业生存和发展的鲜活生命线。在 2016 年全国国有企业党的建设工作会议上，习近平总书记发表了具有开创性意义的讲话，强调了两个"一以贯之"的重要性，为国有资产和国有企业加强党的领导、做强做优做大国有企业、增强国有经济的"五力"提供了明确的方向。公司制作为我国社会主义市场经济中最基本的经济组织形式之一，必须坚持党的领导，将加强党的领导与公司治理完善有机结合，是建设中国特色现代企业制度的根本遵循。党的二十大后，在中国式现代化全面推进中华民族伟大复兴的新征程中，中国将以更大的力度、更切实的措施推动国资国企改革，国有企业应当担负起推进中国式现代化建设的使命和责任，紧密围绕中国式现代化的本质要求，积极推进国有企业的改革和发展，这是中国国有企业在现代化新征程中改革发展的基点和原则。世界一流企业由"培育"转入"加快建设"阶段，提升国有企业"五力"成为国有企业做强做优做大的衡量标准，优化国有经济布局和结构，完善中国特色现代企业制度，以适应新发展阶段、践行新发展理念、构建新发展格局为目标，国有企业肩负着崇高的使命和重大的责任。在国有企业改革实践中，如何实现党的领导与公司治理的有机融合，不仅是理论研究的重要问题，更是必须要解决的现实挑战。化解两者内在制度上的冲突，有助于完善党建相关理论，也能够为实践问题的解决提供有力支持。将增强国有经济"五力"确定为国有经济改革发展目标是对习近平新时代中国特色社会主义思想的贯彻落实。增强"五力"是实现国有经济高质量发展的基本路径和必然要求，是国有企业和国有资本做强做优做大的出发点和落脚点。从共性特征和基础条件来看，无论增强国有经济"五力"中的哪一力，都必须加强党的领导、完善党的领导融入公司治理的路径，使国有经济相关企业成为更有使命感和责任感的企业，成为党和国家最可信赖的依靠力量和国家战略的重要实现与支撑力量，成为维护人民共同利益和实现共同富裕的基石与保障。当前，增强国有企业"五力"已经上升到了一个崭新高度，这也是在新发展阶段我国学术界所面临的一项重大课题，相关的理论和实证研究亟待加强。

现有关于国有企业党组织的研究从公司治理层面分析了党组织的作用，并实证分析了党组织在治理内部人控制及高管私有收益等方面的经济后果，但现有研究中有关国有企业党委治理实现路径的研究并不算多。随着国有企业修改章程，进一步"明确了党组织在公司法人治理结构中的法定地位"，厘清党委治理路径，更好发挥党委参与决策和监督职能已成为当前研究和改革的关键。加强国有企业党的领导，绝不是由党承担政府原有"管企业"的责任，而是通过完善决策、监督路径，进一步发挥党委治理功能。尤其需要注意的是，虽然国有企业党委主要通过决策与监督发挥作用，而已有研究却未把领导融入模式、内部流程控制纳入到党委治理的统一分析框架下进行系统研究。并且，由于存在政治成本和代理成本，国有企业党委治理会随着"双向进入"程度、"交叉任职"方式的不同产生不同的治理水平，内部控制执行水平的不同也会带来治理水平的差异，进而影响党委治理对国有企业"五力"的影响效果。因此，系统识别国有企业党委治理路径，科学评价治理效果差异，精准优化实现路径是本书的焦点。此外，尽管规章制度赋予了党委在公司治理中的主体地位，也为其工作开展提供了方法与指导，但仍存在以下方面制约着国有企业党委治理的功能发挥：一是国有企业党委与"新三会"边界模糊与职能冲突；二是如何把握好党委治理参与"度"，做到"参与而不干预"；三是旨在权力监督的内部控制执行不强；四是如何考核评价"一岗双责"人员。需进一步设计一套具有系统性、针对性的保障机制。特别是，随着"党组织在公司法人治理结构中法定地位的明确"，研究焦点应进一步转移到厘清国有企业党委治理提升国有企业"五力"的实现路径、评价治理效果及设计保障机制这一完整逻辑链上，而当前这一领域研究还有待补充。并且，由于经验证据限制，现有研究对国有企业党委治理实现路径与效果差异难以精益化，使得保障机制与政策建议很难具有针对性和实操性，进而影响"中国特色现代国有企业制度"的系统构建。

基于此，本书立足时代要求，坚持问题导向，通过归纳总结、案例分析和实证检验等方法，分析和研究了国有企业中党组织融入公司治理这一"中国特色"的现象。具体而言，本书围绕着增强国有企业"五力"的主线，梳理了国有企业党组织建设与治理历程的历史经验，解析了新发展阶段国有企业党组织治理功能提升的实现路径，并提炼了完善中国特色现代化国有企业治理体系的保障机制。本书实施了"点线面"的三层调研方式，在"点"上，选取中国航油天府分公司等中央企业和华西集团等地方国有企业进行调研，初步分析国企党组织治理量化评价重点、难点和突破点；在"线"上，联合四川省上市公司协会，向全省139家上市公司发放了"新时代四川上市公司党组织融入公司治理"问卷，检验量化评价效果。在"面"上，手工搜集并整理1363家中国国有上市公司2012—2020年年报披露的党组织治理数据，运用计量方法分析了国有企业党组织的治理效果。的成果一定程度上丰富了中国特色的公司治理理论，也为建立"明确权责边界，做到无缝衔接，各司其职、各负其责、协调运转、有效制衡的公司治理机制"、增强国有经济"五力"及促进国有企业高质量发展提供了科学依据。具体而言，得到的主要研究结论与启示如下。

第一，党的领导融入国有企业治理是不断探索中的中国特色之制度创新。国有企业的诞生和成长内生于中国共产党百年变迁的历史，国有企业党组织建设在中国共产党百年变迁的不同历史时期分别经历了民主革命时期公营企业党组织建设的萌芽阶段、社会主义革命和建设时期国营企业党组织建设的探索阶段、改革开放初期国营企业党组织建设的发展阶段、现代企业制度背景下国有企业党组织建设的转型阶段，以及党的十八大以来国有企业党组织建设的深化阶段。党领导国有企业的历史证明，国有企业蓬勃发展的根本保障，必须毫不动摇地夯实"根"、铸就"魂"，毫不动摇地捍卫党的领导这一定海神针，确保国有企业改革发展始终沿着正确的方向不断前进。首先，从民主革命时期公营企业党组织发挥协助、解释和教育作用，到改革开放与社会主义现代化建设新时期国营企业党组织发挥领导监督作用、保证监督作用，国有企业党组织发挥政治核心作用，这是蕴含在党的十八大以前国有企业党组织治理实践中的一条鲜明主线。实践充分证明，"双向进入、交叉任职"的制度是建立现代企业制度背景下国有企业党组织发挥政治核心作用的一种重要制度创新，通过引导和规范国有企业党组织参与企业重大问题决策，有利于促使企业党组织融入国有企业治理的全过程和各环节。在加强国有企业干部队伍建设、推动国有企业人事改革必须始终遵循"党管干部"为根本政治原则，从人事组织安排上保证党的路线、方针、政策的贯彻落实，才能体现党的意志，实现党的领导。党的十八大以来，明确了党组织在国有企业的领导核心作用，以此明确党组织在公司法人治理结构中的领导地位，才能在中国式现代化建设中不断强化国有企业党的建设，从而增强国有企业"五力"，推动实现国有企业的高质量发展。

第二，国有企业党组织治理效能发挥需要顶层设计和自身建设"双管齐下"。近年来，国有企业尤其是中央企业在构建中国特色现代企业制度上积极推进，取得了很多显著成效，但在贯彻两个"一以贯之"的实践中面临着一定的现实约束，使党组织未能达到治理效能的最优化。因此，本书通过选取四家具有党建工作代表性的国有企业作为研究对象，分别是中央企业、地方国有企业、国有银行、央企下属分公司的基层党组织，从国有企业党组织建设与治理的主要做法和经验成效上进一步研究分析了国有企业党组织融入公司治理结构的思路和路径，从每个案例中总结、吸取经验启示，寻找党组织提高国有企业治理效能的关键路径，为国有企业强化思想引领、加强党的领导提供实践参考。一是要强化制度保证，要从公司章程中明确党组织决策的法定地位，从而为加强党建引领打下制度基础。细化有关党组织工作的制度和规范性文件，形成系统完整的党建制度体系。同时，通过规范决策程序，明确党组织把关前置项。建立党委班子与经营管理团队联席会议制度，发展战略制定、重大人事调整、重大项目策划、重大风险防控和涉及员工重大利益的事项，均需提交党委集体研究讨论，确保决策经营经得起政治考量。二是要强化自身建设。要不断创新党员学习制度，根据时代发展和社会要求对学习内容进行相应调整，及时开展讲座、研讨会，进行研究讨论和成果交流，检验学习成果。坚持集中教育和经常性教育相结合，将理想信念教育融入"三会一课"等，做好常态化学习教育的实施和监督工作。建立专职党务工作者队伍，通过集中培训、学习交流、跟岗锻炼等方式提高专职党务工作者党建工作水平，确保队伍从"建起来"到"强起来"。

第三，党组织融入公司治理能够对国有企业"五力"的提升产生积极作用。国有经济"五力"的提出，体现了国有企业发展的新方向和新规律，是新发展阶段建设高质量发展企业和世界一流企业的"中国方案"。因此，本书通过政策研读、文献梳理、理论分析和实证研究，系统研究了国有企业党组织治理总体定位和实现路径，重点分析了国有企业党的领导融入公司治理结构的基本思路，国有企业"五力"的测度指标与评价体系，国有企业党组织治理对国有企业"五力"的影响效果。首先，从理论上说，国有企业党组织治理对国有企业"五力"的影响主要体现在三条路径上，一是激励约束观，二是资源依赖观，三是政府干预观。其次，从实证结果来看，党组织融入公司治理增强了国有企业"五力"，对国有企业发展发挥积极作用。这种正向作用在党委治理和纪委治理中体现不同，对于党委来说，党委成员与董事会成员的交叉和经理层的成员交叉都能够对国有企业"五力"发挥促进作用，但纪委成员主要通过与经理层的成员交叉发挥作用。无论是党委还是纪委成员，与监事会成员的交叉都未对国有企业"五力"产生显著的促进效果。在分析外部治理机制和内部治理结果对党组织融入公司治理与国有企业"五力"的关系影响时，发现外部治理机制对党组织融入公司治理与国有企业"五力"关系影响不大，对内部治理结构有显著影响。当外部治理机制较弱时，如机构投资者比例较低、分析师跟踪人数较少时，党组织治理对国有企业"五力"的促进作用更显著，也就是说外部治理环境的更好并未放大党组织治理的作用，党组织治理与外部治理可能存在一定的替代关系。当内部治理环境较差时，如大股东掏空程度较高、管理层持股比例较低时，党组织治理对国有企业"五力"的促进作用会被削弱，也就是说党组织治理效能的发挥有赖于较好的内部治理环境。最后，党组织融入公司治理增强国有企业"五力"的作用机理主要有两个方面，一个代理成本假说，党组织融入公司治理可以通过抑制高管私有收益、约束高管权力以及提高内部控制有效性缓解代理问题，从而对国有企业。二是资源效应假说，党组织融入公司治理通过为国有企业更多的银行贷款和更低的银行贷款成本，提供了有价值资源，从而对国有企业"五力"产生正向影响。

第四，完善中国特色现代国有企业治理需优化提升党组织治理的保障机制。尽管规章制度赋予了党委在公司治理中的主体地位，也为其工作开展提供了方法与指导，但仍存在以下方面制约着国有企业党委治理的功能发挥：一是国有企业党委与"新三会"边界模糊与职能冲突；二是如何把握好党委治理参与"度"，做到"参与而不干预"；三是旨在权力监督的内部控制执行不强；四是如何考核评价"一岗双责"人员。因此，本书综合案例研究和实证研究结果，立足中国特色现代企业制度完善的背景，针对如何完善政策提升国有企业党组织治理能力，进一步设计了具有系统性、针对性的保障机制。首先，在完善公司治理中加强党的领导，关键在于明确国有企业党组织的权责范围。通过统筹各治理主体权责清单，优化衔接机制，制定各自的"权责清单"，将企业治理结构和日常决策运营事项有机结合起来，以优化工作流程。其次，建立现代企业制度和国有企业坚持党管干部与市场化机制相结合的原则。通过尊重市场化机制，聚集优秀人才。在党委和组织部门的领导下，把加强对人才的政治吸纳、政治引领以及团结引导服务落到实处，密切配合和协作形成整体合力。再次，通过强化内部控制体系更扎实建立国有企业党委治理效能发挥的制度基础。通过将党组织嵌入内部控制的内部环境、风险评估、控制活动、信息与沟通、内部监督"五要素"，确保从国有企业目标制定、决策执行和结果评估全过程发挥党组织治理效能。通过"双向进入、交叉任职"和前置讨论机制，对于落实党中央重大决策部署和国家重大战略的事项以及"涉及企业安全生产、维护稳定、职工权益、社会责任等方面的重大事项"。最后，要坚持"干部评价"与"经济评价"相结合的"双评"体系。以党建工作目标与企业生产经营业绩结合为主线，建立党建工作评价系统。通过优化流程体系，增强党建考评的规范性。考核业绩不能只看生产经营或党建工作某一方面，两者融合一体才能凸显国有企业的价值特征，才能真正促进党员领导干部积极履行"一岗双责"。

综上所述，本书以中国式现代化的本质要求为观照，进一步厘清了国有企业党组织和其他治理主体的关系，以增强国有企业"五力"、推进中国式国有企业治理现代化为目标，深入研究了国有企业党组织治理功能提升的实现路径和保障机制，主要建树有三点：一是凝练出了国有企业党组织治理功能提升的"三融"机制。国有企业党组织发挥领导核心和政治核心作用，就是要明确党组织在决策、执行、监督各环节的权责和工作方式：（1）推动"制的融合"，把党建工作要求写入公司章程；（2）推动"人的融合"，坚持和完善"双向进入、交叉任职"领导体制；（3）推动"事的融合"，明确党组织研究讨论是董事会、经理层决策重大问题的前置程序。二是探索出了国有企业党组织治理效果检验的"五力"场景。构建了国企党组织治理效果和"五力"发展评价体系，解析了国企党组织治理在影响国企"五力"发展中的差异性，辨析出了国企党委、纪委的不同治理效果，进一步从激励约束观、资源依赖观和政府干预观进行了理论解释，为理解国企治理效果及其演化提供了新认知。三是创建出了国有企业党组织治理功能提升的"信披"体系。目前关于国有企业党建信息的披露方式尚未统一，定期报告中党建信息披露的篇幅较为有限，类型较为单一，难以反映国有企业党组织融入公司治理的具体情况及作用机制。因此，应从统一披露要求、建立标准体系和明确披露职责方面，构建党组织融入国企治理的信息披露体系，进而推动国有企业构建信息"双轨披露"体系。

第二节　研究不足与展望

本书的研究局限有：一是对于国有企业党组织治理变量衡量数据采取手工收集，利用公司年报所披露内容整理"双向进入、交叉任职"的情况，所获得的数据局限于上市公司所披露的信息，由于这一信息并不是年报强制披露的内容，而目前部分上市公司对于党组织治理情况未进行相关披露，因此，本书在关于党组织治理数据方面存在一定局限性。二是本书的实证部分主要考虑了"双向进入、交叉任职"这一领导体制为研究对象，并没有考虑党组织融入公司治理的其他方式，使本书在实证结论上存在一定的局限性。三是我国国有企业众多，其行业分布、历史使命、功能定位和实际控制人性质等差异较大，在设计国有企业党组织治理能力提升机制时需要合理兼顾前述差异,后期将进一步做更加全面的探讨。

国有企业治理实践已经取得重大突破,党组织嵌入公司治理结构的探索是世界公司治理领域的一大创新,中国特色现代企业制度完善的进程中正展现出勃勃生机。当前,针对党的领导融入公司治理的研究还没有形成体系,尤其是党组织治理如何增强国有企业"五力"的路径仍需要深入挖掘。尽管很多学者和本书在这些领域进行了一些探索和研究,但仍存在很多理论和实践难题待解决,完善中国特色现代企业制度的任务仍然任重道远。未来研究可以从以下几个方面进行延伸和扩展:

第一,为了充分发挥党组织在公司治理中的领导核心地位,必须精准把握"双向进入"的程度,以达到"参与而不干预"的最佳状态,这是至关重要的。目前,我国国有企业存在着党组织融入公司治理程度较低的问题,这与党对企业决策权力的行使不足以及相关法律的缺失有直接关系。目前,国有企业已经基本上实现"双向进入,交叉任职"的组织架构,如何明确党组织融入公司治理的程度,以确保监督决策的效果和效率,未来的研究可以进一步细化。

第二,国有企业党组织和法人治理结构两种不同的制度安排共存于一个公司政治治理机制之内,"一肩挑"制度一方面确保了党的意识在国有企业的实现,另一方面也存在"一把手"的机会主义风险,如何实现一种治理平衡可作为下一步研究的方向。例如,在党组织与法人治理结构融合的具体实践过程中,考虑企业党委书记不兼董事长和总经理,总经理兼任董事职位等治理配置对企业实际运营状况和运营效率的影响,从而不断调整优化企业党建与法人治理结构,提升党组织治理效能。

第三,理解和研究增强国有经济"五力"要有系统思维、辩证思维和全局视野。国有企业"五力"的内涵和外延还在进一步演化中,随着时代的变迁,国有经济的竞争力、创新力、控制力、影响力和抗风险能力这"五力"的定义、度量及其影响因素也将随之调整,因此,党组织治理在增强国有经济"五力"的国有企业实践中具有重要的未来研究和探讨价值。

第四，"智慧党建"是现代社会党建工作的一种新理念，国有企业党建的工作方式会随之发生变化。当前来看，现实中国有企业各级党组织在推进智慧党建进程中还存在浮于表面、流于形式的现象，智慧党建管理制度的体系建设不够健全，没有现成的理论可以对提升智慧党建效能进行指导，线上党建与线下党建的互促互融关系还需要进一步协调，未来的智慧党建实践将先于理论发展，如何借力新技术新理念不断提升国有企业党组织治理功能，有待进一步完善融会贯通相关理论与实践的智慧党建研究体系。

参考文献

Aldona, F. W., Karolina, S., "Resource Based View and Resource Dependence Theory in Decision Making Process of Public Organization Research Findings", *Management*, Vol. 16, No. 2（2012）, p.16.

Altman, E. I., "The Prediction of Corporate Bankruptcy: A Discriminant Analysis", *Journal of Finance*, Vol. 23, No. 1（1968）.

Asim, I. K., Atif, M., "Do Lenders Favor Politically Connected Firms? Rent Provision in An Emerging financial market", *Quarterly Journal of Economics*, Vol. 120, No. 4（2005）.

Atul, G., et al., "Do Scandals Trigger Governance Changes? Evidence From Option Backdating", *Journal of Financial Research*, Vol. 41, No. 1（2018）.

Baker, S. R., et al., "Measuring Economic Policy Uncertainty", *The Quarterly Journal of Economics*, Vol. 131, No. 4（2016）.

Baron, R. M., Kenny, D. A., "The Moderator-mediator Variable Distinction in Social Psychological Research: Conceptual, Strategic, and Statistical Considerations", *Journal of Personality and Social Psychology*, Vol. 51, No. 6（1986）.

Bebchuk, L. A., et al., "Managerial Power and Rent Extraction in the Design of Executive Compensation", *University of Chicago Law Review*, No. 69（2002）.

Bennett, B., et al., "Compensation Goals and Firm Performance", *Journal of Financial Economics*, Vol. 124, No. 2（2017）.

Berger, W., "A Resource-based View of Firm", *Strategic Management Journal*, Vol. 5, No. 2（1984）.

Blanchard, O., Shleifer, A., "Federalism with and without Political Centralization: China Versus Russia", *IMF Staff Papers*, No. 48（2001）.

Bonaime, A., et al., "Does Policy Uncertainty Affect Mergers and Acquisitions?", *Journal of Financial Economics*, Vol. 129, No. 3（2018）.

Boubakri, N., et al., "The Role of State and Foreign Owners in Corporate Risk-Taking: Evidence from Privatization", *Journal of Financial Economics*, Vol. 108, No. 3（2013）.

Boycko, M., et al., "A Theory of Privatization", *Economic Journal*, Vol. 106, No. 435（1996）.

Chen, C., et al., "The Agency Problem, Corporate Governance, and the Asymmetrical Behavior of Selling, General, and Administrative Costs", *Contemporary Accounting Research*, Vol. 29, No. 1（2012）.

Claessens, S., et al., "Disentangling the Incentive and Entrenchment Effects of Large Shareholdings", *The Journal of Finance*, Vol. 57, No. 6（2002）.

Defond, M. L., et al., "Does Mandatory IFRS Adoption Affect Crash Risk？", *Accounting Review*, Vol. 90, No. 1（2015）

Denis, D. K., McConnell, J. J., "International Corporate Governance", *Journal of Financial and Quantitative Analysis*,Vol. 38, No. 1（2003）

Dyck, A., et al., "The Corporate Governance Role of the Media: Evidence from Russia", *Journal of Finance*, Vol. 63, No. 3（2008）.

Dyck, A., et al., "Who Blows the Whistle on Corporate Fraud？", *Journal of Finance*, Vol. 65, No. 6（2010）.

Edmans, A., "Blockholder Trading, Market Efficiency, and Managerial Myopia", *Journal of Finance*, Vol. 64, No. 6（2009）.

Eric, C. C., "Sonia M L W. Political Control and Performance in China's Listed Firms", *Journal of Comparative Economics*, Vol. 32, No. 4（2004）.

Fama, E. F., "Banking in the Theory of Finance", *Journal of Monetary Economics*, Vol. 6, No. 1（1980）.

Fei, D., "Political Connections and Access to Bond Capital: Reputation or Collusion?", *Dissertations&Theses-Gradworks*, 2009.

Ferreira, M. A., Matos, M. P., "Shareholders at the Gate？Institutional Investors and Cross-Border Mergers and Acquisitions", *The Review of Financial Studies*, Vol. 23, No. 2（2010）.

Firth, M., et al., "Corporate Performance and CEO Compensation in China", *Journal of Corporate Finance*, Vol. 12, No. 4（2006）.

Francis, B. B., et al., "Political Connections and the Process of Going Public: Evidence from China", *Journal of International Money and Finance*,Vol. 28, No. 4（2009）.

Gillan, S. L., Starks, L. T., "A Survey of Shareholder Activism: Motivation and Empirical Evidence", *Contemporary Finance Digest*, Vol.52, No.3（1998）.

Granovetter, M., "Economic Action and Social Structure: The Problem of

Embeddedness", *American Journal of Sociology*, Vol. 91, No. 3（1985）.

Grossman, S. J., Hart, O. D., "The Costs and Benefits of Ownership: A Theory of Vertical and Lateral Integration", *The Economics of Transaction Costs*, Vol. 94, No. 4（1986）.

Gulen, H., Ion, M., "Policy Uncertainty and Corporate Investment", *The Review of Financial Studies*, Vol. 29, No.3（2016）.

Hambrick, J., "The Relationship of Board Member Diversity to Organizational Performance", *Journal of Business Ethics*, Vol. 15, No.12（1987）.

Hart, O., Moore, J., "Foundations of Incomplete Contracts", *The Review of Economic Studies*, Vol. 66, No. 1（1999）.

He, J. Y., Huang, Z., "Board Informal Hierarchy and Firm Financial Performance: Exploring a Tacit Structure Guiding Board-room Interactions", *Academy of Management Journal*, Vol. 54, No. 6（2011）.

Hendry, J. R., "Stakeholder Influence Strategies: An Empirical Exploration", *Journal of Business Ethic*, Vol. 61, No. 1（2005）.

Hurwicz, L., "The Design of Mechanisms for Resource Allocation", *American Economic Review*, Vol. 63, No. 2（1977）.

Jameson, M., et al., "Controlling Shareholders, Board Structure, and Firm Performance: Evidence from India", *Journal of Corporate Finance*, No. 27（2014）.

Jay, B. B., "Firm Resources and Sustained Competitive Advantage", *Journal of Management*, Vol. 17, No. 1（1991）.

Jensen, M. C., Meckling, W. H., "Theory of the Firm: Managerial Behavior, Agency Costs and Capital Structure", *Social Science Electronic Publishing*, Vol. 3, No. 4（1976）.

Johnson, J., et al., "Boards of Directors: A Review and Research Agenda", *Journal of Management*, Vol. 22, No. 3（1996）.

Johnson, S., et al., "Tunneling", *American Economic Review*, Vol.90, No.2（2000）.

Joseph, P. H., et al., "Politically Connected CEOs, Corporate Governance, and Post-IPO Performance of China's Newly Partially Privatized Firms", *Journal of Financial Economics*, Vol. 84, No. 2（2006）.

Klein, P. G., et al., "Resources, Capabilities, and Routines in Public Organizations", SSRN Working Papers, 2011.

Kluitersl, S., Ttll, L., "The Impact of Digital Trust on Firm Value and Governance: An Empirical Investigation of US Firms", *Society and Business Review*, Vol.18, No.1（2023）.

Lang, M., et al., "Transparency, Liquidity, and Valuation: International Evidence on When Transparency Matters Most", *Journal of Accounting Research*, Vol. 50, No. 3（2012）.

Larcker, D. F.,Rusticus, T. O., "On the Use of Instrumental Variables in Accounting Research", *Journal of Accounting and Economics*, Vol. 49, No. 3（2010）.

Manu, G., Paige, F., "Board Independence and Corporate Governance Evidence from Director Resignations", *Journal of Business Finance and Accounting*, Vol. 36, No.3（2009）.

Margaret, M., "Boards of Directors as Mediating Hierarchs", *Seattle University Law Review*, Vol. 38, No. 2（2015）.

Maury, B., Pajuste, A., "Multiple Large Shareholders and Firm Value", *Journal of Banking and Finance*, Vol. 29, No. 7（2005）.

Mayer, C., "Corporate Governance, Competition and Performance", *Journal of Law and Society*, Vol.24, No.1（1997）.

Miller, D. R., "From Concordance to Text: Appraising 'giving' in Alma Mater Donation Requests", *System and Corpus: Exploring Connections*, No. 12（2006）.

Pfeffer, J., Salancik, G. R., *The External Control of Organizations: A Resource Dependence Perspective*, New York: Harper and Row, 1978.

Polanyi, K., *The Great Transformation*, Boston: Beacon Press, 1994.

Porta, R. L., et al., "Law and finance", *The Journal of Political Economy*, Vol. 106, No. 6（1998）.

Qian, Y. Y., "Government Control in Corporate Governance as a Transitional Institution: Lessons from China", *Rethinking the Ease Asi an Miracle*, 2001, pp.295−322.

Ridgeway, C. L.,Correll, S. J., "Unpacking the Gender System: A Theoretical Perspective on Gender Beliefs and Social Relation", *Gender and Society*, Vol. 18, No. 4（2004）.

Sappington, D., Stiglitz, J., "Privatization, Information and Incentives", *Journal of Policy Analysis and Management*, Vol. 6, No. 4（1987）.

See, M. M., Blair, L. A., "Director Accountability and the Mediating Role of the Corporate Board", *Washington University Law Quarterly*, Vol. 79, No. 2（2001）.

Shleifer, A., Vishny, R. W., "Politicians and Firms", *The Quarterly Journal of Economics*, Vol. 109, No. 4（1994）.

Shleifer, A., Vishny, R. W., *The Grabbing Hand: Government Pathologies and Their Cures*, Boston: Cambridge MA: Harvard University Press, 1998.

Shleifer, A., Vishny, R.W., "A Survey of Corporate Governance", *Journal of Finance*, Vol.52, No.2（1997）.

Sonja, O., et al., "Party Power, Market and Private Power: Chinese Communist Party Persistence in China's Lusted Companies", *The Future of Market Transition*, No. 19（2002）.

Tenev, S., et al., "Corporate Governance and Enterprise Reform in China: Building the

Institutions of Modern Markets", *World Bank Publications*, Vol. 16, No. 2（2002）.

Uzun, H., et al., "Board Composition and Corporate Fraud", *Financial Analysts Journal*, Vol. 60, No.1（2004）.

Wu, X., Wang, Z., "Equity Financing in a Myers Majluf Framework with Private Benefits of Control", *Journal of Corporate Finance*, Vol. 11, No. 5（2005）.

Zhang, X. F., "Information Uncertainty and Analyst Forecast Behavior", *Contemporary Accounting Research*, Vol. 23, No. 2（2006）.

《2021 年〈财富〉世界 500 强排行榜》，2021 年 8 月 2 日。

《2022 年成都银行研究报告成都银行可持续发展的原因分析》，2022 年 9 月 9 日，见 https://xueqiu.com/6351082895/230471067。

阿道夫·A. 伯利、加德纳·C. 米恩斯：《现代公司与私有财产》，商务印书馆 2005 年版。

白雪洁、张哲：《混合所有制改革能有效化解国有企业产能过剩吗？》，《经济理论与经济管理》2022 年第 9 期。

薄一波：《若干重大决策与事件的回顾》（下卷），中共中央党校出版社 1993 年版。

《北京新华印刷厂整党建党调查报告》，《人民日报》1969 年 12 月 16 日。

卜晨等：《环境规制、绿色信贷与企业绿色技术创新的政策仿真——基于政府干预的演化博弈视角》，《管理评论》2022 年第 10 期。

布成良：《党建引领基层社会治理的逻辑与路径》，《社会科学》2020 年第 6 期。

财政部：《2023 年 1—7 月全国国有及国有控股企业经济运行情况》，2023 年 8 月 29 日，见 http://zcgls.mof.gov.cn/qiyeyunxingdongtai/202308/t20230825_3904101.htm。

蔡贵龙等：《非国有股东治理与国企高管薪酬激励》，《管理世界》2018 年第 5 期。

蔡贵龙等：《国有企业的政府放权意愿与混合所有制改革》，《经济研究》2018 年第 9 期。

曹海军：《新时代村级党建引领乡村治理的实践逻辑》，《探索》2020 年第 1 期。

曹越等：《国有企业实施员工持股计划能否提升内部控制质量？——基于"国企混改"背景》，《会计研究》2022 年第 11 期。

曾豪编：《看过来　集团数字化建设正提速推进》，2022 年 4 月 22 日，见 https://mp.weixin.qq.com/s/9RCWKnl5krCq4iLBX3HF2w。

曾豪编：《一季度收官　华西集团晒出亮眼成绩单》，2022 年 4 月 12 日，见 https://mp.weixin.qq.com/s/DKr_dy_lE_yfEvFZ7A2SFA。

陈艾婧编：《党建引领同舟共行——成都银行党建引领与中小企业双促共赢》，2021 年 6 月 8 日，见 https://www.scdjw.com.cn/article/74728。

陈宾：《法人治理结构视角下完善国有企业党的领导》，《行政管理改革》2018 年第 5 期。

陈德球、胡晴：《数字经济时代下的公司治理研究：范式创新与实践前沿》，《管理世界》2022 年第 6 期。

陈冬华等：《公司治理新论（下）——一个中国社会关系结构的视角》，《会计与经济研究》2023 年第 2 期。

陈冬华等：《国有企业中的薪酬管制与在职消费》，《经济研究》2005 年第 2 期。

陈海燕：《习近平关于基层党组织建设重要论述的理论特征》，《理论视野》2019 年第 4 期。

陈红等：《党组织参与公司治理、管理者权力与薪酬差距》，《山西财经大学学报》2018 年第 2 期。

陈林、龙菲：《基层党组织参与公司治理的高质量发展效应研究》，《东岳论丛》2022 年第 6 期。

陈林、唐杨柳：《混合所有制改革与国有企业政策性负担——基于早期国企产权改革大数据的实证研究》，《经济学家》2014 年第 11 期。

陈朋：《党建引领社区治理的内在逻辑及现实场景》，《中国高校社会科学》2021 年第 5 期。

陈平其、王泽盛：《国企党建工作与生产经营深度融合过程中的四个不等式》，《山西财经大学学报》2022 年第 4 期。

陈少凌等：《国企混改与股价信息性：度量、机制及政策评价》，《产经评论》2023 年第 2 期。

陈剩勇：《网络化治理：一种新的公共治理模式》，《政治学研究》2012 年第 2 期。

陈仕华、卢昌崇：《国有企业党组织的治理参与能够有效抑制并购中的"国有资产流失"吗？》，《管理世界》2014 年第 5 期。

陈仕华等：《国有企业纪委的治理参与能否抑制高管私有收益?》，《经济研究》2014 年第 10 期。

陈伟等：《现代产权理论与国有企业改革》，《经济体制改革》2002 年第 4 期。

陈晓华：《从党建视角探索新时代国企高质量发展的实现路径》，《理论探索》2019 年第 3 期。

陈信元、黄俊：《政府干预、多元化经营与公司业绩》，《管理世界》2007 年第 1 期。

陈秀红：《从"治理共同体"到"生活共同体"：党建引领基层治理的社会整合功能实现逻辑》，《北京行政学院学报》2022 年第 3 期。

陈艳、张武洲：《国有企业党组织"把方向"能有效抑制财务舞弊吗？——基于"讨论前置"机制的准自然实验》，《中国软科学》2022 年第 1 期。

陈阳波等：《"五力"建设促进国有企业融合发展——湖南现代农业集团党建创新

发展实践》，《人民论坛》2019 年第 31 期。

陈颖、吴秋明：《中国混合所有制企业公司治理特殊性及治理效率的实证研究》，《经济体制改革》2018 年第 4 期。

程博、王菁：《法律环境、政治治理与审计收费》，《经济管理》2014 年第 2 期。

程承坪：《当前国企改革的方向：建立中国特色现代国有企业制度》，《学习与实践》2017 年第 2 期。

程海艳等：《党组织参与治理对国有上市公司盈余管理的影响》，《中国经济问题》2020 年第 2 期。

崔佳：《重庆：国企党建与公司治理双加强》，《人民日报》2016 年 11 月 14 日。

代彬等：《高管权力、薪酬契约与国企改革——来自国有上市公司的实证研究》，《当代经济科学》2011 年第 4 期。

邓伟华：《加强党的建设引领国有企业高质量发展》，《红旗文稿》2022 年第 13 期。

《邓小平文选》第二卷，人民出版社 1994 年版。

邓战强：《论加强和改进企业基层党的建设》，《山西财经大学学报》2013 年第 S1 期。

丁新改、田芝健：《新时代不断提高党的建设质量》，《中国特色社会主义研究》2019 年第 2 期。

丁怡帆等：《金融资源错配如何影响企业高质量发展：理论与实证》，《金融监管研究》2022 年第 8 期。

董德兵、朱豪媛：《新时代国有企业党委（党组）发挥领导作用的核心要义与实践要求》，《中国浦东干部学院学报》2019 年第 5 期。

董志强：《党组织在民营企业中的积极作用——以职工权益保护为例的经验研究》，《经济学动态》2018 年第 1 期。

《发挥好党内法规在维护党中央集中统一领导　保障党长期执政和国家长治久安方面的重大作用》，《人民日报》2021 年 12 月 21 日。

樊纲等：《中国市场化指数——各地区市场化相对进程报告》，经济科学出版社 2011 年版。

范明珠等：《橘枳之辩：新旧"一肩挑"与国有企业研发效率——来自中国 A 股国有企业的经验证据》，《科技进步与对策》2023 年第 1 期。

范玉仙等：《混合所有制股权结构、公司治理效应与企业高质量发展》，《当代经济研究》2021 年第 3 期。

方军雄：《高管权力与企业薪酬变动的非对称性》，《经济研究》2011 年第 4 期。

丰存斌：《规范国有企业法人治理结构的基本路径》，《经济问题》2017 年第 7 期。

付建军：《党群治理转型与基层协商民主的发展逻辑》，《探索》2021 年第 3 期。

付景涛等：《党组织治理、身份认同与企业"脱虚返实"》，《中南财经政法大学学报》2022 年第 6 期 。

高雷、宋顺林：《公司治理与公司透明度》，《金融研究》2007 年第 11 期。

高明华等：《党组织提高国有企业内部治理效能的理论逻辑、现实约束及突破路径》，《山东大学学报（哲学社会科学版）》2023 年第 1 期。

高明华等：《党组织提高国有企业内部治理效能的理论逻辑、现实约束及突破路径》，《山东大学学报（哲学社会科学版）》2023 年第 1 期。

葛永盛等：《国有企业混合所有制改革能降低费用粘性吗？》，《财贸研究》2022 年第 2 期。

龚睿：《政党权力视阈下的国企党建生成逻辑与路径转型》，《理论与改革》2017 年第 6 期。

《共产党宣言》，人民出版社 2015 年版。

《关于中央企业在完善公司治理中加强党的领导的意见》，中共中央办公厅，2021 年 5 月 30 日。

郭雳、武鸿儒：《ESG 趋向下的公司治理现代化》，《北京大学学报（哲学社会科学版）》2023 年第 4 期。

国务院国资委党委：《在全面深化国有企业改革中加强党的建设工作》，《求是》2016 年第 11 期。

国务院国资委党委：《坚持党的领导、加强党的建设是国有企业的"根"和"魂"》，2021 年 9 月 16 日，见 https://baijiahao.baidu.com/s?id=1711035566206994857&wfr=spider&for=pc。

韩保江、李志斌：《中国式现代化：特征、挑战与路径》，《管理世界》2022 年第 11 期。

郝健等：《国有企业党委书记和董事长"二职合一"能否实现"双责并履"？——基于倾向得分匹配的双重差分模型》，《管理世界》2021 年第 12 期。

郝铁川：《论以全面从严治党带动全面依法治国的中国式法治现代化道路》，《政治与法律》2022 年第 12 期。

郝炜：《组织网络、制度型塑与能力提升：党建引领乡村治理的三重路径——以山西省"三基建设"为例》，《治理研究》2021 年第 2 期。

郝晓雁、王慧娟：《国有企业再造资本结构的公司治理效应研究》，《统计与决策》2017 年第 1 期。

郝云宏、马帅：《分类改革背景下国有企业党组织治理效果研究——兼论国有企业党组织嵌入公司治理模式选择》，《当代财经》2018 年第 6 期。

何祥林、张静：《加强学习型党支部建设是建设学习型政党的坚实基础》，《理论月刊》2011 年第 1 期。

何轩:《党建也是生产力——民营企业党组织建设的机制与效果研究》,《社会学研究》2018 年第 3 期。

郑长忠:《党建工作与非公企业有机融合的逻辑、空间与机制》,《毛泽东邓小平理论研究》2019 年第 11 期。

何轩:《执政党对私营企业的统合策略及其效应分析:基于中国私营企业调查数据的实证研究》,《社会》2016 年第 5 期。

《河南省全民所有制工业企业转换经营机制实施办法》,1993 年 2 月 10 日。

贺晓宇、沈坤荣:《现代化经济体系、全要素生产率与高质量发展》,《上海经济研究》2018 年第 6 期。

胡锦涛:《高举中国特色社会主义伟大旗帜 为夺取全面建设小康社会新胜利而奋斗——在中国共产党第十七次全国代表大会上的报告》,《人民日报》2007 年 10 月 25 日。

胡锦涛:《坚定不移沿着中国特色社会主义道路前进 为全面建成小康社会而奋斗——在中国共产党第十八次全国代表大会上的报告》,《人民日报》2012 年 11 月 18 日。

胡问鸣:《论加强党对国有企业的领导》,《红旗文稿》2009 年第 15 期。

华西集团:《临危再受命 善建再出征——杨斌再赴泸定,督导过渡安置房关键节点工作》,2022 年 9 月 26 日,见 https://www.huashi.sc.cn/info/1021/2407.htm。

华西集团:《马林出席集团经营性投资项目投资与融资座谈会》,2021 年 11 月 1 日,见 https://huashi.sc.cn/info/1021/1482.htm。

黄玖立、李坤望:《吃喝、腐败与企业订单》,《经济研究》2013 年第 6 期。

黄群慧、崔建民:《国有企业党建发展报告(2021)》,社会科学文献出版社 2022 年版。

黄群慧、余菁:《新时期的新思路:国有企业分类改革与治理》,《中国工业经济》2013 年第 11 期。

黄群慧:《国有企业分类改革论》,《经济研究》2022 年第 4 期。

黄群慧:《国有企业在中国式现代化建设中的新使命新任务》,《国资报告》2022 年第 11 期。

黄群慧等:《中国国有企业改革 40 年研究》,广东经济出版社 2019 年版。

黄速建等:《竞争中性视域下的国有企业改革》,《中国工业经济》2019 年第 6 期。

黄速建等:《论国有企业高质量发展》,《中国工业经济》2018 年第 10 期。

黄炜:《中国特色现代国有企业制度的四个关键事项分析》,《上海市经济管理干部学院学报》2021 年第 4 期。

黄文锋等:《国有企业董事会党组织治理、董事会非正式等级与公司绩效》,《经济管理》2017 年第 3 期。

黄政、吴国萍:《内部控制质量与股价崩盘风险:影响效果及路径检验》,《审计研究》2017 年第 4 期。

姬旭辉：《新时代加强党对国有企业领导的理论逻辑与实践路径》，《理论视野》2020 年第 7 期。

江宇：《党管国企　有理有据》，《红旗文稿》2017 年第 1 期。

姜付秀、王莹：《国有企业公司治理改革的逻辑：从国家治理到公司治理》，《经济理论与经济管理》2021 年第 6 期。

姜洁：《以高质量党建推动国有企业高质量发展》，《人民日报》2020 年 1 月 7 日。

蒋建湘、薛侃：《混合所有制国企制衡治理初探》，《中南大学学报（社会科学版）》2021 年第 6 期。

蒋腾：《经济政策不确定性与企业债务融资》，《管理评论》2018 年第 3 期。

蒋铁柱、沈桂龙：《企业党建与公司治理的融合》，《社会科学》2006 年第 1 期。

蒋亚朋、汤桐：《外部董事制度实施对企业绩效的影响——基于代理成本的中介效应》，《会计之友》2020 年第 11 期。

金碚：《关于"高质量发展"的经济学研究》，《中国工业经济》2018 年第 4 期。

金碚：《企业竞争力测评的理论与方法》，《中国工业经济》2003 年第 3 期。

金冲及：《刘少奇传 1898—1969》（上），中央文献出版社 2008 年版。

金台资讯：《成都银行：党建引领为金融国企改革发展"强筋健骨"》，2020 年 5 月 25 日，见 https://baijiahao.baidu.com/s?id=1667649484756632481&wfr=spider&for=pc。

金晓燕等：《党组织讨论前置决策机制对国有企业绩效提升的影响研究》，《北京工商大学学报（社会科学版）》2022 年第 6 期。

金玥瑶：《〈金融会客厅〉对成都银行副行长李金明的专访》，2023 年 2 月 23 日，见 https://mp.weixin.qq.com/s/jZE20iJ8_WhqPqDFz9xSRQ。

金智等：《儒家文化与公司风险承担》，《世界经济》2017 年第 11 期。

景跃进：《将政党带进来——国家与社会关系范畴的反思与重构》，《探索与争鸣》2019 年第 8 期。

柯绍清：《党的十八大以来国有企业党的建设研究评述》，《思想理论教育导刊》2022 年第 1 期。

赖明发：《"从严治党"情境下国有企业党组织的投资治理效应分析》，《商业研究》2018 年第 4 期。

雷海民等：《公司政治治理影响企业的运营效率吗？——基于中国上市公司的非参数检验》，《中国工业经济》2012 年第 9 期。

李凤羽、杨墨竹：《经济政策不确定性会抑制企业投资吗？——基于中国经济政策不确定指数的实证研究》，《金融研究》2015 年第 4 期。

李浩、原珂：《新时代社区党建创新：社区党建与社区治理复合体系》，《科学社会主义》2019 年第 3 期。

李后建：《腐败、贿赂与企业垂直整合》，《中国经济问题》2016 年第 2 期。

李锦：《中国特色现代企业制度是一次理论飞跃——十九届六中全会〈决议〉国企改革辅导报告》，《国企》2021 年第 23 期。

李锦峰、赵莉生：《国企党建的"代表原理"及其实践策略》，《海大学学报（哲学社会科学版）》2022 年第 3 期。

李景治：《深化国企改革要进一步加强和改善党的领导》，《学术界》2016 年第 8 期。

李粮：《同事关系与企业高质量发展——基于非正式制度视角的研究》，《经济问题》2021 年第 9 期。

李明辉、程海艳：《党组织参与治理对上市公司风险承担的影响》，《经济评论》2020 年第 5 期。

李培功、沈艺峰：《媒体的公司治理作用：中国的经验证据》，《经济研究》2010 年第 4 期。

李世春：《新时代国有企业高质量发展的实现路径分析——基于建筑业的调研》，《学术研究》2020 年第 3 期。

李维安、戴文涛：《公司治理、内部控制、风险管理的关系框架——基于战略管理视角》，《审计与经济研究》2013 年第 4 期。

李维安、邱艾超：《国有企业公司治理的转型路径及量化体系研究》，《科学学与科学技术管理》2010 年第 9 期。

李维安、张国萍：《公司治理评价指数：解析中国公司治理现状与走势》，《经济理论与经济管理》2005 年第 9 期。

李维安等：《公司治理研究 40 年：脉络与展望》，《外国经济与管理》2019 年第 12 期。

李维安等：《中国国有企业行政经济型治理：模式与展望》，《财务管理研究》2019 年第 1 期。

李文贵、余明桂：《民营化企业的股权结构与企业创新》，《管理世界》2015 年第 4 期。

李文贵、余明桂：《所有权性质、市场化进程与企业风险承担》，《中国工业经济》2012 年第 12 期。

李文贵等：《央企董事会试点、国有上市公司代理成本与企业绩效》，《管理世界》2017 年第 8 期。

李锡元等：《国有企业推行职业经理人制度的改革路径》，《学习与实践》2018 年第 6 期。

李曦辉等：《党引领国有经济做强做优做大的历程与逻辑——基于域观经济理论的视角》，《经济与管理研究》2023 年第 2 期。

李雄飞：《董事会多元化对国有上市企业高质量发展的影响研究》，《经济问题》2022年第6期。

李增福等：《货币政策改革创新是否有利于抑制企业"脱实向虚"？——基于中期借贷便利政策的证据》，《金融研究》2022年第12期。

李政：《创新与经济发展：理论研究进展及趋势展望》，《经济评论》2022年第5期。

李政：《新时代增强国有经济"五力"理论逻辑与基本路径》，《上海经济研究》2022年第1期。

《辽宁省全民所有制工业企业转换经营机制实施办法》，1993年3月11日。

廖飞梅等：《混合所有制改革影响企业费用粘性吗？》，《经济体制改革》2020年第5期。

廖红伟、杨良平：《以管资本为主新型监管体制下的国有企业深化改革研究》，《学习与探索》2018年第12期。

廖红伟：《政府干预与国有企业高管薪酬激励有效性：制度背景与传导机制》，《理论学刊》2019年第4期。

林毅：《"政党中心"：中国共产党整合乡村社会的现实逻辑及其调适》，《社会科学研究》2021年第3期。

林毅夫、李周：《现代企业制度的内涵与国有企业改革方向》，《经济研究》1997年第3期。

林毅夫、李志赟：《政策性负担、道德风险与预算软约束》，《经济研究》2004年第2期。

林毅夫、刘培林：《以加入WTO为契机推进国有企业改革》，《管理世界》2001年第2期。

林钟高、胡苏华：《大股东控股、内部控制与股价同步性》，《会计与控制评论》2015年第00期。

刘炳香：《国有企业党组织发挥政治核心作用的现状和对策》，《理论视野》2011年第7期。

刘大洪、许丹琳：《党组织参与国企公司治理的路径与法律保障研究——以国企分类改革为视角》，《中南大学学报（社会科学版）》2017年第5期。

刘福广等：《国有控股公司党组织嵌入治理影响结构效能的路径研究》，《北京联合大学学报（人文社会科学版）》2019年第2期。

刘福广等：《国有企业党组织讨论前置决策机制的效应研究——基于博弈论视角》，《北京交通大学学报（社会科学版）》2019年第3期。

刘贯春等：《经济政策不确定性与中国上市公司的资产组合配置——兼论实体企业的"金融化"趋势》，《经济学（季刊）》2020年第5期。

刘国胜：《政治核心作用论》，人民出版社 2009 年版。

刘怀珍、欧阳令南：《经理私人利益与过度投资》，《系统工程理论与实践》2004 年第 10 期。

刘戒骄：《竞争中性的理论脉络与实践逻辑》，《中国工业经济》2019 年第 6 期。

刘金英：《加强科技人才引育赋能企业高质量发展——评〈我国企业科技人才吸引力研究〉》，《科技进步与对策》2020 年第 23 期。

刘瑾等：《管理层权力与国企高管腐败——基于政府审计调节效应的研究》，《审计与经济研究》2021 年第 2 期。

刘俊海：《全面推进国有企业公司治理体系和治理能力现代化的思考与建议》，《法学论坛》2014 年第 2 期。

刘瑞：《国有企业实现高质量发展的标志、关键及活力》，《企业经济》2021 年第 10 期。

刘舒杨、王浦劬：《中国共产党的领导是中国式现代化的根本特征》，《哈尔滨工业大学学报（社会科学版）》2023 年第 2 期。

刘伟等：《制度环境对新创企业创业导向的影响——基于创业板的实证研究》，《科学学研究》2014 年第 3 期。

刘文志编：《"云岭滇峰"党总支"四学"让党的二十大精神在基层"扎根开花"》，2022 年 12 月 16 日，见 https://mp.weixin.qq.com/s/y45pdISIZSEM5Xj1EOy6Gw。

刘小玄：《民营化改制对中国产业效率的效果分析——2001 年全国普查工业数据的分析》，《经济研究》2004 年第 8 期。

刘行：《政府干预的新度量——基于最终控制人投资组合的视角》，《金融研究》2016 年第 9 期。

刘艳霞：《数字经济赋能企业高质量发展——基于企业全要素生产率的经验证据》，《改革》2022 年第 9 期。

刘玉东：《国家治理视野下党组织的发展路径和功能建设》，《科学社会主义》2019 年第 4 期。

刘宗洪：《全面现代化的使命任务与党的建设新的伟大工程的内在逻辑》，《中共中央党校（国家行政学院）学报》2022 年第 6 期。

柳学信等：《国有企业党组织治理与董事会异议——基于上市公司董事会决议投票的证据》，《管理世界》2020 年第 5 期。

楼秋然：《党组织嵌入国有企业公司治理：基础理论与实施机制研究》，《华中科技大学学报（社会科学版）》2020 年第 1 期。

楼秋然：《国有企业公司治理改革：政治逻辑与经济逻辑的协调融合之道》，《华中科技大学学报（社会科学版）》2021 年第 2 期。

逯东等:《CEO 激励提高了内部控制有效性吗？——来自国有上市公司的经验证据》,《会计研究》2014 年第 6 期。

罗昆、李亚超:《国有企业党组织治理与监管问询——来自内部治理问询函的经验证据》,《财经研究》2022 年第 12 期。

《马克思恩格斯选集》第 2 卷, 人民出版社 1995 年版。

马连福:《党组织嵌入国有企业治理结构的三重考量》,《改革》2017 年第 4 期。

马连福等:《国有企业党组织治理、冗余雇员与高管薪酬契约》,《管理世界》2013 年第 5 期。

马连福等:《混合所有制的优序选择：市场的逻辑》,《中国工业经济》2015 年第 7 期。

马连福等:《中国国有企业党组织治理效应研究——基于"内部人控制"的视角》,《中国工业经济》2012 年第 8 期。

马新啸等:《非国有股东治理与国有企业去僵尸化——来自国有上市公司董事会"混合"的经验证据》,《金融研究》2021 年第 3 期。

马永强、路媛媛:《企业异质性、内部控制与技术创新绩效》,《科研管理》2019 年第 5 期。

毛新述等:《国企高管薪酬职务倒挂影响企业创新吗?》,《南开管理评论》2023 年第 2 期。

《毛泽东文集》第二卷, 人民出版社 1993 年版。

《毛泽东选集》第四卷, 人民出版社 1993 年版。

毛志宏、李丽:《党组织嵌入、代理成本与非效率投资——基于国有上市公司的经验证据》,《当代经济管理》2022 年第 10 期。

孟祥夫:《为做强做优做大国有企业提供根本动力和坚强保证》,《人民日报》2021 年 7 月 30 日。

欧阳耀福、李鹏:《论国有经济创新力的核心地位》,《经济学家》2021 年第 3 期。

彭斌、庞欣:《嵌入式领导：新时代党的领导融入国企治理体系的机制分析——以组织、责任与制度为分析视角》,《云南社会科学》2022 年第 2 期。

蒲晓晔:《中国经济高质量发展的动力结构优化机理研究》,《西北大学学报（哲学社会科学版）》2018 年第 1 期。

齐嘉:《促进我国民营企业高质量发展的政策思路——基于瞪羚企业扶持政策的效应分析》,《学习与实践》2019 年第 2 期。

綦好东等:《国有企业经济责任审计制度的演进历程及基本经验》,《审计研究》2022 年第 5 期。

钱水土:《地方政府干预、僵尸企业与资本结构动态调整》,《商业经济与管理》

2022 年第 7 期。

钱颖一:《企业的治理结构改革和融资结构改革》,《经济研究》1995 年第 1 期。

强舸、成小红:《国有企业党委(党组)与董事会的决策分工与运作机制——以"讨论前置"为考察核心》,《理论视野》2019 年第 11 期。

强舸:《"国有企业党委(党组)发挥领导作用"如何改变国有企业公司治理结构?——从"个人嵌入"到"组织嵌入"》,《经济社会体制比较》2019 年第 6 期。

强舸:《国有企业党组织如何内嵌公司治理结构?——基于"讨论前置"决策机制的实证研究》,《经济社会体制比较》2018 年第 4 期。

强舸:《如何提升"讨论前置"的运转效率——国有企业党组织内嵌公司治理结构的操作逻辑》,《理论视野》2023 年第 4 期。

乔嗣佳等:《党组织参与治理与国有企业金融化》,《金融研究》2022 年第 5 期。

秦兴洪:《试析非公有制企业党组织的地位和作用》,《社会主义研究》2003 年第 3 期。

邱宝林:《坚持"两个一以贯之"建设现代企业制度》,《红旗文稿》2022 年第 3 期。

邱丽芳编:《习近平总书记在参加十四届全国人大一次会议江苏代表团审议时的讲话》,2023 年 3 月 10 日,见 http://www.xinhuanet.com/comments/2023-03/10/c_1129425451.htm。

权小锋、吴世农:《CEO 权力强度、信息披露质量与公司业绩的波动性——基于深交所上市公司的实证研究》,《南开管理评论》2010 年第 4 期。

权小锋等:《管理层权力、私有收益与薪酬操纵》,《经济研究》2010 年第 11 期。

饶品贵等:《经济政策不确定性与企业投资行为研究》,《世界经济》2017 年第 2 期。

任保平、李禹墨:《新时代我国高质量发展评判体系的构建及其转型路径》,《陕西师范大学学报(哲学社会科学版)》2018 年第 3 期。

任广乾等:《混合所有制改革中政府激励行为与非国有资本策略选择的主观博弈分析》,《中国管理科学》2021 年第 4 期。

任广乾等:《制度环境、混合所有制改革与国有企业创新》,《南开管理评论》2022 年 12 月。

《厦门市关于贯彻〈全民所有制工业企业转换经营机制条例〉的补充规定》,1993 年 5 月 26 日。

商华等:《我国国有企业社会责任实现驱动力研究——基于内生性视角》,《科研管理》2022 年第 10 期。

《上市公司治理准则(2018 修订)》,中国证券监督管理委员会公告〔2018〕29 号,2018 年 9 月 30 日。

沈志渔等:《基于社会责任的国有企业改革研究》,《中国工业经济》2008 年第 9 期。

师博、张冰瑶:《新时代、新动能、新经济——当前中国经济高质量发展解析》,《上海经济研究》2018 年第 5 期。

施本植、汤海滨:《什么样的杠杆率有利于企业高质量发展》,《财经科学》2019 年第 7 期。

四川省政府国有资产监督管理委员会编:《华西集团:乘风破浪创佳绩,栉风沐雨砥砺行》,2022 年 9 月 21 日,见 http://gzw.sc.gov.cn/scsgzw/c100114/2022/9/21/8fabdb5ec3c4b5dbe72656e01aa8f36.shtml。

宋笑敏:《习近平关于加强国有企业党的建设重要论述》,《世界社会主义研究》2021 年第 10 期。

《苏维埃国家工厂支部工作条例》,《斗争》1934 年第 56 期。

(隋)王通:《中说·周公篇》。

孙柏瑛:《十年来基层社会治理中党组织的行动路线——基于多案例的分析》,《中国行政管理》2014 年第 8 期 。

孙晋、徐则林:《国有企业党委会和董事会的冲突与协调》,《法学》2019 年第 1 期。

孙梦雨编:《中国航油构建党建工作"12345"的新高度》,2019 年 11 月 25 日,见 http://www.dangjian.cn/djw2016sy/qydj/201911/t20191125_5329727.shtml。

孙铮:《市场化程度、政府干预与企业债务期限结构——来自我国上市公司的经验证据》,《经济研究》2005 年第 5 期。

谭麟:《国有企业混合所有制改革治理结构设计》,《人民论坛》2015 年第 5 期。

谭庆美等:《管理层权力、外部治理机制与过度投资》,《管理科学》2015 年第 4 期。

陶建宏等:《高阶理论研究综述——基于跨层次整合视角》,《科技管理研究》2013 年第 10 期。

陶周颖、王瑜:《主体嵌入与功能融入:基层协商治理中党组织的行动逻辑分析——基于苏州市 L 社区"民生协商项目"的个案研究》,《学习论坛》2022 年第 4 期。

滕飞等:《产品市场竞争与上市公司违规》,《会计研究》2016 年第 9 期。

田利辉、关欣:《不确定性冲击下政府采购的价值效应》,《财贸经济》2023 年第 9 期。

田轩、孟清扬:《股权激励计划能促进企业创新吗》,《南开管理评论》2018 年期 3 期。

涂晓芳、刘昱彤:《嵌入式协同:基层党建与社区治理的联动——以 S 社区为例》,《北京航空航天大学学报(社会科学版)》2021 年第 6 期。

汪青松:《国家出资公司治理模式选择与法律制度保障》,《政治与法律》2023 年第 9 期。

汪显东:《国有企业党建工作融入公司治理体系研究》,《社会科学家》2021 年第

4 期。

王兵等：《监事会治理有效吗》，《南开管理评论》2018 年第 3 期。

王博等：《地方政府干预、土地价格扭曲与工业企业生产率》，《经济理论与经济管理》2021 年第 7 期。

王博等：《地方政府土地出让互动干预对工业用地利用效率的影响——基于 262 个城市的空间计量模型检验》，《中国土地科学》2019 年第 12 期。

王曾等：《国有企业 CEO"政治晋升"与"在职消费"关系研究》，《管理世界》2014 年第 5 期。

王河：《非公有制企业党组织功能的准确定位及其实现方式》，《理论探讨》2003 年第 3 期。

王宏淼：《中国国企改革过程中公司治理特征、挑战与对策》，《经济纵横》2022 年第 6 期。

王金柱、王晓涵：《国有企业党组织权责建构的演变、创新和启示》，《理论导刊》2022 年第 8 期。

王金柱、王晓涵：《新时代国有企业党组织"三权两责"建构分析》，《中共中央党校（国家行政学院）学报》2022 年第 3 期。

王梦凯等：《党组织"双向进入、交叉任职"能抑制企业信息披露违规吗?》，《外国经济与管理》2022 年第 12 期。

王淼：《政府干预、公司治理与国有企业的资本配置效率》，《华东经济管理》2016 年第 3 期。

王强、李鲁：《国有企业改革的资源配置效应及其机制研究》，《财经论丛》2023 年第 1 期。

王生斌：《混合所有制改革下的控制股东权利制衡研究》，《中南民族大学学报（人文社会科学版）》2018 年第 4 期。

王世权、宋海英：《上市公司应该实施独立监事制度吗?》，《会计研究》2011 年第 10 期。

王世权：《德国监事会制度的源流考察及其创新发展》，《证券市场导报》2007 年第 6 期。

王世谊：《国有企业党组织政治核心作用的探索——江苏部分国有企业党组织参与企业重大问题决策的调查与思考》，《社会主义研究》2001 年第 4 期。

王曙光、王彬：《独立董事制度、公司治理与国有企业治理文化》，《社会科学战线》2022 年第 9 期。

王伟国：《国家治理体系视角下党内法规研究的基础概念辨析》，《中国法学》2018 年第 2 期。

王羲等:《数字化转型对企业高质量发展的影响——企业创新与风险承担视角》,《科技进步与对策》2023 年 5 月 31 日。

王小鲁等:《中国分省份市场化指数报告（2018）》,社会科学文献出版社 2019 年版。

王新平、周彩霞:《企业家精神与企业高质量发展——基于被调节的链式中介模型》,《调研世界》2022 年第 8 期。

王永钦等:《中国的大国发展道路：论分权式改革的得失》,《经济研究》2007 年第 1 期。

王元芳、马连福:《国有企业党组织能降低代理成本吗？——基于"内部人控制"的视角》,《管理世界》2014 年第 10 期。

王正林:《华西集团召开 2021 年投资工作座谈会》,2021 年 4 月 12 日,见 https://mp.weixin.qq.com/s/lWr9yiEc1XzgB3x4r2e12g。

王子林:《混合所有制改革视阈下的国有经济控制力研究》,《当代经济研究》2017 年第 5 期。

韦彦:《论现代企业制度建设中党组织的作用》,《广西大学学报（哲学社会科学版）》1998 年第 4 期。

温雅编:《习近平主持召开中央全面深化改革领导小组第十三次会议》,2015 年 6 月 5 日,见 https://www.gov.cn/xinwen/2015−06/05/content_2873969.htm?url_type=39&object_type=webpage&pos=1。

吴敬琏:《现代公司制度与企业改革》,《中国经济问题》1995 年第 4 期。

吴凌畅:《党组织参与国有企业公司治理进章程——基于央企旗下 287 家上市公司章程的实证研究》,《理论与改革》2019 年第 3 期。

吴秋生、王少华:《党组织治理参与程度对内部控制有效性的影响——基于国有企业的实证分析》,《中南财经政法大学学报》2018 年第 5 期。

吴文锋等:《中国上市公司高管的政府背景与税收优惠》,《管理世界》2009 年第 3 期。

吴云冬、熊苗苗:《成都业务油库"党建 + 安全"深度融合再上新台阶》,2021 年 10 月 28 日,见 https://mp.weixin.qq.com/s/IpLlCVY75H341FU65aLXBQ。

武常岐、张林:《国企改革中的所有权和控制权及企业绩效》,《北京大学学报（哲学社会科学版）》2014 年第 5 期。

武晋、李元:《政府干预、财政分权与信贷资源配置》,《改革》2017 年第 7 期。

武鹏:《国有企业任期制契约化管理改革的推进历程与完善建议》,《理论学刊》2022 年第 6 期。

《习近平在中共中央政治局第六次集体学习时强调　把党的政治建设作为党的根

本性建设　为党不断从胜利走向胜利提供重要保证》，《人民日报》2018 年 7 月 1 日。

习近平：《高举中国特色社会主义伟大旗帜　为全面建设社会主义现代化国家而团结奋斗——在中国共产党第二十次全国代表大会上的报告》，人民出版社 2022 年版。

《关于国有企业改革和发展若干重大问题的决定》，《人民日报》1999 年 10 月 13 日。

习近平：《毫不动摇坚持和加强党的全面领导》，《求是》2021 年第 18 期。

习近平：《加快建设社会主义法治国家》，《求是》2015 年第 1 期。

《习近平在全国国有企业党的建设工作会议上强调　坚持党对国有企业的领导不动摇　开创国有企业党的建设新局面》，《人民日报》2016 年 10 月 12 日。

《紧紧围绕坚持和发展中国特色社会主义　学习宣传贯彻党的十八大精神》，《人民日报》2012 年 11 月 19 日。

李赵润治编：《天府分公司党委"服务基层"见真章出实效》，2022 年 9 月 28 日，见 https://mp.weixin.qq.com/s/3_E9cWLUvklxXyVtXioDtQ。

习近平：《决胜全面建成小康社会　夺取新时代中国特色社会主义伟大胜利——在中国共产党第十九次全国代表大会上的报告》，人民出版社 2017 年版。

习近平：《论坚持全面深化改革》，中央文献出版社 2018 年版。

《习近平主持召开中央全面深化改革委员会第十四次会议强调　依靠改革应对变局开拓新局　扭住关键鼓励探索突出实效》，《人民日报》2020 年 7 月 1 口。

习近平：《在庆祝中国共产党成立 100 周年大会上的讲话》，人民出版社 2021 年版。

习近平：《在中央和国家机关党的建设工作会议上的讲话》，《求是》2019 年第 21 期。

《习近平在学习贯彻党的二十大精神研讨班开班式上发表重要讲话强调　正确理解和大力推进中国式现代化》，《人民日报》2023 年 2 月 8 日。

《中共中央关于坚持和完善中国特色社会主义制度、推进国家治理体系和治理能力现代化若干重大问题的决定》，《人民日报》2019 年 11 月 6 日。

《中共中央政治局召开会议审议〈中国共产党党和国家机关基层组织工作条例〉和〈中国共产党国有企业基层组织工作条例（试行）〉中共中央总书记习近平主持会议》，《人民日报》2019 年 11 月 30 日。

《习近平谈治国理政》第二卷，外文出版社 2017 年版。

《习近平总书记关于防范风险挑战、应对突发事件论述摘编》，中央文献出版社 2020 年版。

肖海军：《政府董事：国有企业内部治理结构重建的切入点》，《政法论坛》2017 年第 1 期。

肖红军等：《私营企业党组织嵌入、企业家地位对企业社会责任的影响》，《管理学报》2022 年第 4 期。

肖云峰：《全面强化国有企业党的政治功能》，《党建》2021 年第 3 期。

谢琳：《组织化竞争时代的国有企业及制度回应》，《中国政法大学学报》2022 年第 5 期。

辛宇：《国有企业公司治理中的平衡机制分析》，《人民论坛》2019 年第 6 期。

《2022 年中央企业实现销售收入 39.4 万亿元，同比增长 8.3%》，2023 年 1 月 17 日，见 https://finance.sina.com.cn/jjxw/2023-01-17/doc-imyansmk9052948.shtml。

熊婷等：《公司政治治理能抑制大股东掏空行为吗？》，《贵州财经大学学报》2015 年第 5 期。

修宗峰等：《党组织治理、政策响应与国有企业参与脱贫攻坚》，《财经研究》2022 年第 2 期。

徐光伟：《党组织嵌入对民营企业社会责任投入的影响研究——基于私营企业调查数据的分析》，《软科学》2019 年第 8 期。

徐虹：《新形势下企业党建工作创新》，《现代企业》2011 年第 10 期。

徐梦帆：《四川华西集团召开第三次党代会》，2020 年 12 月 15 日，见 http://m.xinhuanet.com/sc/2020-12/15/c_1126863755.htm。

徐业坤、马光源：《地方官员变更与企业产能过剩》，《经济研究》2019 年第 5 期。

许晨曦等：《国有企业混合所有制改革提高了企业投资效率吗？》，《北京师范大学学报（社会科学版）》2020 年第 3 期。

许楠、刘雪琴：《减税降费对企业创新产出存在门槛效应吗？——基于政府干预程度的非线性调节》，《财会通讯》2022 年第 21 期。

许志勇等：《金融资产配置、内部控制与企业高质量发展》，《中国软科学》2022 年第 10 期。

严磊编：《凝心聚力促发展成都银行擦亮"金融先锋"特色党建品牌》，2021 年 7 月 1 日，见 https://cbgc.scol.com.cn/news/1617256。

严若森、吏林山：《党组织参与公司治理对国企高管隐性腐败的影响》，《南开学报（哲学社会科学版）》2019 年第 1 期。

杨大可：《论党组织与国企监督机制的融合》，《当代法学》2020 年第 2 期。

杨沁：《企业并购中政府干预的动机与效果：综述与启示》，《预测》2016 年第 5 期。

杨瑞龙：《新时代深化国有企业改革的战略取向——对习近平总书记关于国有企业改革重要论述的研究》，《改革》2022 年第 6 期。

杨瑞龙：《新时期新国企的新改革思路——国有企业分类改革的逻辑、路径与实施》，《经济理论与经济管理》2017 年第 5 期。

杨新红：《基层社会治理中党组织作用发挥的理论溯源与建设路径》，《湖南社会科学》2018 年第 6 期。

杨雄胜：《内部控制理论研究新视野》，《会计研究》2005 年第 7 期。

杨杨等：《经济政策不确定性下企业发展预期信息披露策略选择："实事求是"还是"有意为之"》，《现代财经（天津财经大学学报）》2021 年第 7 期。

姚远："激活"与"吸纳"的互动——走向协商民主的中国社会治理模式》，《北京大学学报（哲学社会科学版）》2013 年第 2 期。

叶本乾：《找回"政治"：新时代基层党组织引领治理的实践运行逻辑转换与回归取向》，《广西大学学报（哲学社会科学版）》2020 年第 4 期。

叶玲、王亚星：《混合所有制改革下公司治理结构的动态调整路径研究》，《当代财经》2018 年第 8 期。

叶敏：《政党组织社会：中国式社会治理创新之道》，《探索》2018 年第 4 期。

易新涛：《筑牢党长期执政的战斗堡垒：基层党建的逻辑与指向》，《中南民族大学学报（人文社会科学版）》2022 年第 12 期。

于健慧：《党建引领乡村治理：理论逻辑及实现路径》，《西北师大学报（社会科学版）》2022 年第 1 期。

于娟：《深化国资国企改革　加快完善中国特色现代企业制度》，《中国经贸导刊》2021 年第 15 期。

于忠泊等：《媒体关注的公司治理机制——基于盈余管理视角的考察》，《管理世界》2011 年第 9 期。

余汉、宋增基：《党委参与公司治理对国有企业履行环境责任的影响研究》，《江西财经大学学报》2023 年第 2 期。

余汉等：《国有企业党委参与公司治理综合评价及有效性检验》，《中国软科学》2021 年第 10 期。

余明桂、潘红波：《政治关系、制度环境与民营企业银行贷款》，《管理世界》2008 年第 8 期。

余明桂、夏新平：《控股股东、代理问题与关联交易：对中国上市公司的实证研究》，《南开管理评论》2004 年第 6 期。

余明桂等：《政治联系、寻租与地方政府财政补贴有效性》，《经济研究》2010 年第 3 期。

俞昭君编：《着力打造适应中国式现代化要求的现代新国企——第二届国有经济研究峰会观察》，2023 年 3 月 23 日，见 http://www.sasac.gov.cn/n2588025/n2588139/c27515382/content.html。

虞云耀：《党的建设研究》，中共中央党校出版社 2004 年版。

语谦编：《国资委党委召开中央企业党委（党组）书记党建工作述职会议》，2021 年 2 月 20 日，见 http://www.sasac.gov.cn/n2588020/n2588057/n2592506/n2592514/c17172445/content.html。

喻新强：《论科学判断国资流失问题》，《求索》2006 年第 6 期。

原磊：《国外商业模式理论研究评介》，《外国经济与管理》2009 年第 29 期。

岳清唐：《中国国有企业改革发展史》，社会科学文献出版社 2018 年版。

云锋：《党组织参与公司治理对企业助力乡村振兴的影响——基于 A 股上市公司的经验证据》，《南方金融》2023 年第 2 期。

张宾州：《基层党组织思想作风建设研究》，《人民论坛·学术前沿》2018 年第 3 期。

张冰石等：《国有企业混合所有制改革理论研究》，《经济体制改革》2017 年第 6 期。

张弛：《国有企业党组织与现代企业制度冲突吗?》，《当代经济研究》2019 年第 12 期。

张大维：《引领式协商：协商系统理论下党领导自治的新发展——以广西宜州木寨村为例》，《湖湘论坛》2021 年第 5 期。

张戈：《党建引领基层治理：逻辑机理、价值表征和实践进路》，《云南社会科学》2020 年第 2 期。

张洪松：《国有企业党的领导制度百年探索：发展历程与基本经验》，《四川大学学报（哲学社会科学版）》2021 年第 2 期。

张紧跟：《激活社会：党组织引领社区治理的新逻辑》，《郑州大学学报（哲学社会科学版）》2021 年第 1 期。

张军扩、侯永志：《高质量发展的目标要求和战略和途径》，《管理世界》2019 年第 7 期。

张敏捷：《国有企业公司治理之研究——完善国有资产监管机制和优化国有企业公司治理结构》，《经济体制改革》2013 年第 6 期。

张明楚：《中国共产党基层组织建设史》，福建人民出版社 2017 年版。

张琦、郑瑶：《媒体报道能影响政府决算披露质量吗?》，《会计研究》2018 年第 1 期。

张三元：《坚持自我革命：以新时代党的建设推动和引领中国式现代化》，《西南大学学报（社会科学版）》2023 年第 2 期。

张守良：《在实践中探索　在探索中创新　国有企业党的领导体制及党的建设制度建设沿革》，《国资报告》2016 年第 7 期。

张书林：《改革开放 36 年基层党建创新论析》，《学习与实践》2014 年第 7 期。

张完定、崔承杰：《税收优惠对企业双元创新绩效的影响——基于上市高新技术企业的实证研究》，《西安财经大学学报》2023 年第 5 期。

张维迎：《所有制、治理结构及委托代理关系——兼评崔之元和周其仁的一些观点》,《经济研究》1996 年第 9 期。

《张闻天文集》(第 3 卷),中共党史出版社 1994 年版。

张学娟:《建党百年视阈下党管干部的实践历程、基本经验与发展路径》,《理论导刊》2022 年第 3 期。

张岩:《"乡村再造":政党引领乡村治理的理论逻辑与历史经验》,《南昌大学学报(人文社会科学版)》2021 年第 6 期。

张毅:《坚定不移做强做优做大中央企业》,《人民日报》2016 年 10 月 10 日。

张勇杰:《多层次整合:基层社会治理中党组织的行动逻辑探析——以北京市党建引领"街乡吹哨、部门报到"改革为例》,《社会主义研究》2019 年第 6 期。

张正堂、曹伟航:《国有企业管理层激励效应研究:演进与展望》,《经济管理》2022 年第 9 期。

章迪诚:《中国国有企业改革简史》,中国工人出版社 2020 年版。

赵斌斌等:《混合所有制改革、政府放权意愿与国企可持续发展》,《经济与管理》2020 年第 6 期。

赵璨等:《行政权、控制权与国有企业高管腐败》,《财经研究》2015 年第 5 期。

赵凯、李磊:《政府多工具组合补贴对企业创新行为的影响研究》,《中国管理科学》2023 年第 9 期。

赵生晖:《中国共产党组织史纲要》,安徽人民出版社 1987 年版。

赵燕、梁中:《差异化战略与企业高质量发展——内控机制的风险应对及阈值管理》,《中国流通经济》2022 年第 11 期。

郑登津:《非公有制企业党组织与企业捐赠》,《金融研究》2019 年第 9 期。

郑登津等:《党组织嵌入与民营企业财务违规》,《管理评论》2020 年第 8 期。

郑志刚、吕秀华:《董事会独立性的交互效应和中国资本市场独立董事制度政策效果的评估》,《管理世界》2009 年第 7 期。

《中办印发〈关于在深化国有企业改革中坚持党的领导加强党的建设的若干意见〉》,《人民日报》2015 年 9 月 21 日。

《中办印发〈关于中央企业在完善公司治理中加强党的领导的意见〉》,《人民日报》2021 年 5 月 31 日。

《中国共产党第十九次全国代表大会文件汇编》,人民出版社 2017 年版。

《中共中央、国务院关于深化国有企业改革的指导意见》,2015 年 8 月 24 日。

中共中央党史和文献研究院编:《十八大以来重要文献选编》(下),中央文献出版社 2018 年版。

中共中央党史和文献研究院编:《十九大以来重要文献选编》(上),中央文献出版社 2019 年版。

《〈中共中央关于党的百年奋斗重大成就和历史经验的决议〉辅导读本》，人民出版社 2021 年版。

《中共中央关于制定国民经济和社会发展第十四个五年规划和二〇三五年远景目标的建议》，《十九大以来重要文献选编》（中），中央文献出版社 2021 年版。

《〈中共中央关于制定国民经济和社会发展第十四个五年规划和二〇三五年远景目标的建议〉辅导读本》，人民出版社 2020 年版。

中共中央纪律检查委员会、中共中央文献研究室编：《习近平关于严明党的纪律和规矩论述摘编》，中共文献出版社 2015 年版。

中共中央文献研究室、中央档案馆编：《建党以来重要文献选编》（第 7 册），中央文献出版社 2011 年版。

中共中央文献研究室编：《建国以来重要文献选编》（第 1 册），中央文献出版社 1992 年版。

中共中央文献研究室编：《建国以来重要文献选编》（第 2 册），中央文献出版社 1992 年版。

中共中央文献研究室编：《建国以来重要文献选编》（第 4 册），中央文献出版社 1993 年版。

中共中央文献研究室编：《建国以来重要文献选编》（第 5 册），中央文献出版社 1993 年版。

中共中央文献研究室编：《建国以来重要文献选编》（第 7 册），中央文献出版社 1993 年版。

中共中央文献研究室编：《建国以来重要文献选编》（第 13 册），中央文献出版社 1997 年版。

中共中央文献研究室编：《建国以来重要文献选编》（第 14 册），中央文献出版社 1997 年版。

中共中央文献研究室编：《毛泽东传（1949-1976）》（上），中央文献出版社 2004 年版。

中共中央文献研究室编：《三中全会以来重要文献选编》（上），中央文献出版社 2011 年版。

中共中央文献研究室编：《三中全会以来重要文献选编》（下），中央文献出版社 2011 年版。

中共中央文献研究室编：《十二大以来重要文献选编》（上），人民出版社 1986 年版。

中共中央文献研究室编：《十二大以来重要文献选编》（下），人民出版社 1988 年版。

中共中央文献研究室编：《十三大以来重要文献选编》（上），人民出版社 1991年版。

中共中央文献研究室编：《十三大以来重要文献选编》（中），人民出版社 1991年版。

中共中央文献研究室编：《十三大以来重要文献选编》（下），人民出版社 1991年版。

中共中央文献研究室编：《十四大以来重要文献选编》（下），中央文献出版社 2011年版。

中共中央文献研究室编：《十五大以来重要文献选编》（中），中央文献出版社 2001年版。

中共中央文献研究室编：《十七大以来重要文献选编》（上），中央文献出版社 2009年版。

中共中央文献研究室编：《十七大以来重要文献选编》（下），中央文献出版社 2013年版。

中共中央文献研究室编：《习近平关于全面从严治党论述摘编》，中央文献出版社 2016年版。

中共中央文献研究室编：《习近平关于社会主义经济建设论述摘编》，中央文献出版社 2017年版。

中共中央文献研究室编：《习近平新时代中国特色社会主义思想三十讲》，学习出版社 2018年版。

《中共中央印发〈中国共产党党组工作条例（试行）〉》，《人民日报》2015年6月17日。

《中共中央印发〈中国共产党国有企业基层组织工作条例（试行）〉》，《人民日报》2020年1月6日。

中共中央组织部党建研究所：《企业党建大事记》，党建读物出版社 1996年版。

《中国共产党第十九次全国代表大会文件汇编》，人民出版社 2017年版。

《中国共产党国有企业基层组织工作条例（试行）》，2019年12月30日，见 https://www.gov.cn/zhengce/2020-01/05/content_5466687.htm。

《中国共产党章程》，中国共产党第二十次全国代表大会部分修改，2022年10月22日通过。

中国航油：《中国航油 2019 企业社会责任报告（中文版）》，2021年4月9日，见 https://www.cnaf.com/PORTAL_LNG_RLS_XWGJ.getFormList.do?XW_CODE=1WtWb0SRFf3pZqermn9HOW&LM_CODE=CNAF_SH_SHZRBG。

《标立基层党建的海拔新高度——中国航油推进高原党建工作打造央企精

神高地采访札记》，2019 年 11 月 27 日，见 https://baijiahao.baidu.com/s?id=1651344811917768801。

《四川华西集团：三年上千亿、五年进入"世界 500 强"》，2020 年 12 月 15 日，见 http://www.sc.chinanews.com.cn/bwbd/2020-12-15/139949.html。

《习近平在上海考察》，2018 年 11 月 7 日，见 https://www.gov.cn/xinwen/2018-11/07/content_5338215.htm。

中央档案馆、中共中央文献研究室编：《中共中央文件选集》（第 18 册），人民出版社 2013 年版。

中央档案馆、中共中央文献研究室编：《中共中央文件选集》（第 33 册），人民出版社 2013 年版。

中央档案馆、中共中央文献研究室编：《中共中央文件选集》（第 41 册），人民出版社 2013 年版。

中央档案馆、中共中央文献研究室编：《中共中央文件选集》（第 42 册），人民出版社 2013 年版。

中央档案馆、中共中央文献研究室编：《中共中央文件选集》（第 48 册），人民出版社 2013 年版。

中央档案馆、中共中央文献研究室编：《中共中央文件选集》（第 49 册），人民出版社 2013 年版。

中央档案馆、中共中央文献研究室编：《中共中央文件选集》（第 50 册），人民出版社 2013 年版。

中央档案馆编：《中共中央文件选集》（第 11 册），中共中央党校出版社 1991 年版。

中央档案馆编：《中共中央文件选集》（第 13 册），中共中央党校出版社 1989 年版。

中央档案馆编：《中共中央文件选集》（第 1 册），中共中央党校出版社 1989 年版。

周娜、庄玲玲：《供给侧改革背景下国有企业改革的新思路》，《华东经济管理》2017 年第 2 期。

周志华、唐宁：《我国公司法人治理的"五大原理"》，《学术论坛》2017 年第 4 期。

朱波强、唐雪梅：《内部会计控制与企业核心竞争力的影响机理分析》，《四川大学学报（哲学社会科学版）》2010 年第 6 期。

朱佳立等：《中小股东参与治理会提升薪酬契约有效性吗？——来自高管薪酬粘性的证据》，《南开管理评论》2021 年 11 月 15 日。

朱珊珊：《国有企业监督制度的困局与策略》，《经济体制改革》2020 年第 1 期。

朱天义：《科层制逻辑与政党适应性：农村基层党组织行动逻辑的组织机制分析》，《青海社会科学》2017 年第 5 期。

朱炜等：《国企混改的理性优势、实践逻辑与路径优化》，《财经问题研究》2023

年第 9 期。

朱叶、孙明贵：《知识产权战略赋能企业高质量发展了吗？——基于知识产权示范城市的准自然实验》，《科学学与科学技术管理》2023 年 7 月 6 日。

朱羿锟、张宝山：《中国式现代国有企业治理：理论证成与实践进路》，《重庆社会科学》2023 年第 5 期。

祝继高：《产权性质、政府干预与企业财务困境应对——基于中国远洋、尚德电力和李宁公司的多案例研究》，《会计研究》2015 年第 5 期。

祝灵君：《党领导基层社会治理的基本逻辑研究》，《中共中央党校（国家行政学院）学报》2020 年第 4 期。

庄明明等：《党组织参与治理能够提升国有企业的环境绩效吗?》，《管理评论》2022 年第 11 期。

附件

新时代四川省上市公司
党组织参与公司治理情况调查问卷

各上市公司：

《关于深化国有公司改革的指导意见》（中发〔2015〕22号）和《上市公司治理准则》（证监发〔2018〕29号）等一系列相关政策文件指出，上市公司的发展必须坚持党的领导，要将党的领导融入公司治理全过程，并充分发挥党的领导作用。而针对国有公司，习近平总书记强调："坚持党的领导是国有公司的'根'和'魂'。"

2021年是中国共产党成立100周年，四川农业大学将开展"新时代四川上市公司党组织参与公司治理情况研究"，共同为建党百年献礼。

感谢您百忙之中的填答，我们保证对您问卷所填内容予以保密，绝不会泄露您的信息，谢谢您对本次调研的支持与配合！

贵公司证券代码为 _____〔填空题〕★

请填写六位数字，否则问卷为无效问卷

一、党组织参与公司治理的总体情况

1.贵公司是否设立党委（党组、党总支）：〔单选题〕★

○ A.是　○ B.否

2.贵公司党委（党组、党总支）在公司组织架构中的位置为：〔单

选题］★

○A　○B　○C　○D

○其他 _____★

3. 贵公司是否设立纪委（纪检小组、纪律委员）：［单选题］★

○A. 是　○B. 否

4. 贵公司纪委（纪检小组、纪律委员）在公司组织架构中的位置为：［单选题］★

○A　○B　○C　○D

○其他 _____★

5. 贵公司是否有党委（党组、党总支）议事规则：［单选题］★

○A. 是　○B. 否

6. 贵公司是否有纪委（纪检小组、纪律委员）议事规则：［单选题］★

○A. 是　○B. 否

7. 贵公司是否设置专职党委（党组、党总支）副书记：［单选题］★

○A. 是　○B. 否

8. 贵公司章程是否对党建工作进行规定：［单选题］★

○A. 是　○B. 否

9. 截至 2020 年末，贵公司党员总共有 _____ 人［填空题］★

二、贵公司党建工作保障情况

10. 党建工作是否有经费保障：［单选题］★

○A. 是　○B. 否（请跳至第 16 题）

11. 经费保障情况：［多选题］★

□A. 以收缴党费为基础经费来源

□B. 专款专用

□ C. 规范经费拨付，以标准申报程序、先缴后返程序、年终清算程序等程序规范经费拨付

□ D. 划定经费用途，明确经费用途，根据不同用途划定经费使用范围及方式

□ E. 强化经费监督，制定严格的申请和审批制度，跟踪记录经费使用情况

□ F. 其他 ＿＿＿＿＿＿＿＿＿＿＿★

12. 党建经费的标准为：[单选题]★

○ A. 以每位党员每年的经费定额划拨

○ B. 按照基本工资的一定比例划拨（请跳至第 16 题）

13. 党建经费按每名党员每年 ＿＿＿ 元的标准划拨 [填空题]★

14. 贵公司对 2021 年的党建经费是否有预算安排：[单选题]★

○是（请跳至第 15 题）

○否（请跳至第 16 题）

15. 公司上年度收取党建经费所占员工工资比例为：＿＿＿＿＿ [填空题]★

16. 党建工作是否有人员保障：[单选题]★

○ A. 是　○ B. 否（请跳至第 19 题）

17. 贵公司负责党建工作人员共有 ＿＿＿＿＿ 名，其中，专职党建工作人员有 ＿＿＿＿＿ 名 [填空题]★

18. 人员保障情况：[多选题]★

□ A. 招揽人才，通过网络招聘、内部推荐、现场招聘等多途径招揽党建工作优秀人员

□ B. 培训人才，组织党建人员定期进行党学学习，并对党建工作的业务能力进行培训

□ C. 激励人才，建立良好的奖励制度，倡导良性竞争

□ D. 其他 ＿＿＿＿＿＿＿＿＿★

19. 党建工作是否有场地保障：[单选题]★

○ A. 是　○ B. 否（请跳至第 22 题）

20. 党建工作的场地情况为：[单选题]★

○ A. 与外部多个公司混用

○ B. 仅供本公司内部党建活动使用

○ C. 与本公司内部其他部门活动共用

○ D. 其他 _____★

21. 场地保障情况：[多选题]★

□ A. 公司党组织的活动场地基本硬件设施得到保障，场地建设不断
　　提档升级

□ B. 借助互联网平台，丰富公司党组织治理参与途径

□ C. 整合和利用地区优质党建资源，与公司所在地相关单位进行党
　　建结合，共同开展党建工作相关活动

□ D. 其他 _____★

三、党组织参与公司治理的融入情况

22. 贵公司的基层党支部个数为：_____ 个 [填空题]★

23. 贵公司目前的党委（党组、党总支）成员人数为：_____ 人，其
　　中，非董监高人数为：_____ 人 [填空题]★

24. 贵公司的董事会成员人数为：_____ 人，其中，非党员人数：
　　_____ 人 [填空题]★

25. 贵公司的党委（党组、党总支）成员与董事会成员重合人数为：
　　_____ 人 [填空题]★

26. 贵公司的党委（党组、党总支）书记是否兼任董事长：[单选题]★

○ A. 是　○ B. 否（请跳至第 28 题）

27. 党委（党组、党总支）书记在贵公司兼任的是董事、监事还是高管：[单选题]★

○ A. 董事　○ B. 监事　○ C. 高管　○ D. 无兼任

28. 贵公司的高级管理人员人数为：＿＿＿ 人，其中，非党员人数为：＿＿＿ 人 [填空题]★

29. 贵公司的党委（党组、党总支）成员与高级管理人员重合人数为：＿＿＿＿＿ 人 [填空题]★

30. 贵公司是否设置党委（党组、党总支）副书记：[单选题]★

○ A. 是　○ B. 否（请跳至第 32 题）

31. 贵公司的党委（党组、党总支）副书记是否兼任总经理：[单选题]★

○ A. 是　○ B. 否

32. 贵公司的监事会成员人数为：＿＿＿＿＿ 人 [填空题]★

33. 贵公司党委（党组、党总支）成员与监事会成员重合人数为：＿＿＿＿＿ 人 [填空题]★

34. 贵公司的纪委（纪检小组、纪律委员）成员与监事会成员重合人数为：＿＿＿＿＿ 人 [填空题]★

35. 贵公司的纪委（纪检小组）书记或纪律委员是否兼任监事会主席：[单选题]★

○ A. 是　○ B. 否

四、党组织参与公司治理的把关情况

36. 贵公司党组织是否就"三重一大"事项通过、前置讨论程序参与决策：[单选题]★

○ A. 是　○ B. 否（请跳至第 38 题）

37. 贵公司党组织参与公司治理的"三重一大"事项为（多选）：[多

选题]★

☐ A. 重大事项决策

☐ B. 重要干部任免

☐ C. 重要项目安排

☐ D. 大额资金使用

38. 贵公司党组织是否就非"三重一大"事项行使建议权：[单选题]★

〇 A. 是　〇 B. 否

五、党组织参与公司治理的定向情况

39. 贵公司发展战略对国家基本路线和方针政策的贯彻程度：[单选题]★

〇 A. 极低　〇 B. 较低　〇 C. 一般　〇 D. 较高　〇 E. 极高

40. 贵公司经营决策与新发展理念的契合程度如何：[单选题]★

〇 A. 极低（请跳至第43题）　〇 B. 较低　〇 C. 一般　〇 D. 较高　〇 E. 极高

41. 贵公司党组织参与公司治理情景下所遵循的发展理念对公司高质量发展的带动程度：[单选题]★

〇 A. 极低（请跳至第43题）　〇 B. 较低（请跳至第43题）　〇 C. 一般（请跳至第43题）

〇 D. 较高　〇 E. 极高

42. 贵公司遵循的发展理念带动公司高质量发展的原因为：[填空题]★

_____

43. 贵公司改革措施对国有资本保值增值的影响程度：[单选题]★

〇 A. 极低　〇 B. 较低　〇 C. 一般　〇 D. 较高　〇 E. 极高

六、党组织参与公司治理的落实情况

44. 贵公司党委（党组、党总支）围绕经营事项开展工作，对上级决策的执行程度：[单选题]★

○ A. 极低　○ B. 较低　○ C. 一般　○ D. 较高　○ E. 极高

45. 贵公司纪委（纪检小组、纪律委员）对决策落实情况的监督程度：[单选题]★

○ A. 极低　○ B. 较低　○ C. 一般　○ D. 较高　○ E. 极高

46. 贵公司纪委（纪检小组、纪律委员）进行监督的独立程度：[单选题]★

○ A. 极低　○ B. 较低　○ C. 一般　○ D. 较高　○ E. 极高

47. 贵公司纪委（纪检小组、纪律委员）对治理效能的评估完善程度：[单选题]★

○ A. 极低　○ B. 较低　○ C. 一般　○ D. 较高　○ E. 极高

48. 贵公司为促进公司内部监督的完善设立信访举报等监督途径的完善程度：[单选题]★

○ A. 极低　○ B. 较低　○ C. 一般　○ D. 较高　○ E. 极高

七、党组织参与公司治理的其他情况

49. 截至 2020 年年末，贵公司党组织成员是否存在重大变动（如党委书记变动、党委副书记变动或其他委员变动，不含正常换届）：[单选题]★

○ A. 是　　○ B. 否（请跳至第 52 题）

50. 贵公司党组织成员具体变动为：[多选题]★

□ A. 党委（党组）书记变动

□ B. 党委（党组）副书记变动

□ C. 其他委员变动

51. 贵公司党组织成员存在重大变动的原因为：[填空题]★

_____

52. 贵公司党组织对公司有效决策的保障程度：[单选题]★

○ A. 极低　　○ B. 较低○ C. 一般

○ D. 较高（请跳至第 54 题）　○ E. 极高（请跳至第 54 题）

53. 存在的具体决策失误为：[多选题]★

□ A. 执行国家路线方针出现失误

□ B. 公司经营战略决策出现失误

□ C. 其他 _____★

□ D. 无

54. 贵公司对党组织参与公司治理信息的披露程度：[单选题]★

○ A. 极低（请跳至第 56 题）　○ B. 较低　○ C. 一般　○ D. 较
高　○ E. 极高

55. 贵公司党组织参与公司治理的具体信息披露情况：[多选题]★

□ A. 在有效期限内及时披露信息

□ B. 真实披露客观情况

□ C. 准确披露信息

□ D. 披露内容完整

□ E. 披露的信息用语简明清晰、通俗易懂

56. 新时代背景下，基于贵公司党组织参与公司治理的情况，您有什
么建议？请简要说明一下。[填空题]★

_____

后　记

2023 年 5 月 9 日，在历经两年六个月后，我们团队终于完成了这本拙著的写作。研究国有企业治理问题一直是我们团队坚守的重要研究议题，自从 2016 年"全国国有企业党的建设工作会议"召开以来，我们团队进一步把研究聚焦到了中国国有企业党组织治理功能上。研究国有企业党组织治理功能是完善中国特色现代企业制度的应有之义，更是推进中国式现代化进程的时代命题。

回顾研究历程，我们恰逢其时，在研究发展演化和深化的关键时刻，我们团队及时汲取了党的十九大精神、伟大建党精神和党的二十大精神的丰富营养，得以让我们的研究有思想、有方向。

回顾研究历程，我们百感交集，深切感受到国有企业的发展史是一部展现了党的领导与现代企业制度不断融合的光辉历史，也是一幅绘就了国有企业高质量党建引领高质量发展的宏伟画卷，得以让我们的研究有力量、有方位。

回顾研究历程，我们何其幸运，一次次走访交流、一个个典型案例、一粒粒调研数据，在细微之处让我们更加深刻感受到国有企业党组织治理所激发出的磅礴力量，在政策条文与微观数据之间让我们更加深切感受到"国有企业是中国特色社会主义的重要物质基础和政治基础"，得以让我们的研究有天地、有方略。

开展国有企业党组织治理功能研究，对于我们团队来说，并非易事。

因为，我们团队过往主要关注的是国有企业公司治理问题，比较擅长用管理学、经济学的经典理论和研究范式进行研究，但国有企业党组织治理研究，需要我们进一步延伸和拓展党史党建、马克思主义相关理论，进行交叉研究，这既是重大挑战，或许也是非常难得的机遇。起初，我们看到和遇到的都是挑战、障碍、鸿沟，让我们开始有些望而却步，但是，"国家社会科学基金项目 2018 年度课题指南"的发布又给了我们团队信心和力量，"国有企业党委（党组）领导作用的实现方式与保障机制研究"出现在了"党史·党建"学科的具体条目中，尽管有些难、甚至有些遥不可及，我们团队却始终坚信"路虽远行则将至，事虽难做则必成"，于是，我们团队团结协作，第一次有些冒险、抱着试一试的心态用这个主题去申请"国家社会科学基金"，或许我们的坚持守望、我们的交叉探索打动了评委，一切都在悄然地发生着微妙的美好变化。2018 年，我们团队以"高管权力约束情景下国有企业党委治理功能实现路径与保障机制研究"（项目号：18CGL016）为题，第一次申报国家社会科学基金，即有幸获批立项，也自此开启了我们团队有关国有企业党组织治理功能的系统性研究，也让我们更加执着地坚守在国有企业治理这个有意义、有价值、有未来的研究领域。

开展本研究、撰写本拙著，我们始终坚持面向历史、问题导向观念。百年大党的光辉历程充分表明：中国共产党领导是中国特色社会主义最本质的特征，是中国特色社会主义制度的最大优势。在迈向全面建设社会主义现代化国家的新征程上，作为中国特色社会主义的重要物质基础和政治基础——国有企业的治理现代化更需要以党的领导为保障。然而，长期以来，一些国有企业党组织游离于现代企业运转之外，存在政治工作与经济工作相脱离的"两张皮"问题，没有实现党组织与现代企业治理相结合的要求，国有企业党建工作弱化、淡化、虚化和边缘化等"四化"问题较为凸显，党组织的领导核心和政治核心作用没有得到充分发挥。因此，系统梳理中国共产党对国有企业的领导制度演进，进一步结合不同的时代特征与国有企业发展场景，全面总结国有企业党组织治理功能演化规律与改进政策，无论是理论上、实践上还是政策上，无疑都是当前亟须深入研究和亟待突破的重大难题。

开展本研究、撰写本拙著，我们始终坚持系统集成、循序渐进理念。本拙著紧扣"一个核心"，结合我国独特的制度背景，将党的领导作为完善国有企业公司治理水平的核心要素，增强国有企业将党组织融入公司治理结构的认知，创新拓展了国有企业治理层面的中国式现代化研究；紧联"两条主线"，以中国式现代化国有企业党组织治理功能发挥为主题，构建国有企业党组织治理量化评价体系及其数据库、"点线面"案例与实证应用两条主线，为提高国有企业公司治理水平提供了新认识；紧循"三重逻辑"，系统梳理了百年大党与国有企业党组织治理改革发展历程，运用党建和公司治理等交叉理论，系统总结国有企业党组织治理典型经验，厘清了党组织融入国有企业公司治理的历史逻辑、理论逻辑以及实践逻辑，提出了国有企业党组织治理功能发挥的实现路径。

开展本研究、撰写本拙著，我们始终坚持团结协作、攻坚克难信念。在研究过程中，我们团队积极发挥成员各自专业背景优势，紧紧围绕"国有企业""党组织治理"等关键词，跟踪国内外相关权威文献、政策，梳理总结国有企业党组织治理文献综述和政策沿革，并充分结合我本人担任地方大型国有上市公司独立董事的有利契机，从理论、实践、政策三个维度不断加深对国有企业党组织治理功能的理论认知。同时，为了努力克服突发公共卫生事件带来的冲击和不利影响，我们团队形成了"线上"针对中国国有上市公司党组织治理情况搜集、"线下"针对四川区域国有企业党组织治理情况问卷调查与走访的"混合式"调研模式，以获取第一手的调研数据和案例报告。在有计划的研究工作中，我们形成了"1111"国有企业党组织治理研究成果，即一套评价体系、一个数据库、一系列政策和论文、一份研究报告，这为我们的拙著奠定了良好基础。

书稿是心血，也是我们团队智慧集成的艺术品，需要不断地精雕细琢。在本作品撰写和完善期间，团队又相继深入地方国资委、国有企业等相关政府和企业进行调研座谈，以面向国有经济主战场、紧贴服务中国式现代化进程为原则，紧盯现代企业制度与公司治理研究领域前沿热点，紧扣新时代中国发展实践，紧紧围绕国有企业党建与公司治理交叉融合机理，大胆进行理论探索。进一步又结合党的二十大提出的"推进国有企业在完善公司治理中加强党的领导"新要求和新任务，及时完善本研究、本拙著。书稿成文后，经过省社科界专家、地方国资委和国有企业等方面的理论、政策、实践专家的多次指导，前前后后共修改了六版，至此全书内容最终得以呈现。

行文至此，由衷感谢为本书提供了极大帮助的相关单位和个人，尤其是人民出版社曹春编审等在出版过程中给予了大力指导、充分沟通和有益建议，其勤勉尽责的专业精神十分令人敬佩。正是你们的全力支持才使得《中国式现代化进程中的国有企业党组织治理功能研究》一书顺利呈现在读者面前，如本书能在中国式现代化进程中对中国特色现代企业制度发展和国有企业党组织治理完善有所裨益，我们则深感荣幸和欣慰。

从前期国有企业治理调研到项目批准立项、线上线下调研、形成研究报告、反复修改报告，最终到本著作付梓出版，本课题组所有成员召开多次讨论会，克服各种困难和不利因素，始终坚持质量导向，反复研讨、论证、攻关、修改，最终形成了一份汇聚课题组团队共同努力和集体智慧的结晶。本著作由王运陈、谢璇、王文姣、张立光、段吟颖和张旭领著，对整本著作做了总体设计、统稿完善与校对提升，共计九部分，具体分工为：绪论，王运陈、罗华伟；第一章，王文姣、段吟颖、庞晓敏；第二章，谢璇、王文姣、张旭；第三章，张旭、黄树良；第四章，谢璇、喻敏、周建；第五章，王文姣、张立光、任黛颖；第六章，张立光、段吟颖、谢璇；第七章，王运陈、杨若熠、陈夕杨；第八章，段吟颖、罗华伟、张立光。在此过程中，人民出版社曹春编审做了精心指导、细心编辑，对此表示衷心感谢！

　　由于本著作题材重大，加之我们研究团队水平有限，著作中难免有不妥之处，敬请广大读者多批评、多指导。

王运陈

2023 年 10 月 3 日

于金秋成都

责任编辑：曹　春
封面设计：汪　莹

图书在版编目（CIP）数据

中国式现代化进程中的国有企业党组织治理功能研究／王运陈　等　著．—
　北京：人民出版社，2023.12
ISBN 978－7－01－026030－3

I.①中…　II.①王…　III.①中国共产党－国有企业－党的领导－研究
　IV.① D267.1

中国国家版本馆 CIP 数据核字（2023）第 200329 号

中国式现代化进程中的国有企业党组织治理功能研究
ZHONGGUOSHIXIANDAIHUA JINCHENG ZHONG DE GUOYOU QIYE
DANGZUZHI ZHILI GONGNENG YANJIU

王运陈　等　著

人民出版社 出版发行
（100706　北京市东城区隆福寺街 99 号）

北京新华印刷有限公司印刷　新华书店经销

2023 年 12 月第 1 版　2023 年 12 月北京第 1 次印刷
开本：710 毫米 ×1000 毫米 1/16　印张：32
字数：423 千字

ISBN 978－7－01－026030－3　定价：168.00 元

邮购地址 100706　北京市东城区隆福寺街 99 号
人民东方图书销售中心　电话（010）65250042　65289539